大学赤本シリーズ

352

# 東京理科大学

## 薬学部－B方式



教学社

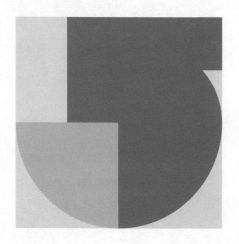

# は　し　が　き

おかげさまで，大学入試の「赤本」は，今年で創刊 70 周年を迎えました。

これまで，入試問題や資料をご提供いただいた大学関係者各位，掲載許可をいただいた著作権者の皆様，各科目の解答や対策の執筆にあたられた先生方，そして，赤本を使用してくださったすべての読者の皆様に，厚く御礼を申し上げます。

以下に，創刊初期の「赤本」のはしがきを引用します。これからも引き続き，受験生の目標の達成や，夢の実現を応援してまいります。

本書を活用して，入試本番では持てる力を存分に発揮されることを心より願っています。

編者しるす

＊　＊　＊

学問の塔にあこがれのまなざしをもって，それぞれの志望する大学の門をたたかんとしている受験生諸君！　人間として生まれてきた私たちは，自己の欲するままに，美しく，強く，そして何よりも人間らしく生きることをねがっている。しかし，一朝一夕にして，この純粋なのぞみが達せられることはない。私たちの行く手には，絶えずさまざまな試練がまちかまえている。この試練を克服していくところに，私たちのねがう真に人間的な世界がはじめて開かれてくるのである。

人生最初の最大の試練として，諸君の眼前に大学入試がある。この大学入試は，精神的にも身体的にも，大きな苦痛を感ぜしめるであろう。あるスポーツに熟達するには，たゆみなき，はげしい練習を積み重ねることが必要であるように，私たちは，計画的・持続的な努力を払うことによって，この試練を克服し，次の一歩を踏みだすことができる。厳しい試練を経たのちに，はじめて満足すべき成果を獲得できるのである。

本書は最近の入学試験の問題に，それぞれ解答を付し，さらに問題をふかく分析することによって，その大学独特の傾向や対策をさぐろうとした。本書を一般の参考書とあわせて使用し，まとはずれのない，効果的な受験勉強をされるよう期待したい。

（昭和 35 年版「赤本」はしがきより）

# 挑む人の、いちばんの味方

赤本創刊70周年

1954年に大学入試の過去問題集を刊行してから70年。赤本は大学に入りたいと思う受験生を応援しつづけてきました。これからも，苦しいとき落ち込むときにそばで支える存在でいたいと思います。

そして，勉強をすること，自分で道を決めること，努力が実ること，これらの喜びを読者の皆さんが感じることができるよう，伴走をつづけます。

そもそも赤本とは…

## 受験生のための大学入試の過去問題集！

70年の歴史を誇る赤本は，500点を超える刊行点数で全都道府県の370大学以上を網羅しており，過去問の代名詞として受験生の必須アイテムとなっています。

なぜ受験に過去問が必要なのか？

## 大学入試は大学によって問題形式や頻出分野が大きく異なるからです。

# 赤本の掲載内容

## 傾向と対策

これまでの出題内容から，問題の「**傾向**」を分析し，来年度の入試に向けて具体的な「**対策**」の方法を紹介しています。

## 問題編・解答編

- 年度ごとに問題とその解答を掲載しています。
- 「**問題編**」ではその年度の試験概要を確認したうえで，実際に出題された過去問に取り組むことができます。
- 「**解答編**」には高校・予備校の先生方による解答が載っています。

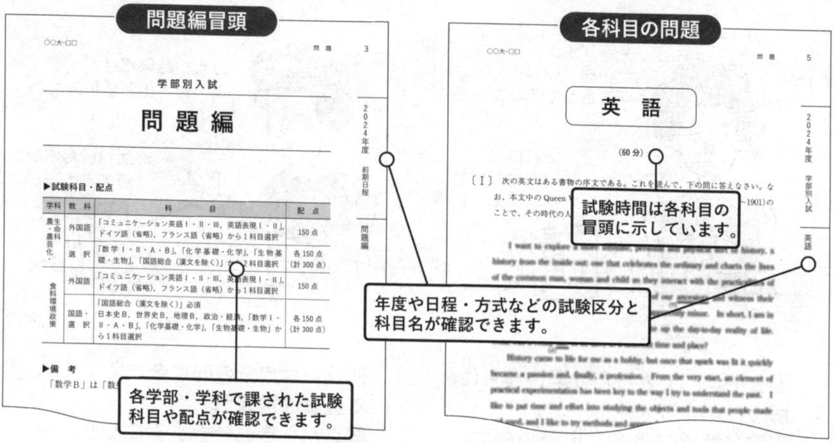


**他にも，大学の基本情報や，先輩受験生の合格体験記，在学生からのメッセージなどが載っていることがあります。**

### 掲載内容について

著作権上の理由やその他編集上の都合により問題や解答の一部を割愛している場合があります。
なお，指定校推薦入試，社会人入試，編入学試験，帰国生入試などの特別入試，英語以外の外国語科目，商業・工業科目は，原則として掲載しておりません。また試験科目は変更される場合がありますので，あらかじめご了承ください。

受験勉強は

# 過去問に始まり，

## STEP 1

なにはともあれ

### まずは解いてみる

しずかに…
今，自分の心と
向き合ってるんだから
ムーン
それは
問題を解いて
からだホン!

過去問は，**できるだけ早いうちに解く**のがオススメ！
実際に解くことで，**出題の傾向，問題のレベル，今の自分の実力**がつかめます。

## STEP 2

じっくり具体的に

### 弱点を分析する

分析の結果だけど
英・数・国が苦手みたい
スリー
必須科目だホン
頑張るホン

間違いは自分の弱点を教えてくれる**貴重な情報源**。
弱点から自己分析することで，**今の自分に足りない力や苦手な分野**が見えてくるはず！

### 合格者があかす赤本の使い方

**傾向と対策を熟読**
（Fさん／国立大合格）

大学の出題傾向を調べるために，赤本に載っている「傾向と対策」を熟読しました。

**繰り返し解く**
（Tさん／国立大合格）

１周目は問題のレベル確認，２周目は苦手や頻出分野の確認に，３周目は合格点を目指して，と過去問は繰り返し解くことが大切です。

# 過去問に終わる。

## STEP 3

志望校にあわせて

### 苦手分野の重点対策

明日からはみんなで頑張るよ！
参考書も！ 問題集も！
よろしくね！
呼んだ?
なにを!?
どこから!?
グッ
グッ

参考書や問題集を活用して，苦手分野の**重点対策**をしていきます。
**過去問を指針**に，合格へ向けた具体的な学習計画を立てましょう！

## STEP 1▶2▶3

サイクルが大事!

### 実践を繰り返す

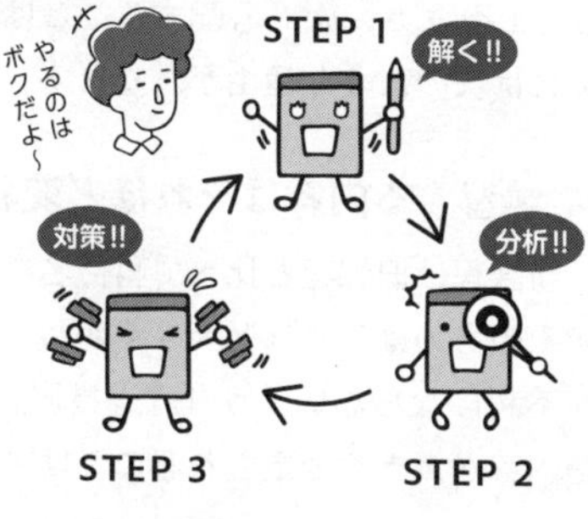
やるのはボクだよ～
STEP 1
解く!!
分析!!
対策!!
STEP 3
STEP 2

**STEP 1～3を繰り返し**，実力アップにつなげましょう！
**出題形式に慣れること**や，**時間配分を考えること**も大切です。

---

**目標点を決める**
(Yさん／私立大合格)
赤本によっては合格者最低点が載っているので，それを見て目標点を決めるのもよいです。

**時間配分を確認**
(Kさん／私立大学合格)
赤本は時間配分や解く順番を決めるために使いました。

**添削してもらう**
(Sさん／私立大学合格)
記述式の問題は先生に添削してもらうことで自分の弱点に気づけると思います。

# 新課程入試 Q&A

2022 年度から新しい学習指導要領（新課程）での授業が始まり，2025 年度の入試は，新課程に基づいて行われる最初の入試となります。ここでは，赤本での新課程入試の対策について，よくある疑問にお答えします。

## Q1. 赤本は新課程入試の対策に使えますか？

## A. もちろん使えます！

旧課程入試の過去問が新課程入試の対策に役に立つのか疑問に思う人もいるかもしれませんが，心配することはありません。旧課程入試の過去問が役立つのには次のような理由があります。

### ● 学習する内容はそれほど変わらない

新課程は旧課程と比べて科目名を中心とした変更はありますが，学習する内容そのものはそれほど大きく変わっていません。また，多くの大学で，既卒生が不利にならないよう「経過措置」がとられます（Q３参照）。したがって，出題内容が大きく変更されることは少ないとみられます。

### ● 大学ごとに出題の特徴がある

これまでに課程が変わったときも，各大学の出題の特徴は大きく変わらないことがほとんどでした。入試問題は各大学のアドミッション・ポリシーに沿って出題されており，過去問にはその特徴がよく表れています。過去問を研究してその大学に特有の傾向をつかめば，最適な対策をとることができます。

| | |
|---|---|
| 出題の特徴の例 | ・英作文問題の出題の有無<br>・論述問題の出題（字数制限の有無や長さ）<br>・計算過程の記述の有無 |

新課程入試の対策も，赤本で過去問に取り組むところから始めましょう。

## Q2. 赤本を使う上での注意点はありますか？

## A. 志望大学の入試科目を確認しましょう。

過去問を解く前に，過去の出題科目（問題編冒頭の表）と 2025 年度の募集要項とを比べて，課される内容に変更がないかを確認しましょう。ポイントは以下のとおりです。科目名が変わっていても，実際は旧課程の内容とほとんど同様のものもあります。

| | |
|---|---|
| **英語・国語** | 科目名は変更されているが，実質的には変更なし。<br>▶▶ **ただし，リスニングや古文・漢文の有無は要確認。** |
| **地歴** | 科目名が変更され，「歴史総合」「地理総合」が新設。<br>▶▶ **新設科目の有無に注意。ただし，「経過措置」（Q３参照）により内容は大きく変わらないことも多い。** |
| **公民** | 「現代社会」が廃止され，「公共」が新設。<br>▶▶ **「公共」は実質的には「現代社会」と大きく変わらない。** |
| **数学** | 科目が再編され，「数学Ｃ」が新設。<br>▶▶ **「数学」全体としての内容は大きく変わらないが，出題科目と単元の変更に注意。** |
| **理科** | 科目名も学習内容も大きな変更なし。 |

数学については，科目名だけでなく，どの単元が含まれているかも確認が必要です。例えば，出題科目が次のように変わったとします。

| | |
|---|---|
| 旧課程 | 「数学Ⅰ・数学Ⅱ・数学Ａ・数学Ｂ（数列・ベクトル）」 |
| **新課程** | 「数学Ⅰ・数学Ⅱ・数学Ａ・**数学Ｂ（数列）・数学Ｃ（ベクトル）**」 |

この場合，新課程では「数学Ｃ」が増えていますが，単元は「ベクトル」のみのため，実質的には旧課程とほぼ同じであり，過去問をそのまま役立てることができます。

## Q3. 「経過措置」とは何ですか？

## A. 既卒の旧課程履修者への対応です。

多くの大学では，既卒の旧課程履修者が不利にならないように，出題において「経過措置」が実施されます。措置の有無や内容は大学によって異なるので，募集要項や大学のウェブサイトなどで確認しておきましょう。

○旧課程履修者への経過措置の例

- 旧課程履修者にも配慮した出題を行う。
- 新・旧課程の共通の範囲から出題する。
- 新課程と旧課程の共通の内容を出題し，共通範囲のみでの出題が困難な場合は，旧課程の範囲からの問題を用意し，選択解答とする。

例えば，地歴の出題科目が次のように変わったとします。

| | |
|---|---|
| 旧課程 | 「日本史 B」「世界史 B」から１科目選択 |
| **新課程** | 「**歴史総合**，日本史探究」「**歴史総合**，世界史探究」から１科目選択※<br>※旧課程履修者に不利益が生じることのないように配慮する。 |

「歴史総合」は新課程で新設された科目で，旧課程履修者には見慣れないものですが，上記のような経過措置がとられた場合，新課程入試でも旧課程と同様の学習内容で受験することができます。

**新課程の情報は WEB もチェック！**
**より詳しい解説が赤本ウェブサイトで見られます。**
**https://akahon.net/shinkatei/**

## 科目名が変更される教科・科目

| | 旧課程 | 新課程 |
|---|---|---|
| 国語 | 国語総合<br>国語表現<br>現代文A<br>現代文B<br>古典A<br>古典B | 現代の国語<br>言語文化<br>論理国語<br>文学国語<br>国語表現<br>古典探究 |
| 地歴 | 日本史A<br>日本史B<br>世界史A<br>世界史B<br>地理A<br>地理B | 歴史総合<br>日本史探究<br>世界史探究<br>地理総合<br>地理探究 |
| 公民 | 現代社会<br>倫理<br>政治・経済 | 公共<br>倫理<br>政治・経済 |
| 数学 | 数学Ⅰ<br>数学Ⅱ<br>数学Ⅲ<br>数学A<br>数学B<br>数学活用 | 数学Ⅰ<br>数学Ⅱ<br>数学Ⅲ<br>数学A<br>数学B<br>数学C |
| 外国語 | コミュニケーション英語基礎<br>コミュニケーション英語Ⅰ<br>コミュニケーション英語Ⅱ<br>コミュニケーション英語Ⅲ<br>英語表現Ⅰ<br>英語表現Ⅱ<br>英語会話 | 英語コミュニケーションⅠ<br>英語コミュニケーションⅡ<br>英語コミュニケーションⅢ<br>論理・表現Ⅰ<br>論理・表現Ⅱ<br>論理・表現Ⅲ |
| 情報 | 社会と情報<br>情報の科学 | 情報Ⅰ<br>情報Ⅱ |

# 目　次

## 2021年度 問題と解答

●B方式



※解答は，東京理科大学から提供のあった情報を掲載しています。

## 2020年度 問題と解答

●B方式



※解答は，東京理科大学から提供のあった情報を掲載しています。

UNIVERSITY GUIDE

# 大学情報

## 基本情報

### 沿革

1881（明治 14）　東京大学出身の若き理学士ら 21 名が標す夢の第一歩「東京物理学講習所」を設立

1883（明治 16）　東京物理学校と改称

1906（明治 39）神楽坂に新校舎が完成。理学研究の「先駆的存在」として受講生が全国より集結。「落第で有名な学校」として世に知られるようになる

1949（昭和 24）　学制改革により東京理科大学となる。理学部のみの単科大学として新たなスタート

1960（昭和 35）　薬学部設置

1962（昭和 37）　工学部設置

1967（昭和 42）　理工学部設置

1981（昭和 56）　創立 100 周年

1987（昭和 62）　基礎工学部設置

1993（平成　5）　経営学部設置

2013（平成 25）　葛飾キャンパス開設

2021（令和　3）　基礎工学部を先進工学部に名称変更

2023（令和　5）　理工学部を創域理工学部に名称変更

## ロゴマーク

ロゴマークは，創立 125 周年の際に制定されたもので，東京理科大学徽章をベースにデザインされています。

エメラルドグリーンの色は制定した際，時代に合わせた色であり，なおかつスクールカラーであるえんじ色との対比を考えた色として選ばれました。

なお，徽章はアインシュタインによって確立された一般相対性理論を図案化したものです。太陽の重力によって曲げられる光の軌道を模式的に描いています。

# 学部・学科の構成

## 大　学

**●理学部第一部**　神楽坂キャンパス

数学科
物理学科
化学科
応用数学科
応用化学科

**●工学部**　葛飾キャンパス

建築学科
工業化学科
電気工学科
情報工学科
機械工学科

**●薬学部**　野田キャンパス※1

薬学科［6 年制］
生命創薬科学科［4 年制］

※1　薬学部は 2025 年 4 月に野田キャンパスから葛飾キャンパスへ移転。

**●創域理工学部**　野田キャンパス

数理科学科

先端物理学科
情報計算科学科
生命生物科学科
建築学科
先端化学科
電気電子情報工学科
経営システム工学科
機械航空宇宙工学科
社会基盤工学科

●**先進工学部**　葛飾キャンパス

電子システム工学科
マテリアル創成工学科
生命システム工学科
物理工学科
機能デザイン工学科

●**経営学部**　神楽坂キャンパス
（国際デザイン経営学科の 1 年次は北海道・長万部キャンパス）

経営学科
ビジネスエコノミクス学科
国際デザイン経営学科

●**理学部第二部**　神楽坂キャンパス

数学科
物理学科
化学科

## 大学院

理学研究科 / 工学研究科 / 薬学研究科※2 / 創域理工学研究科 / 先進工学研究科 / 経営学研究科 / 生命科学研究科

※ 2　薬学研究科は 2025 年 4 月に野田キャンパスから葛飾キャンパスへ移転。

（注）　学部・学科および大学院の情報は 2024 年 4 月時点のものです。

# 大学所在地

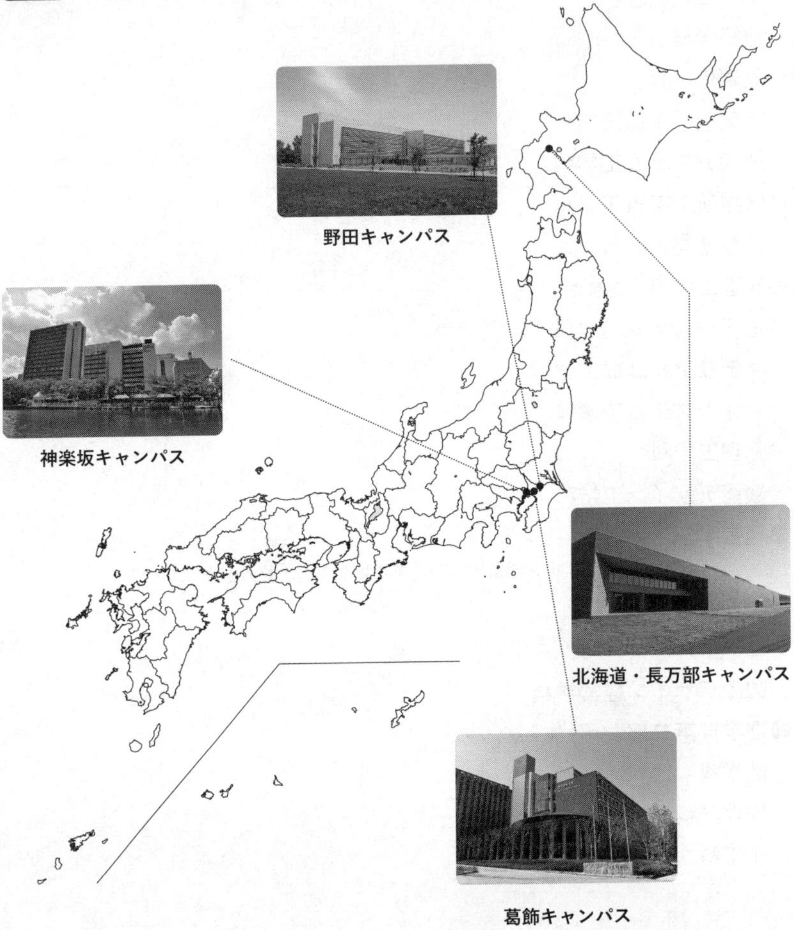


| | | |
|---|---|---|
| **神楽坂キャンパス** | 〒 162-8601 | 東京都新宿区神楽坂 1-3 |
| **葛飾キャンパス** | 〒 125-8585 | 東京都葛飾区新宿 6-3-1 |
| **野田キャンパス** | 〒 278-8510 | 千葉県野田市山崎 2641 |
| **北海道・長万部キャンパス** | 〒 049-3514 | 北海道山越郡長万部町字富野 102-1 |

# 入試データ

## 一般選抜状況（志願者数・競争率など）

○競争率は受験者数÷合格者数で算出（小数点第２位以下を切り捨て）。
○大学独自試験を課さないＡ方式入試（大学入学共通テスト利用）は１カ年分のみ掲載。
○2021 年度より，基礎工学部は先進工学部に，電子応用工学科は電子システム工学科に，材料工学科はマテリアル創成工学科に，生物工学科は生命システム工学科に名称変更。経営学部に国際デザイン経営学科を新設。
○2023 年度より，理学部第一部応用物理学科は先進工学部物理工学科として改組。理工学部は創域理工学部に，数学科は数理科学科に，物理学科は先端物理学科に，情報科学科は情報計算科学科に，応用生物科学科は生命生物科学科に，経営工学科は経営システム工学科に，機械工学科は機械航空宇宙工学科に，土木工学科は社会基盤工学科に名称変更。先進工学部に物理工学科と機能デザイン工学科を新設。

# 2024 年度 入試状況

## ●A 方式入試（大学入学共通テスト利用）

| 学部・学科 | | 募集人員 | 志願者数 | 受験者数 | 合格者数 | 競争率 | 合格最低点 |
|---|---|---|---|---|---|---|---|
| 理第一部 | 数 | 19 | 340 | 340 | 152 | 2.2 | 646 |
| | 物理 | 19 | 764 | 764 | 301 | 2.5 | 667 |
| | 化 | 19 | 554 | 554 | 238 | 2.3 | 628 |
| | 応用数 | 20 | 175 | 175 | 90 | 1.9 | 607 |
| | 応用化 | 20 | 646 | 646 | 297 | 2.1 | 632 |
| 工 | 建築 | 16 | 472 | 472 | 163 | 2.8 | 652 |
| | 工業化 | 16 | 260 | 260 | 141 | 1.8 | 604 |
| | 電気工 | 16 | 249 | 249 | 112 | 2.2 | 638 |
| | 情報工 | 16 | 852 | 852 | 284 | 3.0 | 671 |
| | 機械工 | 16 | 776 | 776 | 188 | 4.1 | 669 |
| 薬 | 薬 | 15 | 768 | 768 | 246 | 3.1 | 644 |
| | 生命創薬科 | 15 | 381 | 381 | 140 | 2.7 | 644 |
| 創域理工 | 数理科 | 10 | 200 | 200 | 85 | 2.3 | 592 |
| | 先端物理 | 15 | 299 | 299 | 143 | 2.0 | 608 |
| | 情報計算科 | 20 | 274 | 274 | 118 | 2.3 | 623 |
| | 生命生物科 | 16 | 478 | 478 | 182 | 2.6 | 628 |
| | 建築 | 20 | 520 | 520 | 147 | 3.5 | 638 |
| | 先端化 | 20 | 372 | 372 | 168 | 2.2 | 592 |
| | 電気電子情報工 | 25 | 374 | 374 | 164 | 2.2 | 615 |
| | 経営システム工 | 16 | 226 | 226 | 86 | 2.6 | 636 |
| | 機械航空宇宙工 | 21 | 486 | 486 | 230 | 2.1 | 635 |
| | 社会基盤工 | 16 | 382 | 382 | 139 | 2.7 | 624 |
| 先進工 | 電子システム工 | 19 | 295 | 295 | 114 | 2.5 | 635 |
| | マテリアル創成工 | 19 | 303 | 303 | 142 | 2.1 | 616 |
| | 生命システム工 | 19 | 390 | 390 | 146 | 2.6 | 640 |
| | 物理工 | 19 | 189 | 189 | 94 | 2.0 | 632 |
| | 機能デザイン工 | 19 | 448 | 448 | 153 | 2.9 | 613 |
| 経営 | 経営 | 37 | 407 | 407 | 223 | 1.8 | 597 |
| | ビジネスエコノミクス | 37 | 309 | 309 | 134 | 2.3 | 598 |
| | 国際デザイン経営 | 20 | 215 | 215 | 91 | 2.3 | 586 |
| 理第二部 | 数 | 15 | 159 | 159 | 88 | 1.8 | 405 |
| | 物理 | 20 | 198 | 198 | 145 | 1.3 | 352 |
| | 化 | 15 | 211 | 211 | 162 | 1.3 | 313 |
| 合計 | | 625 | 12,972 | 12,972 | 5,306 | ― | ― |

（配点） 800 点満点（ただし，理学部第二部は 600 点満点）。

## ●B方式入試（東京理科大学独自試験）

| 学部・学科 | | 募集人員 | 志願者数 | 受験者数 | 合格者数 | 競争率 | 合格最低点 |
|---|---|---|---|---|---|---|---|
| 理第一部 | 数 | 46 | 921 | 883 | 297 | 3.0 | 180 |
| | 物理 | 46 | 1,534 | 1,460 | 463 | 3.1 | 176 |
| | 化 | 46 | 1,132 | 1,085 | 381 | 2.8 | 201 |
| | 応用数 | 49 | 616 | 588 | 221 | 2.6 | 159 |
| | 応用化 | 49 | 1,418 | 1,355 | 384 | 3.5 | 217 |
| 工 | 建築 | 46 | 1,138 | 1,091 | 256 | 4.2 | 193 |
| | 工業化 | 46 | 582 | 550 | 250 | 2.2 | 174 |
| | 電気工 | 46 | 1,134 | 1,069 | 437 | 2.4 | 175 |
| | 情報工 | 46 | 2,298 | 2,159 | 464 | 4.6 | 197 |
| | 機械工 | 46 | 1,756 | 1,671 | 393 | 4.2 | 191 |
| 薬 | 薬 | 40 | 964 | 899 | 310 | 2.9 | 209 |
| | 生命創薬科 | 40 | 689 | 645 | 267 | 2.4 | 203 |
| 創域理工 | 数理科 | 20 | 578 | 558 | 169 | 3.3 | 287 |
| | 先端物理 | 40 | 785 | 757 | 298 | 2.5 | 204 |
| | 情報計算科 | 49 | 877 | 851 | 300 | 2.8 | 206 |
| | 生命生物科 | 46 | 1,120 | 1,072 | 429 | 2.4 | 197 |
| | 建築 | 49 | 914 | 878 | 197 | 4.4 | 210 |
| | 先端化 | 49 | 725 | 684 | 323 | 2.1 | 168 |
| | 電気電子情報工 | 40 | 1,204 | 1,148 | 331 | 3.4 | 200 |
| | 経営システム工 | 46 | 786 | 757 | 275 | 2.7 | 205 |
| | 機械航空宇宙工 | 53 | 1,093 | 1,044 | 392 | 2.6 | 200 |
| | 社会基盤工 | 46 | 938 | 901 | 379 | 2.3 | 186 |
| 先進工 | 電子システム工 | 46 | 1,140 | 1,100 | 346 | 3.1 | 220 |
| | マテリアル創成工 | 46 | 900 | 873 | 323 | 2.7 | 213 |
| | 生命システム工 | 46 | 1,080 | 1,044 | 370 | 2.8 | 214 |
| | 物理工 | 46 | 928 | 898 | 345 | 2.6 | 217 |
| | 機能デザイン工 | 46 | 1,042 | 1,012 | 348 | 2.9 | 209 |
| 経営 | 経営 | 72 | 1,176 | 1,147 | 384 | 2.9 | 265 |
| | ビジネスエコノミクス | 73 | 1,020 | 987 | 323 | 3.0 | 200 |
| | 国際デザイン経営 | 32 | 371 | 357 | 113 | 3.1 | 253 |
| 理第二部 | 数 | 70 | 241 | 198 | 116 | 1.7 | 131 |
| | 物理 | 64 | 245 | 200 | 124 | 1.6 | 130 |
| | 化 | 69 | 186 | 159 | 121 | 1.3 | 132 |
| 合計 | | 1,594 | 31,531 | 30,080 | 10,129 | — | — |

（備考） 合格者数・合格最低点には追加合格者を含む。

（配点） 試験各教科 100 点満点，3 教科計 300 点満点。ただし，以下を除く。

- 理学部第一部化学科・応用化学科は 350 点満点（化学 150 点，他教科各 100 点）。
- 創域理工学部数理科学科は 400 点満点（数学 200 点，他教科各 100 点）。
- 経営学部経営学科は 400 点満点（高得点の 2 科目をそれぞれ 1.5 倍に換算，残り 1 科目 100 点）。
- 経営学部国際デザイン経営学科は 400 点満点（英語 200 点，他教科各 100 点）。

## ●C方式入試（大学入学共通テスト＋東京理科大学独自試験）

| 学部・学科 | | 募集人員 | 志願者数 | 受験者数 | 合格者数 | 競争率 | 合格最低点 |
|---|---|---|---|---|---|---|---|
| 理第一部 | 数 | 9 | 143 | 122 | 31 | 3.9 | 405 |
| | 物理 | 9 | 213 | 160 | 10 | 16.0 | 435 |
| | 化 | 9 | 194 | 142 | 21 | 6.7 | 411 |
| | 応用数 | 10 | 81 | 60 | 26 | 2.3 | 375 |
| | 応用化 | 10 | 208 | 144 | 27 | 5.3 | 415 |
| 工 | 建築 | 10 | 185 | 136 | 34 | 4.0 | 409 |
| | 工業化 | 10 | 93 | 58 | 29 | 2.0 | 359 |
| | 電気工 | 10 | 88 | 61 | 17 | 3.5 | 404 |
| | 情報工 | 10 | 259 | 197 | 40 | 4.9 | 418 |
| | 機械工 | 10 | 218 | 169 | 42 | 4.0 | 398 |
| 薬 | 薬 | 10 | 198 | 150 | 34 | 4.4 | 388 |
| | 生命創薬科 | 10 | 168 | 123 | 35 | 3.5 | 388 |
| 創域理工 | 数理科 | 4 | 91 | 77 | 10 | 7.7 | 409 |
| | 先端物理 | 10 | 106 | 88 | 31 | 2.8 | 373 |
| | 情報計算科 | 10 | 87 | 68 | 22 | 3.0 | 402 |
| | 生命生物科 | 10 | 200 | 147 | 50 | 2.9 | 380 |
| | 建築 | 10 | 171 | 132 | 12 | 11.0 | 421 |
| | 先端化 | 10 | 121 | 95 | 27 | 3.5 | 369 |
| | 電気電子情報工 | 10 | 109 | 80 | 18 | 4.4 | 394 |
| | 経営システム工 | 10 | 95 | 64 | 22 | 2.9 | 389 |
| | 機械航空宇宙工 | 10 | 182 | 136 | 45 | 3.0 | 371 |
| | 社会基盤工 | 10 | 130 | 97 | 20 | 4.8 | 382 |
| 先進工 | 電子システム工 | 9 | 117 | 98 | 21 | 4.6 | 399 |
| | マテリアル創成工 | 9 | 94 | 68 | 16 | 4.2 | 387 |
| | 生命システム工 | 9 | 215 | 175 | 18 | 9.7 | 399 |
| | 物理工 | 9 | 81 | 54 | 15 | 3.6 | 396 |
| | 機能デザイン工 | 9 | 107 | 75 | 22 | 3.4 | 388 |
| 経営 | 経営 | 12 | 121 | 95 | 22 | 4.3 | 366 |
| | ビジネスエコノミクス | 15 | 100 | 83 | 45 | 1.8 | 337 |
| | 国際デザイン経営 | 5 | 41 | 33 | 11 | 3.0 | 329 |
| 合計 | | 288 | 4,216 | 3,187 | 773 | － | － |

（配点）　500 点満点（大学入学共通テスト 200 点＋東京理科大学独自試験 300 点）。

## ●グローバル方式入試（英語の資格・検定試験＋東京理科大学独自試験）

| 学部・学科 | | 募集人員 | 志願者数 | 受験者数 | 合格者数 | 競争率 | 合格最低点 |
|---|---|---|---|---|---|---|---|
| 理第一部 | 数 | 5 | 124 | 111 | 13 | 8.5 | 310 |
| | 物理 | 5 | 120 | 102 | 6 | 17.0 | 302 |
| | 化 | 5 | 79 | 75 | 13 | 5.7 | 264 |
| | 応用数 | 5 | 102 | 95 | 25 | 3.8 | 270 |
| | 応用化 | 5 | 107 | 94 | 12 | 7.8 | 270 |
| 工 | 建築 | 5 | 113 | 104 | 15 | 6.9 | 286 |
| | 工業化 | 5 | 42 | 42 | 20 | 2.1 | 217 |
| | 電気工 | 5 | 63 | 56 | 14 | 4.0 | 276 |
| | 情報工 | 5 | 156 | 139 | 16 | 8.6 | 292 |
| | 機械工 | 5 | 165 | 144 | 16 | 9.0 | 283 |
| 薬 | 薬 | 5 | 83 | 72 | 15 | 4.8 | 268 |
| | 生命創薬科 | 5 | 66 | 58 | 13 | 4.4 | 238 |
| 創域理工 | 数理科 | 6 | 103 | 100 | 11 | 9.0 | 280 |
| | 先端物理 | 5 | 73 | 68 | 17 | 4.0 | 263 |
| | 情報計算科 | 5 | 74 | 66 | 8 | 8.2 | 274 |
| | 生命生物科 | 5 | 94 | 86 | 18 | 4.7 | 248 |
| | 建築 | 5 | 109 | 104 | 6 | 17.3 | 298 |
| | 先端化 | 5 | 98 | 90 | 21 | 4.2 | 241 |
| | 電気電子情報工 | 5 | 108 | 99 | 20 | 4.9 | 262 |
| | 経営システム工 | 5 | 77 | 74 | 16 | 4.6 | 259 |
| | 機械航空宇宙工 | 5 | 101 | 93 | 25 | 3.7 | 257 |
| | 社会基盤工 | 5 | 71 | 66 | 9 | 7.3 | 262 |
| 先進工 | 電子システム工 | 5 | 100 | 88 | 15 | 5.8 | 267 |
| | マテリアル創成工 | 5 | 95 | 91 | 21 | 4.3 | 262 |
| | 生命システム工 | 5 | 90 | 84 | 10 | 8.4 | 260 |
| | 物理工 | 5 | 86 | 76 | 19 | 4.0 | 262 |
| | 機能デザイン工 | 5 | 100 | 82 | 17 | 4.8 | 243 |
| 経営 | 経営 | 12 | 130 | 120 | 24 | 5.0 | 235 |
| | ビジネスエコノミクス | 8 | 115 | 104 | 27 | 3.8 | 235 |
| | 国際デザイン経営 | 15 | 116 | 107 | 23 | 4.6 | 205 |
| 合計 | | 171 | 2,960 | 2,690 | 485 | ― | ― |

（配点）　325 点満点（東京理科大学独自試験 300 点＋英語の資格・検定試験 25 点）。

## ●S方式入試（東京理科大学独自試験）

| 学部・学科 | | 募集人員 | 志願者数 | 受験者数 | 合格者数 | 競争率 | 合格最低点 |
|---|---|---|---|---|---|---|---|
| 創域理工 | 数理科 | 20 | 286 | 277 | 85 | 3.2 | 267 |
| | 電気電子情報工 | 20 | 296 | 284 | 114 | 2.4 | 266 |
| 合計 | | 40 | 582 | 561 | 199 | ― | ― |

（配点）　400 点満点。

- 創域理工学部数理科学科は数学 300 点，英語 100 点。
- 創域理工学部電気電子情報工学科は物理 200 点，他教科各 100 点。

## 2023年度 入試状況

### ●B方式入試（東京理科大学独自試験）

| 学部・学科 | | 募集人員 | 志願者数 | 受験者数 | 合格者数 | 競争率 | 合格最低点 |
|---|---|---|---|---|---|---|---|
| 理第一部 | 数 | 46 | 953 | 910 | 256 | 3.5 | 203 |
| | 物理 | 46 | 1,571 | 1,507 | 355 | 4.2 | 209 |
| | 化 | 46 | 1,115 | 1,077 | 375 | 2.8 | 231 |
| | 応用数 | 49 | 689 | 651 | 220 | 2.9 | 187 |
| | 応用化 | 49 | 1,428 | 1,367 | 417 | 3.2 | 242 |
| 工 | 建築 | 46 | 1,178 | 1,103 | 273 | 4.0 | 184 |
| | 工業化 | 46 | 639 | 599 | 280 | 2.1 | 157 |
| | 電気工 | 46 | 1,227 | 1,170 | 431 | 2.7 | 175 |
| | 情報工 | 46 | 2,294 | 2,165 | 496 | 4.3 | 197 |
| | 機械工 | 46 | 1,689 | 1,606 | 564 | 2.8 | 175 |
| 薬 | 薬 | 40 | 950 | 876 | 292 | 3.0 | 179 |
| | 生命創薬科 | 40 | 629 | 592 | 213 | 2.7 | 172 |
| 創域理工 | 数理科 | 20 | 545 | 522 | 232 | 2.2 | 294 |
| | 先端物理 | 40 | 808 | 767 | 327 | 2.3 | 204 |
| | 情報計算科 | 49 | 1,029 | 986 | 388 | 2.5 | 215 |
| | 生命生物科 | 46 | 981 | 928 | 436 | 2.1 | 209 |
| | 建築 | 49 | 794 | 768 | 239 | 3.2 | 203 |
| | 先端化 | 49 | 699 | 661 | 329 | 2.0 | 172 |
| | 電気電子情報工 | 40 | 1,214 | 1,167 | 503 | 2.3 | 198 |
| | 経営システム工 | 46 | 898 | 862 | 308 | 2.7 | 214 |
| | 機械航空宇宙工 | 53 | 1,205 | 1,155 | 430 | 2.6 | 206 |
| | 社会基盤工 | 46 | 876 | 828 | 376 | 2.2 | 183 |
| 先進工 | 電子システム工 | 46 | 1,176 | 1,137 | 361 | 3.1 | 201 |
| | マテリアル創成工 | 46 | 874 | 857 | 394 | 2.1 | 207 |
| | 生命システム工 | 46 | 1,011 | 968 | 416 | 2.3 | 209 |
| | 物理工 | 46 | 835 | 804 | 355 | 2.2 | 195 |
| | 機能デザイン工 | 46 | 914 | 880 | 393 | 2.2 | 201 |
| 経営 | 経営 | 72 | 1,062 | 1,036 | 370 | 2.8 | 261 |
| | ビジネスエコノミクス | 73 | 1,241 | 1,198 | 305 | 3.9 | 200 |
| | 国際デザイン経営 | 32 | 267 | 259 | 111 | 2.3 | 243 |
| 理第二部 | 数 | 70 | 263 | 214 | 122 | 1.7 | 160 |
| | 物理 | 64 | 241 | 197 | 139 | 1.4 | 152 |
| | 化 | 69 | 212 | 173 | 151 | 1.1 | 100 |
| 合計 | | 1,594 | 31,507 | 29,990 | 10,857 | — | — |

（備考） 合格者数・合格最低点には追加合格者を含む。

（配点） 試験各教科100点満点，3教科計300点満点。ただし，以下を除く。

- 理学部第一部化学科・応用化学科は350点満点（化学150点，他教科各100点)。
- 創域理工学部数理科学科は400点満点（数学200点，他教科各100点)。
- 経営学部経営学科は400点満点（高得点の2科目をそれぞれ1.5倍に換算，残り1科目100点)。
- 経営学部国際デザイン経営学科は400点満点（英語200点，他教科各100点)。

## ●C方式入試（大学入学共通テスト＋東京理科大学独自試験）

| 学部・学科 | | 募集人員 | 志願者数 | 受験者数 | 合格者数 | 競争率 | 合格最低点 |
|---|---|---|---|---|---|---|---|
| 理第一部 | 数 | 9 | 128 | 85 | 26 | 3.2 | 350 |
| | 物理 | 9 | 166 | 109 | 16 | 6.8 | 397 |
| | 化 | 9 | 142 | 92 | 31 | 2.9 | 355 |
| | 応用数 | 10 | 81 | 58 | 21 | 2.7 | 346 |
| | 応用化 | 10 | 157 | 93 | 20 | 4.6 | 376 |
| 工 | 建築 | 10 | 143 | 101 | 21 | 4.8 | 380 |
| | 工業化 | 10 | 73 | 54 | 23 | 2.3 | 340 |
| | 電気工 | 10 | 63 | 42 | 16 | 2.6 | 353 |
| | 情報工 | 10 | 201 | 149 | 39 | 3.8 | 375 |
| | 機械工 | 10 | 160 | 98 | 36 | 2.7 | 347 |
| 薬 | 薬 | 10 | 131 | 79 | 23 | 3.4 | 364 |
| | 生命創薬科 | 10 | 113 | 80 | 23 | 3.4 | 360 |
| 創域理工 | 数理科 | 4 | 35 | 29 | 14 | 2.0 | 310 |
| | 先端物理 | 10 | 76 | 44 | 22 | 2.0 | 316 |
| | 情報計算科 | 10 | 106 | 73 | 17 | 4.2 | 373 |
| | 生命生物科 | 10 | 133 | 100 | 36 | 2.7 | 358 |
| | 建築 | 10 | 104 | 77 | 38 | 2.0 | 335 |
| | 先端化 | 10 | 80 | 51 | 25 | 2.0 | 339 |
| | 電気電子情報工 | 10 | 74 | 55 | 19 | 2.8 | 351 |
| | 経営システム工 | 10 | 76 | 58 | 21 | 2.7 | 335 |
| | 機械航空宇宙工 | 10 | 130 | 84 | 33 | 2.5 | 331 |
| | 社会基盤工 | 10 | 85 | 58 | 24 | 2.4 | 325 |
| 先進工 | 電子システム工 | 9 | 89 | 61 | 18 | 3.3 | 349 |
| | マテリアル創成工 | 9 | 66 | 45 | 17 | 2.6 | 349 |
| | 生命システム工 | 9 | 111 | 74 | 34 | 2.1 | 349 |
| | 物理工 | 9 | 74 | 45 | 14 | 3.2 | 350 |
| | 機能デザイン工 | 9 | 80 | 56 | 12 | 4.6 | 361 |
| 経営 | 経営 | 12 | 78 | 50 | 25 | 2.0 | 297 |
| | ビジネスエコノミクス | 15 | 88 | 64 | 30 | 2.1 | 316 |
| | 国際デザイン経営 | 5 | 26 | 17 | 8 | 2.1 | 322 |
| 合計 | | 288 | 3,069 | 2,081 | 702 | ― | ― |

（配点）　500 点満点（大学入学共通テスト 200 点＋東京理科大学独自試験 300 点）。

## ●グローバル方式入試（英語の資格・検定試験＋東京理科大学独自試験）

| 学部・学科 | | 募集人員 | 志願者数 | 受験者数 | 合格者数 | 競争率 | 合格最低点 |
|---|---|---|---|---|---|---|---|
| 理第一部 | 数 | 5 | 73 | 67 | 14 | 4.7 | 191 |
| | 物理 | 5 | 101 | 88 | 8 | 11.0 | 234 |
| | 化 | 5 | 75 | 65 | 14 | 4.6 | 238 |
| | 応用数 | 5 | 86 | 80 | 14 | 5.7 | 201 |
| | 応用化 | 5 | 94 | 81 | 17 | 4.7 | 244 |
| 工 | 建築 | 5 | 87 | 76 | 11 | 6.9 | 214 |
| | 工業化 | 5 | 50 | 46 | 15 | 3.0 | 232 |
| | 電気工 | 5 | 45 | 41 | 11 | 3.7 | 199 |
| | 情報工 | 5 | 129 | 112 | 16 | 7.0 | 236 |
| | 機械工 | 5 | 110 | 91 | 33 | 2.7 | 187 |
| 薬 | 薬 | 5 | 97 | 83 | 18 | 4.6 | 247 |
| | 生命創薬科 | 5 | 80 | 74 | 13 | 5.6 | 238 |
| 創域理工 | 数理科 | 6 | 66 | 57 | 25 | 2.2 | 163 |
| | 先端物理 | 5 | 66 | 59 | 14 | 4.2 | 191 |
| | 情報計算科 | 5 | 75 | 66 | 13 | 5.0 | 233 |
| | 生命生物科 | 5 | 120 | 96 | 25 | 3.8 | 215 |
| | 建築 | 5 | 89 | 79 | 18 | 4.3 | 195 |
| | 先端化 | 5 | 70 | 64 | 29 | 2.2 | 210 |
| | 電気電子情報工 | 5 | 76 | 67 | 24 | 2.7 | 178 |
| | 経営システム工 | 5 | 77 | 74 | 15 | 4.9 | 225 |
| | 機械航空宇宙工 | 5 | 92 | 81 | 23 | 3.5 | 184 |
| | 社会基盤工 | 5 | 75 | 65 | 19 | 3.4 | 218 |
| 先進工 | 電子システム工 | 5 | 90 | 83 | 21 | 3.9 | 201 |
| | マテリアル創成工 | 5 | 80 | 68 | 23 | 2.9 | 214 |
| | 生命システム工 | 5 | 92 | 81 | 20 | 4.0 | 215 |
| | 物理工 | 5 | 61 | 54 | 15 | 3.6 | 188 |
| | 機能デザイン工 | 5 | 97 | 87 | 11 | 7.9 | 243 |
| 経営 | 経営 | 12 | 79 | 71 | 26 | 2.7 | 164 |
| | ビジネスエコノミクス | 8 | 90 | 82 | 23 | 3.5 | 170 |
| | 国際デザイン経営 | 15 | 104 | 88 | 43 | 2.0 | 139 |
| 合計 | | 171 | 2,526 | 2,226 | 571 | ― | ― |

（配点） 325 点満点（東京理科大学独自試験 300 点＋英語の資格・検定試験 25 点）。

## ●S方式入試（東京理科大学独自試験）

| 学部・学科 | | 募集人員 | 志願者数 | 受験者数 | 合格者数 | 競争率 | 合格最低点 |
|---|---|---|---|---|---|---|---|
| 創域理工 | 数理科 | 20 | 256 | 246 | 122 | 2.0 | 226 |
| | 電気電子情報工 | 20 | 258 | 253 | 111 | 2.2 | 259 |
| 合計 | | 40 | 514 | 499 | 233 | ― | ― |

（配点） 400 点満点。

• 創域理工学部数理科学科は数学 300 点，英語 100 点。

• 創域理工学部電気電子情報工学科は物理 200 点，他教科各 100 点。

## 2022 年度 入試状況

### ●B 方式入試（東京理科大学独自試験）

| 学部・学科 | | 募集人員 | 志願者数 | 受験者数 | 合格者数 | 競争率 | 合格最低点 |
|---|---|---|---|---|---|---|---|
| 理第一部 | 数 | 49 | 896 | 848 | 249 | 3.4 | 182 |
| | 物理 | 49 | 1,347 | 1,255 | 401 | 3.1 | 200 |
| | 化 | 49 | 1,092 | 1,031 | 322 | 3.2 | 212 |
| | 応用数 | 49 | 688 | 652 | 189 | 3.4 | 183 |
| | 応用物理 | 49 | 723 | 679 | 268 | 2.5 | 165 |
| | 応用化 | 49 | 1,443 | 1,365 | 451 | 3.0 | 208 |
| 工 | 建築 | 46 | 1,236 | 1,162 | 268 | 4.3 | 203 |
| | 工業化 | 46 | 647 | 608 | 260 | 2.3 | 148 |
| | 電気工 | 46 | 1,450 | 1,359 | 381 | 3.5 | 197 |
| | 情報工 | 46 | 2,401 | 2,250 | 451 | 4.9 | 212 |
| | 機械工 | 46 | 1,864 | 1,756 | 557 | 3.1 | 196 |
| 薬 | 薬 | 40 | 1,032 | 949 | 259 | 3.6 | 197 |
| | 生命創薬科 | 40 | 604 | 568 | 204 | 2.7 | 191 |
| 理工 | 数 | 49 | 789 | 754 | 294 | 2.5 | 287 |
| | 物理 | 49 | 1,068 | 1,025 | 457 | 2.2 | 203 |
| | 情報科 | 49 | 1,558 | 1,500 | 381 | 3.9 | 231 |
| | 応用生物科 | 49 | 828 | 792 | 387 | 2.0 | 206 |
| | 建築 | 49 | 960 | 925 | 205 | 4.5 | 222 |
| | 先端化 | 49 | 873 | 837 | 357 | 2.3 | 184 |
| | 電気電子情報工 | 67 | 1,758 | 1,670 | 526 | 3.1 | 210 |
| | 経営工 | 49 | 902 | 871 | 326 | 2.6 | 214 |
| | 機械工 | 49 | 1,522 | 1,449 | 449 | 3.2 | 217 |
| | 土木工 | 49 | 1,027 | 996 | 305 | 3.2 | 204 |
| 先進工 | 電子システム工 | 49 | 967 | 930 | 279 | 3.3 | 203 |
| | マテリアル創成工 | 49 | 1,098 | 1,061 | 345 | 3.0 | 202 |
| | 生命システム工 | 49 | 1,127 | 1,073 | 418 | 2.5 | 198 |
| 経営 | 経営 | 72 | 1,271 | 1,233 | 391 | 3.1 | 262 |
| | ビジネスエコノミクス | 73 | 1,149 | 1,103 | 324 | 3.4 | 183 |
| | 国際デザイン経営 | 32 | 228 | 222 | 108 | 2.0 | 240 |
| 理第二部 | 数 | 70 | 319 | 258 | 121 | 2.1 | 144 |
| | 物理 | 64 | 308 | 270 | 133 | 2.0 | 168 |
| | 化 | 69 | 204 | 166 | 143 | 1.1 | 100 |
| 合計 | | 1,639 | 33,379 | 31,617 | 10,209 | — | — |

（備考）　合格者数・合格最低点には追加合格者を含む。

（配点）　試験各教科 100 点満点，3 教科計 300 点満点。ただし，以下を除く。

- 理学部第一部化学科・応用化学科は 350 点満点（化学 150 点，他教科各 100 点）。
- 理工学部数学科は 400 点満点（数学 200 点，他教科各 100 点）。
- 経営学部経営学科は 400 点満点（高得点の 2 科目をそれぞれ 1.5 倍に換算, 残り 1 科目 100 点）。
- 経営学部国際デザイン経営学科は 400 点満点（英語 200 点，他教科各 100 点）。

## ●C方式入試（大学入学共通テスト＋東京理科大学独自試験）

| 学部・学科 | | 募集人員 | 志願者数 | 受験者数 | 合格者数 | 競争率 | 合格最低点 |
|---|---|---|---|---|---|---|---|
| 理第一部 | 数 | 10 | 136 | 98 | 24 | 4.0 | 420 |
| | 物理 | 10 | 161 | 121 | 19 | 6.3 | 418 |
| | 化 | 10 | 171 | 104 | 34 | 3.0 | 389 |
| | 応用数 | 10 | 127 | 98 | 25 | 3.9 | 386 |
| | 応用物理 | 10 | 84 | 64 | 17 | 3.7 | 394 |
| | 応用化 | 10 | 229 | 145 | 36 | 4.0 | 397 |
| 工 | 建築 | 10 | 217 | 162 | 33 | 4.9 | 407 |
| | 工業化 | 10 | 97 | 69 | 27 | 2.5 | 371 |
| | 電気工 | 10 | 96 | 75 | 24 | 3.1 | 392 |
| | 情報工 | 10 | 292 | 243 | 35 | 6.9 | 425 |
| | 機械工 | 10 | 204 | 153 | 57 | 2.6 | 381 |
| 薬 | 薬 | 10 | 206 | 156 | 23 | 6.7 | 413 |
| | 生命創薬科 | 10 | 135 | 100 | 22 | 4.5 | 399 |
| 理 | 数 | 10 | 107 | 91 | 24 | 3.7 | 404 |
| | 物理 | 10 | 102 | 79 | 20 | 3.9 | 386 |
| | 情報科 | 10 | 140 | 114 | 25 | 4.5 | 403 |
| | 応用生物科 | 10 | 208 | 167 | 36 | 4.6 | 387 |
| 工 | 建築 | 10 | 169 | 138 | 34 | 4.0 | 397 |
| | 先端化 | 10 | 150 | 110 | 33 | 3.3 | 373 |
| | 電気電子情報工 | 13 | 171 | 136 | 23 | 5.9 | 397 |
| | 経営工 | 10 | 89 | 66 | 25 | 2.6 | 384 |
| | 機械工 | 10 | 227 | 177 | 42 | 4.2 | 381 |
| | 土木工 | 10 | 129 | 92 | 30 | 3.0 | 361 |
| 先進工 | 電子システム工 | 10 | 119 | 95 | 24 | 3.9 | 397 |
| | マテリアル創成工 | 10 | 135 | 107 | 11 | 9.7 | 410 |
| | 生命システム工 | 10 | 184 | 142 | 30 | 4.7 | 399 |
| 経営 | 経営 | 12 | 189 | 160 | 43 | 3.7 | 390 |
| | ビジネスエコノミクス | 15 | 147 | 122 | 39 | 3.1 | 392 |
| | 国際デザイン経営 | 5 | 55 | 46 | 16 | 2.8 | 378 |
| 合計 | | 295 | 4,476 | 3,430 | 831 | — | — |

（配点）　500 点満点（大学入学共通テスト 200 点＋東京理科大学独自試験 300 点）。

## ●グローバル方式入試（英語の資格・検定試験＋東京理科大学独自試験）

| 学部・学科 | | 募集人員 | 志願者数 | 受験者数 | 合格者数 | 競争率 | 合格最低点 |
|---|---|---|---|---|---|---|---|
| 理第一部 | 数 | 5 | 72 | 65 | 13 | 5.0 | 310 |
| | 物理 | 5 | 62 | 53 | 13 | 4.0 | 274 |
| | 化 | 5 | 60 | 54 | 17 | 3.1 | 251 |
| | 応用数 | 5 | 105 | 101 | 18 | 5.6 | 305 |
| | 応用物理 | 5 | 39 | 36 | 11 | 3.2 | 261 |
| | 応用化 | 5 | 46 | 35 | 9 | 3.8 | 252 |
| 工 | 建築 | 5 | 75 | 72 | 15 | 4.8 | 276 |
| | 工業化 | 5 | 39 | 34 | 11 | 3.0 | 255 |
| | 電気工 | 5 | 62 | 57 | 9 | 6.3 | 289 |
| | 情報工 | 5 | 114 | 100 | 15 | 6.6 | 281 |
| | 機械工 | 5 | 67 | 56 | 11 | 5.0 | 274 |
| 薬 | 薬 | 5 | 60 | 52 | 10 | 5.2 | 265 |
| | 生命創薬科 | 5 | 39 | 35 | 11 | 3.1 | 250 |
| 理工 | 数 | 5 | 106 | 101 | 24 | 4.2 | 292 |
| | 物理 | 5 | 58 | 56 | 18 | 3.1 | 247 |
| | 情報科 | 5 | 82 | 76 | 9 | 8.4 | 276 |
| | 応用生物科 | 5 | 61 | 53 | 15 | 3.5 | 253 |
| | 建築 | 5 | 80 | 75 | 12 | 6.2 | 270 |
| | 先端化 | 5 | 61 | 54 | 17 | 3.1 | 241 |
| | 電気電子情報工 | 7 | 126 | 114 | 16 | 7.1 | 270 |
| | 経営工 | 5 | 49 | 43 | 12 | 3.5 | 255 |
| | 機械工 | 5 | 73 | 66 | 18 | 3.6 | 258 |
| | 土木工 | 5 | 72 | 68 | 12 | 5.6 | 243 |
| 先進工 | 電子システム工 | 5 | 65 | 59 | 18 | 3.2 | 249 |
| | マテリアル創成工 | 5 | 34 | 29 | 6 | 4.8 | 261 |
| | 生命システム工 | 5 | 82 | 76 | 12 | 6.3 | 271 |
| 経営 | 経営 | 12 | 112 | 103 | 23 | 4.4 | 281 |
| | ビジネスエコノミクス | 8 | 106 | 100 | 20 | 5.0 | 285 |
| | 国際デザイン経営 | 15 | 63 | 58 | 33 | 1.7 | 220 |
| 合計 | | 167 | 2,070 | 1,881 | 428 | — | — |

（配点）　325 点満点（東京理科大学独自試験 300 点＋英語の資格・検定試験 25 点）。

# 2021 年度 入試状況

## ●B 方式入試（東京理科大学独自試験）

| 学部・学科 | | 募集人員 | 志願者数 | 受験者数 | 合格者数 | 競争率 | 合格最低点 |
|---|---|---|---|---|---|---|---|
| 理第一部 | 数 | 49 | 858 | 827 | 247 | 3.3 | 185 |
| | 物理 | 49 | 1,247 | 1,180 | 423 | 2.7 | 187 |
| | 化 | 49 | 1,020 | 972 | 344 | 2.8 | ＊234 |
| | 応用数 | 49 | 570 | 544 | 191 | 2.8 | 183 |
| | 応用物理 | 49 | 664 | 634 | 311 | 2.0 | 144 |
| | 応用化 | 49 | 1,240 | 1,187 | 447 | 2.6 | ＊181 |
| 工 | 建築 | 46 | 1,199 | 1,144 | 290 | 3.9 | 197 |
| | 工業化 | 46 | 643 | 610 | 271 | 2.2 | 177 |
| | 電気工 | 46 | 1,190 | 1,120 | 380 | 2.9 | 188 |
| | 情報工 | 46 | 2,389 | 2,264 | 375 | 6.0 | 211 |
| | 機械工 | 46 | 1,769 | 1,671 | 494 | 3.3 | 197 |
| 薬 | 薬 | 40 | 934 | 841 | 252 | 3.3 | 175 |
| | 生命創薬科 | 40 | 603 | 560 | 224 | 2.5 | 166 |
| 理工 | 数 | 49 | 702 | 683 | 340 | 2.0 | ＊＊279 |
| | 物理 | 49 | 1,083 | 1,048 | 409 | 2.5 | 220 |
| | 情報科 | 49 | 1,410 | 1,360 | 433 | 3.1 | 228 |
| | 応用生物科 | 49 | 900 | 854 | 355 | 2.4 | 212 |
| | 建築 | 49 | 798 | 762 | 250 | 3.0 | 213 |
| | 先端化 | 49 | 636 | 614 | 296 | 2.0 | 196 |
| | 電気電子情報工 | 67 | 1,413 | 1,338 | 626 | 2.1 | 202 |
| | 経営工 | 49 | 902 | 871 | 301 | 2.8 | 221 |
| | 機械工 | 49 | 1,417 | 1,350 | 474 | 2.8 | 214 |
| | 土木工 | 49 | 782 | 755 | 418 | 1.8 | 187 |
| 先進工 | 電子システム工 | 49 | 1,233 | 1,182 | 198 | 5.9 | 212 |
| | マテリアル創成工 | 49 | 1,280 | 1,235 | 357 | 3.4 | 199 |
| | 生命システム工 | 49 | 1,288 | 1,239 | 390 | 3.1 | 194 |
| 経営 | 経営 | 72 | 1,093 | 1,063 | 312 | 3.4 | ＃299 |
| | ビジネスエコノミクス | 73 | 1,091 | 1,059 | 321 | 3.2 | 221 |
| | 国際デザイン経営 | 32 | 499 | 485 | 64 | 7.5 | ＃＃307 |
| 理第二部 | 数 | 64 | 254 | 215 | 123 | 1.7 | 123 |
| | 物理 | 64 | 238 | 185 | 122 | 1.5 | 110 |
| | 化 | 69 | 188 | 152 | 112 | 1.3 | 101 |
| 合計 | | 1,633 | 31,533 | 30,004 | 10,150 | ― | ― |

（備考） 合格者数・合格最低点には追加合格者を含む。

（配点） 試験各教科 100 点満点，3 教科計 300 点満点。ただし，以下を除く。

- 理学部第一部化学科・応用化学科（＊）は 350 点満点（化学 150 点，他教科各 100 点）。
- 理工学部数学科（＊＊）は 400 点満点（数学 200 点，他教科各 100 点）。
- 経営学部経営学科（＃）は 400 点満点（高得点の 2 科目をそれぞれ 1.5 倍に換算，残り 1 科目 100 点）。
- 経営学部国際デザイン経営学科（＃＃）は 400 点満点（英語 200 点，他教科各 100 点）。

## ●C方式入試（大学入学共通テスト＋東京理科大学独自試験）

| 学部 | 学科 | 募集人員 | 志願者数 | 受験者数 | 合格者数 | 競争率 | 合格最低点 |
|---|---|---|---|---|---|---|---|
| 理第一部 | 数 | 10 | 131 | 91 | 26 | 3.5 | 369 |
| | 物理 | 10 | 126 | 81 | 12 | 6.7 | 391 |
| | 化 | 10 | 129 | 87 | 30 | 2.9 | 371 |
| | 応用数 | 10 | 64 | 42 | 25 | 1.6 | 319 |
| | 応用物理 | 10 | 76 | 53 | 19 | 2.7 | 360 |
| | 応用化 | 10 | 130 | 87 | 20 | 4.3 | 385 |
| 工 | 建築 | 10 | 130 | 94 | 25 | 3.7 | 390 |
| | 工業化 | 10 | 91 | 65 | 26 | 2.5 | 369 |
| | 電気工 | 10 | 90 | 64 | 21 | 3.0 | 383 |
| | 情報工 | 10 | 216 | 165 | 30 | 5.5 | 405 |
| | 機械工 | 10 | 142 | 92 | 30 | 3.0 | 382 |
| 薬 | 薬 | 10 | 163 | 112 | 16 | 7.0 | 391 |
| | 生命創薬科 | 10 | 114 | 75 | 18 | 4.1 | 376 |
| 理工 | 数 | 10 | 74 | 57 | 27 | 2.1 | 339 |
| | 物理 | 10 | 78 | 60 | 19 | 3.1 | 376 |
| | 情報科 | 10 | 135 | 105 | 17 | 6.1 | 401 |
| | 応用生物科 | 10 | 139 | 104 | 36 | 2.8 | 361 |
| | 建築 | 10 | 83 | 57 | 24 | 2.3 | 358 |
| | 先端化 | 10 | 72 | 50 | 19 | 2.6 | 359 |
| | 電気電子情報工 | 13 | 107 | 79 | 19 | 4.1 | 373 |
| | 経営工 | 10 | 96 | 70 | 21 | 3.3 | 375 |
| | 機械工 | 10 | 136 | 87 | 32 | 2.7 | 358 |
| | 土木工 | 10 | 65 | 33 | 13 | 2.5 | 352 |
| 先進工 | 電子システム工 | 10 | 138 | 113 | 14 | 8.0 | 387 |
| | マテリアル創成工 | 10 | 123 | 67 | 14 | 4.7 | 366 |
| | 生命システム工 | 10 | 164 | 116 | 33 | 3.5 | 374 |
| 経営 | 経営 | 12 | 87 | 63 | 26 | 2.4 | 337 |
| | ビジネスエコノミクス | 15 | 110 | 78 | 23 | 3.3 | 366 |
| | 国際デザイン経営 | 5 | 37 | 26 | 7 | 3.7 | 369 |
| 合計 | | 295 | 3,246 | 2,273 | 642 | — | — |

（配点）　500点満点（大学入学共通テスト200点＋東京理科大学独自試験300点）。

## ●グローバル方式入試（英語の資格・検定試験＋東京理科大学独自試験）

| 学部 | 学科 | 募集人員 | 志願者数 | 受験者数 | 合格者数 | 競争率 | 合格最低点 |
|---|---|---|---|---|---|---|---|
| 理第一部 | 数 | 5 | 57 | 52 | 11 | 4.7 | 243 |
| | 物理 | 5 | 60 | 52 | 8 | 6.5 | 252 |
| | 化 | 5 | 57 | 49 | 15 | 3.2 | 246 |
| | 応用数 | 5 | 89 | 80 | 16 | 5.0 | 208 |
| | 応用物理 | 5 | 37 | 34 | 11 | 3.0 | 233 |
| | 応用化 | 5 | 71 | 64 | 10 | 6.4 | 261 |
| 工 | 建築 | 5 | 85 | 77 | 10 | 7.7 | 253 |
| | 工業化 | 5 | 52 | 44 | 12 | 3.6 | 245 |
| | 電気工 | 5 | 50 | 44 | 13 | 3.3 | 229 |
| | 情報工 | 5 | 119 | 101 | 14 | 7.2 | 256 |
| | 機械工 | 5 | 61 | 51 | 11 | 4.6 | 252 |
| 薬 | 薬 | 5 | 46 | 35 | 6 | 5.8 | 255 |
| | 生命創薬科 | 5 | 48 | 41 | 13 | 3.1 | 251 |
| 理 | 数 | 5 | 46 | 46 | 23 | 2.0 | 185 |
| | 物理 | 5 | 38 | 37 | 8 | 4.6 | 232 |
| | 情報科 | 5 | 59 | 53 | 8 | 6.6 | 250 |
| | 応用生物科 | 5 | 51 | 45 | 14 | 3.2 | 228 |
| 工 | 建築 | 5 | 56 | 50 | 15 | 3.3 | 227 |
| | 先端化 | 5 | 30 | 29 | 7 | 4.1 | 238 |
| | 電気電子情報工 | 7 | 57 | 53 | 13 | 4.0 | 209 |
| | 経営工 | 5 | 57 | 51 | 13 | 3.9 | 251 |
| | 機械工 | 5 | 65 | 55 | 15 | 3.6 | 218 |
| | 土木工 | 5 | 59 | 52 | 9 | 5.7 | 244 |
| 先進工 | 電子システム工 | 5 | 105 | 99 | 12 | 8.2 | 238 |
| | マテリアル創成工 | 5 | 68 | 62 | 8 | 7.7 | 244 |
| | 生命システム工 | 5 | 99 | 88 | 19 | 4.6 | 232 |
| 経営 | 経営 | 12 | 84 | 74 | 13 | 5.6 | 206 |
| | ビジネスエコノミクス | 8 | 143 | 130 | 30 | 4.3 | 215 |
| | 国際デザイン経営 | 15 | 86 | 79 | 20 | 3.9 | 203 |
| 合計 | | 167 | 1,935 | 1,727 | 377 | — | — |

（配点） 325 点満点（東京理科大学独自試験 300 点＋英語の資格・検定試験 25 点）。

# 2020 年度 入試状況

## ●B 方式入試（東京理科大学独自試験）

| 学部・学科 | | 募集人員 | 志願者数 | 受験者数 | 合格者数 | 競争率 | 合格最低点 |
|---|---|---|---|---|---|---|---|
| 理第一部 | 数 | 49 | 887 | 852 | 238 | 3.5 | 180 |
| | 物理 | 49 | 1,418 | 1,361 | 376 | 3.6 | 207 |
| | 化 | 49 | 1,073 | 1,008 | 291 | 3.4 | ＊221 |
| | 応用数 | 49 | 688 | 665 | 186 | 3.5 | 176 |
| | 応用物理 | 49 | 751 | 717 | 285 | 2.5 | 180 |
| | 応用化 | 49 | 1,470 | 1,403 | 390 | 3.5 | ＊250 |
| 工 | 建築 | 46 | 1,413 | 1,317 | 285 | 4.6 | 208 |
| | 工業化 | 46 | 656 | 617 | 264 | 2.3 | 181 |
| | 電気工 | 46 | 1,729 | 1,638 | 329 | 4.9 | 209 |
| | 情報工 | 46 | 2,158 | 2,014 | 418 | 4.8 | 213 |
| | 機械工 | 46 | 2,213 | 2,080 | 444 | 4.6 | 213 |
| 薬 | 薬 | 40 | 1,028 | 935 | 262 | 3.5 | 212 |
| | 生命創薬科 | 40 | 688 | 646 | 237 | 2.7 | 203 |
| 理工 | 数 | 49 | 911 | 879 | 311 | 2.8 | ＊＊262 |
| | 物理 | 49 | 1,215 | 1,170 | 411 | 2.8 | 187 |
| | 情報科 | 49 | 1,567 | 1,492 | 366 | 4.0 | 218 |
| | 応用生物科 | 49 | 1,228 | 1,174 | 393 | 2.9 | 202 |
| | 建築 | 49 | 1,044 | 991 | 214 | 4.6 | 217 |
| | 先端化 | 49 | 1,059 | 1,005 | 292 | 3.4 | 206 |
| | 電気電子情報工 | 67 | 1,623 | 1,542 | 493 | 3.1 | 208 |
| | 経営工 | 49 | 1,064 | 1,026 | 270 | 3.8 | 208 |
| | 機械工 | 49 | 1,766 | 1,688 | 470 | 3.5 | 216 |
| | 土木工 | 49 | 995 | 946 | 322 | 2.9 | 198 |
| 基礎工 | 電子応用工 | 49 | 794 | 769 | 211 | 3.6 | 204 |
| | 材料工 | 49 | 1,138 | 1,097 | 263 | 4.1 | 207 |
| | 生物工 | 49 | 775 | 739 | 295 | 2.5 | 196 |
| 経営 | 経営 | 132 | 1,755 | 1,695 | 328 | 5.1 | ＃262 |
| | ビジネスエコノミクス | 62 | 1,054 | 1,022 | 139 | 7.3 | 217 |
| 理第二部 | 数 | 64 | 310 | 259 | 113 | 2.2 | 167 |
| | 物理 | 64 | 304 | 273 | 138 | 1.9 | 162 |
| | 化 | 69 | 231 | 200 | 131 | 1.5 | 148 |
| 合計 | | 1,650 | 35,005 | 33,220 | 9,165 | — | — |

（備考） 合格者数・合格最低点には補欠合格者を含む。

（配点） 試験各教科 100 点満点，3 教科計 300 点満点。ただし，以下を除く。

- 理学部第一部化学科・応用化学科（＊）は 350 点満点（化学 150 点，他教科各 100 点）。
- 理工学部数学科（＊＊）は 400 点満点（数学 200 点，他教科各 100 点）。
- 経営学部経営学科（＃）は 350 点満点（英語 150 点，他教科各 100 点）。

## ●C方式入試（大学入試センター試験＋東京理科大学独自試験）

| 学部・学科 | | 募集人員 | 志願者数 | 受験者数 | 合格者数 | 競争率 | 合格最低点 |
|---|---|---|---|---|---|---|---|
| 理第一部 | 数 | 10 | 90 | 72 | 18 | 4.0 | 384 |
| | 物理 | 10 | 132 | 102 | 14 | 7.2 | 410 |
| | 化 | 10 | 110 | 86 | 27 | 3.1 | 381 |
| | 応用数 | 10 | 88 | 68 | 25 | 2.7 | 379 |
| | 応用物理 | 10 | 60 | 47 | 18 | 2.6 | 376 |
| | 応用化 | 10 | 161 | 117 | 34 | 3.4 | 390 |
| 工 | 建築 | 10 | 146 | 112 | 26 | 4.3 | 401 |
| | 工業化 | 10 | 75 | 53 | 20 | 2.6 | 371 |
| | 電気工 | 10 | 184 | 142 | 37 | 3.8 | 393 |
| | 情報工 | 10 | 205 | 152 | 30 | 5.0 | 404 |
| | 機械工 | 10 | 210 | 159 | 40 | 3.9 | 390 |
| 薬 | 薬 | 10 | 182 | 133 | 20 | 6.6 | 396 |
| | 生命創薬科 | 10 | 106 | 83 | 24 | 3.4 | 379 |
| 理工 | 数 | 10 | 79 | 68 | 19 | 3.5 | 378 |
| | 物理 | 10 | 84 | 60 | 10 | 6.0 | 392 |
| | 情報科 | 10 | 115 | 81 | 22 | 3.6 | 385 |
| | 応用生物科 | 10 | 173 | 125 | 35 | 3.5 | 366 |
| | 建築 | 10 | 113 | 91 | 24 | 3.7 | 398 |
| | 先端化 | 10 | 90 | 72 | 20 | 3.6 | 371 |
| | 電気電子情報工 | 13 | 91 | 65 | 16 | 4.0 | 374 |
| | 経営工 | 10 | 96 | 79 | 20 | 3.9 | 369 |
| | 機械工 | 10 | 145 | 118 | 25 | 4.7 | 390 |
| | 土木工 | 10 | 69 | 54 | 12 | 4.5 | 387 |
| 基礎工 | 電子応用工 | 10 | 115 | 87 | 24 | 3.6 | 377 |
| | 材料工 | 10 | 165 | 132 | 10 | 13.2 | 395 |
| | 生物工 | 10 | 120 | 97 | 32 | 3.0 | 358 |
| 経営 | 経営 | 24 | 208 | 172 | 25 | 6.8 | 387 |
| | ビジネスエコノミクス | 13 | 181 | 148 | 23 | 6.4 | 383 |
| 合計 | | 300 | 3,593 | 2,775 | 650 | ― | ― |

（配点） 500 点満点（大学入試センター試験 200 点＋東京理科大学独自試験 300 点）。

●グローバル方式入試（英語の資格・検定試験＋東京理科大学独自試験）

| 学部 | 学科 | 募集人員 | 志願者数 | 受験者数 | 合格者数 | 競争率 | 合格最低点 |
|---|---|---|---|---|---|---|---|
| 理第一部 | 数 | 5 | 56 | 52 | 7 | 7.4 | 270 |
| | 物理 | 5 | 66 | 61 | 7 | 8.7 | 269 |
| | 化 | 5 | 58 | 50 | 13 | 3.8 | 235 |
| | 応用数 | 5 | 68 | 63 | 17 | 3.7 | 236 |
| | 応用物理 | 5 | 37 | 34 | 9 | 3.7 | 253 |
| | 応用化 | 5 | 69 | 59 | 12 | 4.9 | 238 |
| 工 | 建築 | 5 | 79 | 74 | 10 | 7.4 | 253 |
| | 工業化 | 5 | 44 | 40 | 12 | 3.3 | 213 |
| | 電気工 | 5 | 107 | 100 | 15 | 6.6 | 250 |
| | 情報工 | 5 | 91 | 76 | 12 | 6.3 | 254 |
| | 機械工 | 5 | 80 | 75 | 10 | 7.5 | 266 |
| 薬 | 薬 | 5 | 59 | 45 | 8 | 5.6 | 242 |
| | 生命創薬科 | 5 | 43 | 37 | 9 | 4.1 | 221 |
| 理 | 数 | 5 | 33 | 31 | 8 | 3.8 | 234 |
| | 物理 | 5 | 38 | 33 | 7 | 4.7 | 246 |
| | 情報科 | 5 | 50 | 46 | 7 | 6.5 | 242 |
| | 応用生物科 | 5 | 78 | 68 | 13 | 5.2 | 224 |
| 工 | 建築 | 5 | 68 | 61 | 9 | 6.7 | 252 |
| | 先端化 | 5 | 45 | 40 | 9 | 4.4 | 230 |
| | 電気電子情報工 | 7 | 62 | 52 | 15 | 3.4 | 233 |
| | 経営工 | 5 | 50 | 43 | 10 | 4.3 | 228 |
| | 機械工 | 5 | 65 | 57 | 11 | 5.1 | 251 |
| | 土木工 | 5 | 76 | 71 | 14 | 5.0 | 222 |
| 基礎工 | 電子応用工 | 5 | 94 | 88 | 21 | 4.1 | 227 |
| | 材料工 | 5 | 76 | 68 | 5 | 13.6 | 239 |
| | 生物工 | 5 | 60 | 53 | 13 | 4.0 | 217 |
| 経営 | 経営 | 12 | 177 | 162 | 12 | 13.5 | 236 |
| | ビジネスエコノミクス | 7 | 110 | 104 | 20 | 5.2 | 228 |
| 合計 | | 151 | 1,939 | 1,743 | 315 | — | — |

（配点）　320 点満点（東京理科大学独自試験 300 点＋英語の資格・検定試験 20 点）。

# 募集要項（出願書類）の入手方法

**◎一般選抜（A方式・B方式・C方式・グローバル方式・S方式）**

Web 出願サイトより出願を行います。募集要項は大学ホームページよりダウンロードしてください（11 月中旬公開予定）。

**◎学校推薦型選抜・総合型選抜**

Web 出願サイトより出願を行います。募集要項は 7 月上旬頃，大学ホームページで公開。

> **〔Web 出願の手順〕**
> **Web 出願サイトより出願情報を入力**
> **⇨入学検定料等を納入⇨出願書類を郵送⇨完了**

**◎上記入学試験以外（帰国生入学者選抜や編入学など）**

Web 出願には対応していません。願書（紙媒体）に記入し，郵送により出願します。募集要項は大学ホームページから入手してください。

**問い合わせ先**

東京理科大学　入試課
〒162-8601　東京都新宿区神楽坂 1-3
TEL 03-5228-7437　　FAX 03-5228-7444
ホームページ　https://www.tus.ac.jp/

気になること、聞いてみました！

# 在学生メッセージ

大学ってどんなところ？ 大学生活ってどんな感じ？
ちょっと気になることを，在学生に聞いてみました。

以下の内容は 2020〜2022 年度入学生のアンケート回答に基づくものです。ここで触れられている内容は今後変更となる場合もありますのでご注意ください。

メッセージを書いてくれた先輩　［創域理工学部］K.N. さん　［理学部第一部］A.Y. さん　［理学部第二部］M.A. さん



## 大学生になったと実感！

自由度が高まったと感じています。バイト，部活，勉強など自分のやりたいことが好きなようにできます。高校時代と比べて良い意味でも悪い意味でも周りからの干渉がなくなったので，自分のやりたいことができます。逆に，何もしないと何も始まらないと思います。友達作りや自分のやりたいことを自分で取捨選択して考えて行動することで，充実した大学生活を送ることができるのではないでしょうか。自分自身，こういった環境に身を置くことができるのはとてもありがたいことだと思っており，有意義なものになるよう自分から動くようにしています。（A.Y. さん／理〈一部〉）

大学生になって，高校よりも良くも悪くも自由になったと実感しています。高校生までは，時間割が決まっていて学校の外に出ることはなかったと思いますが，大学生は授業と授業の間にお出かけをしたり，ご飯を食べたりすることもできますし，授業が始まる前に遊んでそのまま大学に行くこともあります。アルバイトを始めたとき，専門書を購入したとき，大学生になったと実感します。また，講義ごとに教室が変わり自分たちが移動

する点も高校とは異なる点だと思います。（M.A. さん／理〈二部〉）

所属する建築学科に関する専門科目が新しく加わって，とても楽しいです。さらに OB の方をはじめとした，現在業界の第一線で働いていらっしゃる専門職の方の講演が授業の一環で週に１回あります。そのほかの先生も業界で有名な方です。（K.N. さん／創域理工）

## この授業がおもしろい！

１年生の前期に取っていた教職概論という授業が好きでした。この授業は教職を取りたいと思っている学生向けの授業です。教授の話を聞いたり個人で演習したりする授業が多いですが，この授業は教授の話を聞いた後にグループワークがありました。志の高い人たちとの話し合いは刺激的で毎回楽しみにしていました。後半にはクラス全体での発表もあり，たくさんの意見を聞くことができる充実した授業でした。（A.Y. さん／理〈一部〉）

## 大学の学びで困ったこと＆対処法

高校と比べて圧倒的に授業の数が多いので，テスト勉強がとても大変です。私の場合，１年生前期の対面での期末テストは 12 科目もありました。テスト期間は長く大変でしたが，先輩や同期から過去問題をもらい，それを重点的に対策しました。同学科の先輩とのつながりは大切にするべきです。人脈の広さがテストの点数に影響してきます。（A.Y. さん／理〈一部〉）

数学や物理でわからないことがあったときは，SNS でつながっている学科の友人に助けを求めたり，高校時代の頭のよかった友人に質問したりします。他の教科の課題の量もかなり多めなので，早めに対処することが一番大事です。（K.N. さん／創域理工）

## 部活・サークル活動

部活は弓道部，サークルは「ちびらぼ」という子供たちに向けて科学実験教室を行うボランティアサークルに所属しています。弓道部は週に３回あり忙しいほうだと思いますが，他学部の人たちや先輩と知り合うことができて楽しいです。部活やサークルに入ることは，知り合いの幅を広げることもできるのでおすすめです。どのキャンパスで主に活動しているのか，インカレなのかなど，体験入部などを通してよく調べて選ぶといいと思います。（A.Y. さん／理〈一部〉）

## 交友関係は？

初めはSNSで同じ学部・学科の人を見つけてつながりをもちました。授業が始まるにつれて対面で出会った友達と一緒にいることが増えました。勉強をしていくうえでも，大学生活を楽しむうえでも友達の存在は大きく感じます。皆さんに気の合う友達ができることを祈っています。（M.A. さん／理〈二部〉）

## いま「これ」を頑張っています

勉強，部活，バイトです。正直大変で毎日忙しいですが，充実していて楽しいです。自分の知らなかった世界が広がった気がします。実験レポートや課題が多く，いつ何をするか計画立てて進めています。自分はどうしたいかを日々考えて動いています。（A.Y. さん／理〈一部〉）

## おススメ・お気に入りスポット

私は理学部なので神楽坂キャンパスに通っています。キャンパスの周りにはたくさんのカフェやおしゃれなお店があり，空きコマや放課後にふらっと立ち寄れるのがいいと思います。東京理科大学には「知るカフェ」というカフェがあり，ドリンクが無料で飲めるスペースがあります。勉強している学生が多くいて，私もよくそこで友達と課題をしています。(A.Y. さん／理〈一部〉)

## 入学してよかった！

勤勉な友達や熱心な先生方と出会い，毎日が充実しており，東京理科大学に入学してよかったと心から思っています。理科大というと単位や留年，実力主義という言葉が頭に浮かぶ人，勉強ばかりで大変だと思っている人もいると思います。しかし，勉強に集中できる環境が整っており，先生方のサポートは手厚く，勉強にも大学生活にも本気になることができます。また，教員養成にも力を入れており，この点も入学してよかったと思っている点です。(M.A. さん／理〈二部〉)

# 合格体験記

みごと合格を手にした先輩に，入試突破のためのカギを伺いました。
入試までの限られた時間を有効に活用するために，ぜひ役立ててください。

（注）ここでの内容は，先輩方が受験された当時のものです。2025年度入試では当てはまらないこともありますのでご注意ください。

## ・アドバイスをお寄せいただいた先輩・

Message

**M.Y. さん** 先進工学部（生命システム工学科）
B方式・グローバル方式2024年度合格，埼玉県出身

自分が今できる最善の勉強をしつづけることです。受験は長期戦です。あのときにこうしておけばよかったと後悔することもあって当然です。でも，そう感じたときにもし最善の選択をしていたら，「あのときの自分は最善だと思って行動したから今があるんだ」と思えます。過去には戻れないので後悔をしても過去は変わりません。失敗をすると，たくさんのことを学べます。失敗を恐れず挑戦しつづけてほしいです。また，常に前向きに勉強をしつづけることは難しく，時には落ち込むこともあって当然です。辛い気持ちになったら周りの人を頼りましょう。私たちには応援をしてくれる家族や先生，友だちがいます。ずっと勉強をしつづければ本番では自信になります。最後まで諦めずに努力していってほしいです。

**その他の合格大学** 東京理科大（創域理工），明治大（農〈農芸化〉），青

山学院大（理工〈化学・生命科〉），中央大（理工〈生命科〉）

Message

**H.S. さん**　先進工学部（機能デザイン工学科）
B方式 2023 年度合格，千葉県出身

　最後まで諦めないことだと思います。模試で良い成績を残せず，「なんでこんなに勉強しているのに成績が伸びないんだ」と心が折れてしまうことがあるかもしれないけれど，最後まで諦めなければ結果はついてくると思います。

**その他の合格大学**　東京海洋大（海洋工），中央大（理工），青山学院大（理工），法政大（理工）

Message

**A.Y. さん**　理学部（化学科）
B方式 2022 年度合格，東京都出身

　1問1問に向き合い，自分自身や受験に対して最後まで諦めない気持ちを持つことが合格への最大のポイントだと思います。うまくいかないこともありますが，踏ん張って自分で考え試行錯誤しているうちに何かに気がつけたり，成長できていることに気づかされることもあります。受験には終わりがあります。あと少しだけ，そう思って諦めず少しずつでも進んでいくことが大切だと思います。どんなにうまくいかなかったり周りから何か言われたりしても合格すればすべて報われます。そう思って頑張ってください！

**その他の合格大学**　東邦大（理），東京電機大（工），立教大（理），法政大（生命科），中央大（理工），富山大（理）

Message

**K.O. さん** 先進工学部（電子システム工学科）
B方式 2022 年度合格，大阪府出身

時にはモチベーションが上がらなかったり，投げ出したくなることもあるかもしれません。でもやっぱり一番大事なのは，そんなときこそゆっくりでもいいから足を止めず，勉強を続けることだと思います。

**その他の合格大学** 芝浦工業大（工），法政大（理工），東京都市大（理工）

# 入試なんでもQ&A

受験生のみなさんからよく寄せられる，
入試に関する疑問・質問に答えていただきました。

## Q 「赤本」の効果的な使い方を教えてください。

**A** 夏くらいから解き始めました。受験する大学は必ず解き，傾向をつかみました。第一志望校（国立）は 8 年ほど，私立の実力相応校は 3 年ほど，安全校は 1 年ほど解きました。安全校であっても自分に合わない形式の大学もあるので，赤本は必ずやるべきです。また，挑戦校は早めに傾向をつかむことで，合格に近づくことができると思います。赤本の最初のページには傾向が書かれているので，しっかりと目を通すとよいと思います。（M.Y. さん／先進工）

**A** 夏頃に第 1 志望校の最新 1 年分の過去問を時間を計って解いてみて自分の現状を知ることで，これからどのような学習をすればよいのか再度計画を立て直しました。10 月下旬からは志望校の過去問を 1 週間に 1 ～ 2 年分解くようにしました。数学や物理は解けなくても気にしないようにして，解答や解説を読んでどのくらいの過程で結論を導き出せるのかを把握することで過去問演習や受験本番のペース配分に利用していました。間違えた問題には印を付けておき，復習しやすいようにしていました。直前期には間違えた問題を中心に第 3 志望校くらいまでの過去問 5 年分を 2 ～ 3 周しました。（H.S. さん／先進工）

## Q　1年間の学習スケジュールはどのようなものでしたか？

**A**　高3になる前：英語と数学Ⅰ・Ⅱ・A・Bの基礎を固めておく。

高3の夏：理科の基礎を固める（『重要問題集』（数研出版）のレベルAまで，得意な範囲はBも）。ここで苦手分野をあぶりだす。また，夏に一度，第一志望校の過去問を解き，夏以降の勉強の指針を立てる。

9月：意外と時間があり，志望校の対策をする。

10月：模試に追われ，模試のたびに復習をして，苦手範囲をつぶしていく。

11月：各科目の苦手範囲を問題集等でなるべく減らす。

12～1月：共通テストに専念。

共通テスト明け：私立の過去問を解きつつ，国立の対策もする。

（M.Y. さん／先進工）

**A**　4～10月までは基礎の参考書を何周もして身につけました。英単語は「忘れたら覚える」の繰り返しを入試までずっと続けていました。理系科目も何周もしましたが，その単元の内容を短時間で一気に身につけるという意識で，1つの問題に長い時間をかけて取り組んでいました。11月から12月半ばまでは過去問演習と参考書学習を並行して行っていました。そこから入試にかけてはほとんど過去問演習でしたが，過去問演習と参考書学習の比率は自分のレベルに応じて決めるといいと思います。

（K.O. さん／先進工）

## Q　どのように学習計画を立て，受験勉強を進めていましたか？

**A**　1，2週間ごとに「やることリスト」を紙に書き出していました。休憩の時間も含めて決めて，それを元に1日単位のやる量も決めました。計画において大切なことは，ガチガチではなく大ざっぱに決め，少なくてもいいから絶対に決めた量はやりきるということだと思います。最初はなかなか計画通りに進めるのは難しいと思いますが，「今日から計画を１回も破らない」という意識で，思っているより少ないタスク量から始めていくと続きやすいのかもしれません。（K.O. さん／先進工）

### Q 東京理科大学を攻略するうえで，特に重要な科目は何ですか？

**A** 理科があまり得意ではなかったこともあり，東京理科大学の物理は難しいと感じていたため，英語・数学を得点源にしようと考えました。英語に関しては単語帳と熟語帳を１冊しっかりと仕上げれば，単語や熟語で困ることはないと思います。長文も慣れればそこまで難しくはないので慣れるまで過去問を解きました。私は慣れるのに時間がかかったので他学部の英語の問題も解きました。数学に関しては先進工学部はマーク式と記述式があるのですが，過去問を解いてどちらを得点源にできるのか考えておくと，受験当日に緊張していても落ち着いて試験に臨めると思います。物理に関しては大問の中盤くらいまでをしっかり解けるようにしておけば，難しい問題が多い終盤の問題を落としても合格点に届くと思います。（H.S. さん／先進工）

**A** 英語です。数学や化学は年によって難易度に差があり，問題を見てみないとわからない部分もあります。だからこそ英語で安定して点を取れていると強いと思います。東京理科大の英語は傾向が読みにくいので，最低３～５年分の過去問をやり，どんな形式にでも対応できるようにしておくべきです。試験が始まったら，まずどんな問題で，どのように時間配分をすべきか作戦を立ててから問題に取り組むことをお勧めします。具体的には文と文の因果関係や，プラスマイナスの関係性に気をつけて記号的に読んでいました。（A.Y. さん／理）

### Q 学校外での学習はどのようにしていましたか？

**A** 高２の秋から１年間，英語と数学を塾で週に１回ずつ学んでいました。学校の課題が多かったので学校と塾との両立は簡単ではありませんでしたが，自分には合っていたと思います。また，夏休みにオンライン学習をしていました。予備校の種類は多いので自分に合ったものを選ぶことが大切だと思います。そもそも予備校に通ったほうがいいのか，対面かオンラインか，集団か個別かなど，体験授業などにも参加して取捨選択するのがいいと思います。自分に合っていない方法をとって時間もお金も無駄にしてしまうことはよくないと思うからです。 （A.Y. さん／理）

**Q 時間をうまく使うためにしていた工夫を教えてください。**

**A** 時間は自分でつくるものです。いままでスマホを見ていた時間を隙間時間だと考えると，隙間時間の多さを感じると思います。ほかにも，電車に乗っている時間は言うまでもないと思いますが，例えば電車が来るまでの時間，食事後の時間などです。スマホを触る代わりに単語帳を開くとよいと思います。移動時間には暗記系，机の上で勉強できる時間はすべてペンを使った勉強と決めておくと，暗記は電車の中で終わらせるという意識がもてて集中できると思います。 （M.Y. さん／先進工）

**Q 苦手な科目はどのように克服しましたか？**

**A** わからない問題を，納得のいくまで先生に聞きつづける。入試本番でわからないより，今わからないほうがよいと思って質問をしていました。質問をしたことは頭にも残りやすいと思います。暗記の場合は，語呂合わせを利用するなどするとよいと思います。理系科目は，苦手な範囲を見つけ，なぜその範囲が苦手なのかを追求し，それを苦手でないようにするにはどうすればよいのかを考え，実行するとよいと思います。一見簡単そうに思えますが，実行までもっていくことは難しいです。なぜできないのかが自分でわからない場合は，逃げるのではなく，周りの人に聞いてみるとよいと思います。 （M.Y. さん／先進工）

## Q スランプに陥ったときに，どのように抜け出しましたか？

**A** 友達や先生など信頼できる人に相談をしました。悩んで前に進まない時間が一番もったいないので，周りの人を頼りました。何でも気軽に相談できる先生がいたので，その先生に不安や悩みを相談していました。相談をする時間が惜しかったときもありますが，相談することでメンタルが回復するのであれば，相談をする時間は惜しむべきではないと思います！　また，一緒に頑張る仲間がいると頑張れます。友だちが頑張っていると自分も頑張ろうと思えますし，一方が落ち込んだらもう一方が励ますことで，お互いに支えあって受験を乗り越えることができました。

（M.Y. さん／先進工）

## Q 模試の上手な活用法を教えてください。

**A** 僕は模試を入試仮想本番として捉えることの大切さを挙げたいと思います。一日中通しで試験を受けるというのは，普段はなかなかできない貴重な体験だと思います。そして，本番として本気でぶつかることで普段の勉強では得られない発見が必ずあります。計算ミスはその筆頭で，これをなくすだけで偏差値は大幅にアップします。本番としてやるというのは，言葉通り模試前の教材の総復習だったり，模試の過去問があるなら見ておいたり，気合いを入れたり，本当の入試として取り組むということです。ぜひやってみてください。

（K.O. さん／先進工）

## Q 試験当日の試験場の雰囲気はどのようなものでしたか？緊張のほぐし方，交通事情，注意点等があれば教えてください。

**A** 1時間前には座席に座れるように余裕を持って行動しました。私は受験のときに着る私服を決め，毎回同じ服装で受験していました。私服で行くのは体温調節がしやすいのでオススメです。私はカイロを毎回持参することで緊張をほぐしていました。試験が始まるまで耳栓をして，黙々と暗記教科を中心に見直しをしていました。教科が終わるごとに歩いたりトイレに行ったりして，気分転換していました。出来があまりよくなかった教科ほど気持ちの切り替えが大切です。 （A.Y. さん／理）

## Q 併願をするうえで重視したことは何ですか？また，注意すべき点があれば教えてください。

A キャンパスがどこにあるのかをしっかりと調べるようにして，もし通うことになったときに通学時間が長くても自宅から2時間かからない場所の大学を選びました。また，自分が最後に受けた模試の偏差値を見て，安全校，実力相応校，挑戦校を決めました。安全校はウォーミングアップ校とも言ったりしますが，実力相応校を受験する前に受験できる大学を選びました。私の場合は，理科が得点源になるほどにはできなかったので数学や英語だけで受験できるような大学も選ぶようにしていました。
（H.S. さん／先進工）

## Q 受験生のときの失敗談や後悔していることを教えてください。

A 受験勉強が始まって最初の頃，現実逃避したいせいか受験とは関係ないことに時間を使いすぎてしまい，勉強をストップしてしまったことです。例えば勉強を1週間休んだとしたら，それを取り返すためには数カ月質を上げて努力し続けなければいけません。だからストップだけはせず，気分が上がらないときはかなりスローペースでもいいので勉強を継続することです。そうやって1日1日を一生懸命に生きていれば，自然とペースはつかめてくると思います。 （K.O. さん／先進工）

## Q 普段の生活のなかで気をつけていたことを教えてください。

A 食事の時間だけは勉強を忘れて友達や家族と他愛ない話をして気分転換の時間としました。温かいものを食べると体も心も温まるので夕食は家で温かいものを食べるようにしていました。また，睡眠時間を削ると翌日の勉強に悪影響を及ぼすので，毎日決まった時間に寝るようにしていました。起床時間は平日と土日でほとんど差がでないようにすることで，平日でも土日でもしっかりと起きることができました。さらに，寝る前の 30 分は暗記によい時間と聞いたことがあったので，ストレッチをしながらその日にやったことをさらっと復習したり，苦手な範囲を見直したりしていました。（M.Y. さん／先進工）

**Q 受験生へアドバイスをお願いします。**

**A** 受験は長いです。しかも 1 日十何時間も毎日本気で勉強して，こんな大変な思いをする意味はあるのか？と思った人もいると思います。でも，本気であることに打ち込むのは貴重な経験だと思います。受験が始まる前に取り組んだいろんなことも，今では何でも簡単にできるようになっていると思えませんか？　そういった自信をつくるという意味で，この経験は受験ならではですし，大学受験が今までの人生で一番本気で頑張っていることだという人も多いと思います。そんな頑張っている自分を認めてあげてください。そのうえで，受験を最後まで走り切ってください。頑張れ受験生！（K.O. さん／先進工）

# 科目別攻略アドバイス

みごと入試を突破された先輩に，独自の攻略法や
おすすめの参考書・問題集を，科目ごとに紹介していただきました。

## 英語

速読力，単語力，英文の構造理解がポイント。 (M.Y. さん／先進工)

**おすすめ参考書 『速読英単語』**（Z 会）
**『LEAP』**（数研出版）

まずは語彙力だと思います。文法問題も出題されているので文法も大事だと思います。 (H.S. さん／先進工)

**おすすめ参考書 『英単語ターゲット 1900』『英熟語ターゲット 1000』**
（いずれも旺文社）

試験が始まったら，まずどんな問題が出ていてどのように時間を使えばいいか作戦をざっくり立てる。そうすることで焦りが軽減される。文法問題から解くことで英語に慣れてから長文を解くとよい。
(A.Y. さん／理)

まず単語と熟語は反復して覚えて，時間内に間に合うまでスピードを上げることが重要。 (K.O. さん／先進工)

**おすすめ参考書 『システム英単語』**（駿台文庫）

## 数学

典型問題の解法がすぐに出てくるようにしておきましょう。また，何となく解くのではなく，どのような方針で解くのかを考えるとよいです。授

業では，解き方を学ぶというよりも，初見問題に出合ったときの頭の使い方を学ぶとよいと思います。　（M.Y. さん／先進工）

**おすすめ参考書　『数学III 重要事項完全習得編』**（河合出版）
**『合格る計算 数学III』**（文英堂）

記述式とマーク式のどちらが自分にとってコストパフォーマンスがいいか考えて，時間配分の力と計算力を上げることが大切。

（K.O. さん／先進工）

**おすすめ参考書　『Focus Gold』シリーズ**（啓林館）

## 物　理

公式は成り立ちから理解し，演習ではミスをしないギリギリのスピードを探ること。　（K.O. さん／先進工）

**おすすめ参考書　『物理のエッセンス』**（河合出版）

## 化　学

典型問題の解法を早めにしっかりと身につけましょう。何を求めたくて，どうすればどれが求まるのか，与えられた条件をどのように使えばいいのかをしっかり考えることが大切です。なぜ自分の答えが間違ったのかを突き止めましょう。　（M.Y. さん／先進工）

**おすすめ参考書　『実戦 化学重要問題集 化学基礎・化学』**（数研出版）

教科書を大切にする。教科書の隅々までわかっていれば解ける。細かい知識が問われることが多いので，よく出るところの周辺は手厚く対策するべき。　（A.Y. さん／理）

**おすすめ参考書　『大学受験 Do シリーズ』**（旺文社）
**『宇宙一わかりやすい高校化学 無機化学』**（Gakken）

## 生　物

自分で現象の説明をできるようにすることがポイント。

（M.Y. さん／先進工）

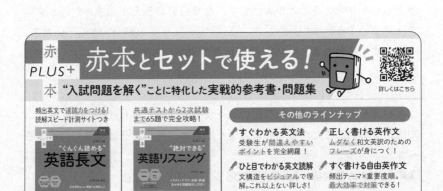

**おすすめ参考書　『ニューグローバル　生物基礎＋生物』**（東京書籍）

TREND & STEPS

# 傾向と対策

科目ごとに問題の「傾向」を分析し，具体的にどのような「対策」をすればよいか紹介しています。まずは出題内容をまとめた分析表を見て，試験の概要を把握しましょう。

**注　意**

「傾向と対策」で示している，出題科目・出題範囲・試験時間等については，2024年度までに実施された入試の内容に基づいています。2025年度入試の選抜方法については，各大学が発表する学生募集要項を必ずご確認ください。

# 英　語

| 年度 | 番号 | 項　目 | 内　容 |
|---|---|---|---|
| 2024 ● | 〔1〕 | 読　解 | 同意表現，内容説明，空所補充，段落の要旨 |
| | 〔2〕 | 読　解 | 内容説明 |
| | 〔3〕 | 読　解 | 同意表現 |
| 2023 ● | 〔1〕 | 読　解 | 同意表現，内容説明，指示語指摘，内容真偽，空所補充，欠文挿入箇所 |
| | 〔2〕 | 読　解 | 空所補充，同意表現，語句整序，文整序，内容説明 |
| 2022 ● | 〔1〕 | 読　解 | 空所補充，同意表現，内容説明，語句整序，内容真偽 |
| | 〔2〕 | 文法・語彙 | 空所補充 |
| | 〔3〕 | 読　解 | 語句整序，空所補充 |
| 2021 ● | 〔1〕 | 読　解 | 段落の主題，同意表現，空所補充，内容説明，要約文の完成 |
| | 〔2〕 | 読　解 | 空所補充 |
| | 〔3〕 | 文法・語彙 | 語句整序 |
| 2020 ● | 〔1〕 | 読　解 | 同意表現，内容説明，主語指摘，語句整序，空所補充，内容真偽 |
| | 〔2〕 | 読　解 | 空所補充，語句整序，内容真偽 |

(注)　●印は全問，◑印は一部マークシート式採用であることを表す。

## 読解英文の主題

| 年度 | 番号 | 主　題 |
|---|---|---|
| 2024 | 〔1〕 | 記憶の主観性 |
| | 〔2〕 | 紙で切った傷が痛む理由 |
| | 〔3〕 | 鳥の睡眠 |
| 2023 | 〔1〕 | インスピレーションを与える本当の力とは |
| | 〔2〕 | 宇宙空間ではレタスで骨量維持を |
| 2022 | 〔1〕 | パンデミック下の薬物使用問題 |
| | 〔3〕 | 初頭効果と近親効果 |
| 2021 | 〔1〕 | 細胞はどのように生き残っていくのか |
| | 〔2〕 | ネオワイズ彗星の紹介 |

| | | |
|---|---|---|
| 2020 | 〔1〕 | タルボットが開発した写真技術 |
| | 〔2〕 | 化粧品業界の販売戦略 |

## 傾向 読解力中心に総合的な力をみる 整序問題は頻出

### 01 出題形式は？

大問2題または3題の出題で，試験時間は60分。全問マークシート式での出題である。また，大問については，読解2題が例年出題され，年度によっては文法・語彙問題が1題加わり，計3題の出題となる。毎年，出題形式が変動するため，形式が変わっても慌てないことが大切である。

### 02 出題内容はどうか？

読解問題では，語彙の意味の類推から英文の内容を言い換えさせるものまで，同意表現を問うものが多い。難しい語もあるが，前後から類推しながら読む訓練をしておくとよい。語彙力はあるに越したことはないが，基本的な熟語も知っていると解きやすい。2024年度は，内容説明のみの読解問題も出題された。また語句整序問題については2024年度は出題がなかったが，読解問題の一部に出題されることも多い。文法・語彙問題に関しては標準的なものが多いので，いわゆる頻出問題に慣れておくとよいだろう。

### 03 難易度は？

知識さえあればすぐに正答にたどりつける問題もあるが，読解問題は前後の文脈を考えたうえで解くことが要求されている。ここ数年，出題英文の難易度が若干高くなっており，1文が長い英文も多く，文法的に正確に解釈できないと読み間違えてしまう可能性もある。ただ，読めてしまえば設問自体は総じて標準的であり，答えに迷うものは少ない。また，試験時間が60分なので，時間配分には気をつけたい。

# 対策

## 01 読解問題

(1) できるだけ多様なテーマの長文読解問題に取り組むようにしよう。特に環境・生物・科学などの「理系」分野の英文を重点的に演習したい。なお，理系分野に関しては，『医歯薬系の英単語』（教学社）が，テーマの分類と重要語の整理に役立つ。
(2) 指示語や代名詞，繰り返し出てくる表現とその言い換え表現，抽象的表現とその具体例などを意識的にとらえて，文単位の理解をしっかりと行ったうえで，パラグラフの大意をつかむ練習をしよう。内容真偽や主題，内容説明問題に効果がある。
(3) 文章のつながりを意識し，単語・熟語の知識をしっかりと身につけながら，意味のわからない単語などを前後から類推する練習も積んでおこう。
(4) 文中の前置詞や不定詞などの意味・用法の違いなど，基本的な文法の知識は，特に力を入れて学習しておこう。

## 02 文法・語彙問題

2023・2024年度には大問での文法・語彙問題の出題がなかったが，今後また出題される可能性があることに注意しよう。文法や語法はすべての英語力の基礎となるから，出題形式にとらわれずに，しっかりと身につけたい。特に標準的な文法力は，東京理科大学のような長い英文を正確に解釈する力となり，読解問題を解く際の大きな助けとなる。これまでに出題された文法項目も，時制，分詞，仮定法など多岐にわたるため，やや難しめの文法・語法の問題集をやっておくとよい。『長文読解・英作文のための実を結ぶ英文法（標準問題編・発展問題編）』（Z会）などを仕上げておくと自信になる。

## 東京理科大「英語」におすすめの参考書

Check!

- ✓『医歯薬系の英単語』（教学社）
- ✓『長文読解・英作文のための実を結ぶ英文法』（Z会）

# 数　学

| 年度 | 番号 | 項　目 | 内　容 |
|---|---|---|---|
| 2024 ● | 〔1〕 | 確率，極限 | 反復試行（試行が終了する確率），無限等比級数 |
| | 〔2〕 | ベクトル | 内積の値，面積，ベクトルの決定，直線と平面の共有点，垂直条件 |
| | 〔3〕 | 複素数平面 | ド・モアブルの定理，複素数の累乗の和 |
| | 〔4〕 | 微・積分法 | 接線の傾き，曲線と接線および $x$ 軸で囲まれた領域の面積，回転体の体積 |
| 2023 ● | 〔1〕 | 整数の性質 | 方程式の整数解と確率 |
| | 〔2〕 | 積分法 | 媒介変数表示，置換積分 |
| | 〔3〕 | ベクトル，図形の性質 | 四面体の体積，外接する球の半径 |
| | 〔4〕 | 複素数平面，三角関数 | 点の回転，三角形の面積比，正五角形の面積比 |
| 2022 ● | 〔1〕 | 確率，数列，極限 | 確率と漸化式，無限級数 |
| | 〔2〕 | 数列，積分法 | 数列の和，区分求積法と和の極限 |
| | 〔3〕 | 図形と方程式，数列，極限 | 円と直線で囲まれる図形の面積，無限等比級数 |
| | 〔4〕 | 微・積分法 | $x$ 軸，$y$ 軸，直線の周りに 1 回転させてできる立体の体積 |
| 2021 ● | 〔1〕 | 図形と計量，ベクトル | 立方体から平面が切り取る図形の面積，分割された立体の体積 |
| | 〔2〕 | 確率，ベクトル | 取り出した札の数字で決定する空間ベクトルの確率 |
| | 〔3〕 | 関数と不等式，三角関数 | 不等式の種々の問題（グラフと不等式） |
| | 〔4〕 | 微・積分法 | 放物線と 4 次曲線，接線で囲まれた図形の面積，領域の面積 |
| 2020 ● | 〔1〕 | 数列 | 漸化式で定められる数列の一般項 |
| | 〔2〕 | 微・積分法 | 未知の関数の導関数を含む方程式，極大値・極小値，$y=f(x)$ と $x$ 軸で囲まれた部分の面積 |
| | 〔3〕 | 数列，場合の数 | $\Sigma$ の計算，二項定理 |
| | 〔4〕 | 積分法，三角関数 | 回転体の体積，区分求積法 |

（注）●印は全問，◑印は一部マークシート式採用であることを表す。

**出題範囲の変更**

2025年度入試より，数学は新教育課程での実施となります。詳細については，大学から発表される募集要項等で必ずご確認ください（以下は本書編集時点の情報）。

| 2024年度（旧教育課程） | 2025年度（新教育課程） |
|---|---|
| 数学Ⅰ・Ⅱ・Ⅲ・A・B（数列，ベクトル） | 数学Ⅰ・Ⅱ・Ⅲ・A（図形の性質，場合の数と確率）・B（数列，統計的な推測）・C（ベクトル，平面上の曲線と複素数平面） |

**旧教育課程履修者への経過措置**

2025年度入試に限り，新教育課程と旧教育課程の共通範囲から出題する。

## 傾向 標準的な問題中心だが，量が多い 計算力の養成と頻出例題のマスターを

### 01 出題形式は？

大問数4題で，全問マークシート式による出題である。試験時間は100分。

### 02 出題内容はどうか？

融合問題が多く，できるだけ広範囲から出題しようという意図がうかがえる。微・積分法は毎年出題されている。

### 03 難易度は？

標準的な頻出問題中心の出題であるが，計算力を要するものがほとんどであり，難しく感じられる。問題量も多いので，試験時間内に全問を解答するためには，確実な計算力が必要である。解法の見通しのよい問題から解いていくなど，時間配分にも気をつけたい。

# 対策

## 01 基本事項の徹底学習

標準的な問題が中心であるので，基礎学力の充実が何よりも大切である。そのためには，教科書や参考書の頻出重要例題を繰り返し解き，解法パターンをしっかり身につけることが必要である。参考書は，青チャート『基礎からの数学』シリーズ（数研出版）や『Focus Gold』シリーズ（啓林館），学校で購入したものを繰り返し学習したい。数学Ⅲの基本事項の演習は教科書傍用問題集で行い，『メジアン数学演習Ⅰ・Ⅱ・A・B・C〔ベクトル〕受験編』『クリアー数学演習Ⅲ・C〔複素数平面，式と曲線〕受験編』（いずれも数研出版）などで入試問題に慣れておきたい。

## 02 計算力の養成

例年，かなりの計算力を要する問題がほとんどであり，試験時間内に全問を解答するためには，計算力の養成が欠かせない。日頃から計算を面倒がらずに，実際に手を動かして，最後までやり通す習慣をつけることが大切である。また，解答だけが要求されている場合，要領よく計算することができれば時間短縮につながる。ある程度の工夫をして，計算の簡略化をはかる練習もしておきたい。指数・対数・三角関数などを含んだ微分・積分の計算力もつけておく必要がある。

## 03 空所補充形式対策

空所補充形式の問題集によって，解答の仕方に慣れることが大切である。本書を利用して，過去問の練習をしっかり積んでおこう。微・積分法や確率，場合の数は，共通テストの過去問も活用すると有効である。また，空所補充形式での計算ミスは致命的であるので，具体的な数値などによって，短時間に解答を点検できるよう，十分な練習をしておきたい。点検時間確保のためにも，上記 01 02 の対策が重要になってくる。さらに，時間不足のためできる問題に手をつけられないという状況にならないよう，時間配分を意識した演習を積んでおこう。

## 東京理科大「数学」におすすめの参考書

Check!

- ✓ 青チャート『基礎からの数学』シリーズ（数研出版）
- ✓『Focus Gold』シリーズ（啓林館）
- ✓『メジアン数学演習Ⅰ・Ⅱ・A・B・C〔ベクトル〕受験編』（数研出版）
- ✓『クリアー数学演習Ⅲ・C〔複素数平面，式と曲線〕受験編』（数研出版）

# 化　学

| 年度 | 番号 | 項　目 | 内　容 |
|---|---|---|---|
| 2024 ● | 〔1〕 | 状　　態 | 固体の溶解度，浸透圧 ⊘計算 |
| | 〔2〕 | 無機・状態 | 鉄の単体・イオン・化合物の反応，コロイドの性質 ⊘計算 |
| | 〔3〕 | 有機・変化 | ベンゼン二置換体の構造決定，元素分析，接触法，酸の電離定数 ⊘計算 |
| | 〔4〕 | 高 分 子 | 核酸の構成成分，構造，塩基組成，分子量 ⊘計算 |
| 2023 ● | 〔1〕 | 変　　化 | 反応速度式の決定，濃度平衡定数，触媒，平衡移動 ⊘計算 |
| | 〔2〕 | 無　　機 | 酸化物の分類と性質，工業的製法，沈殿と錯イオン ⊘計算 |
| | 〔3〕 | 変化・有機 | 芳香族化合物の構造決定・元素分析・異性体，合成高分子 ⊘計算 |
| | 〔4〕 | 変化・高分子 | アミノ酸の分類，ペンタペプチドの配列決定，アミノ酸の電離平衡 ⊘計算 |
| 2022 ● | 〔1〕 | 構造・変化 | 電子配置，酸化数，極性，物質の状態，周期律，体心立方格子 ⊘計算 |
| | 〔2〕 | 状　　態 | 凝固点降下，浸透圧 ⊘計算 |
| | 〔3〕 | 有　　機 | 芳香族化合物の構造決定・元素分析・異性体 ⊘計算 |
| | 〔4〕 | 高分子・変化 | $\alpha$-アミノ酸とポリペプチドの性質，酵素の性質と反応速度 ⊘計算 |
| 2021 ● | 〔1〕 | 構　　造 | 物質の分類，原子の構造，同位体の天然存在比と原子量，定比例の法則，物質量計算，酸化物の化学式，未知金属の原子量計算 ⊘計算 |
| | 〔2〕 | 変　　化 | 銀化合物の溶解度積と性質，モール法 ⊘計算 |
| | 〔3〕 | 変化・高分子 | グルタチオンの加水分解・構造・性質，核酸の構造 ⊘計算 |
| | 〔4〕 | 有機・変化 | 有機化合物の合成法・反応，元素分析，反応熱，異性体 ⊘計算 |
| 2020 ● | 〔1〕 | 変　　化 | 反応速度，分子の運動エネルギー，平衡移動，平衡定数 ⊘計算 |
| | 〔2〕 | 高 分 子 | 糖類の構造・性質・反応・誘導体 ⊘計算 |
| | 〔3〕 | 無　　機 | 無機化合物・単体の反応と性質 |
| | 〔4〕 | 状態・有機 | フェナセチンの合成・分離・精製 ⊘計算 |

（注）●印は全問，◑印は一部マークシート式採用であることを表す。

# 傾向 理論・有機重視
# 問題量が多く，時間配分に注意

## 01 出題形式は？

大問数は4題で，試験時間は80分。全問マークシート式であり，解答群から適当な語句などを選択してマークする形式と，計算結果の数値を1桁ごとにマークする形式が中心である。

## 02 出題内容はどうか？

出題範囲は「化学基礎，化学」である。

幅広く出題されているが，理論・有機化学分野重視の傾向であり，特に理論全般・異性体・天然有機化合物に関してはよく出題されている。総合的な学力をみるために，ひとつの問題の中に多くの知識・理論を組み込んで幅広く問うものもある。

**理論**は，無機や有機との融合問題も多い。また，過去には環境問題に関連した出題がされたこともあり，今後も注意が必要である。

**無機**の出題は比較的少ないが，近年は大問でも出題されている。各論的知識を要するものが多い。

**有機**は，実験結果や実験過程を示して，反応や生成物，分子式，異性体，構造式，識別法などを問うものが出題されており，幅広い有機の知識と，有機化合物の性質や反応についての十分な理解が必要である。2020年度〔2〕のグルクロン酸抱合体のような教科書に載っていない物質が取り上げられることもあり，注意が必要である。また，2022年度〔4〕，2023年度〔4〕ではアミノ酸・タンパク質・酵素，2021年度〔3〕，2024年度〔4〕では核酸の構造やDNAの塩基対に関する問題が出題された。今後も油脂，タンパク質，糖類，ATP，核酸など，生命と化学に関する内容には十分注意をはらいたい。

### 03 難易度は？

計算は典型的なものが多く，難解なものは比較的少ない。しかし，内容的にはやや難の問題が含まれることもあり，問題量も比較的多いので，時間配分に注意する必要がある。

## 対策

### 01 基礎を確実にし，幅広い知識を習得する

総合的にさまざまな形で出題されるので，断片的な知識だけでは解けない問題もある。まず，基本的な内容を教科書の全範囲にわたって確実に整理・理解し，それから数多くの問題にあたるようにしたい。

### 02 理論

熱化学，中和滴定，酸化還元反応，電池，電気分解，化学結合と物質の状態・性質，気体の法則，溶解度，希薄溶液の性質，反応速度，化学平衡など，いずれの分野も出題されている。どの分野が出題されても得点できるように，学校で配布される傍用問題集や『実戦 化学重要問題集 化学基礎・化学』（数研出版）などを利用して，基本的なものから発展的なものまで幅広く練習しておくこと。

### 03 無機

無機分野の出題は比較的少ないが，気体の製法・捕集法，無機化合物の工業的製法，陽イオンの分析，錯イオンの生成などの各論的内容は，実験と合わせて学習しておくこと。また，実験操作の方法・意味，および実験結果の理論的考察についても学習しておこう。

## 04 有　機

天然有機化合物の出題頻度が高いので，構造・反応などを中心に詳細な内容まで学習しておくこと。また，有機化学の基本問題を十分に練習し，総合・融合問題に備えたい。元素分析，分子量測定から組成式・分子式の決定，さらに官能基の性質，炭素間結合の特性，反応過程を通しての構造式の決定，異性体の種類などの一連の問題や，有機反応の名称・種類・反応式などを十分に学習し，有機化学特有の思考力を養っておくこと。実験操作に関しては，単に器具名・操作法を暗記するだけでなく，操作の意味をひとつひとつ考えることも大切である。

## 05 計　算

理論，無機，有機のいずれの内容にも計算が出題されているが，標準的なものが多いので，典型的な計算問題を十分に練習しておくこと。選択肢の中から近い数値を選ぶものもあるので，検算しやすいように計算過程をきっちりと書き，正確に計算する習慣を身につけておくこと。

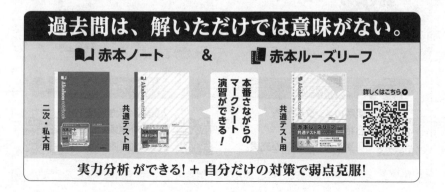

2024年度

# 問題と解答

B方式

# 問題編

▶試験科目・配点

| 教科 | 科目 | 配点 |
|---|---|---|
| 外国語 | コミュニケーション英語Ⅰ・Ⅱ・Ⅲ，英語表現Ⅰ・Ⅱ | 100点 |
| 数学 | 数学Ⅰ・Ⅱ・Ⅲ・A・B | 100点 |
| 理科 | 化学基礎・化学 | 100点 |

▶備　考

- 英語はリスニングおよびスピーキングを課さない。
- 「数学B」は「数列」「ベクトル」から出題。

# 英　語

(60分)

**1** Read the following article. Consider the context, choose the correct answer(s) for each question below, and mark the number on your **Answer Sheet**.

(66 points)

[1] Our understanding of the world is shaped by a *hunger for narrative* that rises out of our discomfort with ambiguity and arbitrary events. When surprising things happen, we search for an explanation. The urge to resolve ambiguity can be surprisingly <u>potent</u>, even when the subject is inconsequential*. In a study where participants thought they were being measured for reading comprehension and their ability to solve anagrams*, they were exposed to the distraction of a background phone conversation. Some heard only one side of a conversation, and others heard both sides. The participants, not knowing that the distraction itself was the subject of the study, tried to ignore what they were hearing so as to stay focused on the reading and anagram solutions. The results showed that overhearing one side of a conversation proved more distracting than overhearing both sides, and the content of those partial conversations was better recalled later by the <u>unintentional eavesdroppers</u>. Why was this? Presumably, those overhearing half a conversation were strongly compelled to try to infer the missing half in a way that made for a complete narrative. As the authors point out, the study may help explain <u>why we find one-sided cell phone conversations in public spaces so intrusive</u>, but it also reveals the ineluctable* way we are drawn to imbue* the events around us with rational explanations.

[2] The discomfort with ambiguity and arbitrariness is equally powerful, or more so, in our need for a rational understanding of our own lives. We strive to fit the events of our lives into a cohesive story that accounts for our circumstances, the things that befall* us, and the choices we make. Each of us has a different narrative that has many threads woven into it from our shared culture and experience of being human, as well as many distinct threads that explain the singular events of one's personal past. All these experiences influence what comes to mind in a current situation and the narrative through which you make sense of it: Why nobody in my family attended college until me. Why my father never made a fortune in business. Why I'd never want to work in a corporation, or, maybe, Why I would never want to work for myself. We gravitate to the narratives that best explain our emotions. In this way, narrative and memory become one. The memories we organize meaningfully become those that are better remembered. Narrative provides not only meaning but also a mental framework for imbuing future experiences and information with meaning, in effect shaping new memories to fit our established constructs of the world and ourselves. No reader, when asked to account for the choices made under pressure by a novel's main character, can keep her own life experience from shading her explanation of what must have been going on in the character's interior world. The success of a magician or politician, like that of a novelist, relies on the seductive powers of narrative and on the audience's willing suspension of disbelief. Nowhere is this more evident than in the national political debate, where like-minded people gather online, at community meetings, and in the media to find common purpose and expand the story they feel best explains their sense of how the world works and how humans and politicians should behave.

[3] You can see how quickly personal narrative is involved to explain

emotions when you read an article online whose author has argued a position on almost any subject — for example, an op-ed piece* supporting the use of testing as a powerful tool for learning. Scan the comments posted by readers: some sing hallelujah while others can scarcely contain their umbrage*, each invoking a personal story that supports or refutes the column's main argument. The psychologists Larry Jacoby, Bob Bjork, and Colleen Kelley, summing up studies on illusions of comprehension, competence, and remembering, write that it is nearly [ X ] to avoid basing one's judgments on subjective experience. Humans do not give greater credence to an objective record of a past event than to their subjective remembering of it, and we are surprisingly insensitive to the ways our particular construals* of a situation are unique to ourselves. Thus the narrative of memory becomes central to our intuitions regarding the judgments we make and the actions we take.

[4] It is a confounding paradox, then, that the changeable nature of our memory not only can skew* our perceptions but also is essential to our ability to learn. As will be familiar to you by now, every time we call up a memory, we make the mind's routes to that memory stronger, and this capacity to strengthen, expand, and modify memory is central to how we deepen our learning and broaden the connections to what we know and what we can do. Memory has some similarities to a Google search algorithm, in the sense that the more you connect what you learn to what you already know, and the more associations you make to a memory (for example, linking it with a visual image, a place, or a larger story), then the more mental cues you have through which to find and retrieve the memory again later. This capacity expands our agency: our ability to take action and be effective in the world. At the same time, because memory is a shape-shifter, reconciling the competing demands of emotion, suggestions, and narrative, it serves you well to stay open to the fallibility* of your certainties: even your most cherished memories

may not represent events in the exact way they occurred.

[ 5 ] [ Y ]. People interpret a story in light of their world knowledge, imposing order where none had been present so as to make a more logical story. Memory is a reconstruction. We cannot remember every aspect of an event, so we remember those elements that have greatest emotional significance for us, and we fill in the gaps with details of our own that are consistent with our narrative but may be wrong.

Adapted from *Make it Stick: The Science of Successful Learning*



(Notes)

inconsequential：重要でない

anagrams：単語に含まれる文字の順序を変えて，別の意味の単語を作る遊び
(例：act → cat)

ineluctable：避けられない

imbue：与える・吹き込む

befall：生じる・降りかかる

op-ed piece：論説

umbrage：憤り

construals：解釈

skew：歪める

fallibility：誤っている可能性

(1) Which is the closest in meaning to the underlined part potent in paragraph [ 1 ]?

1 compelling　2 deficient　3 fragile　4 orderly

(2) Which is the closest in meaning to the underlined part unintentional eavesdroppers in paragraph [ 1 ]?

1 people who purposefully deceive participants in an experiment

2 people who have been trained in active listening skills

3 people who hear other people's conversation accidentally

4 people who carelessly drop their belongings every now and then

(3) Which is the best reason for the underlined part <u>why we find one-sided cell phone conversations in public spaces so intrusive</u> in paragraph [ 1 ]?

1 Because cell-phone calls are strictly banned in public places in many countries

2 Because conversations during online phone-calls in public spaces are often heard by many people

3 Because people cannot help making a guess about the other side of a conversation

4 Because people in cell-phone conversations tend to exhibit disturbing behavior in public spaces

(4) Which is the closest in meaning to the underlined part <u>cohesive</u> in paragraph [ 2 ]?

1 comparative　　2 comprehensible

3 confusing　　4 contemporary

(5) Which is the closest in meaning to the underlined part <u>gravitate to</u> in paragraph [ 2 ]?

1 are attracted to　　2 are fed up with

3 do away with　　4 get rid of

(6) Which is the best paraphrase of the underlined part <u>No reader, when asked to account for the choices made under pressure by a novel's main character, can keep her own life experience from shading her explanation of what must have been going on in the character's interior world</u> in paragraph [ 2 ]?

1 We rely on what we have encountered in life when interpreting why the main character in a novel makes a specific decision

2 In order to predict how the story will end, we try to shed light on the main character's mental struggle in a novel

3 Trying to understand the content of a novel the way it is written, we prevent ourselves from judging the main character's feeling

4 When under pressure, we feel sympathy for the decision made by the main character in a novel

(7) Which is the best explanation of the underlined part Nowhere is this more evident than in the national political debate in paragraph [ 2 ]?

1 Only a good narrative encourages us to take part in the intensive national political talk

2 There is no narrative that makes us turn away from joining the national political discussion

3 We see many people quickly changing their own narratives in the national political talk

4 We can see a significant role played by a narrative the most distinctively in the national political discussion

(8) The following sentence is a restatement of the underlined part You can see how quickly personal narrative is involved to explain emotions in paragraph [ 3 ]. Which item best fills in the blanks?

( a ) that people quickly use their own narratives in order to ( b )

| | ( a ) | ( b ) |
|---|---|---|
| 1 | It just happens | stimulate other people's emotions |
| 2 | It is evident | describe how they feel |
| 3 | It is a plain fact | account for politicians' behaviors |

4 It rarely occurs ____ communicate with other people

(9) Which is the best item that fills in [ X ] in paragraph [ 3 ].

1 accessible 2 eloquent 3 important 4 impossible

(10) Which is the best paraphrase of the underlined part Humans do not give greater credence to an objective record of a past event than to their subjective remembering of it in paragraph [ 3 ]?

1 We find that objective and subjective recognitions of a past event equally contribute to constructing our personal memories

2 We put more importance on factual accuracy than on our individual memories of what previously happened

3 We rely more on our own personal memories of past incidents than on unbiased information of them

4 We hardly gain trust from others unless we accurately remember an event that occurred in the past

(11) Which is the best explanation of the underlined part It is a confounding paradox in paragraph [ 4 ]?

1 As the properties of our memory enable us to perceive things as they are, we can learn everything without difficulty

2 Although our changing memory twists our perceptions, it also serves as an underlying of our learning

3 Our perceptions never change over time because they are not only created by our memories but also the narratives we have made

4 Although our perceptions are deemed reliable and accurate, we are poor at making good use of them to learn new things

(12) Which is the closest in meaning to the underlined part reconciling in paragraph [ 4 ]?

1 harmonizing  2 regretting  3 obeying  4 rewarding



(13) The following sentence is a restatement of the underlined part even your most cherished memories may not represent events in the exact way they occurred in paragraph [ 4 ]. Which item best fills in the blanks?

The most ( a ) memories that you remember may not ( b ) exactly what happened to you

| | ( a ) | ( b ) |
|---|---|---|
| 1 | favorable | conceal |
| 2 | insignificant | indicate |
| 3 | treasured | reflect |
| 4 | trivial | express |

(14) According to what the article says, combine each sentence, (a)〜(d), with the most correct ending, 1 〜 8 , below.

(a) According to paragraph [ 1 ], the experiment of overhearing intended to measure

(b) According to paragraph [ 2 ], the memory that fits our narrative is something that

(c) According to paragraph [ 3 ], the psychologists summarized

(d) According to paragraph [ 4 ], every time we recall a memory,

1 what had been researched, for example, political debate; community meetings; and media.

2 we can better remember.

3 how well the participants were able to read texts and solve word puzzles while getting them to hear a phone conversation in background.

4 a mental route to that memory is faded.

5 we fail to remember.

6 how much the participants were distracted by hearing a conversation on phone while tackling reading comprehension tasks and word puzzles.

7 what had previously been studied such as illusions of comprehension, capacity, and remembering.

8 a more powerful mental route to that memory is built.

(15) Which is the best item that fills in [ Y ] in paragraph [ 5 ].

1 Memory cannot be interfered with by subjective experiences

2 Memory can be distorted in many ways

3 Memory can be stored as much as we want

4 Memory can hardly ever be changeable

(16) Which is the best explanation of the underlined part <u>imposing order where none had been present</u> in paragraph [ 5 ]?

1 creating a detailed story in a situation where there had been no ambiguity

2 establishing consistency in a context where no such thing had existed

3 keeping a good balance between what previously happened and what is currently happening

4 making the right interpretation about where memory had been present

**2** Which of the choices below are closest in meaning to the underlined parts (a) to (d) in the passage? Consider the context, choose one for each, and mark the number on your **Answer Sheet**. (16 points)

Paper cuts are excruciating* because we usually get them on our fingers. We have thousands of sensory receptors, or nerve endings, in each fingertip, and tens of thousands in the rest of our hand. They help our fingers to detect things as tiny as fingerprint ridges*, which are barely 0.4 mm apart.

Test it yourself. Unravel a paper clip and bring its ends close together. Touch them to your fingertip, then to your arm. (a) You should feel 'two-point discrimination' on your finger, but only one point on your arm, where the sensory receptors are further apart. The finger's pain receptors, called 'nocireceptors,' are packed together, so it's no surprise fingers are among the most sensitive parts of our bodies.

Then there's the paper. Under a microscope, the edge of a piece of A4 is jagged, as if covered in cactus needles. It's closer to a chainsaw than the blade of a knife. This means (b) paper doesn't cut 'clean' but tears through the skin, damaging more nerve endings as it does so.

More annoying still is the fact that most paper cuts are shallow. Deeper cuts can sever* nerve endings, which stops them sending 'PAIN!' signals to the brain. Paper, however, slices deep enough to trigger the nerves, but not deep enough to shut them up. (c) Such a cut tends not to draw blood either, which otherwise might shield your nerve endings from the elements.

The best way to care for your paper cut is to wash it as soon as you can with soap and water. (d) This reduces the risk of infection, which would make an already irritating injury even more painful. Then, pop a plaster on it. This keeps your wound clean and, just like a bleeding cut, shields those exposed nerve endings.

Adapted from *222 QI Answers to Your Quite Ingenious Questions*

(Notes)

excruciating：耐え難い

fingerprint ridges：指紋を構成する線の凸部分

sever：切る

(a)

1 You should get injured in two different parts on your finger due to the paper clip, but in only one on your arm

2 You should detect the exact number of paper clip ends on neither your finger nor your arm

3 You should shout in a louder voice when you touch your finger with the paper clip than when you touch your arm with it

4 You should perceive that two nearby objects are truly two distinct points on your finger, but perceive only a single end on your arm

(b)

1 paper cuts are so painful that you cannot help but end up crying

2 a painful hurt that brings tears to your eyes should be immediately cleaned up

3 paper cuts your skin not in a neat way but in a manner rather destructive to your nerves

4 paper can be compared to a knife rather than a chainsaw because of its shape at the edge

(c)

1 Such a cut does not usually make you bleed; if it did, your nerve endings might be protected

2 Such a cut generally makes you bleed, and your nerve endings might be damaged

3 Since a paper cut is usually very shallow, your nerve endings could be

easily recovered

4 Since you keep using paper anyway, your nerve endings could be repeatedly damaged

(d)

1 Paper cuts eventually increase the risk of epidemic, which would make more people suffer from a particular disease

2 Paper cuts eventually strengthen you in that you would be able to put up with more painful damage next time

3 Washing your paper cut with soap and water lowers the possibility of further damage, which would make you much more annoyed

4 Washing with soap and water would stimulate your paper cut and cause more serious pain



**3** Which of the choices below are closest in meaning to the underlined parts (a) to (f) in the passage? Consider the context, choose one for each, and mark the number on your **Answer Sheet**. (18 points)

Contrary to cartoon depictions, most birds sleep in nests only when they are incubating(a) their eggs or keeping their babies warm. The rest of the time, they tend to roost out of sight on roofs, ledges* and in trees, picking places that will shelter them from the elements and predators(b).

You'd think birds would plummet to(c) the ground as soon as they fall asleep, but they have a clever system in place to prevent this. They have 'flexor*' tendons* in their legs that automatically lock their toes around their chosen perch(d) when they are ready to go to sleep. These pin the bird in place so that it stays upright naturally all night. The tendons relax when the bird wakes up.

Birds have been found sleeping in unexpected places, such as tin cans, old shoes and even the glove compartments of <u>abandoned</u>(e) cars. And some of them can sleep while flying. Frigate birds*, for instance, nap in 12-second <u>chunks</u>(f) while airborne, which means they can stay on the wing for up to two months at a time.

Adapted from *222 QI Answers to Your Quite Ingenious Questions*

(Notes)

**ledges**：壁面から突き出た棚状の出っ張り

**flexor**：屈筋

**tendons**：腱

**frigate birds**：グンカンドリ

(a)

1 referring to　　2 throwing away

3 sitting on　　4 searching for

(b)

1 people who own pets

2 people who help emit greenhouse gases

3 animals that cannot fly

4 animals that naturally prey on others

(c)

1 dream about　　2 wake up on　　3 drop to　　4 take off from

(d)

1 food which birds share

2 an object on which a bird stays

3 an egg which a bird produces

4 a baby which birds raise

(e)

1 revived 2 discarded 3 accelerated 4 air-conditioned

(f)

1 blocks 2 tweets 3 landscapes 4 cautions

# 数　学

(100分)

**問題 [1] ～ [4] の各文章中の [ア], [イ], [ウ], … に当てはまる数字 0 ～ 9 を求めて，解答用マークシートの指定された欄にマークしなさい。ただし，分数は既約分数として表しなさい。根号の中に入る数は，4 でも 9 でも割り切れないものとします。なお，[ア] は既出の [ア] を表します。**

**[1]** 1 から 12 までの番号が 1 つずつ書かれた同じ大きさの 12 枚の札が入った袋がある。この袋の中から札を 1 枚取り出し，札に書かれた番号を調べて札を袋にもどす試行を考える。試行を 1 回行い，取り出した札の番号が 4 の倍数であるという事象を $A$ とする。

**(1)** 事象 $A$ が 2 回起こるまで試行をくり返す。事象 $A$ が 2 回起こったとき，それ以上試行をくり返さず終了する。ただし，100 回目までに事象 $A$ が 2 回起こらなかった場合には，それ以上試行をくり返さず終了するものとする。なお，“$n$ 回目まで” とは，1 回目，2 回目，……，$n$ 回目のことである。

**(a)** ちょうど 5 回目の試行で終了する確率は $\dfrac{\boxed{ア}\boxed{イ}}{\boxed{ウ}\boxed{エ}\boxed{オ}}$ である。

**(b)** 5 回目までに試行を終了する確率は $\dfrac{\boxed{カ}\boxed{キ}}{\boxed{ク}\boxed{ケ}\boxed{コ}}$ である。

**(2)** 事象 $A$ が続けて 2 回起こったとき，それ以上試行をくり返さず終了する。また，事象 $A$ が続けて 2 回起こらなかったとき，それ以上試行をくり返さず終了する。ちょうど $n$ 回目 $(n = 2, 3, 4, \cdots\cdots)$ の試行で事象 $A$ が起こって終了する確率を $p_n$ とする。

**(a)** 100 回を限度として試行をくり返す。このとき，$p_6 = \dfrac{\boxed{サ}}{\boxed{シ}\boxed{ス}\boxed{セ}\boxed{ソ}}$ である。

(b) $P_m = \sum_{n=2}^{m} p_n \ (m = 2, 3, 4, \cdots\cdots)$ とすると，$\lim_{m \to \infty} P_m = \dfrac{\boxed{タ}}{\boxed{チツ}}$ である。

(25 点)



**2** 座標空間において，4 点 O(0, 0, 0)，A(1, −2, 1)，B(−1, 1, 1)，C(1, 0, 1) があり，3 点 O，A，B で定まる平面を $\alpha$ とする。

(1) $\overrightarrow{OA}$ と $\overrightarrow{OB}$ の内積の値は $-\boxed{ア}$ であり，$\cos\angle AOB = -\dfrac{\boxed{イ}}{\boxed{ウ}}\sqrt{\boxed{エ}}$ である。

また，$\overrightarrow{OA}$ と $\overrightarrow{OB}$ の両方に垂直なベクトルの 1 つは $\left(\boxed{オ}, \boxed{カ}, 1\right)$ であり，三角形 OAB の面積は $\dfrac{\boxed{キ}}{\boxed{ク}}\sqrt{\boxed{ケコ}}$ である。

(2) 点 C を通り平面 $\alpha$ に垂直な直線を $\ell$ とする。平面 $\alpha$ と直線 $\ell$ の共有点を P とすると，点 P の座標は

$$\left(\frac{\boxed{サ}}{\boxed{シ}}, -\frac{\boxed{ス}}{\boxed{セ}}, \frac{\boxed{ソ}}{\boxed{タ}}\right)$$

であり，$\overrightarrow{PC}$ の大きさは $\dfrac{\boxed{チ}}{\boxed{ツ}}\sqrt{\boxed{テト}}$ である。

(3) 線分 AB を $q : (1-q)$ に内分する点を Q とする。ただし，$0 < q < 1$ とする。線分 PQ と線分 AB が垂直になるのは，点 Q の座標が

$$\left(\frac{\boxed{ナ}}{\boxed{ニヌ}}, -\frac{\boxed{ネ}}{\boxed{ノハ}}, \boxed{ヒ}\right)$$

のときであり，このとき $q = \dfrac{\boxed{フ}}{\boxed{ヘホ}}$ である。

(25 点)

**3** $i$ を虚数単位とし，$z = \cos\dfrac{\pi}{3} + i\sin\dfrac{\pi}{3}$ とする。

**(1)** $\displaystyle\sum_{n=1}^{5} z^n = -\boxed{ア}$，$\displaystyle\sum_{n=1}^{5} z^{2n} = -\boxed{イ}$ であり，$\displaystyle\sum_{n=1}^{5} z^{3n} = -\boxed{ウ}$ である。

**(2)** $\displaystyle\sum_{n=1}^{5} nz^n = -\boxed{エ} - \boxed{オ}\sqrt{\boxed{カ}}\,i$，$\displaystyle\sum_{n=1}^{5} (2n)z^{2n} = -\boxed{キ} - \boxed{ク}\sqrt{\boxed{ケ}}\,i$ であり，$\displaystyle\sum_{n=1}^{5} (3n)z^{3n} = -\boxed{コ}$ である。また，

$$\sum_{n=1}^{6} (2n-1)z^{2n-1} = -\boxed{サ}\sqrt{\boxed{シ}}\,i$$

である。

**(3)** $\displaystyle\sum_{n=1}^{5} \frac{1}{1-z^n} = \frac{\boxed{ス}}{\boxed{セ}}$ である。

(25 点)

**4** $n$ を自然数とし，関数 $f_n(x) = x^{-n}\log x\ (x > 0)$ とする。座標平面上の曲線 $C : y = f_n(x)$ 上の点 $(a, f_n(a))$ における接線 $\ell$ が，座標平面の原点を通るという。ただし，$\log$ は自然対数を表し，文中の $e$ は自然対数の底を表す。

**(1)** 接線 $\ell$ の傾きは $\left\{\left(\boxed{ア}\,n + \boxed{イ}\right)e\right\}^{-\boxed{ウ}}$ である。

**(2)** $I_n = \displaystyle\int_1^a f_n(x)dx$ とすると

$$I_1 = \frac{\boxed{エ}}{\boxed{オ}},\quad I_{10} = \frac{\boxed{カ}}{\boxed{キ}\boxed{ク}} - \frac{\boxed{ケ}\boxed{コ}}{\boxed{サ}\boxed{シ}\boxed{ス}}e^{-\frac{\boxed{セ}}{\boxed{ソ}\boxed{タ}}}$$

である。

$n = 5$ とする。このとき，曲線 $C$ と接線 $\ell$ および $x$ 軸によって囲まれた領域 (境界を含む) を $D$ とする。

**(3)** 領域 $D$ の面積は

$$\frac{\boxed{チ}}{\boxed{ツ\,テ}}e^{-\frac{\boxed{ト}}{\boxed{ナ}}}-\frac{\boxed{ニ}}{\boxed{ツ\,テ}}$$

である。また，領域 $D$ を $x$ 軸のまわりに 1 回転させてできる立体の体積は

$$\left(\frac{\boxed{ヌ\,ネ}}{\boxed{ノ\,ハ\,ヒ}}e^{-\frac{\boxed{フ}}{\boxed{ヘ}}}-\frac{\boxed{ホ}}{\boxed{ノ\,ハ\,ヒ}}\right)\pi$$

である。

(25 点)

# 化　学

（80分）

気体定数は8.31 kPa・L/(K・mol)とする。原子量を必要とするときは，次の値を用いなさい。H　1.0，C　12，N　14，O　16，Na　23，S　32，Cl　35.5，Fe　56，Cu　64

**1**　次の文章を読んで以下の設問(1)～(7)に答えなさい。空欄 (ア) ～ (オ) には最も適当なものを指定された**解答群**から選び，その番号を**解答用マークシート**の指定された欄にマークしなさい。同じものを何回用いてもよい。また，空欄 ① ～ ⑳ にあてはまる数字を**解答用マークシート**の指定された欄にマークしなさい。数値は四捨五入し，**指示された桁まで**マークしなさい。ただし，必要のない桁には**0**をマークしなさい。指数が**0**となる場合は，**0**をマークしなさい。設問(5)～(7)において，水溶液とする際の体積変化は無視できる範囲にあるものとする。（25点）

(1)　温度80℃の硝酸カリウムの飽和水溶液100 gがある。この水溶液の質量パーセント濃度は ①② ％である。この水溶液を加熱して10.0 gの水を蒸発させた後，20℃に冷却すると， ③④ gの硝酸カリウムが析出した。なお，硝酸カリウムの溶解度(g/100 g $H_2O$)は，20℃で31.6，80℃で169とする。

(2)　温度60℃の硫酸銅(Ⅱ)の飽和水溶液100 gを20℃に冷却すると， ⑤⑥ gの硫酸銅(Ⅱ)五水和物 $CuSO_4 \cdot 5H_2O$ が析出した。なお，無水硫酸銅(Ⅱ)の溶解度(g/100 g $H_2O$)は，20℃で20.0，60℃で40.0とし，硫酸銅(Ⅱ)の結晶はすべて硫酸銅(Ⅱ)五水和物として析出するものとする。

(3)　図1のようなU字管の中央を半透膜で仕切って両側にそれぞれ純水とグルコース水溶液を同じ高さまで入れると，水分子だけが半透膜を通過して拡散する。この現象を浸透という。浸透により平衡状態に達すると，[ (ア) ]。このとき，純水(溶媒)と水溶液の液面を同じ高さに保つために[ (イ) ]側に加える圧力を浸透圧という。水が浸透して平衡に達したときの水溶液の浸透圧は，[ (ウ) ]ほど，大きくなる。
希薄溶液の浸透圧は，溶液の[ (エ) ]に比例し，温度が上昇すると[ (オ) ]。

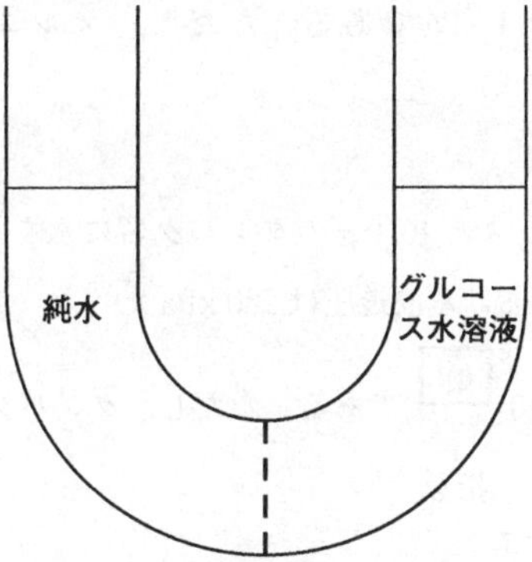


図1　U字管

[ (ア) ] の解答群

0　純水(溶媒)側の液面は上がり，水溶液の液面は下がる

1　純水(溶媒)側の液面は下がり，水溶液の液面は上がる

2　純水(溶媒)側の液面と水溶液の液面は変わらない

[ (イ) ] の解答群

0　純水(溶媒)　　1　水溶液

[ (ウ) ] の解答群

0　液面の高さの差が大きく，水溶液の密度が大きい

1　液面の高さの差が小さく，水溶液の密度が大きい

2　液面の高さの差が大きく，水溶液の密度が小さい

3　液面の高さの差が小さく，水溶液の密度が小さい

**［(エ)］および［(オ)］の解答群**

0　モル濃度　　1　質量パーセント濃度　　2　質量モル濃度

3　大きくなる　　4　小さくなる　　5　変化しない

(4)　1.80 %(質量パーセント濃度)のグルコース水溶液の温度 27 ℃ における浸透圧は，［⑦⑧⑨］ kPa である。ただし，グルコース水溶液の密度を 1.00 g/cm$^3$ とする。

(5)　1.80 g のグルコースと 10.0 g のタンパク質に水を加えて 100 mL とした水溶液の温度 27 ℃ における浸透圧は 280 kPa だった。このタンパク質の平均分子量は約 ［⑩］ × 10$^{［⑪］}$（↑指数） である。ただし，タンパク質は電離したり会合したりしないものとする。

(6)　10.0 g の非電解質 A に水を加えて 200 mL とした水溶液と，1.46 g の塩化ナトリウムに水を加えて 200 mL とした水溶液について，温度 27 ℃ における浸透圧を比較したところ，これらは等しい値となった。なお，塩化ナトリウムの電離度は 1.00 とする。

これらの水溶液の浸透圧は ［⑫⑬⑭］ kPa であり，

非電解質 A の分子量は ［⑮⑯⑰］ である。

(7)　(6)の非電解質 A の分子量と同じ式量をもつ電解質 BC がある。この電解質 BC は水中で一部が以下のように電離する。

$$BC \rightleftarrows B^+ + C^-$$

10.0 g の電解質 BC に水を加えて 200 mL とした水溶液の温度 27 ℃ における浸透圧は 997 kPa だった。このとき，電解質 BC の電離度は

⑱ . ⑲ ⑳ である。
（↑小数点）

**2** 次の文章を読んで以下の設問(1)～(6)に答えなさい。空欄 (ア) ～ (ト) には最も適当なものを**解答群**から選び，その番号を**解答用マークシート**の指定された欄にマークしなさい。ただし， (テ) には最も適当な値を**解答群**から選び，その番号を**解答用マークシート**にマークしなさい。 (25 点)

(1) 鉄 Fe は (ア) や (イ) と反応して (ウ) を発生し， (エ) となって溶けるが，濃硝酸には溶解しない。Fe と同様な理由により濃硝酸に溶解しにくい金属としては (オ) などが知られている。

(2) (エ) を含む水溶液に NaOH 水溶液を加えると緑白色の沈殿を生じる。また， (エ) を含む水溶液を空気中に放置もしくは $H_2O_2$ で (カ) すると (キ) になる。

(ア) ～ (ウ) **の解答群**

0 水酸化ナトリウム水溶液　1 (希)塩酸
2 アンモニア水溶液　3 希硫酸　4 酸　素
5 塩　素　6 窒　素　7 アンモニア
8 水　素

(エ) ～ (キ) **の解答群**

0 $Fe^{2+}$　1 $Fe^{3+}$　2 Pb
3 Cu　4 Al　5 Si
6 P　7 Ag　8 酸　化
9 還　元

(3) [(エ)] を含む水溶液に塩素を通じて生成した物質 [(ク)] を含む溶液を，沸騰している蒸留水中に加えると [(ケ)] 色を呈する [(コ)] のコロイド溶液ができる。このコロイド溶液に横から強い光を当てて肉眼で観察すると [(サ)] が観察される。

**[(ク)] ～ [(コ)] の解答群**

| | | |
|---|---|---|
| 0 $FeCl_2$ | 1 $FeCl_3$ | 2 $Fe(OH)_2$ |
| 3 $Fe(OH)_3$ | 4 赤　褐 | 5 黄　褐 |
| 6 黒　褐 | 7 凝　析 | 8 塩　析 |

**[(サ)] の解答群**

0 熱運動している溶媒分子がコロイド粒子に不規則に衝突するブラウン運動

1 熱運動している溶媒分子がコロイド粒子に不規則に衝突するチンダル現象

2 コロイド粒子により光が散乱するチンダル現象

3 コロイド粒子により光が散乱するブラウン運動

このコロイド溶液を半透膜でできた袋の中に入れ，上端を糸で縛り，純水の中に吊るして透析した。

(4) このとき，袋の外側の水の一部をとり，BTB(ブロモチモールブルー)溶液を加えたとき [(シ)] 色を呈すると，$H^+$ が透過していることを確かめることができる。また，$AgNO_3$ 水溶液を添加したとき [(ス)] 色の沈殿が生じると，$Cl^-$ が透過していることを確かめることができる。さらに，未反応の [(キ)] が透過した場合は，5％チオシアン酸カリウム(KSCN)水溶液を滴下すると [(セ)] 色の溶液になるので確認できる。

(5) [(コ)] を強熱すると [(ソ)] の主成分の一つの [(タ)] に変化する。

これをさらに1400℃以上に強熱すると [(チ)] の主成分である [(ツ)] に変化する。

[(シ)] ～ [(ツ)] の解答群

| | | |
|---|---|---|
| 0　淡　緑 | 1　青 | 2　黄 |
| 3　白 | 4　血　赤 | 5　$Fe(OH)_2$ |
| 6　$Fe_2O_3$ | 7　$Fe_3O_4$ | 8　赤さび |
| 9　黒さび | | |

(6)　質量パーセント濃度が$a$〔%〕の [(ク)] 水溶液$b$〔g〕の全量を用いて$c$〔mL〕の [(コ)] コロイド溶液を調製した。その浸透圧(27℃)を測定したところ，$d$〔Pa〕であった。このコロイド粒子1個中に含まれるFe原子の個数の平均値$x$は以下の式で表すことができる。ただし，生成途中でのコロイド粒子の損失はないものとする。

$$x = \boxed{(テ)} \times 10^3 \times \boxed{(ト)}$$

[(テ)] の解答群

| | | | |
|---|---|---|---|
| 0　72 | 1　153 | 2　162 | 3　185 |
| 4　195 | 5　249 | 6　324 | 7　541 |
| 8　648 | 9　831 | | |

[(ト)] の解答群

| | | | |
|---|---|---|---|
| 0　$\frac{ab}{cd}$ | 1　$\frac{ac}{bd}$ | 2　$\frac{bd}{ac}$ | 3　$\frac{cd}{ab}$ |
| 4　$\frac{d}{abc}$ | 5　$\frac{a}{bcd}$ | 6　$\frac{b}{acd}$ | 7　$\frac{c}{abd}$ |
| 8　$\frac{bcd}{a}$ | 9　$\frac{acd}{b}$ | | |

**3** 次の文章を読んで以下の設問(1)〜(6)に答えなさい。化合物 **A**, **B** はいずれも置換基 **X**, **Y** をもつ二置換ベンゼン(**図1**)であり，分子量が200以下であることがわかっている。そこで，以下のような実験を行った。(25点)

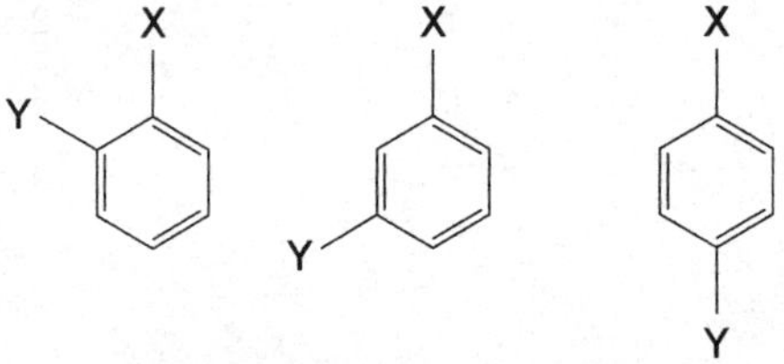


**図1**　二置換ベンゼンの構造

(1) 炭素，水素，酸素からなる化合物 **A** を 6.1 mg はかりとり，十分な酸素の存在下で完全に燃焼させたところ，17.6 mg の二酸化炭素と 4.5 mg の水が生じた。そのことから，この分子の組成式は，C [①②] H [③④] O [⑤⑥] であると考えられた。①〜⑥に最もあてはまる数字を，**解答用マークシート**の指定された欄にマークしなさい。あてはまる数値がひと桁の場合，十の位は0(ゼロ)をマークしなさい。また，炭素，水素，酸素の数が1の場合は，一の位に1をマークしなさい。

(2) 化合物 **A** が，オルト体，メタ体，パラ体のどれなのかは不明であった。化合物 **A** にナトリウムを加えても水素($H_2$)は発生しなかった。また，化合物 **A** に塩化鉄(Ⅲ)水溶液を加えても，溶液の色は変化しなかった。

そこで，化合物 **A** に硝酸と濃硫酸の混合物(混酸)を加えてニトロ化反応を行ったところ，**A** のベンゼン環に共有結合した水素のうち一つだけがニトロ基に置換された化合物 **C** が生成し，2種類の異性体を含むことがわかった。このニトロ化反応の場合，**A** のベンゼン環に共有結合した水素がニトロ基に置換される確率は，全ての水素について同じであるとすると，化合物 **A** は [(ア)] 体であると考えられ，その置換基 **X** は [(イ)]，置換基 **Y** は

［(ウ)］であると考えられる。

［(ア)］に最もあてはまる語句を**解答群Ⅰ**から選び，**解答用マークシート**の指定された欄にマークしなさい。［(イ)］と［(ウ)］には，**解答群Ⅱ**からあてはまるものを選び，**解答用マークシート**の指定された欄にマークしなさい。なお，置換基XとYが異なる場合，順番はどちらでもよい。また，同じものを何度選んでもよい。

**解答群Ⅰ【(ア)の解答群】**

| | | |
|---|---|---|
| 0 オルト | 1 メ タ | 2 パ ラ |

**解答群Ⅱ【置換基X，Yの選択肢((イ)，(ウ)，(ソ)，(タ)，(チ)，(ツ)，(テ)，(ト)の解答群)】**

| | | |
|---|---|---|
| 00 $-H$ | 01 $-CH_3$ | 02 $-CH_2CH_3$ |
| 03 $-CH(CH_3)_2$ | 04 $-C(CH_3)_3$ | 05 $-CH_2CH_2CH_3$ |
| 06 $-N_2^+Cl^-$ | 07 $-OCH_3$ | 08 $-NO_2$ |
| 09 $-NH_2$ | 10 $-CH{=}C(CH_3)_2$ | 11 $-C(CH_3){=}CH_2$ |
| 12 $-CH{=}CH_2$ | 13 $-CHO$ | 14 $-COOH$ |
| 15 $-C(C_2H_5){=}C(C_2H_5)_2$ | 16 $-COC_2H_5$ | 17 $-CH{=}C(C_2H_5)_2$ |
| 18 $-CH(OH)CH_3$ | 19 $-CH(OH)C_2H_5$ | 20 $-OH$ |
| 21 $-CH_2OH$ | 22 $-CH_2OCOCH_3$ | 23 $-CH_2OCH_3$ |
| 24 $-COCH_3$ | 25 $-CONH_2$ | 26 $-COOCH_3$ |
| 27 $-OCOCH_3$ | 28 $-OCOC_2H_5$ | 29 $-COOCH{=}CH_2$ |
| 30 $-NHCOCH_3$ | 31 $-CH{=}CH(CH_3)$ | 32 $-COOC_2H_5$ |
| 33 $-NH_3^+Cl^-$ | 34 $-C(CH_3){=}C(CH_3)_2$ | |

(3) (2)で化合物Aのニトロ化反応に用いた濃硫酸は，以下の式(a)，(b)，(c)に示す化学反応によって得られる。式中の［(エ)］～［(ケ)］に最もあてはまる物質を**解答群Ⅲ**から選び，**解答用マークシート**の指定された欄にマークしなさい。同じものを何度選んでもよく，違う空欄に同じ物質があてはまる場合もある。なお，［(ク)］と［(ケ)］の順番は問わない。

(a)　S + ［(エ)］ ⟶ ［(オ)］

(b)　2［(オ)］ + ［(カ)］ ⟶ 2［(キ)］　(触媒：$V_2O_5$)

(c)　［(ク)］ + ［(ケ)］ ⟶ $H_2SO_4$

**解答群Ⅲ【(エ)〜(ケ)の解答群】**

| | | |
|---|---|---|
| **00** NO | **01** $O_2$ | **02** $NH_3$ |
| **03** $N_2O_4$ | **04** $H_2$ | **05** $H_2O$ |
| **06** $NO_2$ | **07** $O_3$ | **08** $N_2$ |
| **09** S | **10** $SO_2$ | **11** $SO_3$ |
| **12** $Na_2SO_3$ | **13** $Na_2SO_4$ | **14** $FeS_2$ |
| **15** $H_2S$ | **16** FeS | **17** $I_2$ |

(4)　ある酸(HX と表す)の水溶液中での電離定数 $K$ は，平衡式(d)によって定義され，式(e)のように表すことができる。また，水のモル濃度$[H_2O]$が溶質の濃度よりも充分大きく，$[H_2O]$が一定であるとみなせる場合，式(f)のように新たな電離定数 $K_a$ を定義することができる。また，pH は式(g)で定義される。$K_a$ の逆数の常用対数である p$K_a$ は HX の酸性の強さを表す指標となり，p$K_a$ と pH の関係は式(h)のように表すことができる。式(e)〜(h)の空欄［(コ)］〜［(ス)］に最も あてはまる数式を**解答群Ⅳ**から選び，**解答用マークシート**の指定された欄にマークしなさい。同じものを何度選んでもよい。

(d)　$HX + H_2O \overset{K}{\rightleftarrows} X^- + H_3O^+$

(e)　$K =$ ［(コ)］

(f)　$K_a =$ ［(サ)］

(g)　pH = ［(シ)］

(h)　p$K_a$ − pH = ［(ス)］

**解答群Ⅳ【式(コ)，(サ)，(シ)，(ス)の解答群】**

**00**　$\log_{10}\left(\frac{[X^-]}{[HX]}\right) - pH$　　**01**　$-\log_{10}\left(\frac{[HX]}{[X^-]}\right)$

02　$-[H_3O^+]$

03　$\dfrac{[H_3O^+]}{[X^-][HX]}$

04　$\dfrac{[X^-][HX]}{[H_3O^+]}$

05　$-\log_{10}[H_3O^+]$

06　$\dfrac{[X^-]}{[HX]}$

07　$-\log_{10}\left(\dfrac{[HX]}{[X^-]}\right)+pH$

08　$\dfrac{[X^-][H_3O^+]}{[HX]}$

09　$\log_{10}[H_3O^+]$

10　$-\log_{10}\left(\dfrac{[H_3O^+]}{[HX]}\right)$

11　$-\log_{10}\left(\dfrac{[HX]}{[X^-]}\right)-pH$

12　$\log_{10}\left(\dfrac{[HX]}{[X^-]}\right)$

13　$-\log_{10}\left(\dfrac{[H_3O^+]}{[HX]}\right)+\log_{10}[X^-]$

14　$\dfrac{[H_3O^+]}{[HX]}$

15　$\log_{10}\left(\dfrac{[H_3O^+]}{[HX]}\right)$

16　$\dfrac{[X^-][H_3O^+]}{[HX][H_2O]}$

17　$\log_{10}\left(\dfrac{[HX]}{[X^-]}\right)+pH$

18　$\dfrac{[HX][H_2O]}{[X^-][H_3O^+]}$

19　$\dfrac{[HX]}{[X^-]}$

以下の文章(i)の [ (セ) ] に最もあてはまる言葉を**解答群V**から選び，**解答用マークシート**の指定された欄にマークしなさい。

(i)　式(f)と問題文中の$pK_a$の定義から，$pK_a$の値が大きいほど酸性が [ (セ) ] ことがわかる。

**解答群V【(セ)の解答群】**

0　強　い　　　1　弱　い

(5)　化合物Bはオルト体であり，**図2**に示す二つの反応を行ったところ，それぞれ化合物D(分子式$C_9H_{10}O_3$)とE(分子式$C_9H_8O_4$)が得られた。化合物B，D，Eの置換基X，Yに関する以下の文章の空欄に最もあてはまるものを**解答群II**から選び，**解答用マークシート**の指定された欄にマークしなさい。

化合物Bの置換基Xは [ (ソ) ] ，置換基Yは [ (タ) ] であると考えられる。ただし，その酸性の弱い方をX，酸性の強い方をYとすること。

また，化合物Dの置換基Xは［(チ)］，置換基Yは［(ツ)］であり，Eの置換基Xは［(テ)］，置換基Yは［(ト)］であると考えられる。化合物DとEの置換基XとYの順番は問わない。また，同じものを何度選んでもよい。

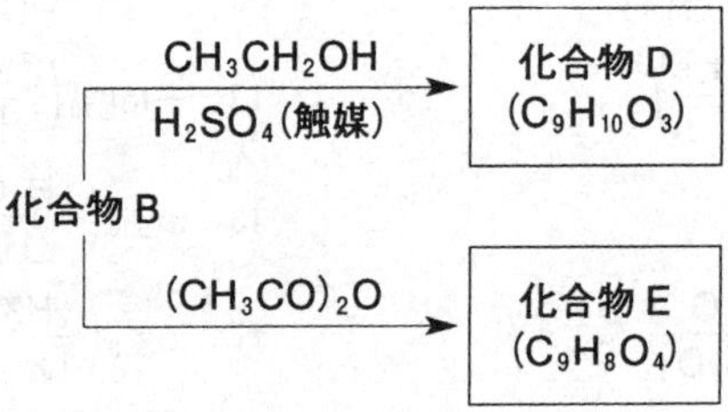


図2

(6) 化合物Bにナトリウムを加えると水素($H_2$)が発生した。またBに塩化鉄(Ⅲ)水溶液を加えたところ，赤紫色を呈した。NaOH水溶液を用いた中和滴定の結果，1 molの化合物Bから2 molの$H^+$が解離し，その置換基XとYの電離定数$K_a$は$1.5 \times 10^{-3}$ mol/Lと$2.5 \times 10^{-13}$ mol/Lであった。この二つの$K_a$の値から，化合物Bがもつ置換基XとYの$pK_a$を計算し，以下の文章の⑦と⑫に正負の符号を，⑧～⑪と⑬～⑯に最もあてはまる数値を**解答用マークシート**の指定された欄にマークしなさい。$pK_a$の値の小さい方からマークし，必要のない桁には0(ゼロ)をマークしなさい。ただし，$\log_{10}1.5 = 0.18$，$\log_{10}2.5 = 0.40$とする。

化合物Bの二つの$pK_a$は

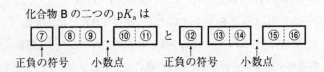

［⑦］［⑧｜⑨］.［⑩｜⑪］と［⑫］［⑬｜⑭］.［⑮｜⑯］

（⑦：正負の符号，.：小数点，⑫：正負の符号，.：小数点）

**4** 次の文章を読んで以下の設問(1)〜(7)に答えなさい。 (25点)

核酸は，リン酸，塩基および糖からなる [(ア)] という構成単位からなる高分子化合物で，DNA と RNA では [(ア)] の構成成分の1つである [(イ)] が異なっており，DNA を構成する [(イ)] では RNA を構成する [(イ)] の [(ウ)] の一部が水素原子に置換した構造をとっている。また，DNA に含まれる塩基はグアニン，アデニン，[(エ)]，[(オ)] の4種類であり，RNA に含まれる塩基はグアニン，アデニン，[(エ)]，[(カ)] の4種類となっている。

DNA は2本の高分子が [(キ)] 結合によって結ばれることで，安定した [(ク)] 構造をとっている。DNA は生命の [(ケ)] 情報を担う分子であり，一方，RNA のうち伝令 RNA(mRNA)は DNA の情報に基づいた [(コ)] の合成に関わっている。

(1) 文中の空欄 [(ア)] 〜 [(コ)] にあてはまる最も適当なものを指定された**解答群**の中から選び，その番号を**解答用マークシート**の指定された欄にマークしなさい。

[(ア)] 〜 [(コ)] **の解答群**

| | | |
|---|---|---|
| 00 ヒドロキシ基 | 01 アミノ基 | 02 カルボキシ基 |
| 03 リン酸 | 04 ニトロ基 | 05 アルキル基 |
| 06 シトシン | 07 ウラシル | 08 チミン |
| 09 塩　基 | 10 糖 | 11 タンパク質 |
| 12 脂　質 | 13 共　有 | 14 水　素 |
| 15 イオン | 16 二重らせん | 17 三重らせん |
| 18 $\alpha$-ヘリックス | 19 $\beta$-シート | 20 遺　伝 |
| 21 記　憶 | 22 エネルギー | 23 ヌクレオチド |

(2) 核酸の構成成分の1つであるリボースには，鎖状構造のものと環状構造のものがあり，水中ではこれらが平衡状態で存在する。右**図1**にその鎖状構造を示す。このリボースがDNA中に含まれる環状構造をとるとき，**図1**において酸素原子を介して1位の炭素原子と結合する炭素原子を1つ選び，**図1**中の番号で答えなさい。

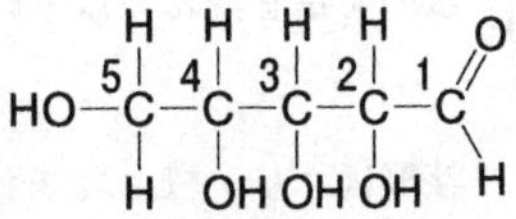

**図1**

(3) 環状構造のリボースにおいて，核酸塩基の窒素原子と結合する炭素原子を1つ選び，**図1**で示される番号で答えなさい。

(4) 核酸の主鎖の構造において，酸素原子を介してリン原子と結合する全ての炭素原子の**図1**で示される番号を正しく示しているものを**解答群**より選びなさい。

**(4)の解答群**

| | | | |
|---|---|---|---|
| **00** 1 | **01** 2 | **02** 3 | **03** 4 |
| **04** 5 | **05** 1と2 | **06** 1と3 | **07** 1と4 |
| **08** 1と5 | **09** 2と3 | **10** 2と4 | **11** 2と5 |
| **12** 3と4 | **13** 3と5 | **14** 4と5 | **15** 1と2と3 |
| **16** 1と2と4 | **17** 1と2と5 | **18** 1と3と4 | **19** 1と3と5 |
| **20** 1と4と5 | **21** 2と3と4 | **22** 2と3と5 | **23** 2と4と5 |
| **24** 3と4と5 | | **25** 1と2と3と4 | |
| **26** 1と2と3と5 | | **27** 1と2と4と5 | |
| **28** 1と3と4と5 | | **29** 2と3と4と5 | |
| **30** 1～5すべて | | | |

(5) DNAの [(ク)] 構造中では塩基間の [(キ)] 結合の形成に伴って，下**図2**に示されるような構造をとっている。この**図2**中で塩基**X**と**V**間は3本の [(キ)] 結合が，一方，塩基**Y**と**W**間では2本の [(キ)] 結合が形成されている。塩基**X**と**V**の構造式を示すのは，次のうちのどれか**解答群**より

選びなさい。

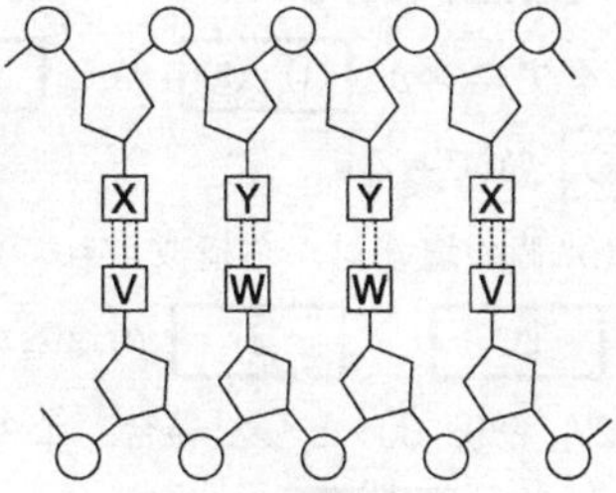


図 2

(5)の解答群

0

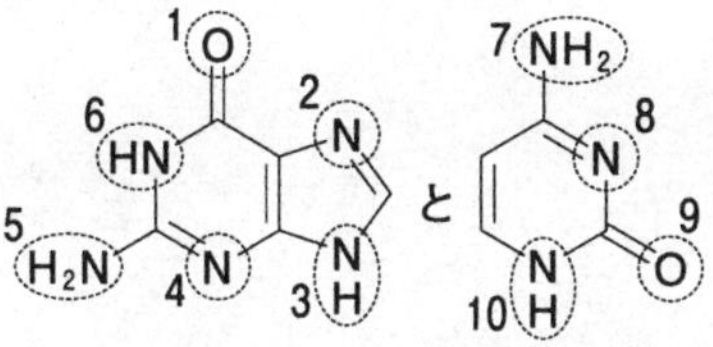


1

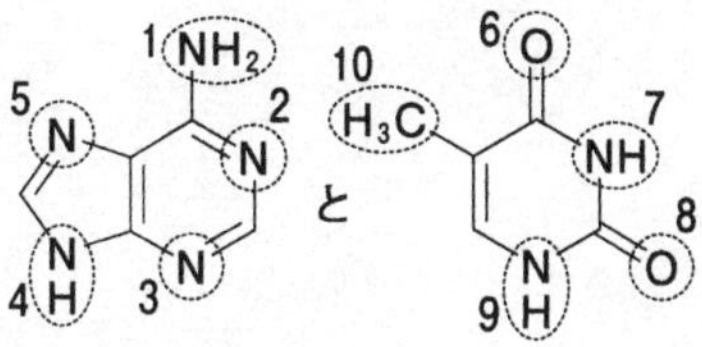


(6)　(5)で答えた X と V の塩基間において　(キ)　結合が形成される部位の組み合わせを 3 箇所全て**解答群**より選びなさい。なお，**解答群**中の番号は上図の ◯ で囲った部位とする。

(6)の解答群

| | | | | | | | | | |
|---|---|---|---|---|---|---|---|---|---|
| **00** | 1 と 6 | **01** | 1 と 7 | **02** | 1 と 8 | **03** | 1 と 9 | **04** | 1 と 10 |
| **05** | 2 と 6 | **06** | 2 と 7 | **07** | 2 と 8 | **08** | 2 と 9 | **09** | 2 と 10 |
| **10** | 3 と 6 | **11** | 3 と 7 | **12** | 3 と 8 | **13** | 3 と 9 | **14** | 3 と 10 |
| **15** | 4 と 6 | **16** | 4 と 7 | **17** | 4 と 8 | **18** | 4 と 9 | **19** | 4 と 10 |
| **20** | 5 と 6 | **21** | 5 と 7 | **22** | 5 と 8 | **23** | 5 と 9 | **24** | 5 と 10 |
| **25** | 6 と 7 | **26** | 6 と 8 | **27** | 6 と 9 | **28** | 6 と 10 | | |

(7)　次の記述の空欄 ① ～ ⑩ にあてはまる数字を**解答用マークシート**の指定された欄にマークしなさい。なお，数値は四捨五入し，必要のない桁には 0 を記入しなさい。

ある生物由来の2本鎖DNA中の塩基組成を調べると，アデニンの割合が30 %であった。このDNA中に含まれるグアニン，［(エ)］，［(オ)］の割合は，それぞれグアニンが［①②］%，［(エ)］が［③④］%，［(オ)］が［⑤⑥］%である。

このDNAは $2.0 \times 10^6$ 個の塩基対から構成されていた。DNA中におけるアデニン，グアニン，［(エ)］，［(オ)］の塩基を含む各構成単位の分子量をそれぞれ，313，329，289，304とした場合，この2本鎖DNAの分子量を求めると［⑦］.［⑧］$\times 10^{[⑨⑩]}$ となる。

（［⑦］と［⑧］の間の「.」：小数点，［⑨⑩］：指数）

# 解答編

## 英語

（注）解答は，東京理科大学から提供のあった情報を掲載しています。

### 1 解答

(1)—1　(2)—3　(3)—3　(4)—2　(5)—1　(6)—1
(7)—4　(8)—2　(9)—4　(10)—3　(11)—2　(12)—1
(13)—3　(14)(a)—6　(b)—2　(c)—7　(d)—8　(15)—2　(16)—2

**全訳**

**《記憶の主観性》**

[1] 世界に対する私たちの理解は，あいまいなことや偶然的な出来事への不快感から生じる「物語への渇望」によって形成される。驚くべきことが起きると，説明を模索する。あいまいさを解消したいという衝動は，その対象が取るに足らないものであっても，驚くほど強力になりうる。読解力やアナグラムを解く力を測定されていると参加者が考えるような研究において，参加者の後ろで気をそらすような電話の会話を聞かせてみた。会話の片方のみが聞こえる参加者と，双方の会話を聞く参加者がいた。参加者たちは，その気をそらす会話そのものが研究テーマであることを知らなかったので，読み物やアナグラムの解答に集中するために，今聞いている会話を無視しようと努めた。その結果によると，会話の片方のみ耳にする方が，双方の会話を耳にするよりも気が散ることが判明し，意図せず盗み聞きした人の方が断片的な会話の内容を後でよく思い出すことができたのである。これはなぜか。おそらくは，会話の半分のみ耳にしていた人たちは，完全な物語を作り出すよう省かれた残り半分を強く推論せずにはいられなかったのだ。著者らが指摘するように，その研究は，なぜ私たちが公共の場における一方だけの携帯の通話をとても煩わしいと感じるのかを説明する助

けとなるかもしれないが，同時に，私たちが身の回りの出来事に合理的な説明を与えることに引きつけられる不可避的な状況をも明らかにしている。

② あいまいなことや恣意的なことへの不快感は，自分の生活を合理的に理解したいという必要性に対して同じくらい，いやそれ以上に強いものだ。私たちは，自分たちの生活における出来事を，私たちが置かれた状況や私たちに降りかかる事柄，そして私たちが行う選択を説明するまとまりある物語へとあてはめるよう努める。私たち一人一人は異なる物語を有しており，そこには私たちが共有する文化や人間としての経験から織りなされた多くの話の筋と，個人的に経験した過去の特異な出来事を物語る個々別々の話の筋がある。こうしたすべての経験が，現在の状況で思い浮かぶこととそれを理解する際に用いる物語に影響を与える。例えば，「どうして私以前に家族は誰一人大学に行かなかったのか」「どうして私の父は事業でひと財産を築かなかったのか」「どうして私は企業で働きたくならないのか」や，「どうして私は独立して働きたいと思わないのか」といったものである。私たちは，自己の感情をもっともうまく説明してくれる物語に引き寄せられる。こうして物語と記憶が一つになるのだ。自分で意味を成すようにまとめていく記憶の方が，よりよく思い出される記憶になる。物語は意味を与えるだけでなく，将来の経験や情報に意味を与える知的枠組みをも提供し，事実上，世界と自身についてすでに確立された構成概念に合わせて新しい記憶を形成するのである。ある小説の主人公が追い詰められて下した判断を説明するよう求められるとき，その主人公の精神世界に起きていたに違いない事象の説明に，自分自身の人生経験が影を落とさないようにできる読者はいない。手品師や政治家の成功は，小説家の成功と同じく，物語が誘惑的な力を持つことと聴衆が自発的に不信感を抱かないようにすることにかかっている。国の政治論争において以上に，このことが明白なところはない。というのはそこでは，志を同じくする人々が，共通の目的を見つけるため，そして，世の中がどのように動いているかとか，人々と世界がどのようにふるまうべきかについての判断をもっともうまく説明してくれると感じる話を膨らませていくために，オンラインや地域の集会やメディア上で集まるからである。

③ ほぼどんなテーマであれ，例えば試験を強力な学習ツールとして利用することを支持する論説などだが，一定の立場を主張した著者の記事をオン

ラインで読むとき，感情を説明するためにどれほど素早く個人的な物語が関与するのかを見ることができよう。読者が投稿したコメントに目を通してみれば，喜びの歌を歌う者がいれば，憤りを抑えるなんて到底できないという者もいて，それぞれが，コラムの主な論拠に賛同したり反論したりする個人的な物語を引き合いに出している。心理学者であるラリー=ジャコビーとボブ=ビョークとコリーン=ケリーは，理解や適性や記憶力に関する錯覚を主題とした研究を総括して，主観的な経験に基づいて判断することを回避するのはほぼ不可能であると記している。人間は過去の出来事に対する客観的記録より，その出来事の主観的想起の方に大きな信用を与え，私たちのある状況への特定の解釈が自分自身に特有のものである点について驚くほど無関心なのである。それゆえ，記憶についての物語が，私たちが下す判断や私たちが取る行動に関する直感の中核を成している。

4　そのため，私たちの記憶の変わりやすい性質が，私たちの知覚を歪めるだけでなく，私たちの学習能力に必須でもあることは，厄介な逆説である。今ではよく知られているように，私たちが記憶を呼び起こすたびにその記憶へ至る心の中の経路がより強くなる。記憶を強化し拡大し修正するこの能力が，私たちの学習を深めたり，知っていることやできることへの結びつきを広げたりするメカニズムの中核を成すのである。記憶には，Google 検索のアルゴリズムと似たところがある。つまり，学んでいることをすでに知っていることと結びつければつけるほど，そしてある記憶に対する結びつきが多ければ多いほど（例えば，記憶を視覚的イメージや場所や壮大な物語と結びつけるなど），後になって再びその記憶を見つけ出して取り戻す際の知的手がかりもまたそれだけ多くなるのだ。この能力は私たちの行為主体性，つまり世界で行動をしたり能力を発揮したりする力を拡張する。同時に，記憶は姿を変える力を持ち，感情や示唆や物語がもたらす矛盾した要求を調和させる存在なので，自分が確信していることが誤っている可能性があると常に受け入れることが有益だ。つまり，あなたのもっとも大切にしている記憶でさえも，それが実際に起きた通りには出来事を再現していない可能性がある。

5　記憶は多くの点で歪められうる。人々は自己の世界認識という観点から物語を解釈し，さらに論理的な物語を作るために何も存在しなかった場所に秩序を与えていく。記憶とは，再構築なのだ。私たちはある出来事のすべての側面を覚えておくことはできないから，自分たちにとってもっとも感情的に大きな意味を持つ要素を思い出し，自身の物語と一貫するが誤っている可能性もある細部で空白を満たしていくのである。

## 解説

**(1)** 語彙の問題は前後の内容から類推すればよい。当該箇所の直前の文章は *hunger for narrative*「物語への渇望」に関するものである。「私たちは驚くべきことが起きると説明を探し，そのテーマが重要ではなくても，あいまいさを解消したいという衝動」は「強い」というような意味で解すれば文脈に適う。1．「人の心をつかんで離さない」が適切。他の選択肢（2．「不足した」，3．「壊れやすい」，4．「秩序だった」）はいずれも該当しないので消去法でも解ける。ちなみに potent は「薬効が強い」という意味でも使用される語であるから薬学志望の受験生なら知っておくべき語でもある。

**(2)** 第1段で述べられる研究の内容が把握できたかを試す設問。研究は，読解やアナグラムを解く実験だと思っている被験者に裏で会話を聞かせるというもの。したがって，第1段第7文（The results showed …）にあるように被験者は会話を overhearing「ふと耳にした」と感じている。その内容に適うのは3．「他人の会話を偶然聞く人々」である。下線部の逐語訳は「意図せぬ盗聴者」。他の選択肢の1．「実験で参加者を意図的にだます人々」，2．「アクティブリスニングの技術を訓練された人々」，4．「不注意にときどき荷物を落とす人々」はいずれも文意に合わない。

**(3)** 第1段で述べられる研究結果を理解したかを試す設問。会話の片方のみを聞いた被験者の方が，その会話の内容を覚えている理由として第1段9文（Presumably, those overhearing …）で「完全な物語を作り出そうと残りの半分を強く推論せざるを得ないから」とある。したがって，公共の場での携帯電話の通話もまた片方のみの通話であるという点で「とても煩わしい」と言えるのである。答えは3．「会話のもう片方について推測せずにはいられないから」である。他の選択肢である1．「多くの国では公共の場で携帯電話での通話は厳しく禁じられているから」，2．「公共の場でのオンライン通話中の会話は多くの人々に聞かれてしまうことが多いから」，4．「携帯電話で会話中の人々は公共の場で迷惑な行動を示しがちだから」はいずれも文意に合わない。

(4) これも前後の内容から判断できる。下線部を含む箇所で述べられているのは，「自分の生活を合理的に理解したいという必要性に関して，その際の出来事を cohesive な物語へとあてはめようと努力する」ということである。合理的な理解を前提とする以上は，cohesive とは 2.「理解しうる」が一番近い。他の，1.「相対的な」，3.「紛らわしい」，4.「現代の，同時期の」はすべて該当しない。ちなみに cohesive「まとまりのある，密着した」は，co-「一緒に」+ hesive「くっつく」が語源である。adhere や hesitate を想像すれば何とか推測できるかもしれない。

(5) 当該箇所直後は narratives that best explain our emotions「私たちの感情をもっともうまく説明する物語」の意。そうした物語に対して，私たちはどう振る舞うのかを文脈から推察すればよい。第2段冒頭文にあるように，私たちは不明瞭なことに対して不快感を抱き合理的な理解を求めるので，「感情をうまく説明する物語」に対しては好意的な反応を見せるはずである。1.「引きつけられる」とするのがよい。他の，2「うんざりした」，3「廃止する」，4「取り除く」はいずれも合わない。ちなみに gravity と言えば「重力」，gravitation と言えば「(万有) 引力」であることは理系受験生にはお馴染みであろう。

(6) この手の設問は，まず下線部を正確に把握することが重要となる。account for ～「～を説明する」，under pressure「重圧下で，追い詰められて」，keep *A* from *doing*「*A* が～するのを妨げる」，must have *done*「～したに違いない」等に気をつける。するとこの箇所は「追い詰められた主人公の決断を説明する際に，自己の経験がその判断に影を落とすことを妨げられる読者はいない」，つまり「すべての読者は，自己の経験がその判断に影響してしまう」と読み替えられ，これはすなわち，1.「小説の主人公が特定の判断を行う理由を解釈するとき，自分が人生で出くわしてきた経験に依拠する」ということになる。2.「物語の結末を予測するために，私たちは主人公の精神的葛藤を明らかにしようとする」は「物語の結末を予測するため」ということが本文で述べられていない。3.「小説の内容を書かれている通りに理解しようとして，私たちは自分自身で主人公の感情を判断させないようにする」，4.「私たちは，追い詰められると小説の主人公が行った判断に共感する」はいずれも本文の内容と合致しない。

(7) 下線部を言い換えると,「国の政治論争においてこのことはもっとも明白だ」ということであり,「このこと」とは1つ前の文の「政治家等の成功は,物語が誘惑的な力を持つことと,聴衆が自発的に不信感を抱かないようにすることにかかっている」を指す。これをまとめると,「物語の持つ誘惑的な力は成功の礎となる役割があり,これは国の政治論争においてもっとも明白だ」となる。すると,4.「物語が果たす重要な役割は,国の政治論争においてもっともはっきりとわかる」が下線部の説明としてもっともよい。他の,1.「よい物語だけが,国政の集中的な話し合いに参加させたいと思わせる」,2.「国の政治論争への参加から目を背けさせる物語はない」,3.「国政の話し合いにおいて多くの人々が自身の物語を素早く変えていくのがわかる」はいずれも本文の内容と一致しない。

(8) 下線部「感情を説明するため個人的な物語がいかに素早く関与するかがわかる」は第3段初めの文であり,リード部(記事等の要旨)の働きをしていることに注目する。つまり下線部の内容が,続く第2文(Scan the comments … column's main argument.)に敷衍されている。コラムの読者はそれぞれの個人的な物語を引き合いに出してコメントをするのである。すると,人々は「自己の感情を説明する」ために独自の物語を素早く利用することが「明白だ」とする2が正解となる。1の「他人の感情を刺激する」「たまたま起こる」や,3の「政治家の行動を説明する」や4の「他者と意思疎通する」「めったに起こらない」という内容はいずれも本文の文意から外れる。

(9) 第3段の「人々はコメントをする際に個人的な物語を引き合いに出す」という例が提示されていることからすれば,自己の判断を主観的経験に基づかせることを回避することは難しいという主張が見えてくる。「不可能」だとする4が正解となる。1.「利用しやすい」,2.「雄弁な」,3.「重要な」はいずれも段落の趣旨に合わない。

(10) 比較級の文であるから,比較される対象のどちらを上に考えているかを正確に読む。すると「人々は客観的記録よりも主観的想起に信用を与える」ということになる。credence という語が難しいかもしれないが,credo「信条」,incredible「信じられない」などの語から「信用」「信頼」という意味であることは予想できる。また,credence が予想できなくても,第3段で展開されている「人々は個人的な物語に基づいて判断する」

という趣旨や，同段最終文（Thus the narrative …）の「記憶の物語が直感の中核を成す」という内容からも，客観より主観（直感）を重視するということだとわかる。したがって，3.「私たちは，過去の出来事について先入観のない情報より個人的な記憶に頼る」が正解。1.「過去の出来事の客観的認識と主観的認識は，個人的思い出の解釈に等しく寄与するとわかる」，2.「以前に起きたことの個人的な記憶より，事実の正確性に重要性を置く」，4.「過去に起きた出来事を正確に思い出さない限り，他者からの信頼を得られることはほとんどない」は，いずれも異なる。

⑾　下線部で述べられる「厄介な逆説」の主旨は形式主語の内容を表す真主語（that 節）に書かれている。つまり，「記憶の可変性が，一方では知覚を歪めるが，他方では学習能力に必須だ」ということになる。したがって，2.「変わりやすい記憶は私たちの知覚を歪めるけれども，記憶は学習の基礎としても役立つ」が説明としてもっともよい。他の，1.「記憶の特質によって私たちは事物をあるがままに知覚できるので，すべてのことを難なく学習できる」，3.「私たちの知覚は記憶によって造られるだけでなく，私たちの作り出す物語によっても造られるので，時の経過によっても変化しない」，4.「私たちの知覚は信頼できて正確なものと考えられるが，新しいことを学習するためにその知覚をうまく利用することが苦手である」はいずれも文意から離れる。

⑿　reconcile は「和解させる，調和させる」という意味であることは知っているべきであろうが，下線部を含む英文を読んで類推することも十分に可能である。つまり，記憶とは形を変える力を持つ（a shape-shifter）のであるから，矛盾した要求をうまく1.「調和してくれる」と解釈するのが妥当である。他の，2.「後悔する」，3.「従う」，4.「報いる」は1と比べると近い意味とは言えない。

⒀　下線部と書き換えられた英文を比較すれば，（　a　）には cherished「～を大切にする」に相当する語が，そして（　b　）には represent「～を表す」に相当する語が入ることが容易にわかる。したがって答えは3.「(a)大事にした・(b)反映する」である。(a)に関しては1.「好ましい」が，(b)に関しては4.「表現する」もあてはまりそうであるが，他方の語が文意から大きく外れるため組み合わせとして不適。また，第4段の趣旨である「記憶の可変性」，つまり記憶は出来事を客観的ではなく

主観的に捉えるものだという内容から考えても「あなたが思い出すもっとも大事な記憶でさえも，正確に起こった通りのことを反映しないかもしれない」と読むのが妥当だと判断できよう。

⒁ 第4段までの段落それぞれの要旨をつかむ設問である。内容的に2択に絞られるがそれほど難しくはない。もちろん(a)～(d)で与えられた情報に，文法的にも正しく続く選択肢を選ばなければならない。それぞれの選択肢の和訳は以下の通りである。

1．「研究されたこと，例えば政治討論や地域の会合，報道」

2．「私たちはよりよく思い出せる」

3．「裏で電話の会話を聞かせながらも，参加者が文書を読んだりワードパズルをどれほどうまく解けたかということ」

4．「その記憶へ至る心の中の経路がおぼろになる」

5．「私たちは思い出すことができない」

6．「読解力の問題やワードパズルに取り組みながら，電話の会話を聞くことによって参加者の意識がどれほど逸らされるかということ」

7．「理解や能力や記憶上の錯覚のような以前研究されたこと」

8．「その記憶へいっそう強力な心の中の経路が構築される」

(a) 第1段の電話の会話をふと盗み聞く実験が測定したのは，読解力やワードパズルではなく，会話により意識がどれほど逸らされたかであるから，3ではなく6が正解。

(b) 「自分の物語に沿う記憶」とは，第2段では「自分で意味を成すようにまとめていく記憶」と表現されている。こうした記憶よりよく思い出せるのであるから5ではなく2が正解。(b)の that は関係代名詞と考える。

(c) 第3段の心理学者たちが要約したことは，同段第3文（The psychologists Larry …）にあるように，1ではなく7である。

(d) 第4段では記憶は思い出すたびに，その記憶への意識的ルートが強化されるとあるから4ではなく8が正解。同段第2文（As will be …）参照。

⒂ 空所Yは第5段の書き出しでありリード部であるから，後に続く内容から判断するのがよい。すると，「記憶とは再構築であり，自己に重要な要素だけを思い出し，誤っている可能性のある事項で空白を埋めてしまう」という内容から，2．「記憶は多くの点で歪められうる」がよい。他の，1．「記憶は主観的経験によって邪魔されるはずがない」，3．「記憶

は望むだけ多く蓄えられる」，4.「記憶は変わりうる可能性はほとんどない」は，いずれも趣旨とは反対の内容である。

⒃　下線部は「何も存在しなかった場所に秩序を押し付ける」の意。続く箇所で so as to make a more logical story「より筋の通った物語を作るために」とあることに注目。そのような状態を作り出すためにすることとしては，2.「一貫性が存在しない文脈に一貫性を確立する」がもっともよい。他の，1.「あいまいさがまったくなかった状況に詳細な物語を作り出す」，3.「以前起きたことと現在起きていることの間のバランスをうまく保つ」，4.「記憶が存在していたところに関して正しい解釈を行う」はいずれも趣旨とは異なるか無関係である。

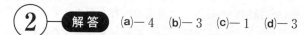

## 2　解答　(a)—4　(b)—3　(c)—1　(d)—3

### 全訳

**《紙で切った傷が痛む理由》**

1　紙で切った傷が耐え難いのは，通常その傷が指にできるからである。私たちの指先には何千もの感覚受容器つまり神経末端があり，残りの手の部分には何万もの神経末端がある。それらのおかげで，私たちは指で指紋を構成する線の凸部分くらい小さな物，せいぜい0.4ミリくらいの物を感知することができる。

2　自分で試してみればよい。ペーパークリップを広げてその両端を近づけてみなさい。それを指先に，次いで腕に接触させてみなさい。指では「2つの先端を別々」だと感じるものの，感覚受容器が互いに離れている腕では1点にしか感じないはずだ。指の痛覚受容体は「侵害受容器」と呼ばれるが，お互いに密集して存在しているので，身体の中で指がもっとも敏感な部分の1つであることは驚くに値しない。

3　それから，その紙である。顕微鏡で見るとA4用紙の端は，まるでサボテンのトゲで覆われているかのように，ギザギザである。ナイフの刃というよりチェーンソーに近い。これはすなわち，紙は皮膚を「スパっと」切るのではなく，ズタズタに引き裂いて，実際により多くの神経末端にダメージを与えることを意味する。

4　さらにいっそう厄介なのは，紙で切った大半の傷は浅いという事実である。深い傷は神経末端を切断しうるので，「痛っ！」という信号を脳に送り出せなくなる。しかしながら，紙はその神経を作動させるだけの深さで切るものの，神経を遮断するほど十分な深さで切るわけではない。そのような傷は，本来なら様々な物質から神経末端を守ってくれる可能性を持つ血液を出さないことも多い。

5　紙で切った傷への最高の対処法は，できる限り素早く石鹸と水で洗うことである。これは感染のリスクを減らすが，もし感染してしまえばすでにいら立たせている傷をさらにいっそうつらいものにしてしまうだろう。そのあとで絆創膏を貼りなさい。これは傷口をきれいにしてくれて，血が出る切り傷のように，露出した神経末端を守ってくれるのだ。

## 解説

**(a)**　文脈を考えよ，という指示がある以上は前後の内容も踏まえて解く。当該文を含む第2段で述べられている実験は，ペーパークリップを広げて両端を指先と腕に触れさせるというものであり，下線部では指では two-point，腕では only one point しか感じないとするため，答えは，4.「隣接した2つの対象を指の上では正確に2つの別々の先端だと認識するが，腕の上だと1つの先端にしか知覚しないはずだ」である。以下のように，他の選択肢はいずれも本文の内容と異なる。

1.「ペーパークリップのせいで，指は2つの別々の部分にケガをするはずだが，腕は1カ所のみケガをする」

2.「指でも腕でもペーパークリップの先端の正確な数を見抜けないはずだ」

3.「ペーパークリップで腕に触れたときより指に触れたときの方が大きな声で叫ぶはずだ」

**(b)**　第3段第3文（It's closer to …）に，紙端の形状として「ナイフの刃というよりチェーンソーに近い」という旨が述べられており，これを受けて下線部では cut 'clean' ではなく tear through the skin と説明される。この tear は「涙」ではなく「引き裂く，引きちぎる」という動詞である。このような対比的視点で書かれる3.「紙は皮膚を，きれいにではなく神経をかなり傷つけるようにして切る」が正解となる。以下のように1，2は対比の視点がなく，4は反対の内容である。

1.「紙で切った傷はとても痛いので，しまいに涙を流して泣かずにいられない」

2.「涙を流させる痛ましい傷は即座にきれいに治るはずだ」

4.「端の形状ゆえに，紙はチェーンソーというよりむしろナイフに例えられうる」

(c)　下線部 otherwise の解釈が難しいが，前半の「そうした切り傷は血液を出すこともない」という内容を受けて，「血液を出すことがあれば」と考える。すると後半は「もし血液を出すことがあれば，神経末端を守ってくれるかもしれない」ということになるので，答えは1.「そのような切り傷はいつも出血させるものではないが，もし出血すれば神経末端は保護されるだろう」が答えになる。以下のように他の選択肢は内容が全く異なる。

2.「そのような切り傷は通常出血させるが，そうすれば神経末端が損傷するかもしれない」

3.「紙による切り傷は通常とても浅いので，神経末端は容易に回復しうる可能性がある」

4.「いずれにせよ紙を使用し続けるので，神経末端が繰り返し損傷される可能性がある」

(d)　下線部の This は前文の「できる限り素早く石鹸と水で洗うこと」を指すことを押さえる。which は関係代名詞でその先行詞は infection「感染症」であるから，下線部は「石鹸と水で洗うと感染症のリスクが減る」ことと，「感染症になればすでに厄介な痛みがさらにいっそう強くなる」という2つの内容を含むことになる。したがってその両者を満たす，3.「紙で切った傷を石鹸と水で洗うことで，さらにいっそう悩むことになる大きなダメージを受ける可能性が減る」が答えになる。以下のように他の選択肢はいずれも内容が一致しない。

1.「紙で切った傷はいずれ感染症のリスクを高め，そうすればさらに多くの人々が特定の疾患に苦しむことになるだろう」

2.「紙で切った傷は，次にもっと痛みの強いケガにも我慢できるようになるという点で，いずれあなたを強くしてくれる」

4.「石鹸と水で洗えば，紙で切った傷が刺激され，さらに深刻な痛みが生じるだろう」

## 3　解答　(a)―3　(b)―4　(c)―3　(d)―2　(e)―2　(f)―1

### 全訳

**《鳥の睡眠》**

漫画での描写とは異なり，大半の鳥が巣の中で眠るのは卵を抱いているかヒナを温めている場合だけである。その他のときは，屋根の上や壁面から突き出た棚状の出っ張りや木の上など，悪天候や捕食者から身を守れるところを選んで，人目につかない場所をねぐらにする傾向がある。

もしかしたらあなたは，鳥は眠りにつくや否や真っ逆さまに地面へと落ちてしまうと思うかもしれないが，鳥にはこれを防止する賢い器官がある。鳥は，眠る準備ができたとき，選んだ足場の周りに自分の足の先端を自動的に固定する「屈筋」腱を足に備えている。これらのおかげで鳥は定位置に固定され，一晩中自然に直立した状態でいられるのだ。鳥が目覚めると，腱も緩むのである。

鳥は意外な場所，例えば空き缶や，古い靴，さらには乗り捨てられた車のグローブボックスの中でも眠ることが確認されている。またある鳥は飛んでいる最中に眠ることができる。例えば，グンカンドリは飛行中でも12秒間の短い眠りを取るが，これは，その鳥が1度に最大2カ月間飛び続けられることを意味する。

### 解説

(a)　鳥が巣の中で眠る例外的な場合を考える。or 以下で等位に結ばれている箇所で「ヒナを温める」と述べられていることがポイント。答えは3.「(卵を) 抱いている」ときである。1.「言及して」，2.「捨てて」，4.「探して」はいずれもおかしい。なお，薬学研究室でインキュベーター (incubator) と言えば，細胞を培養する機器のことを指す。

(b)　鳥が人目につかない場所で眠る理由を考える。当該箇所を含む that 節では，鳥が眠る場所として選ぶのは the elements「悪天候」から身を守る場所だ，という旨が述べられている。下線部の語は，この the elements と等位に結ばれているため，鳥に対する脅威となるものだと推測できる。4.「生来，他種を捕食する動物」が適切。1.「ペットを所有する人々」，2.「温室効果ガスの排出を助長する人々」，3.「飛ぶことのできない動物」はいずれも文意に反する。

(c) 第2段の趣旨から考える。屈筋腱のおかげで鳥は眠るや否や地面に plummet することを防止できるのであるから，3.「(地面に) 落ちる」であることは容易に予想できる。次の文で，足が固定されるという旨が述べられていることもヒントになる。他の，1.「夢見る」，2.「目覚める」，4.「飛び立つ」はいずれも不適。

(d) 第2段では，鳥が眠っているときも落下しない理由を述べていることから，鳥が眠る準備ができたときに足の先端を何の周りに固定するかを考えればよい。すると答えは，2.「鳥がその上に乗る物体」が最もよい。他の，1.「鳥たちが共有する食べ物」，3.「鳥が産む卵」，4.「鳥たちが育てる1羽のヒナ」は，いずれも落下防止のために乗る物として不適である。

(e) 鳥が眠る意外な場所の具体例が述べられる箇所であるから，どんな車のグローブボックスかを考える。それぞれの選択肢をあてはめると，1.「復活された (車)」，2.「乗り捨てられた (車)」，3.「加速された (車)」，4.「エアコンの効いた (車)」となるため，2がもっともふさわしいと判断できる。なお，abandon は入試英単語としては必須語の1つなので知っておくべきである。

(f) 直前の第3段第2文 (And some of …) から，飛行中も眠れる鳥の具体例であるとわかるから，飛行中 (while airborne) に12秒間どういう条件で眠るのかを考える。すると，1.「(12秒間の) かたまり」で眠るものと推測できる。他の選択肢は，2.「さえずり」，3.「風景」，4.「用心」は眠る様態を述べるものとしてはふさわしくない。

## 講評

**1** は，私たちが物語性を好み，それに引かれることから，記憶においても客観的事実に基づくより主観的に物語を再構築してしまうという内容の長文読解であった。内容がつかめれば設問自体は平易なものが多かったが，語彙レベルが高く1文が長いものが多い文章であるから，正確な解釈力がないと細かい内容を取り違えてしまったかもしれない。

**2** は，紙で切った傷が痛む理由についての説明文であった。語彙レベルは高いものの語註もあるので，具体的な状況をイメージできれば内容はつかみやすかったはずである。一部の設問では文法的な解釈力が求められていたため，文法力の軽視は禁物である。

**3**は，鳥の睡眠に関する内容で，2024年度の中では一番読みやすい。ただ聞かれているのは語彙であるから，前後関係から意味を類推しながら解く必要があった。

文法問題はないものの，東京理科大学レベルの文章を読みこなすには，正確な文法・構文力が不可欠である。見かけの語彙の難しさに惑わされず，正確に解釈する姿勢を忘れないようにしたい。

# 数　学

（注）　解答は，東京理科大学から提供のあった情報を掲載しています。

## 1　解答

(1)(a)**アイ．** 27　**ウエオ．** 256
(b)**カキ．** 47　**クケコ．** 128

(2)(a)**サ．** 9　**シスセソ．** 4096　(b)**タ．** 7　**チツ．** 52

### 解説

**《反復試行（試行が終了する確率），無限等比級数》**

1回の操作で事象$A$が起こる確率は　$P_A=\dfrac{1}{4}$

(1)(a)　4回中1回$A$が起こり，5回目に$A$が起こる場合であるから

$${}_4C_1\cdot\frac{1}{4}\cdot\left(\frac{3}{4}\right)^3\times\frac{1}{4}=\frac{27}{256}\quad\to ア\sim オ$$

(b)　(i) 2回目で終了するとき　$\left(\dfrac{1}{4}\right)^2=\dfrac{1}{16}$

(ii) 3回目で終了するとき

$${}_2C_1\cdot\frac{1}{4}\cdot\frac{3}{4}\times\frac{1}{4}=\frac{3}{32}$$

(iii) 4回目で終了するとき

$${}_3C_1\cdot\frac{1}{4}\cdot\left(\frac{3}{4}\right)^2\times\frac{1}{4}=\frac{27}{256}$$

よって以上より，求める確率は

$$\frac{1}{16}+\frac{3}{32}+\frac{27}{256}+\frac{27}{256}=\frac{47}{128}\quad\to カ\sim コ$$

(2)(a)　1～4回目に$A$，$\overline{A}$がこの順に交互に起こり，5，6回目に$A$が起こる場合であるから

$$p_6=\left(\frac{1}{4}\cdot\frac{3}{4}\right)^2\times\left(\frac{1}{4}\right)^2=\frac{9}{4096}\quad\to サ\sim ソ$$

(b)　(i) $n=2k$（$k=1,\ 2,\ 3,\ \cdots$）のとき

$$P_n=\left(\frac{1}{4}\cdot\frac{3}{4}\right)^{k-1}\times\left(\frac{1}{4}\right)^2=\frac{1}{16}\cdot\left(\frac{3}{16}\right)^{k-1}$$

(ii) $n=2k+1$ $(k=1,\ 2,\ 3,\ \cdots)$ のとき

$$P_n=\left(\frac{3}{4}\cdot\frac{1}{4}\right)^{k}\times\frac{1}{4}=\frac{3}{64}\cdot\left(\frac{3}{16}\right)^{k-1}$$

ゆえに(i), (ii)より

$$\sum_{n=2}^{m}P_n=\sum_{k=1}^{\left[\frac{m}{2}\right]}P_{2k}+\sum_{k=1}^{\left[\frac{m-1}{2}\right]}P_{2k+1}$$

$$=\sum_{k=1}^{\left[\frac{m}{2}\right]}\frac{1}{16}\cdot\left(\frac{3}{16}\right)^{k-1}+\sum_{k=1}^{\left[\frac{m-1}{2}\right]}\frac{3}{64}\cdot\left(\frac{3}{16}\right)^{k-1}$$

だから

$$\lim_{m\to\infty}P_m=\sum_{k=1}^{\infty}\frac{1}{16}\cdot\left(\frac{3}{16}\right)^{k-1}+\sum_{k=1}^{\infty}\frac{3}{64}\cdot\left(\frac{3}{16}\right)^{k-1}$$

$$=\frac{\frac{1}{16}+\frac{3}{64}}{1-\frac{3}{16}}=\frac{7}{52}\quad\to タ〜ツ$$

## 2 解答

**(1)ア.** 2 **イ.** 1 **ウ.** 3 **エ.** 2 **オ.** 3 **カ.** 2 **キ.** 1 **ク.** 2 **ケコ.** 14

**(2)サ.** 1 **シ.** 7 **ス.** 4 **セ.** 7 **ソ.** 5 **タ.** 7 **チ.** 2 **ツ.** 7 **テト.** 14

**(3)ナ.** 1 **ニヌ.** 13 **ネ.** 8 **ノハ.** 13 **ヒ.** 1 **フ.** 6 **ヘホ.** 13

## 解説

**《内積の値，面積，ベクトルの決定，直線と平面の共有点，垂直条件》**

**(1)** $\overrightarrow{OA}=(1,\ -2,\ 1)$, $\overrightarrow{OB}=(-1,\ 1,\ 1)$ より

$$\overrightarrow{OA}\cdot\overrightarrow{OB}=1\cdot(-1)+(-2)\cdot 1+1\cdot 1=-2\quad\to ア$$

$|\overrightarrow{OA}|=\sqrt{6}$, $|\overrightarrow{OB}|=\sqrt{3}$ であるから

$$\cos\angle AOB=\frac{-2}{\sqrt{6}\cdot\sqrt{3}}=-\frac{1}{3}\sqrt{2}\quad\to イ〜エ$$

$$\sin\angle AOB=\sqrt{1-\left(-\frac{1}{3}\sqrt{2}\right)^2}=\frac{\sqrt{7}}{3}\ より$$

$$S_{\triangle OAB}=\frac{1}{2}\cdot\sqrt{6}\cdot\sqrt{3}\cdot\frac{\sqrt{7}}{3}=\frac{1}{2}\sqrt{14}$$ →キ～コ

$\overrightarrow{OA}$ と $\overrightarrow{OB}$ の両方に垂直なベクトルの1つを $\vec{n}=(a,\ b,\ 1)$ とおく。

$\overrightarrow{OA}\perp\vec{n}$, $\overrightarrow{OB}\perp\vec{n}$ より

$$\overrightarrow{OA}\cdot\vec{n}=a-2b+1=0$$

$$\overrightarrow{OB}\cdot\vec{n}=-a+b+1=0$$

連立して解くと　$a=3,\ b=2$

ゆえに，求めるベクトルは　$(3,\ 2,\ 1)$ →オ・カ

(2) $P(x_0,\ y_0,\ z_0)$ とおく。$\overrightarrow{CP}/\!/\vec{n}$ であるから

$$\overrightarrow{CP}=k\vec{n}$$

となる実数 $k$ が存在する。

$(x_0-1,\ y_0,\ z_0-1)=k(3,\ 2,\ 1)$ より

$$x_0=3k+1,\ y_0=2k,\ z_0=k+1$$

また，平面 $\alpha$ の方程式は，点Oを通り $\vec{n}=(3,\ 2,\ 1)$ に垂直であるから

$$3x+2y+z=0$$

点 $P(3k+1,\ 2k,\ k+1)$ は平面 $\alpha$ 上の点であるから，上式に代入すると

$$3(3k+1)+2\cdot 2k+(k+1)=0$$

より　$k=-\frac{2}{7}$

ゆえに　$P\left(\frac{1}{7},\ -\frac{4}{7},\ \frac{5}{7}\right)$ →サ～タ

$\overrightarrow{PC}=\left(\frac{6}{7},\ \frac{4}{7},\ \frac{2}{7}\right)$ であるから

$$|\overrightarrow{PC}|=\frac{2}{7}\sqrt{3^2+(-2)^2+1^2}=\frac{2}{7}\sqrt{14}$$ →チ～ト

(3) 条件より

$$\overrightarrow{OQ}=(1-q)\overrightarrow{OA}+q\overrightarrow{OB}=(-2q+1,\ 3q-2,\ 1)$$

であるから

$$\overrightarrow{PQ}=\left(-2q+\frac{6}{7},\ 3q-\frac{10}{7},\ \frac{2}{7}\right)$$

$\overrightarrow{PQ}\perp\overrightarrow{AB}$ のとき

$$\overrightarrow{PQ}\cdot\overrightarrow{AB}=-2\left(-2q+\frac{6}{7}\right)+3\left(3q-\frac{10}{7}\right)=13q-6=0$$

より $q=\dfrac{6}{13}$ →フ～ホ

よって，$\overrightarrow{\mathrm{OQ}}=\left(\dfrac{1}{13},\ -\dfrac{8}{13},\ 1\right)$ より

$\mathrm{Q}\left(\dfrac{1}{13},\ -\dfrac{8}{13},\ 1\right)$ →ナ～ヒ

**3** 解答 (1)**ア.** 1 **イ.** 1 **ウ.** 1
(2)**エ.** 3 **オ.** 3 **カ.** 3 **キ.** 6 **ク.** 2 **ケ.** 3
**コ.** 9 **サ.** 4 **シ.** 3
(3)**ス.** 5 **セ.** 2

## 解説

**《ド・モアブルの定理，複素数の累乗の和》**

$$z^3=\left(\cos\frac{\pi}{3}+i\sin\frac{\pi}{3}\right)^3=\cos\pi+i\sin\pi=-1 \quad \cdots\cdots①$$

$$z^3+1=(z+1)(z^2-z+1)=0$$

より $z\neq-1$ であるから

$$z^2=z-1 \quad \cdots\cdots②$$

$$z^6=\left(\cos\frac{\pi}{3}+i\sin\frac{\pi}{3}\right)^6=\cos2\pi+i\sin2\pi=1 \quad \cdots\cdots③$$

(1) ③より

$$z^6-1=(z-1)(z^5+z^4+z^3+z^2+z+1)=0$$

$z\neq1$ であるから

$$z^5+z^4+z^3+z^2+z+1=0$$

ゆえに

$$\sum_{n=1}^{5}z^n=z+z^2+z^3+z^4+z^5=-1 \quad \to ア$$

①～③より

$$\begin{aligned}\sum_{n=1}^{5}z^{2n}&=z^2+z^4+z^6+z^8+z^{10}\\&=z^2+z^3\cdot z+z^6+z^6\cdot z^2+(z^3)^3\cdot z\\&=(z-1)-z+1+(z-1)-z\\&=-1 \quad \to イ\end{aligned}$$

$$\sum_{n=1}^{5} z^{3n} = z^3 + z^6 + z^9 + z^{12} + z^{15}$$
$$= z^3 + z^6 + (z^3)^3 + (z^6)^2 + (z^3)^5$$
$$= -1 + 1 - 1 + 1 - 1$$
$$= -1 \quad \rightarrow \text{ウ}$$

(2)
$$\sum_{n=1}^{5} nz^n = z + 2z^2 + 3z^3 + 4z^4 + 5z^5$$
$$= z + 2z^2 + 3z^3 + 4z^3 \cdot z + 5z^3 \cdot z^2$$
$$= z + 2(z-1) - 3 - 4z - 5(z-1)$$
$$= -6z$$
$$= -6\left(\frac{1}{2} + \frac{\sqrt{3}}{2}i\right)$$
$$= -3 - 3\sqrt{3}i \quad \rightarrow \text{エ〜カ}$$

$$\sum_{n=1}^{5} (2n) z^{2n} = 2(z^2 + 2z^4 + 3z^6 + 4z^8 + 5z^{10})$$
$$= 2\{z^2 + 2z^3 \cdot z + 3z^6 + 4z^6 \cdot z^2 + 5(z^3)^3 \cdot z\}$$
$$= 2\{(z-1) - 2z + 3 + 4(z-1) - 5z\}$$
$$= 2(-2z - 2)$$
$$= -4\left(\frac{1}{2} + \frac{\sqrt{3}}{2}i\right) - 4$$
$$= -6 - 2\sqrt{3}i \quad \rightarrow \text{キ〜ケ}$$

$$\sum_{n=1}^{5} (3n) z^{3n} = 3(z^3 + 2z^6 + 3z^9 + 4z^{12} + 5z^{15})$$
$$= 3\{z^3 + 2z^6 + 3(z^3)^3 + 4(z^6)^2 + 5(z^3)^5\}$$
$$= 3(-1 + 2 - 3 + 4 - 5)$$
$$= -9 \quad \rightarrow \text{コ}$$

$$\sum_{n=1}^{6} (2n-1) z^{2n-1} = z + 3z^3 + 5z^5 + 7z^7 + 9z^9 + 11z^{11}$$
$$= z + 3z^3 + 5z^3 \cdot z^2 + 7z^6 \cdot z + 9(z^3)^3 + 11(z^3)^3 \cdot z^2$$
$$= z - 3 - 5(z-1) + 7z - 9 - 11(z-1)$$
$$= -8z + 4$$
$$= -8\left(\frac{1}{2} + \frac{\sqrt{3}}{2}i\right) + 4$$
$$= -4\sqrt{3}i \quad \rightarrow \text{サ・シ}$$

(3)　$\sum_{n=1}^{5}\frac{1}{1-z^n}=\frac{1}{1-z}+\frac{1}{1-z^2}+\frac{1}{1-z^3}+\frac{1}{1-z^4}+\frac{1}{1-z^5}$

$$=\frac{1}{1-z}+\frac{1}{1-z^2}+\frac{1}{2}+\frac{1}{1+z}+\frac{1}{1+z^2}$$

$$=\frac{2}{(1-z)(1+z)}+\frac{1}{1-z^2}+\frac{1}{1+z^2}+\frac{1}{2}$$

$$=\frac{3}{1-z^2}+\frac{1}{1+z^2}+\frac{1}{2}$$

$$=\frac{4+2z^2}{(1-z^2)(1+z^2)}+\frac{1}{2}=\frac{4+2(z-1)}{1-z^4}+\frac{1}{2}$$

$$=\frac{2(1+z)}{1+z}+\frac{1}{2}=\frac{5}{2}\quad\rightarrow\text{ス・セ}$$

## 4　解答

**(1)ア.** 1　**イ.** 1　**ウ.** 1

**(2)エ.** 1　**オ.** 8　**カ.** 1　**キク.** 81　**ケコ.** 20　**サシス.** 891　**セ.** 9　**ソタ.** 11

**(3)チ.** 3　**ツテ.** 16　**ト.** 2　**ナ.** 3　**ニ.** 1　**ヌネ.** 14　**ノハヒ.** 729　**フ.** 3　**ヘ.** 2　**ホ.** 2

## 解説

**《接線の傾き, 曲線と接線および $x$ 軸で囲まれた領域の面積, 回転体の体積》**

(1)　$f'_n(x)=-nx^{-n-1}\log x+x^{-n-1}$

$$=x^{-n-1}(-n\log x+1)$$

より, 接線 $l$ の傾きは

$$f'_n(a)=a^{-n-1}(-n\log a+1)\quad\cdots\cdots①$$

また, 接線 $l$ は2点 $(0,\ 0)$, $(a,\ f_n(a))$ を通るから, 接線 $l$ の傾きは

$$\frac{a^{-n}\log a}{a}=a^{-n-1}\log a\quad\cdots\cdots②$$

①, ②より, $a^{-n-1}\neq 0$ であるから

$$-n\log a+1=\log a$$

ゆえに

$$\log a=\frac{1}{n+1}\quad,\quad a=e^{\frac{1}{n+1}}\quad\cdots\cdots③$$

よって, 傾きは

$$(e^{\frac{1}{n+1}})^{-n-1}\cdot\frac{1}{n+1}=\{(n+1)e\}^{-1}\quad\to ア\sim ウ$$

(2)　$n=1$ のとき，③より

$$\log a=\frac{1}{2}\quad,\ a=e^{\frac{1}{2}}$$

$$I_1=\int_1^{e^{\frac{1}{2}}}\frac{\log x}{x}dx=\Big[(\log x)^2\Big]_1^{e^{\frac{1}{2}}}-\int_1^{e^{\frac{1}{2}}}\frac{\log x}{x}dx$$

$$=\frac{1}{4}-I_1$$

ゆえに　$I_1=\frac{1}{8}$　→エ・オ

$n=10$ のとき，③より

$$\log a=\frac{1}{11}\quad,\ a=e^{\frac{1}{11}}$$

$$I_{10}=\int_1^{e^{\frac{1}{11}}}\frac{\log x}{x^{10}}dx=\Big[-\frac{1}{9}\cdot\frac{\log x}{x^9}\Big]_1^{e^{\frac{1}{11}}}+\frac{1}{9}\int_1^{e^{\frac{1}{11}}}\frac{1}{x^{10}}dx$$

$$=-\frac{1}{99}e^{-\frac{9}{11}}+\frac{1}{9}\Big[-\frac{1}{9x^9}\Big]_1^{e^{\frac{1}{11}}}$$

$$=\frac{1}{81}-\frac{20}{891}e^{-\frac{9}{11}}\quad\to カ\sim タ$$

(3)　$n=5$ のとき，③より

$$\log a=\frac{1}{6}\quad,\ a=e^{\frac{1}{6}},\ C: y=\frac{\log x}{x^5},\ l: y=\frac{\frac{1}{6}e^{-\frac{5}{6}}}{e^{\frac{1}{6}}}x=\frac{1}{6e}x$$

求める面積は

$$\frac{1}{2}\cdot e^{\frac{1}{6}}\cdot\frac{1}{6e}e^{\frac{1}{6}}-\int_1^{e^{\frac{1}{6}}}\frac{\log x}{x^5}dx$$

$$=\frac{1}{12}e^{-\frac{2}{3}}-\Big[-\frac{\log x}{4x^4}\Big]_1^{e^{\frac{1}{6}}}-\frac{1}{4}\int_1^{e^{\frac{1}{6}}}\frac{1}{x^5}dx$$

$$=\frac{1}{12}e^{-\frac{2}{3}}+\frac{1}{24}e^{-\frac{2}{3}}-\frac{1}{4}\Big[-\frac{1}{4x^4}\Big]_1^{e^{\frac{1}{6}}}$$

$$=\frac{3}{16}e^{-\frac{2}{3}}-\frac{1}{16}\quad\to チ\sim ニ$$

求める体積は

$$\frac{1}{3}\cdot e^{\frac{1}{6}}\cdot\left(\frac{1}{6e}e^{\frac{1}{6}}\right)^2\pi-\pi\int_1^{e^{\frac{1}{6}}}\left(\frac{\log x}{x^5}\right)^2dx$$

$$=\pi\left\{\frac{1}{108}e^{-\frac{3}{2}}-\int_1^{e^{\frac{1}{6}}}\frac{(\log x)^2}{x^{10}}dx\right\}$$

$$=\pi\left\{\frac{1}{108}e^{-\frac{3}{2}}-\left[-\frac{(\log x)^2}{9x^9}\right]_1^{e^{\frac{1}{6}}}+\int_1^{e^{\frac{1}{6}}}\left(-\frac{2\log x}{9x^{10}}\right)dx\right\}$$

$$=\pi\left\{\frac{1}{108}e^{-\frac{3}{2}}+\frac{1}{324}e^{-\frac{3}{2}}-\frac{2}{9}\left[-\frac{\log x}{9x^9}\right]_1^{e^{\frac{1}{6}}}+\frac{2}{9}\int_1^{e^{\frac{1}{6}}}\left(-\frac{1}{9x^{10}}\right)dx\right\}$$

$$=\pi\left\{\frac{1}{81}e^{-\frac{3}{2}}+\frac{1}{243}e^{-\frac{3}{2}}-\frac{2}{81}\left[-\frac{1}{9x^9}\right]_1^{e^{\frac{1}{6}}}\right\}$$

$$=\pi\left(\frac{4}{243}e^{-\frac{3}{2}}+\frac{2}{729}e^{-\frac{3}{2}}-\frac{2}{729}\right)$$

$$=\left(\frac{14}{729}e^{-\frac{3}{2}}-\frac{2}{729}\right)\pi\quad\rightarrow\text{ヌ～ホ}$$

## 講評

全問マークシート式による空所補充形式である。全般的に誘導形式による標準的な頻出問題である。

**1**　反復試行の確率の頻出問題である。(1)(a) 1 ～ 4 回目と 5 回目の事象を分けて考える。(b)(a)と同様に計算をしていく。(a), (b)とも基本問題であり，必ず得点したい。(2)(a) 1 ～ 4 回目と 5， 6 回目の事象を分けて考える。連続した場合は終了することに注意していきたい。(b)奇数回で終了する場合と，偶数回で終了する場合に場合分けをして考える。

**2**　(1)内積の値・なす角・面積・垂直なベクトルを求める基本事項である。(2)同一直線条件から，点 P の座標を媒介変数表示して求めていく。(3)点 Q が線分 AB の内分点となることから，実数 $q$ で表し，垂直条件を利用していく。大問 2 は頻出の問題であり，演習を積んで必ず得点していきたい問題である。

**3**　ド・モアブルの定理を利用する。$z^3=-1$，$z^6=1$ より，$z^2=z-1$ が導かれ，次数を下げることで値を求めることができる。計算量が多いため，ケアレスミスに注意しながら丁寧な計算と，スピードを意識していきたい。

**4** ⑴微分係数と，2点の変化量から傾きを求めていく。$\log a=\frac{1}{n+1}$，$a=e^{\frac{1}{n+1}}$に着目していく。⑵部分積分法の問題である。様々な形の積分計算を繰り返し演習しておきたい。⑶グラフをイメージし，直線で囲まれる図形（三角形の面積）から余分な面積を引いていくことに気づくと計算が楽になる。同じく，三角錐の体積から内部の余分な回転体の体積を引いていく。計算量が多いため大問3と同じく，ケアレスミスに注意しながら丁寧な計算と，スピードを意識していきたい。

例年の傾向から，面積・空間図形の体積に関する問題を十分演習し，慣れておきたい。

問題内容に対して試験時間は必ずしも十分でない。変形・計算とも量が多いため，丁寧かつ素早く計算をすることを心掛け，普段から基本的な変形・計算を繰り返すことで，スピードにも慣れておきたい。また，解ける問題から取り組むことは必須である。数列の和，漸化式，様々な関数の微分・積分，部分積分法，置換積分法など自分なりにまとめてしっかり理解しておくことが必要である。日頃から入試問題集を用いて，グラフや図を描いてみたり，誘導から流れを読み思考過程を論理的に整理することに慣れておきたい。

# 化 学

（注）解答は，東京理科大学から提供のあった情報を掲載しています。

## 1 解答

(1)① 6　② 3　③ 5　④ 4

(2)⑤ 2　⑥ 5

(3)(ア)— 1　(イ)— 1　(ウ)— 0　(エ)— 0　(オ)— 3

(4)⑦ 2　⑧ 4　⑨ 9

(5)⑩ 8　⑪ 3

(6)⑫ 6　⑬ 2　⑭ 2（または 3）　⑮ 2　⑯ 0　⑰ 0

(7)⑱ 0　⑲ 6　⑳ 0

## 解説

**《固体の溶解度，浸透圧》**

(1)　80℃での $KNO_3$ の溶解度は 169〔g/100g$H_2O$〕なので

$$\frac{169}{169+100}\times 100=62.8\fallingdotseq 63〔\%〕$$

水を 10.0g 蒸発させて 20℃に冷却したときに析出する $KNO_3$ の質量を $x$〔g〕とする。100g の飽和水溶液に含まれる $KNO_3$ は 62.8g，20℃での $KNO_3$ の溶解度は 31.6〔g/100g$H_2O$〕なので

$$\frac{31.6}{31.6+100}=\frac{62.8-x}{100-10.0-x}$$

$$x=54.2\fallingdotseq 54〔g〕$$

(2)　60℃での $CuSO_4$ の溶解度は 40.0〔g/100g$H_2O$〕なので，100g の飽和水溶液に含まれる $CuSO_4$ の質量は

$$\frac{40.0}{40.0+100}\times 100\fallingdotseq 28.5〔g〕$$

20℃に冷却したときに析出する $CuSO_4\cdot 5H_2O$（式量 250）の質量を $y$〔g〕とする。20℃での $CuSO_4$（式量 160）の溶解度は 20.0〔g/100g$H_2O$〕，$y$〔g〕の $CuSO_4\cdot 5H_2O$ に含まれる $CuSO_4$ の質量は $y\times\frac{160}{250}$〔g〕なので

$$\frac{20.0}{20.0+100}=\frac{28.5-y\times\frac{160}{250}}{100-y}$$

$y=25.1\fallingdotseq 25$〔g〕

(3) (ア) 純水側から水溶液側に水が浸透するので，純水側の液面は下降し，水溶液側の液面が上昇する。

(イ) 液面差を生じさせないためには，液面が上昇する水溶液側に圧力を加える必要がある。

(ウ) 水が浸透して平衡状態になったとき，水溶液側に生じる液柱によって生じる圧力と浸透圧が等しくなっている。液面差が大きく，水溶液の密度が大きいほど液柱によって生じる圧力は大きい。

(エ)・(オ) 希薄溶液の浸透圧は，溶液のモル濃度と絶対温度に比例する。

(4) 密度 1.00g/cm$^3$，1.80％グルコース（分子量 180）水溶液のモル濃度は

$$1.00\times1000\times\frac{1.80}{100}\times\frac{1}{180}=0.100〔\mathrm{mol/L}〕$$

よって，27℃での浸透圧は

$$0.100\times8.31\times(27+273)=249.3\fallingdotseq 249〔\mathrm{kPa}〕$$

(5) タンパク質の平均分子量を $M$ とすると

$$280=\left(\frac{1.80}{180}+\frac{10.0}{M}\right)\times\frac{1000}{100}\times8.31\times300$$

$M=8.1\times10^3\fallingdotseq 8\times10^3$

(6) NaCl（式量 58.5）が完全電離すると溶質粒子（$Na^+$，$Cl^-$）の物質量は NaCl の物質量の 2 倍となる。よって，水溶液の浸透圧は

$$\frac{1.46}{58.5}\times2\times\frac{1000}{200}\times8.31\times300=622.1\fallingdotseq 622〔\mathrm{kPa}〕$$

なお，計算の方法によっては 623kPa となる。

また，非電解質 A の分子量を $M$ とすると

$$\frac{1.46}{58.5}\times2=\frac{10.0}{M}$$

$M=200.3\fallingdotseq 200$

(7) 式量 200 の電解質 BC のモル濃度を $C$〔mol/L〕，電離度を $\alpha$ とする。

| | BC | ⇄ | $B^+$ | + | $C^-$ | 合計 | |
|---|---|---|---|---|---|---|---|
| 電離前 | $C$ | | 0 | | 0 | | 〔mol/L〕 |
| 電離量 | $-C\alpha$ | | $+C\alpha$ | | $+C\alpha$ | | 〔mol/L〕 |
| 電離後 | $C(1-\alpha)$ | | $C\alpha$ | | $C\alpha$ | $C(1+\alpha)$ | 〔mol/L〕 |

これより

$$997=\frac{10.0}{200}\times\frac{1000}{200}\times(1+\alpha)\times 8.31\times 300$$

$$\alpha=0.599\fallingdotseq 0.60$$

## 2 解答

(1)(ア)・(イ)— 1，3（順不同） (ウ)— 8 (エ)— 0
(オ)— 4

(2)(カ)— 8 (キ)— 1

(3)(ク)— 1 (ケ)— 4 (コ)— 3 (サ)— 2

(4)(シ)— 2 (ス)— 3 (セ)— 4

(5)(ソ)— 8 (タ)— 6 (チ)— 9 (ツ)— 7

(6)(テ)— 1 (ト)— 0

## 解説

**《鉄の単体・イオン・化合物の反応，コロイドの性質》**

(1) 鉄はイオン化傾向が水素よりも大きいので，希塩酸や希硫酸に溶けて $Fe^{2+}$ となり，$H_2$ を発生する。

$$Fe+2HCl \longrightarrow FeCl_2+H_2$$

$$Fe+H_2SO_4 \longrightarrow FeSO_4+H_2$$

Fe，Al，Ni などの金属を濃硝酸に加えると，表面に緻密で安定な酸化被膜が生じて内部が保護されるため反応しない。この状態を不動態という。

(2) $Fe^{2+}$ を含む水溶液に NaOH 水溶液を加えると緑白色の $Fe(OH)_2$ の沈殿を生じる。

$$Fe^{2+}+2OH^- \longrightarrow Fe(OH)_2$$

また，$Fe^{2+}$ を空気中の酸素で酸化，または酸化剤である $H_2O_2$ で酸化すると $Fe^{3+}$ へと変化する。

$$Fe^{2+} \longrightarrow Fe^{3+}+e^-$$

(3) $Fe^{2+}$ を含む水溶液に塩素を通じると $Fe^{2+}$ が酸化され，$Fe^{3+}$ を含む溶液である $FeCl_3$ 水溶液を生じる。この $FeCl_3$ を沸騰水と反応させると，

赤褐色の $Fe(OH)_3$ のコロイドを生じる。

$$FeCl_3 + 3H_2O \longrightarrow Fe(OH)_3 + 3HCl$$

コロイド溶液に横から強い光を当てると光の進路が輝いて見える。この現象をチンダル現象という。

(4) (3)の反応で $Fe(OH)_3$ のコロイド溶液を生成したとき，同時に HCl を生じている。透析すると，コロイド粒子は半透膜を透過できず，$H^+$，$Cl^-$ が半透膜の袋から外に透過していく。BTB 溶液を加えて黄色に呈色し，メチルオレンジを加えて赤色に呈色すれば $H^+$ の透過が確認できる。また，$AgNO_3$ 水溶液を加えて AgCl の白色沈殿が生じれば $Cl^-$ の透過が確認できる。$Fe^{3+}$ を含む水溶液にチオシアン酸カリウム水溶液を加えると血赤色の溶液を生じる。

(5) $Fe(OH)_3$ を強熱すると赤さびの主成分である $Fe_2O_3$ を生じる。

$$2Fe(OH)_3 \longrightarrow Fe_2O_3 + 3H_2O$$

$Fe_2O_3$ を 1400℃以上に加熱すると，黒さびの主成分である $Fe_3O_4$ を生じる。

$$6Fe_2O_3 \longrightarrow 4Fe_3O_4 + O_2$$

(6) コロイド粒子 1 個中に含まれる Fe 原子の個数の平均値 $x$ は，$FeCl_3 = 162.5$ より

$$d = \frac{b \times \frac{a}{100}}{162.5} \times \frac{1000}{c} \times \frac{1}{x} \times 8.31 \times 10^3 \times 300$$

$$\therefore \quad x = 153.4 \times 10^3 \times \frac{ab}{cd} \fallingdotseq 153 \times 10^3 \times \frac{ab}{cd}$$

**3 解答**

(1)① 0 ② 8 ③ 1 ④ 0 ⑤ 0 ⑥ 1

(2)(ア)— 2 (イ)・(ウ)—01，07（順不同）

(3)(エ)—01 (オ)—10 (カ)—01 (キ)—11 (ク)・(ケ)—05，11（順不同）

(4)(コ)—16 (サ)—08 (シ)—05 (ス)—12 (セ)— 1

(5)(ソ)—20 (タ)—14 (チ)・(ツ)—20，32（順不同）

(テ)・(ト)—14，27（順不同）

(6)⑦ + ⑧ 0 ⑨ 2 ⑩ 8 ⑪ 2 ⑫ + ⑬ 1 ⑭ 2 ⑮ 6 ⑯ 0

## 解説

**《ベンゼン二置換体の構造決定，元素分析，接触法，酸の電離定数》**

**(1)** 化合物**A** 6.1mg 中の C，H，O の質量はそれぞれ

$$\mathrm{C}:17.6\times\frac{12}{44}=4.8\,[\mathrm{mg}]$$

$$\mathrm{H}:4.5\times\frac{2.0}{18}=0.5\,[\mathrm{mg}]$$

$$\mathrm{O}:6.1-(4.8+0.5)=0.8\,[\mathrm{mg}]$$

よって

$$\mathrm{C}:\mathrm{H}:\mathrm{O}=\frac{4.8}{12}:\frac{0.5}{1.0}:\frac{0.8}{16}=8:10:1$$

ゆえに，組成式は $C_8H_{10}O$ である。

**(2)** 化合物**A**の組成式が $C_8H_{10}O$ なので，分子式は $C_{8n}H_{10n}O_n$ とおける。このとき分子量は 122$n$ だが，200 以下なので $n=1$，分子式は $C_8H_{10}O$ とわかる。

化合物**A**にナトリウムを加えても水素は発生せず，塩化鉄(Ⅲ)水溶液を加えても呈色しないことから，化合物**A**にヒドロキシ基 −OH は存在しないことがわかる。分子式 $C_8H_{10}O$ の芳香族化合物で −OH をもたない化合物がもつ官能基にはエーテル結合が含まれる。また，化合物**A**はベンゼン二置換体であることから，2つの官能基は $-O-CH_3$ と $-CH_3$ であり，次の3種類の構造が考えられる。

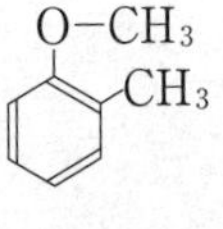

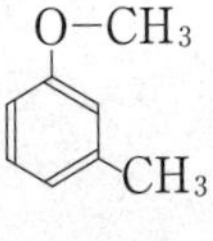

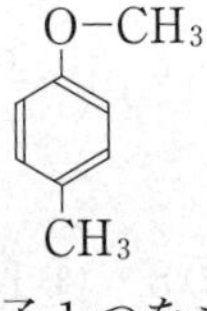


化合物**A**のベンゼン環の水素原子1つをニトロ基に置換したときに生じる化合物**C**は2種類の異性体を含むことから，化合物**A**はパラ二置換体と決まる。オルト，メタの場合は4種類の異性体を生じる。

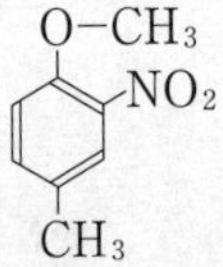

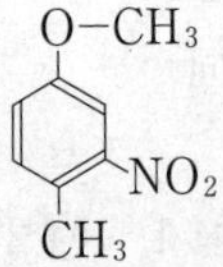


**(3)** 濃硫酸の製法の反応式は以下の通り。

$$S + O_2 \longrightarrow SO_2$$
$$2SO_2 + O_2 \longrightarrow 2SO_3 \quad （触媒：V_2O_5）$$
$$SO_3 + H_2O \longrightarrow H_2SO_4$$

この濃硫酸の工業的製法を接触法という。

(4)　$HX + H_2O \rightleftarrows X^- + H_3O^+ \quad \cdots\cdots(d)$

化学平衡の法則より，平衡定数 $K$ は

$$K = \frac{[X^-][H_3O^+]}{[HX][H_2O]} \quad \cdots\cdots(e)$$

$[H_2O]$ を定数と見なし，左辺に定数をまとめると

$$K[H_2O] = K_a = \frac{[X^-][H_3O^+]}{[HX]} \quad \cdots\cdots(f)$$

これより

$$[H_3O^+] = \frac{[HX]}{[X^-]}K_a$$

となるので

$$pH = -\log_{10}[H_3O^+] = -\log_{10}\left(\frac{[HX]}{[X^-]}K_a\right)$$
$$= -\log_{10}\left(\frac{[HX]}{[X^-]}\right) - \log_{10}K_a$$

ここで，$-\log_{10}K_a = pK_a$ なので

$$pH = pK_a - \log_{10}\frac{[HX]}{[X^-]} = -\log_{10}[H_3O^+] \quad \cdots\cdots(g)$$
$$pK_a - pH = \log_{10}\left(\frac{[HX]}{[X^-]}\right) \quad \cdots\cdots(h)$$

$pK_a$ の定義より $pK_a$ の値が大きいほど $K_a$ の値は小さく，また(f)式より $K_a$ の値が小さいとき，$[HX]$ が大きく，$[X^-]$，$[H_3O^+]$ が小さいので電離度が小さい，つまり酸性が弱いことがわかる。

(5)　化合物**B**に硫酸触媒下，エタノールを反応させると分子式 $C_9H_{10}O_3$ の化合物**D**を生じることから，化合物**B**の炭素数は7でカルボキシ基があり，エステル化が起こったと推定できる。また，化合物**B**に無水酢酸を作用させると分子式 $C_9H_8O_4$ の化合物**E**を生じることから，化合物**B**にはヒドロキシ基があり，アセチル化が起こったと推定できる。以上のことと，化合物**B**はベンゼンのオルト二置換体であることから，化合物**B**はサリチ

ル酸であると決定できる。

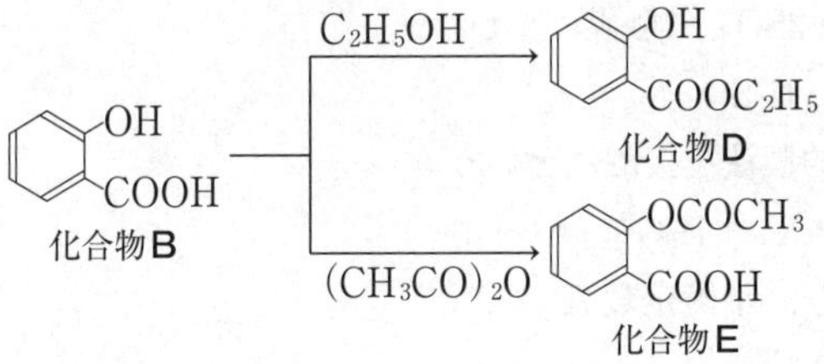

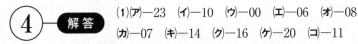

**(6)** 化合物**B**はフェノール性ヒドロキシ基とカルボキシ基をもつ２価の酸である。２つの置換基の $pK_a$ はそれぞれ

$$pK_a = -\log_{10}(1.5\times10^{-3}) = 3-\log_{10}1.5 = 2.82$$

$$pK_a = -\log_{10}(2.5\times10^{-13}) = 13-\log_{10}2.5 = 12.60$$

$pK_a$ の値が小さく酸性が強い置換基**Y**がカルボキシ基，$pK_a$ の値が大きく酸性が弱い置換基**X**がフェノール性ヒドロキシ基である。

## 4 解答

**(1)(ア)**—23　**(イ)**—10　**(ウ)**—00　**(エ)**—06　**(オ)**—08
**(カ)**—07　**(キ)**—14　**(ク)**—16　**(ケ)**—20　**(コ)**—11

**(2)**— 4

**(3)**— 1

**(4)**—13

**(5)**— 0

**(6)**—01，23，26（順不同）

**(7)**①２　②０　③２　④０　⑤３　⑥０　⑦１　⑧２　⑨０　⑩９

## 解説

**《核酸の構成成分，構造，塩基組成，分子量》**

**(1)(ア)～(ウ)**　ヌクレオチドを構成する糖はRNA（リボ核酸）がリボース，DNA（デオキシリボ核酸）がデオキシリボースである。デオキシリボースはリボースの２位の炭素に結合するヒドロキシ基が水素原子に置き換わった構造をしている。

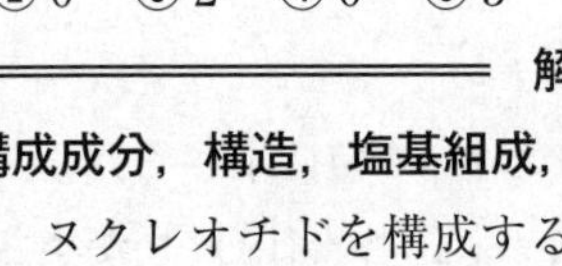


リボース

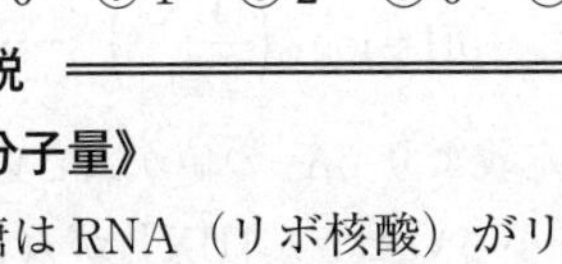


デオキシリボース

**(エ)〜(カ)**　DNA に含まれる塩基はアデニン(A)，グアニン(G)，シトシン(C)，チミン(T)，RNA に含まれる塩基はアデニン(A)，グアニン(G)，シトシン(C)，ウラシル(U)である。

**(キ)〜(コ)**　DNA は2本のポリヌクレオチド鎖が水素結合によって結びついた二重らせん構造をとっており，生命の遺伝情報を担っている。RNA はポリヌクレオチドの1本鎖の構造で，伝令 RNA は DNA の遺伝情報に基づいたタンパク質の合成に関わっている。

**(2)**　鎖状構造の4位のC原子に結合している−OH のO原子が五員環を形成するO原子となっている。

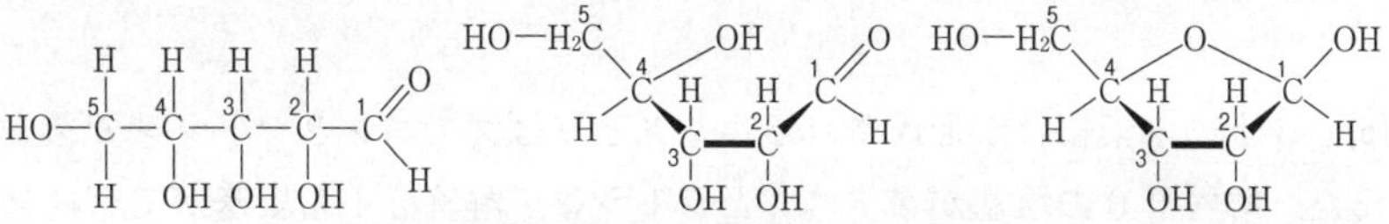

図　1　　　　鎖状構造　　　　環状構造

**(3)**　リボースの1位のC原子に結合する−OH と核酸塩基のN原子に結合する−H が縮合し，糖と塩基はグリコシド結合を形成している。

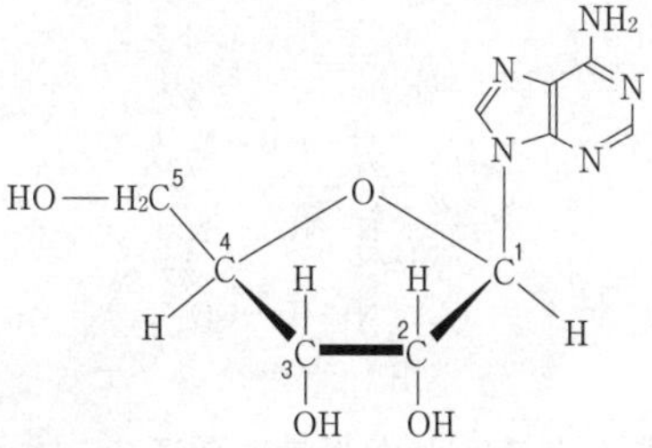

**(4)**　ヌクレオチドを構成する糖の3位と5位のC原子に結合する−OH がリン酸とエステル結合することでポリヌクレオチドとなる。

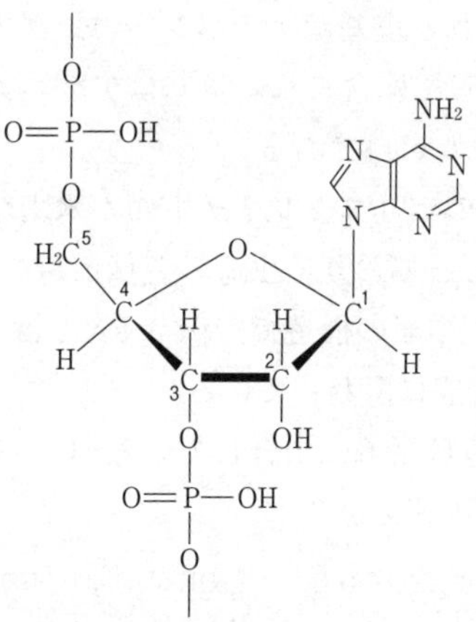

(5) 3本の水素結合が形成される塩基**X**と**V**はグアニンとシトシンである。また，解答群0の塩基がグアニンとシトシン，解答群1の塩基がアデニンとチミンである。

(6) グアニン1のOとシトシン7のH，グアニン6のHとシトシン8のN，グアニン5のHとシトシン9のOの間に水素結合が形成される。

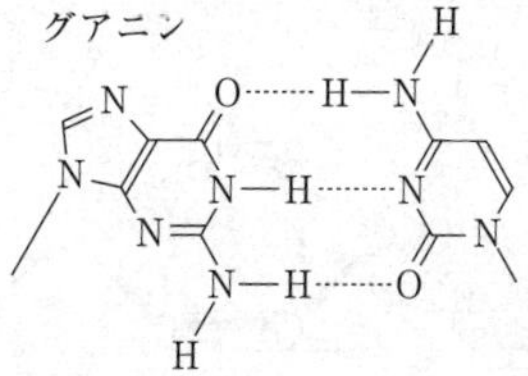


(7) DNA中のアデニンとチミンが等量，グアニンとシトシンが等量となっているので，アデニンとチミンが30％ずつ，グアニンとシトシンが20％ずつ含まれる。AT塩基対とGC塩基対の数はそれぞれ

$$\text{AT塩基対}：2.0\times10^6\times\frac{30+30}{100}=1.2\times10^6\text{個}$$

$$\text{GC塩基対}：2.0\times10^6\times\frac{20+20}{100}=0.8\times10^6\text{個}$$

ヌクレオチドが脱水縮合で重合してポリヌクレオチドとなるとき分子量は18小さくなるので，DNAの分子量は

$$(313-18+304-18)\times1.2\times10^6+(329-18+289-18)\times0.8\times10^6$$
$$=1.16\times10^9\fallingdotseq1.2\times10^9$$

## 講評

**1**は固体の溶解度と浸透圧に関する問題であった。いずれも基本・標準的な問題であったが，どれも計算がやや煩雑になる。ミスなく正確かつ迅速に計算することが重要である。

**2**の(1)，(2)，(5)は鉄に関する無機の知識問題であった。水酸化鉄(Ⅲ)を強熱すると酸化鉄(Ⅲ)を，さらに1400℃以上に強熱すると四酸化三鉄を生じる反応は教科書などにあまり記載されていないので，選択に悩んだかもしれない。(3)，(4)，(6)はコロイドの性質や透析，浸透圧に関する問題。(6)の浸透圧からコロイド粒子中の鉄原子の個数を計算する問題は，入試定番の問いではあるが数値と文字が混在する計算となっていたため，やや解きづらかった。

**3**はベンゼン二置換体に関する問題であった。置換基の種類や位置の推定，官能基の反応は標準的な知識を問うものであり，ミスなく得点したい。(4)，(6)は電離平衡の設問であったが，誘導に従って求めていけば問題なく解けただろう。

**4**は核酸に関する問題であった。リボースの構造や，糖と塩基，糖とリン酸の結合箇所，また塩基の構造や塩基対の水素結合箇所を正確に覚えている必要がある。(7)の分子量の計算はきちんと水の分子量18を引けたかがポイント。

いずれの問題も基本・標準的な問題で難問は含まれないが，正確な知識や計算力を必要とする。時間配分をきちんと考えなくてはならない。

//////////////////// · memo · ////////////////////

//////////////////// · memo · ////////////////////

//////////////////// · memo · ////////////////////

////////////////////// · memo · //////////////////////

////////////////////// · memo · //////////////////////

////////////////////// · memo · //////////////////////

//////////////////// ・memo・ ////////////////////

# 2023年度

# 問題と解答

■B方式

# 問題編



▶試験科目・配点

| 教科 | 科目 | 配点 |
|---|---|---|
| 外国語 | コミュニケーション英語Ⅰ・Ⅱ・Ⅲ，英語表現Ⅰ・Ⅱ | 100点 |
| 数学 | 数学Ⅰ・Ⅱ・Ⅲ・A・B | 100点 |
| 理科 | 化学基礎・化学 | 100点 |

▶備考

- 英語はリスニングおよびスピーキングを課さない。
- 「数学B」は「数列」「ベクトル」から出題。

# 英語

(60分)

**1** Read the following article and answer the questions below. (67 points)

[1] Let's agree on this first: Absolutely one of the most powerful things you can experience when watching a talk is *inspiration*. The speaker's work and words move you and fill you with an expanded sense of possibility and excitement. You want to go out and be a better person. *TED's growth and success have been <u>fueled</u> by the deeply inspirational nature of many of the talks. Indeed, it's the reason I was <u>drawn to</u> TED in the first place. I believe in inspiration's power.

[2] But it's a power that must be handled with great care.

[3] When a great speaker finishes her talk and the whole crowd rises to its feet and applauds, it's a thrilling moment for everyone in the room. The audience is excited by what they've heard, and for the speaker, it's indescribably satisfying to receive such powerful recognition. (<u>One of the more awkward moments</u> we've ever had at TED was when a speaker left the stage to *lukewarm applause and whispered to her friend backstage, "Nobody stood up!" An understandable comment. It was just unfortunate that her microphone was still on, and everyone could hear the pain in her voice.)

[4] Whether they admit it or not, many public speakers dream of being cheered as they leave the stage, followed by screens full of tweets <u>attesting to</u> their inspirational *prowess. **A** And therein lies the trap. The intense appeal of the standing ovation can lead aspiring speakers to do bad things. They may look at talks given by inspirational speakers

and seek to copy them … but in form only. The result can be awful: the ruthless pursuit of every trick in the book to intellectually and emotionally manipulate the audience.

[5] There was an upsetting instance of this at TED a few years ago (to be kind, I've changed a couple of details). An American man in his forties had become a huge TED fan, and he sent us a compelling audition video, urging us to let him give his own talk. His talk premise exactly matched the theme we were focused on that year, and he came well recommended, so we decided to give him a shot.

[6] The first moments of his talk were promising. He had a big personality. He beamed at the audience. He had some amusing opening remarks, a clever video, and a surprising visual prop. It was as if he'd studied every TED Talk in detail and was bringing the best of each to his own talk. Sitting and watching, I was hopeful we might have a giant hit on our hands.

[7] But then … I started to feel a little queasy. There was something not quite right. He was loving being on stage. Loving it just a little too much. He'd keep pausing, hoping for audience applause or laughter, and when he got it, he'd stop and say "thank you," subtly milking it for more. He started inserting ad-libbed comments intended to amuse. It was clear they amused him, but others, not so much. And the worst of it was the promised substance of the talk never really arrived. He claimed to have worked on demonstrating the truth of an important idea. But the case he brought was all whimsy and anecdote. There was one moment where he had even Photoshopped an image so that it appeared to support his case. And because of his getting carried away and soaking up the *limelight, he was running way overtime.

[8] Toward the end, he began telling people that yes, they had it in their power to adopt his wisdom, and he spoke of dreams and inspiration, ending with his arms outstretched to the audience. Because it was clear

the talk meant so much to him, a portion of the audience did indeed stand to clap him. Me? I felt sick to my stomach. This was the *cliché of TED that we'd tried so hard to eliminate. All style, very little substance.

[9] The trouble with talks like this is not just that they flatter to deceive. It's that they give the entire genre a bad name. They make the audience less likely to open up when a genuinely inspiring speaker comes along. And yet, more and more speakers, attracted to the drug of audience adoration, are trying to walk this path.

[10] Please don't be one of them.

[11] Here's the thing about inspiration: It has to be earned. Someone is inspiring not because they look at you with big eyes and ask you to find it in your heart to believe in their dream. It's because they actually have a dream that's worth getting excited about. [B] They come from blood, sweat, and tears.

[12] If you try to take the shortcut and win people over purely with your charisma, you may succeed for a moment or two, but soon you'll be found out, and the audience will flee. In the example above, despite the partial standing ovation, that speaker received terrible audience feedback in our postconference survey, and we never posted the talk. People had felt manipulated. And they were.

[13] If you have dreams of being a rock-star public speaker, pumping up an audience as you stride the stage and proclaim your brilliance, I beg you to reconsider. [C] Don't dream of that. Dream of something much bigger than you are. Go and work on that dream as long as it takes to achieve something worthwhile. And then humbly come and share what you've learned.

[14] [D] It's an audience response to authenticity, courage, selfless work, and genuine wisdom. Bring those qualities to your talk, and you may be amazed at what happens.

Adapted from *TED Talks: The Official TED Guide to Public Speaking.*

(Notes)

**TED**：a world-famous speech event

**lukewarm**：indifferent, unenthusiastic

**prowess**：great ability or skill

**limelight**：spotlight

**cliché**：a saying or remark that is very often made and is therefore not original or interesting

(1) The underlined word fueled in paragraph [ 1 ] is closest in meaning to

1 occupied 2 discouraged 3 alerted 4 fed

(2) The underlined phrase drawn to in paragraph [ 1 ] is closest in meaning to

1 fascinated with
2 invited to
3 tired of
4 based on

(3) In the latter half of paragraph [ 3 ], the episode was described as "One of the more awkward moments" because

1 the speaker had left her microphone on the stage.
2 the audience heard the speaker complaining by mistake.
3 no one gave a standing ovation for the speaker's presentation.
4 the speaker's voice was so small that the microphone didn't catch it.

(4) Among the following choices, choose the one that makes the **least** sense as the meaning of the underlined phrase attesting to in paragraph [ 4 ].

1 witnessing 2 affirming 3 withholding 4 proving

(5) According to paragraph [ 4 ], aspiring speakers often finish their presentation unsuccessfully because

1 their handling of the audience is inclined to be formal.

2 their presentation tends to be casual.

3 they try to imitate only the topics of other famous speakers.

4 they just try to simulate the style of a good talk.

(6) The underlined word compelling in paragraph [ 5 ] is closest in meaning to

1 elective　　2 voluntary　　3 optional　　4 convincing

(7) The underlined phrase beamed at in paragraph [ 6 ] is closest in meaning to

1 shouted at　　2 pointed to　　3 smiled at　　4 clung to

(8) Which of the following can **NOT** be inferred from paragraph [ 6 ]?

1 The speaker made a verbal promise that he would give an excellent presentation.

2 The talk began in a favorable atmosphere.

3 The author thought the talk might well be a success.

4 The speaker seemed to have planned the talk very well.

(9) Among the following choices, choose the one that makes the **least** sense as the meaning of the underlined word queasy in paragraph [ 7 ].

1 anxious　　2 content

3 ill at ease　　4 uncomfortable

(10) Which of the following would be the best explanation of the underlined phrase milking it for more in paragraph [ 7 ]?

1 The speaker was pleased with the audience reaction and was somehow trying to get more of that.

2 The speaker was not satisfied with the audience's response and was trying to move on to the next story quickly.

3 The disappointing reaction of the audience made the speaker thirsty and he wished he had something to drink.

4 Uncomfortable with the audience's reaction, the speaker stopped moving and calmly changed his mind.

(11) The underlined word they in paragraph [ 7 ] refers to

1 the audience　　2 ad-libbed comments

3 the speakers　　4 applause and laughter

(12) The underlined word others in paragraph [ 7 ] refers to

1 the audience　　2 ad-libbed comments

3 the speakers　　4 applause and laughter

(13) Among the following choices, choose the one that makes **the least sense** as the meaning of the underlined word whimsy in paragraph [ 7 ].

1 fanciful idea　　2 odd thought

3 righteous view　　4 ridiculous notion

(14) Which of the following would be the best paraphrase of the underlined part in the end of paragraph [ 7 ]?

1 The arranged time was too short to cover the contents of his talk.

2 He got too excited being on stage to keep to his arranged time.

3 He was forced to get off the stage due to his overlong talk.

4 The audience wanted him to stay on stage even after time was up.

(15) Each of the following statements tries to explain the situation in paragraph [ 8 ]. Mark **R** if it is right or **W** if it is wrong.

1 The talk was not special to the speaker.

2 Part of the audience showed an understanding of what he talked about.

3 The author thought the ending of the talk was nicer than the beginning.

4 The author was taken ill right after the talk.

5 The speaker will soon be invited to speak in TED again.

(16) The underlined phrase flatter to deceive in paragraph [ 9 ] is closest in meaning to

1 command with authority.

2 praise others excessively.

3 rely on false information.

4 appear better than is actually the case.

(17) Which of the following is the best paraphrase of the underlined part they give the entire genre a bad name in paragraph [ 9 ]?

1 An empty presentation can damage the reputation of speaking events in general.

2 Boring speakers have a negative effect on a number of members of a TED audience.

3 Cheap tricks in presentations are the manifestation of disrespect for an audience.

4 A presentation without substance isn't necessarily a poor precedent for upcoming speakers.

(18) The underlined phrase one of them in paragraph [10] refers to

1 a listener who ignores uninspiring speakers.

2 a speaker who speaks ill of their audience.

3 a listener whose mind is not open to speakers.

4 a speaker who pursues only audience admiration.

(19) Which of the following would be the best paraphrase of the underlined sentence in paragraph [12]?

1 Feeling deceived, the audience made a public protest to the speaker

during the presentation.

2 Most of the audience thought they had been tricked by the speaker, which was correct.

3 Although there was little applause, many audience members actually received the talk approvingly.

4 The audience was doubtful of some facts referred to in the talk, which were, in fact, proved to be false afterwards.

(20) Choose the best item to fill in [D] in paragraph [14].

1 Inspiration can deceive people.

2 Inspiration is exclusively for geniuses.

3 Inspiration can't be performed.

4 Inspiration is easy to come by.

(21) Among the following choices, choose the two which are <u>NOT</u> discussed in the passage.

1 the essential nature of inspiration

2 how to deal with the power of inspiration

3 ways of engaging an audience through a talk

4 things an inspirational speaker is not good at

5 reasons why talks fail

6 how to apply for TED successfully.

(22) Examine the [A] [B] [C] in the passage and indicate at which place the following sentence would best be inserted.

**And those dreams don't come lightly.**

(23) Imagine yourself preparing and giving a public presentation based on the advice of this passage. Which of the following is recommended? Mark Y if

a choice is recommended or **N** if it is not.

1 Try to elicit applause from the audience in order to disguise the fact that the talk consists mostly of anecdotes.

2 Become absorbed in what you are interested in and talking about.

3 Have high motives, devote yourself to them, and share your experience with the audience.

4 To make your talk more attractive, exaggerate your effort and wisdom to audience.

## 2 Read the following article and answer the questions below. (33 points)

[1] While in zero gravity, an astronaut's bone density can drop by an average of one to two percent every month. During short-term missions to the International Space Station (ISS), the bone mass loss may not be as severe. However, during long-term missions to the moon, Mars and beyond, spacefarers will need a way to keep their skeletons in shape — and it could be as easy as eating a salad.

[2] A team of researchers at the University of California, Davis, have developed modified transgenic lettuce that produces a bone-stimulating hormone. The lettuce can be easily grown in space and could (　　) strengthen an astronaut's bones. It may even (　　) reduce the risk of *osteoporosis on Earth in areas with limited sources, according to a statement. The study's findings were presented during the American Chemical Society Spring 2022 Meeting.

[3] "Right now, astronauts on the ISS have certain exercise *regimens to try to maintain bone mass," says Kevin Yates, a graduate student and chemical engineer at the University of California, Davis, in a statement.

"But they're not typically on the ISS for more than six months."

Restoring bone mass currently requires an injection of medication containing a *peptide fragment of human *parathyroid hormone (PTH) used to stimulate bone formation, reports Ellen Phiddian for *Cosmos*. Because the medication needs to be injected daily, this method of replenishing bone loss is not feasible for long-term space missions.

[4] So, scientists decided to see if they could produce a modified *strain of lettuce containing the medicines that would grow in space. Researchers chose to focus on lettuce because the plant has been grown numerous times aboard the ISS. As an added benefit, the leafy greens would provide a way for astronauts to eat veggies that are fresh (　　) of freeze-dried and canned.

[5] "Astronauts can carry transgenic seeds, which are very tiny — you can have a few thousand seeds in a *vial about the size of your thumb — and grow them just like regular lettuce," says Somen Nandi, a collaborator on the research and chemical engineer at UC Davis, in a statement. "They could use the plants to synthesize *pharmaceuticals, such as PTH, on an as-required basis and then eat the plants."

[6] To create the modified lettuce, the team identified the genetic code for a version of PTH that included another protein that would make it easier for the human body to absorb, *Cosmos* reports. Scientists then transferred this gene into lettuce plants using a bacteria called **Agrobacterium tumefaciens*.

After the lettuce grew, the team screened the plants for the hormone and found that the lettuce produced between 10 to 12 milligrams of the protein per kilogram. For astronauts to get enough of the hormone, they would have to eat 380 grams, or 8 cups, of lettuce a day — about the equivalent to a heaping bowl of salad, per *Cosmos.*

[7] Researchers plan to improve the hormone content next, find an easier way to administer it and test how it will grow on the ISS. The lettuce will need to undergo animal and human trials to ensure the lettuce is safe to consume and actually stimulates bone growth. The greens ( ) taste-tested for flavor yet either.

Still, the study shows how medications can be grown in outer space, which can cut costs and avoid damages caused by radiation. Mars missions that can take approximately three years to run would be difficult to resupply. Even if supply drops are scheduled ahead of time, years of radiation may render the medications unusable, reports Leto Sapunar for *Popular Science.*

"I would be very surprised if, by the time we send astronauts to Mars, ( a )( b )( c )( d )( e )( f ) pharmaceuticals and other beneficial compounds," Yates says in a statement.

Adapted from *Genetically Modified Lettuce May One Day Help Space Travelers Fight Bone Loss*

(Notes)

osteoporosis：骨粗しょう症

regimens < regimen：食事[運動]療法，処方[投薬]計画

peptide：ペプチド(複数のアミノ酸が結合した化合物)

parathyroid hormone (PTH)：副甲状腺ホルモン

strain：動植物の血統，種族

vial：小びん

pharmaceuticals < pharmaceutical：調合薬

Agrobacterium tumefaciens：バクテリアの名称

(1) Choose <u>one</u> item to fill in <u>both</u> blanks in **Section** [ 2 ].

1 allow 2 enable 3 force 4 help

(2) Choose the item that is closest in meaning to the word “replenish” as in the underlined part in **Section** [ 3 ].

1 to act in a particular way as a direct result of something else
2 to fill something again or return something to its earlier condition
3 to pass from place to place or person to person
4 to stop giving or offering something to somebody

(3) Choose the best item to fill in the blank in **Section** [ 4 ].

1 at the sight 2 instead
3 in the event 4 regardless

(4) Choose the best item to fill in the blank in **Section** [ 7 ].

1 have been 2 haven’t been
3 still not 4 were already

(5) Rearrange the items, 1 ~ 6, and fill in the blanks, (a) to (f), in the underlined part in **Section** [ 7 ].

1 used 2 produce 3 being 4 to 5 plants 6 aren’t

(6) The article contains the following information (a)~(d). Put (a)~(d) into the correct order they appear and choose the correct answer choice from 1 ~ 9.

(a) How present astronauts keep their bone density in outer space.
(b) How to bring in the transgenic lettuce in the ISS.
(c) Rate of humans’ bone density loss in outer space.
(d) The procedure to create the transgenic lettuce.

1 (a) → (b) → (d) → (c) 2 (a) → (c) → (b) → (d)

3 (a) → (d) → (b) → (c)
4 (c) → (a) → (b) → (d)
5 (c) → (b) → (d) → (a)
6 (c) → (d) → (a) → (b)
7 (d) → (a) → (b) → (c)
8 (d) → (c) → (b) → (a)
9 (d) → (b) → (c) → (a)

(7) According to the article, combine each sentence, (a)~(d), with a correct ending, 1 ~ 8 , below.

(a) Experiments feeding the transgenic lettuce to animals

(b) Medicines in a multi-year space flight

(c) The amount of the transgenic lettuce needed to refill bone density in outer space

(d) Whether the lettuce containing the medicines would grow in space

1 are governed by the government budget.

2 can be taken in a small container.

3 has been estimated.

4 has yet to be resupplied.

5 have not yet been done.

6 is prohibited to avoid health risks.

7 may become unusable due to radiation.

8 will be checked.

# 数学

（100 分）

**問題 [1] ～ [4] の各文章中の [ア], [イ], [ウ], ･･･ に当てはまる数字 0 ～ 9 を求めて，解答用マークシートの指定された欄にマークしなさい。 ただし，分数は既約分数として表しなさい。 根号の中に入る数は，4 でも 9 でも割り切れないものとします。なお，[ア] は既出の [ア] を表します。**

[1] 1 から 15 までの番号が 1 つずつ書かれた同じ大きさの 15 個の球が入った袋がある。この袋の中から球を 1 つ取り出し，球に書かれた番号を調べて球を元に戻す試行を 3 回繰り返す。$k$ 回目に取り出した球に書かれている番号を $a_k$ $(k = 1, 2, 3)$ とする。また，正の実数 $x_1, x_2, x_3$ に対し $F(x_1, x_2, x_3) = \dfrac{1}{x_1} + \dfrac{1}{x_2} + \dfrac{1}{x_3}$ とする。

**(1)** **(a)** $F(a_1, a_2, a_3) = 1$ かつ $a_1 \geqq a_2 \geqq a_3$ となる確率は $\dfrac{\boxed{ア}}{\boxed{イウエオ}}$ である。

**(b)** $F(a_1, a_2, a_3) = 1$ を満たす $(a_1, a_2, a_3)$ の組は全部で [カキ] 通りある。よって，$F(a_1, a_2, a_3) = 1$ となる確率は $\dfrac{\boxed{ク}}{\boxed{ケコサ}}$ である。

**(2)** $F\left(\dfrac{a_1}{2}, \dfrac{a_2}{2}, \dfrac{a_3}{2}\right) = 1$ となる確率は $\dfrac{\boxed{シス}}{\boxed{セソタチ}}$ である。

**(3)** $F\left(\dfrac{2a_1}{3}, a_2, 2a_3\right) = \dfrac{1}{2}$ かつ $a_1 \geqq a_2 \geqq a_3$ となる確率は $\dfrac{\boxed{ツ}}{\boxed{テトナニ}}$ である。

(25 点)

# 2

**(1)**　$u=\cos\theta,\ v=\sin\theta\ (0 \leqq \theta < \pi)$ とする。点 $(-1,0)$ と $(u,v)$ を通る直線を $\ell$ とし，$\ell$ の傾きを $t$ とする。

**(a)**　直線 $\ell$ の方程式は $y=t(x+\boxed{\text{ア}})$ である。また，$u,v$ を $t$ を用いて表すと

$$u=\frac{\boxed{\text{イ}}-t^2}{\boxed{\text{ウ}}+t^2},\qquad v=\frac{\boxed{\text{エ}}\,t}{\boxed{\text{オ}}+t^2}$$

である。

**(b)**　$t$ を $\theta$ を用いて表すと

$$t=\tan\left(\frac{\boxed{\text{カ}}}{\boxed{\text{キ}}}\theta\right)$$

である。したがって，

$$\frac{d\theta}{dt}=\frac{\boxed{\text{ク}}}{\boxed{\text{ケ}}+t^2}$$

となる。

**(2)**　log を自然対数とする。このとき，

$$\int_0^{\frac{\pi}{2}}\frac{1}{5+4\sin x+3\cos x}dx=\frac{\boxed{\text{コ}}}{\boxed{\text{サ}}}$$

であり，

$$\int_0^{\frac{\pi}{3}}\frac{1}{1+\sin x+\cos x}dx=\log\left(\boxed{\text{シ}}+\frac{\boxed{\text{ス}}}{\boxed{\text{セ}}}\sqrt{\boxed{\text{ソ}}}\right)$$

である。また，

$$\int_0^{\frac{\pi}{4}}\frac{\sin x}{\sin x+\cos x}dx=\frac{\boxed{\text{タ}}}{\boxed{\text{チ}}}\pi-\frac{\boxed{\text{ツ}}}{\boxed{\text{テ}}}\log 2,$$

$$\int_0^{\frac{\pi}{4}}\frac{\cos x}{\sin x+\cos x}dx=\frac{\boxed{\text{ト}}}{\boxed{\text{ナ}}}\pi+\frac{\boxed{\text{ニ}}}{\boxed{\text{ヌ}}}\log 2$$

である。

(25 点)

**3** $\overline{\mathrm{OA}} = 60$, $\overline{\mathrm{OB}} = \overline{\mathrm{OC}} = 30$, $\angle\mathrm{AOB} = \angle\mathrm{AOC} = \dfrac{\pi}{3}$, $\angle\mathrm{BOC} = \dfrac{\pi}{2}$ である四面体 OABC を考える。

(1) 点 A, B, C, H は同一平面上にあるとし，$\overrightarrow{\mathrm{AH}} = s\overrightarrow{\mathrm{AB}} + t\overrightarrow{\mathrm{AC}}$ とする。ここに，$s$, $t$ は実数である。$\overrightarrow{\mathrm{OH}}\cdot\overrightarrow{\mathrm{AB}} = 0$, $\overrightarrow{\mathrm{OH}}\cdot\overrightarrow{\mathrm{AC}} = 0$ であるとき，

$$s = \frac{\boxed{ア}}{\boxed{イ}},\quad t = \frac{\boxed{ウ}}{\boxed{エ}},\quad |\overrightarrow{\mathrm{OH}}| = \boxed{オ}\sqrt{\boxed{カキ}}$$

である。

(2) 三角形 ABC の面積は $\boxed{クケコ}\sqrt{\boxed{サ}}$ であり，四面体 OABC の体積は $\boxed{シスセソ}\sqrt{\boxed{タ}}$ である。

(3) 四面体 OABC に外接する球の半径は $\boxed{チツ}$ である。

(25 点)

**4** 複素数 $z$ が極形式により

$$z = r\left(\cos\frac{4}{5}\pi + i\sin\frac{4}{5}\pi\right)$$

と表されるとする。ただし，$r > 0$, $i$ は虚数単位である。

(1) $\sin 5\theta = \boxed{アイ}\sin^5\theta - \boxed{ウエ}\sin^3\theta + \boxed{オ}\sin\theta$ であるから，複素数 $z$ の虚部の 2 乗の値は，

$$\left(\frac{\boxed{カ}}{\boxed{キ}} - \frac{\boxed{ク}}{\boxed{ケ}}\sqrt{\boxed{コ}}\right)r^2$$

である。

(2) $r = 2$ とし，複素数平面上の点 0, 1, $z$, $z^2$, $z^3$ を，それぞれ O, A, B, C, D とする。このとき，三角形 ACD の面積を $S_1$，三角形 OAB の面積を $S_2$ とすると，$S_1$ と $S_2$ の比の値 $\dfrac{S_1}{S_2}$ は $\boxed{サシ} - \boxed{ス}\sqrt{\boxed{コ}}$ である。

(3) $r = 1$ とし，複素数平面上に点 1, $z$, $z^2$, $z^3$, $z^4$ をとる。この 5 点を頂点とする

正五角形を $G_1$ とし，$G_1$ の 1 辺の長さを $\ell$ とすると

$$\ell^2 = \frac{\boxed{セ}}{\boxed{ソ}} - \frac{\boxed{タ}}{\boxed{チ}}\sqrt{\boxed{コ}}$$

であり，$G_1$ の面積を $S_3$ とすると

$$S_3^2 = \frac{\boxed{ツテト}}{\boxed{ナニ}} + \frac{\boxed{ヌネ}}{\boxed{ノハ}}\sqrt{\boxed{コ}}$$

である。さらに，複素数平面上の点 0，1，$1+z$，$1+z+z^2$，$1+z+z^2+z^3$ を頂点とする正五角形を $G_2$ とすると，$S_3$ と $G_2$ の面積 $S_4$ の比の値 $\dfrac{S_3}{S_4}$ は

$$\frac{\boxed{ヒ}}{\boxed{フ}} + \frac{\boxed{ヘ}}{\boxed{ホ}}\sqrt{\boxed{コ}}$$

となる。

(25点)

# 化学

（80分）

原子量を必要とするときは，次の値を用いなさい。

H 1.0，C 12，N 14，O 16，Na 23，Cl 35.5

**1** 次の問題の （ア） ～ （サ） には最も適当なものを指定された**解答群**から選び，その番号を**解答用マークシート**の指定された欄にマークしなさい。このとき，同じものを何回用いてもよい。また，空欄 ① ～ ⑯ にあてはまる数字または正負の符号を**解答用マークシート**の指定された欄にマークしなさい。数値は四捨五入し，**指示された桁まで**マークしなさい。ただし，必要のない桁には**0**をマークしなさい。指数が**0**の場合は，正の符号と**0**をマークしなさい。

（25点）

(1) 気体XとYが気体ZとWとなる以下の反応（$x$，$y$，$z$，$w$ は整数）において，

$$x\mathrm{X} + y\mathrm{Y} \underset{v_2}{\overset{v_1}{\rightleftarrows}} z\mathrm{Z} + w\mathrm{W}$$

正反応と逆反応は同じ活性化状態を経由するものとする。温度が一定の条件でXの濃度[X]とYの濃度[Y]を変えて反応させたときの反応速度 $v_1$ を**表1**に示す。

**表1** 正反応の反応速度

| [X][mol/L] | [Y][mol/L] | $v_1$[mol/(L·min)] |
|---|---|---|
| 1.20 | 0.60 | $2.40 \times 10^{-3}$ |
| 1.20 | 1.20 | $4.80 \times 10^{-3}$ |
| 2.40 | 1.20 | $9.60 \times 10^{-3}$ |

**表 1** の結果から，正反応の速度 $v_1$ は反応速度定数 $k_1$ を用いると

$v_1 =$ ［(ア)］

と表される。

［(ア)］ **の解答群**

0　$k_1([X]+[Y])$　　1　$k_1[X][Y]$　　2　$k_1[X]^2[Y]$
3　$k_1[X][Y]^2$　　4　$k_1[X]^2[Y]^2$　　5　$k_1[Y]/[X]$
6　$k_1[X]/[Y]$　　7　$k_1[Y]^2/[X]$　　8　$k_1[Y]/[X]^2$
9　$k_1[Y]^2/[X]^2$

**表 1** の結果を用いて反応速度定数 $k_1$ を計算すると

$k_1 =$ ［①］.［②］ × 10^［③］［④］ L/(mol·min)となる。

（小数点：.　正負の符号：③　指数：④）

次に，温度が一定の条件で Z の濃度[Z]と W の濃度[W]を変えて反応させたときの反応速度 $v_2$ を**表 2** に示す。

**表 2**　逆反応の反応速度

| [Z][mol/L] | [W][mol/L] | $v_2$[mol/(L·min)] |
|---|---|---|
| 0.10 | 0.20 | $1.67 \times 10^{-5}$ |
| 0.20 | 0.20 | $3.33 \times 10^{-5}$ |
| 0.20 | 0.40 | $6.66 \times 10^{-5}$ |

**表 2** の結果から，逆反応の速度 $v_2$ は反応速度定数 $k_2$ を用いると

$v_2 =$ ［(イ)］

と表される。

［(イ)］ **の解答群**

0　$k_2([Z]+[W])$　　1　$k_2[Z][W]$　　2　$k_2[Z]^2[W]$
3　$k_2[Z][W]^2$　　4　$k_2[Z]^2[W]^2$　　5　$k_2[W]/[Z]$

6 $k_2[Z]/[W]$　　7 $k_2[W]^2/[Z]$　　8 $k_2[W]/[Z]^2$
9 $k_2[W]^2/[Z]^2$

(2) (1)の反応で**図1**のように各化合物の濃度が変化して平衡状態に達した。このとき，ZとWの濃度変化は同じ曲線となった。実験開始時の時間0分においては，X，Y，Z，Wの濃度はそれぞれ1.60，1.00，0，0 mol/L，ある時間 $t_1$ におけるX，Y，Z，Wの濃度はそれぞれ1.20，0.60，0.40，0.40 mol/Lであった。さらに平衡に達した時間 $t_S$ においては，X，Z，Wの濃度はいずれも0.80 mol/L，Yの濃度は0.20 mol/Lであった。

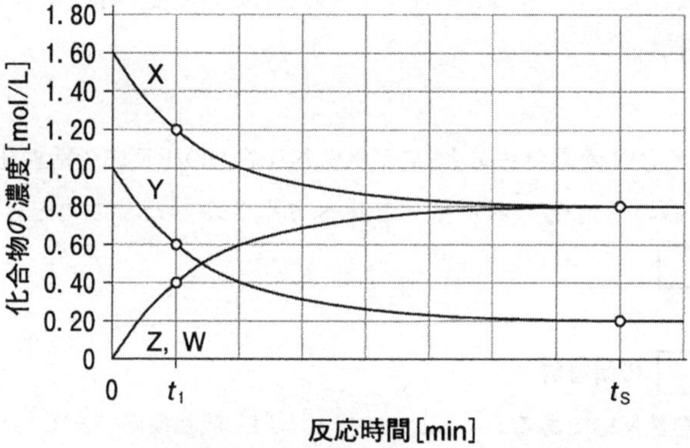


**図1　各化合物の濃度の変化**

図1の結果から，$x = 1$とすると，$y =$ ⑤，$z =$ ⑥，$w =$ ⑦ となる。
この反応の平衡定数は $K =$ (ウ) と表される。

(ウ) **の解答群**

0 $k_1k_2$　　1 $k_2/k_1$　　2 $k_1/k_2$　　3 $k_1 + k_2$
4 $k_1 - k_2$　　5 $k_2 - k_1$

図1からこの温度における平衡定数は $K =$ ⑧⑨.⑩ と求められる。
（↑小数点）

図1の時間 $t_1$ における正反応の速度 $v_1$ は逆反応の速度 $v_2$ の ⑪ ⑫ 倍である。

(3)　(1)の反応が平衡状態に達した段階(図1の反応時間 $t_S$ 以降)で，化合物XとYのみを瞬間的かつ完全に取り除いた。その後反応が再び平衡に到達したときのXの濃度は

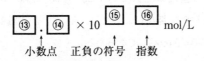

⑬ . ⑭ × 10^{⑮ ⑯} mol/L
(小数点　正負の符号　指数)

となった。ただし，本操作の前後で反応混合物の温度，体積は全く変化しないものとする。

(4)　気体XとYから気体ZとWが生成される(1)の正反応の活性化エネルギーが逆反応の活性化エネルギーと比べて小さかった。このとき，正反応は (エ) 。

(エ) の解答群

0　発熱反応である　　1　吸熱反応である
2　発熱反応でも吸熱反応でもない

正反応を速くするため(1)の反応混合物中に触媒を加えると，正反応の活性化エネルギーは触媒を加えていないときに比べて (オ) 。また反応熱は (カ) 。逆反応の活性化エネルギーは触媒を加えると触媒を加えていないときに比べて (キ) 。

(オ) ～ (キ) の解答群

0　大きくなる　　1　小さくなる　　2　変化しない

(5)　ある条件における反応時間と化合物Zの濃度との関係を**図2**に実線(—)で示す。

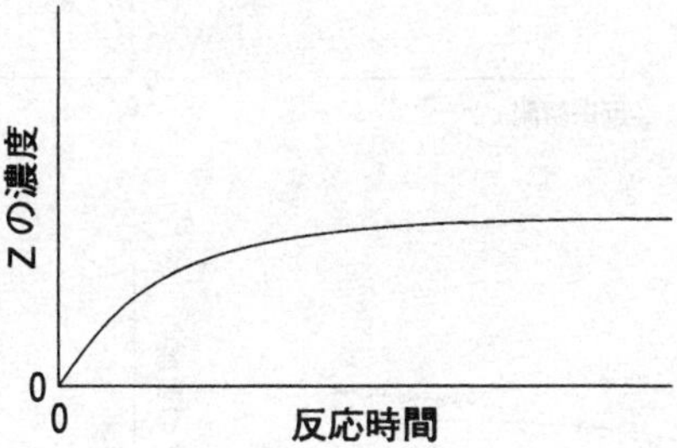


**図2**　化合物Zの濃度の変化

この反応条件を以下のように変化させたとき，反応時間と予想される化合物Zの濃度との関係を破線(---)で示すと

一定圧力下，温度を上げると [(ク)] のようになる。
一定圧力下，温度を下げると [(ケ)] のようになる。
一定温度，一定圧力下，触媒を加えると [(コ)] のようになる。ただし，触媒自身の体積による影響は無視できるものとする。
温度，体積を一定に保ち，不活性気体Pを加えると [(サ)] のようになる。

**[(ク)] ～ [(サ)] の解答群**

0
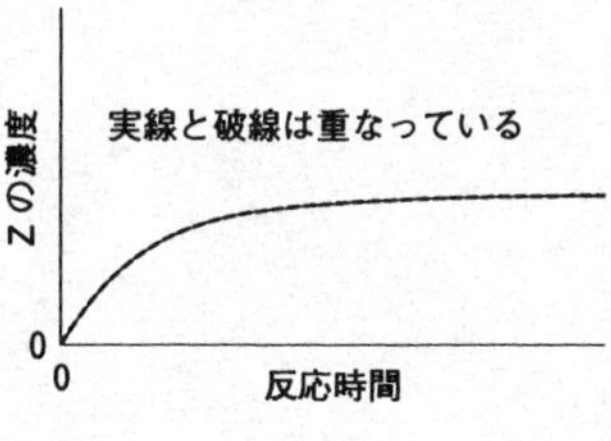


1
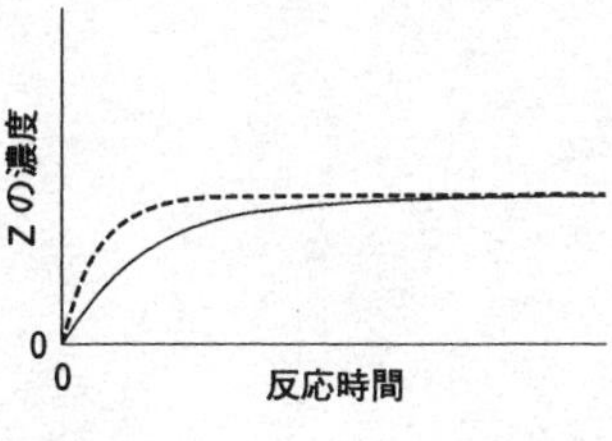

2

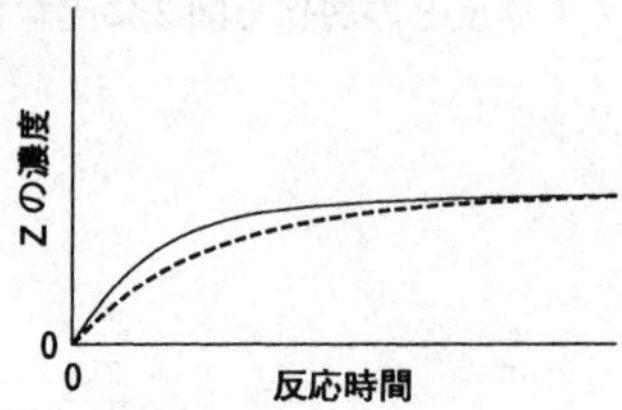
Zの濃度
0
0
反応時間

3

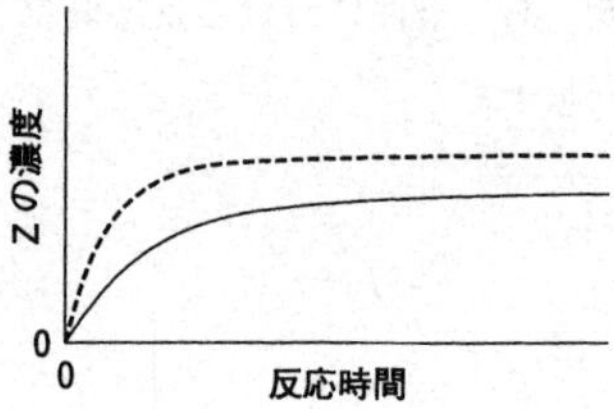
Zの濃度
0
0
反応時間

4

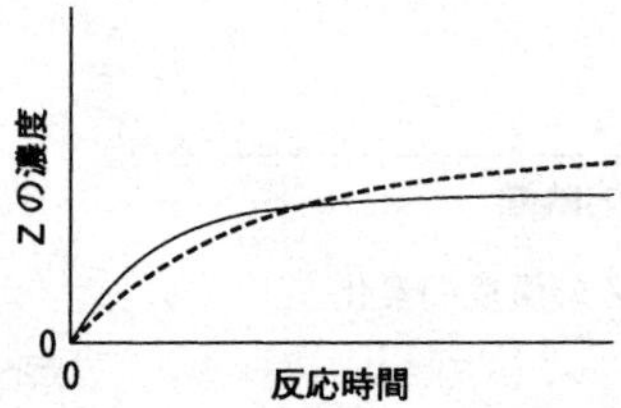
Zの濃度
0
0
反応時間

5

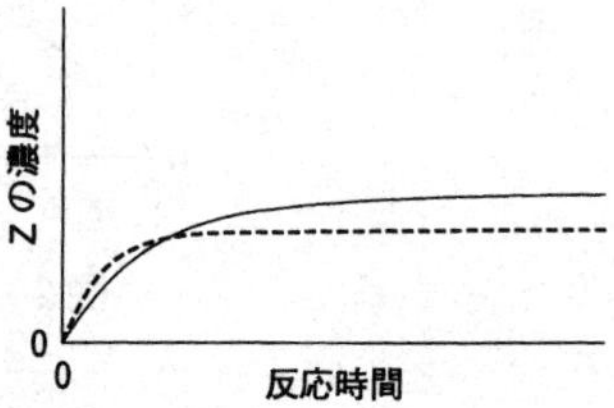
Zの濃度
0
0
反応時間

6

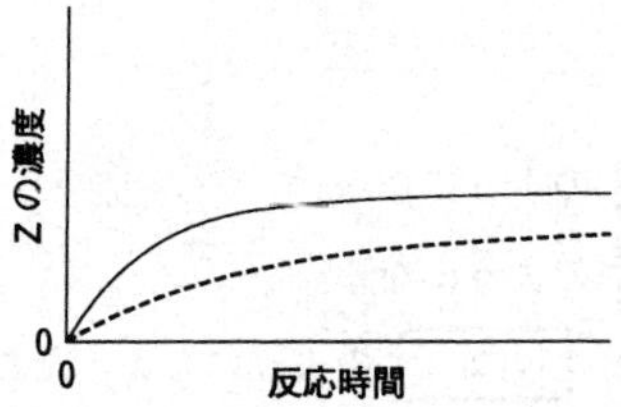
Zの濃度
0
0
反応時間

**2**　次の文章中の空欄 (ア) ～ (ソ) にあてはまる最も適当なものを指定された**解答群**の中から選び，その番号を**解答用マークシート**の指定された欄にマークしなさい。必要ならば，同一番号を繰り返し用いてよい。また，空欄 ① ～ ⑦ にあてはまる数字を**解答用マークシート**の指定された欄にマークしなさい。数値は四捨五入し，**指示された桁まで**マークしなさい。ただし，必要のない桁には0をマークしなさい。　(25点)

(1)　酸化物には，両性酸化物，塩基性酸化物，酸性酸化物があるが， (ア) は両性酸化物であり， (イ) は水溶液が強塩基性となる塩基性酸化物である。

塩素のオキソ酸($HClO$，$HClO_2$，$HClO_3$，$HClO_4$)のうち，同じモル濃度の水溶液としたときに最も酸性が弱いのは (ウ) である。$Cl_2O_7$ が水と反応したときに生じるオキソ酸は (エ) であり，このオキソ酸分子中の塩素原子の酸化数は (オ) である。

**(ア) および (イ) の解答群**

0　$P_4O_{10}$　　1　$Na_2O$　　2　$MgO$　　3　$SO_3$　　4　$Al_2O_3$

**(ウ) および (エ) の解答群**

0　$HClO$　　1　$HClO_2$　　2　$HClO_3$　　3　$HClO_4$

**(オ) の解答群**

0　−9　　1　−7　　2　−5　　3　−3
4　−1　　5　0　　6　+1　　7　+3
8　+5　　9　+7　　10　+9

(2)　硝酸を製造するための工業的製法として下記の化学反応を利用したものがある。この硝酸の工業的製法の名称を (カ) という。この製法では，これら各段階の反応が完全に進行したと仮定すると，25.5 kg のアンモニアから

[①⋮②] kgの硝酸が得られる。

$$4NH_3 + 5O_2 \xrightarrow{\text{Pt触媒}} 4NO + 6H_2O$$

$$2NO + O_2 \longrightarrow 2NO_2$$

$$3NO_2 + H_2O \longrightarrow 2HNO_3 + NO$$

一方，炭酸ナトリウムの製造では，塩化ナトリウム飽和水溶液にアンモニアを吸収させた後，二酸化炭素を吹き込み，炭酸水素ナトリウムを生成させ，この炭酸水素ナトリウムの沈殿を熱分解して炭酸ナトリウムを生成させる。この炭酸ナトリウムの工業的製法の名称を [(キ)] という。この製法において，各段階の反応が完全に進行し，原料の塩化ナトリウムが全て炭酸ナトリウムに変化すると仮定すると，塩化ナトリウム23.4 kgから炭酸ナトリウム無水物が [③⋮④] kg生成する。

**[(カ)] および [(キ)] の解答群**

**0**　オストワルト法　　**1**　ハーバー・ボッシュ法

**2**　ソルベー法　　**3**　テルミット法

(3)　水酸化アルミニウムと水酸化亜鉛は [(ク)] である。水酸化アルミニウムは [(ケ)] に溶解せず，水酸化亜鉛は [(ケ)] に溶解する。このとき生成した亜鉛の錯イオンの配位数は [⑤] であり，その形状は [(コ)] である。

また$Cu^{2+}$を含む水溶液に少量のアンモニア水を加えると水酸化銅(Ⅱ)の沈殿が生じるが，これに過剰のアンモニア水を加えると溶解する。このとき生成した錯イオンの配位数は [⑥] であり，その形状は [(サ)] である。

一方，酸化銀$Ag_2O$に過剰のアンモニア水を加えると，無色の溶液となる。このとき生成した錯イオンの配位数は [⑦] であり，その形状は [(シ)] である。

$Pb^{2+}$を含む無色水溶液に$OH^-$，$Cl^-$，$SO_4{}^{2-}$，$S^{2-}$，$CrO_4{}^{2-}$の5種類のイオンをそれぞれ加えた場合，黒色沈殿が生じるイオンは [(ス)] であり，黄色沈殿が生じるイオンは [ (セ) ] である。また，少量加えた際には白色沈殿を生じるが，過剰に加えると無色になって溶解するイオンは [ (ソ) ] である。

[ (ク) ] の解答群

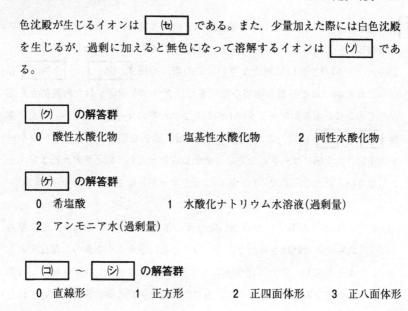

0 酸性水酸化物　　1 塩基性水酸化物　　2 両性水酸化物

[ (ケ) ] の解答群

0 希塩酸　　1 水酸化ナトリウム水溶液(過剰量)

2 アンモニア水(過剰量)

[ (コ) ] ～ [ (シ) ] の解答群

0 直線形　　1 正方形　　2 正四面体形　　3 正八面体形

[ (ス) ] ～ [ (ソ) ] の解答群

0 $OH^-$　　1 $Cl^-$　　2 $SO_4^{2-}$　　3 $S^{2-}$　　4 $CrO_4^{2-}$

**3** 化合物A～Dはいずれも分子量120以下の芳香族炭化水素である。これらの化合物について，以下に示す[実験Ⅰ]～[実験Ⅴ]を行った。これらの文章をよく読み，(1)～(10)の各設問に答えなさい。この際，空欄 (ア) ～ (キ) には，これにあてはまる最も適当な語句またはグラフを指定された**解答群**から選び，その番号を**解答用マークシート**の指定された欄にマークしなさい。また，空欄 ① ～ ⑯ には，これにあてはまる最も適当な数字を**解答用マークシート**の指定された欄にマークしなさい。数値は四捨五入し，**指示された桁までマークしなさい**。ただし，必要のない桁には**0**をマークしなさい。　(25点)

[実験Ⅰ]　化合物AおよびBを50.0mgずつ量り取り，それぞれを十分な酸素の存在下で燃焼させたところ，以下の表に示すような量の二酸化炭素と水を生じた。また，化合物CおよびDを75.0mgずつ量り取り，同様な燃焼実験を行ったところ，生じた二酸化炭素と水の質量比はいずれも化合物Bと同じであった。

| 化合物 | 生じた二酸化炭素の質量 | 生じた水の質量 |
|---|---|---|
| A | 169.2mg | 34.6mg |
| B | 166.0mg | 42.5mg |

[実験Ⅱ]　化合物A～Dのそれぞれに過マンガン酸カリウムを作用させる条件下で酸化反応を行ったところ，以下の表に示すような実験結果を与えた。

| 化合物 | 実験結果 |
|---|---|
| A | 反応しなかった |
| B | カルボン酸Eを生じた |
| C | カルボン酸Fを生じた |
| D | カルボン酸Gを生じた |

［実験Ⅲ］［実験Ⅱ］で得られたカルボン酸E～Gをそれぞれ加熱したところ，以下の表に示すような実験結果を与えた。

| カルボン酸 | 実験結果 |
|---|---|
| E | 反応しなかった |
| F | 反応しなかった |
| G | 同じ物質量の化合物Hと水を生じた |

［実験Ⅳ］ カルボン酸Eに硫酸の存在下で過剰量のメタノールを作用させて加熱したところ，分子量が11.5％増加した化合物Iが水とともに生じた。

［実験Ⅴ］ カルボン酸Eの水溶液50.0 mLを調製し，これを0.100 mol/Lの水酸化ナトリウム水溶液を用いて滴定したところ，10.0 mLを滴下したところで中和点に達した。

(1) 化合物Aの分子式はC［①②］H［③④］である。

(2) 化合物Bの分子式はC［⑤⑥］H［⑦⑧］である。

(3) カルボン酸Fとカルボン酸Gとは互いに［(ア)］の関係にある。

［(ア)］の解答群

0 鏡像異性体　1 構造異性体　2 立体異性体　3 幾何異性体

(4) カルボン酸Fと同じ分子式をもち，水酸基とアルデヒド基がベンゼン環上の隣り合う炭素原子上に結合した構造をもつ3置換ベンゼンは合計［⑨⑩］種類である。

(5)　化合物Hは［ (イ) ］を［ (ウ) ］を用いて酸化することによっても得ることができる。

**［ (イ) ］の解答群**

0　トルエン　　1　フェノール　　2　ナフタレン　　3　スチレン

**［ (ウ) ］の解答群**

0　酸化バナジウム(V)　　1　二クロム酸カリウム

2　過酸化水素　　3　酸化マンガン(Ⅳ)

(6)　化合物Bから[実験Ⅱ]および[実験Ⅳ]を経て，同じ物質量の化合物Ｉが生じると仮定したとき，70.0 mg の化合物Bから得られる化合物Ｉの質量は［ ⑪ ⑫ ］.［ ⑬ ］mg である。

↑
小数点

(7)　[実験V]の滴定を行った際に得られる滴定曲線の形状として最もふさわしいものは，［ (エ) ］である。

**［ (エ) ］の解答群**

0

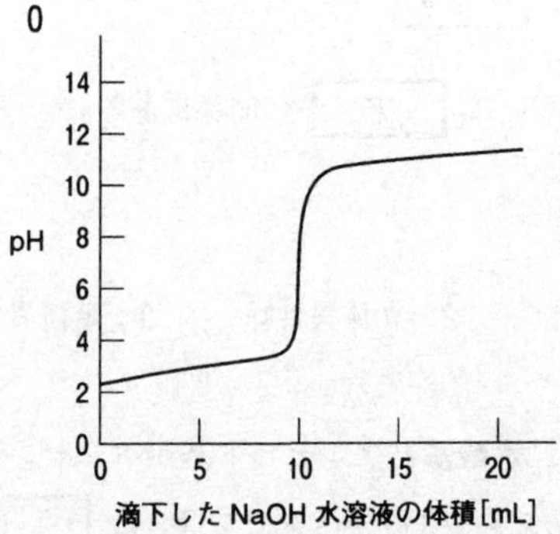


1

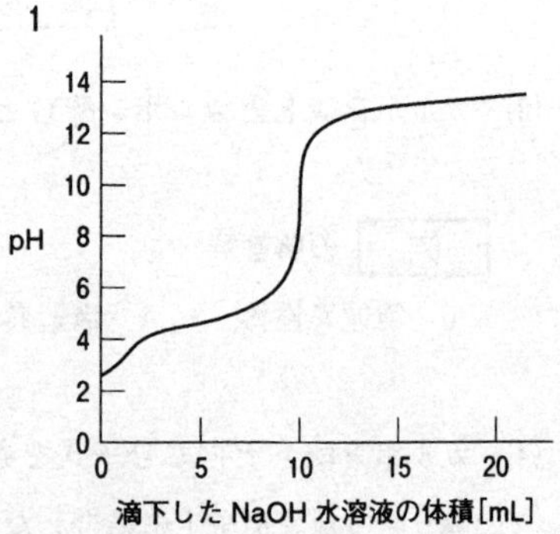

2

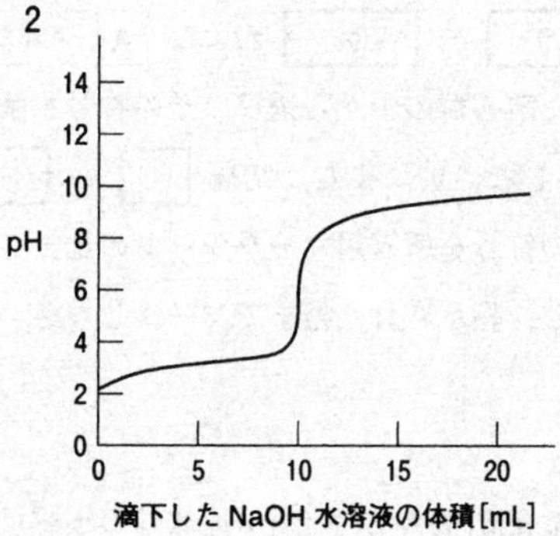


3

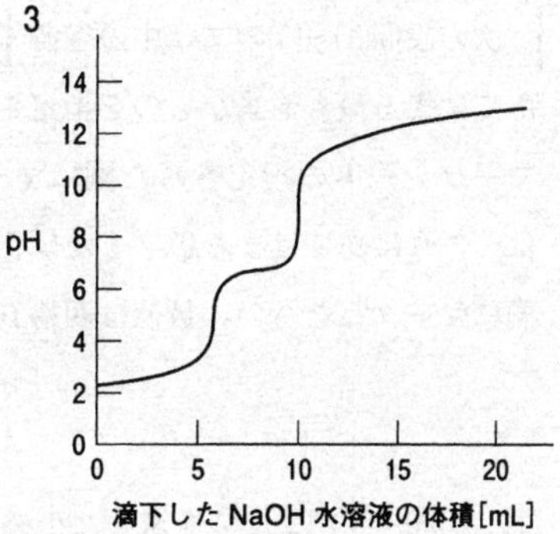


(8) [実験V]の滴定を行う際に使用する指示薬として最も適当なものは，(オ)である。

(オ) の解答群

0 メチルレッド　　1 メチルオレンジ

2 フェノールフタレイン　　3 ブロモチモールブルー

(9) カルボン酸Fとエチレングリコールとを縮合重合させると，(カ)の1つであり，(キ)の製造原料となる高分子化合物Jを与える。

(カ) および (キ) の解答群

0 熱可塑性樹脂　　1 熱硬化性樹脂　　2 生分解性樹脂

3 イオン交換樹脂　　4 導電性樹脂　　5 プラスチックレンズ

6 炭素繊維　　7 ペットボトル　　8 接着剤

(10) 高分子化合物Jの平均分子量を測定したところ，$2.50 \times 10^5$であった。このとき，高分子化合物Jの平均重合度は ⑭ . ⑮ $\times 10^{⑯}$ である。

（. は小数点，⑯ は指数）

**4** 次の設問(1)〜(3)の文章中の空欄 (ア) 〜 (ケ) および A 〜 E にあてはまる最も適当なものを指定された**解答群**の中から選び，その番号を**解答用マークシート**の指定された欄にマークしなさい。また，空欄 ① 〜 ⑤ には，これにあてはまる数字または正負の符号を**解答用マークシート**の指定された欄にマークしなさい。数値は四捨五入し，**指示された桁まで**マークしなさい。

(25点)

(1) 2020年の12月に帰還した小惑星探査機「はやぶさ2」が地球外の小惑星より採取したサンプルの中に複数種類のアミノ酸が発見され，地球の生命の起源を解明する上で重要な手がかりになると期待されている。アミノ酸とは，分子中にアミノ基およびカルボキシ基をもつ化合物であり，ヒトの身体を構成するタンパク質を加水分解することで得られるアミノ酸では，これら2つの官能基が同一の炭素原子に結合している。このようなアミノ酸は (ア) と呼ばれ，生体中には約 (イ) 種類が存在する。タンパク質には，加水分解するとアミノ酸だけを生じる (ウ) とアミノ酸以外の物質を同時に生じる (エ) がある。血液中の (オ) は (ウ) の一例である。一方，(エ) には，だ液中の粘液の主成分である (カ) のようにアミノ酸の他に (キ) を含むものや，血液中の (ク) のようにアミノ酸の他に (ケ) を含むものなどがある。

(ア) 〜 (ケ) **の解答群**

| | | |
|---|---|---|
| 00 単純タンパク質 | 01 変性タンパク質 | 02 複合タンパク質 |
| 03 核タンパク質 | 04 コロイドタンパク質 | 05 アミラーゼ |
| 06 アルブミン | 07 カゼイン | 08 ヘモグロビン |
| 09 ムチン | 10 $\alpha$-アミノ酸 | 11 $\beta$-アミノ酸 |
| 12 必須アミノ酸 | 13 金属元素 | 14 核　酸 |
| 15 糖　類 | 16 リン酸 | 17 10 |
| 18 20 | 19 30 | 20 40 |
| 21 50 | | |

(2) あるタンパク質を部分的に加水分解したところペプチドXを生じた。このペプチドXは5個のアミノ酸A～Eが $H_2N$-[A]-[B]-[C]-[D]-[E]-COOH のようにつながった直鎖状ペプチドであった。ペプチドXおよびこれを構成するアミノ酸の性質について調べたところ，以下の[性質1]～[性質5]に示すような結果が得られた。

[性質1]　アミノ酸Aのアミノ基をヒドロキシ基に置換したところ，乳酸が得られた。

[性質2]　ペプチドXを酵素トリプシンで加水分解したところ，1種類のテトラペプチドと1種類のアミノ酸を生じた。なお，トリプシンは塩基性アミノ酸のカルボキシ基が形成するペプチド結合を切断する性質をもつ。また，この操作で得られたアミノ酸は中性の緩衝液に浸したろ紙上で電気泳動すると陽極側へ移動した。

[性質3]　ペプチドXを酵素キモトリプシンで加水分解したところ，ペプチドYとペプチドZを生じた。なお，キモトリプシンは芳香族アミノ酸のカルボキシ基が形成するペプチド結合を切断する性質をもつ。

[性質4]　ペプチドYおよびペプチドZの水溶液に硝酸を加えて加熱し，冷却後にアンモニア水を加えて塩基性にしたところ，ペプチドYだけが橙黄色を呈した。

[性質5]　ペプチドYおよびペプチドZの水溶液に水酸化ナトリウムを加えて加熱した後，酢酸鉛(Ⅱ)水溶液を加えたところ，ペプチドZだけが黒色沈殿を生じた。

これらの結果から，アミノ酸A～Eとして最もふさわしいものを以下に示す**解答群**から選びなさい。

**A ～ E の解答群**

0　$\mathrm{HOOC-CH_2-\underset{\displaystyle NH_2}{CH}-COOH}$

1
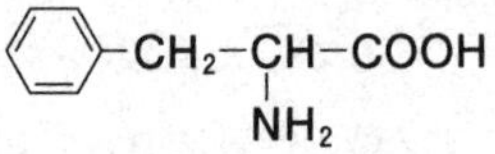

2　$\mathrm{H_2N-(CH_2)_4-\underset{\displaystyle NH_2}{CH}-COOH}$

3　$\mathrm{H-\underset{\displaystyle NH_2}{CH}-COOH}$

4　$\mathrm{HS-CH_2-\underset{\displaystyle NH_2}{CH}-COOH}$

5　$\mathrm{CH_3-\underset{\displaystyle NH_2}{CH}-COOH}$

(3)　(2)で示したペプチド **X** 中に含まれるアミノ酸 **B** の水溶液を調製した。この水溶液中には，陽イオン $B^+$，双性イオン $B^\pm$，陰イオン $B^-$ の３種類のイオンが存在し，これらのイオンは下式で示されるような化学平衡の関係にあることがわかった。

$$B^+ \rightleftarrows B^\pm + H^+ \quad \text{電離定数 } K_1$$
$$B^\pm \rightleftarrows B^- + H^+ \quad \text{電離定数 } K_2$$
$$K_1 = 1.0 \times 10^{-2.2}\ \mathrm{mol/L},\ K_2 = 1.0 \times 10^{-9.4}\ \mathrm{mol/L}$$

$[B^+] = [B^-]$となったとき，水溶液中の電荷の総和は０となる。
この際の水溶液の pH を求めると ① . ② となる。
（↑小数点）

また，**B** の水溶液の pH が 8.0 となったとき，この水溶液中に存在する$[B^+]$と$[B^-]$の比を求めると，

$$\frac{[B^-]}{[B^+]} = 1.0 \times 10^{\boxed{③}\ \boxed{④}\,.\,\boxed{⑤}}$$
（③↑正負の符号　④と⑤の間↑小数点）

となる。

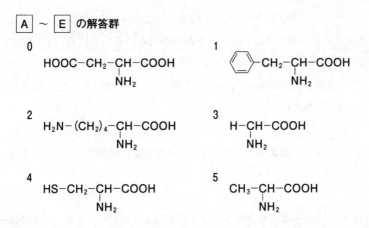

# 解答編

## 英語

（注）　解答は，東京理科大学から提供のあった情報を掲載しています。



**1**　**解答**　(1)—4　(2)—1　(3)—2　(4)—3　(5)—4　(6)—4
(7)—3　(8)—1　(9)—2　(10)—1　(11)—2　(12)—1
(13)—3　(14)—2　(15) 1—W　2—R　3—W　4—W　5—W
(16)—4　(17)—1　(18)—4　(19)—2　(20)—3　(21)—4・6　(22)—B
(23) 1—N　2—Y　3—Y　4—N

◆全　訳◆

≪インスピレーションを与える本当の力とは≫

［1］　初めに確認しておこう。講演を見る際に経験できるもっともすごいことの1つはインスピレーションである，と。講演者の働きと言葉が心を動かし，広い意味での可能性や興奮が満たされる。自分の殻を抜け出してよりよい人間になりたい気持ちになる。TEDの成長と成功は，その講演の多くが深いインスピレーションを与える性質を持つことで高まった。実際，私がそもそもTEDに引き付けられた理由もその性質である。インスピレーションの持つ力を私は信じている。

［2］　けれどもその力は，非常に注意して扱わなければならないものなのだ。

［3］　ある優れた講演者が話を終えて，人々全員が立ち上がって拍手をすると，その場にいる全員にとって鳥肌が立つ瞬間になる。聴衆は聞いた内容に興奮し，そして話し手にとっても，それほど力強く認められたことにより，言葉にできないほどの満足感が与えられる（私たちがこれまでTEDで感じたいっそう気まずい瞬間の1つは，話し手が中途半端な拍手の中ステージを去り，舞台裏で友人に「誰も立ってくれなかった！」とさ

さやいたときであった。無理からぬコメントである。彼女のマイクのスイッチが入ったままになっていて，皆にその苦痛の声が聞こえてしまったことは，ただただ不運であった)。

［4］　認めようが認めまいが，多くの講演者は，ステージを立ち去るとき拍手喝采され，自身のインスピレーションを与える能力が優れていたことを証明するツイートであふれたスクリーンが現れることを夢見ている。そしてそこに罠が潜んでいる。スタンディングオベーションという強烈な魅力によって，野心的な話し手はよくないことをしてしまう可能性がある。彼らはインスピレーションに富む話し手が行う講演を見て，彼らを真似ようとするかもしれない——けれども形式だけを真似るのだ。その結果は恐ろしいものになりうる。聴衆を知的および感情的に操ろうと，ありとあらゆる策を無慈悲に探し求めることになる。

［5］　これに関して2，3年前，TEDにおいて動揺させるような出来事があった（親切心からいくつか詳細には手を加えたが)。40代のある米国人男性がTEDの熱烈なファンになって，私たちのもとに説得力に富んだオーディション映像を送りつけ，自身の講演をさせるように求めてきた。彼の講演の前提は，その年に私たちが焦点を当てていたテーマにぴったり当てはまっていたし，十分な推薦を受けたので，彼にチャンスを与えようと決めた。

［6］　彼の講演の最初の時間帯は頼もしいものだった。大物たる個性を持っていた。彼は聴衆に笑顔を見せた。愉快な冒頭のあいさつをして，巧みな映像を見せ，驚くべき視覚装置を用いた。まるで，彼はTED講演すべてを詳細に研究して，それぞれの最高の部分を自分自身の講演に取り入れているかのようであった。私は座って彼の講演を見ながら，私たちは巨大なヒット作を手に入れたのではないかと期待していた。

［7］　けれどもそれから，少し心配になり始めた。何か違うものがあった。彼はステージに立つのを楽しんでいた。ちょっとばかり楽しみすぎていた。彼は聴衆の拍手や笑いを期待して待ち続け，それを得ると立ち止まって「ありがとう」と言い，わずかであるがそこからさらに多くの拍手や笑いを引きだそうとしたのだ。彼は，楽しませることを狙ったアドリブのコメントを差し挟み始めた。それらが彼を楽しませていたことは明白だったが，聴衆はそれほど楽しんでいなかった。さらに，最もよくなかったのは，そ

の講演で約束されたはずの論点にたどり着かなかったことである。彼は，ある重要なアイデアが事実であることを示そうと取り組んできたと主張した。けれども，彼が訴えた事例は，全くもって風変わりな逸話であった。彼はある画像を，自分の主張を裏付けていると見えるようにフォトショップというアプリで加工さえもしている時があった。さらに，彼は夢中になってスポットライトに浸っていたことで，かなり時間をオーバーしていたのだ。

［8］　終わり近くになって，彼は聴衆に，絶対に彼の知恵を選んで受け入れる力が人々にはあると言い始め，夢やインスピレーションについて語り，両腕を聴衆に向けて大きく広げて講演を終えた。その講演が彼にとって大きな意味を持っていることが明らかであったため，聴衆の一部は実際に立ち上がって拍手をした。私はどうか？　胸がむかむかしていた。これは，私たちがこれまでとても苦労して取り除こうとしていた，TEDで使い古された陳腐な決まり文句であったのだ。表現方法だけで，中身がほとんどない。

［9］　このような講演に関する問題は，単に実際よりもよく見えるということだけではない。この分野全体の評価を貶めるということである。このような講演のせいで，本当に感激させるような話し手が現れた時に聴衆の心が開かれにくくなるのだ。それなのに，聴衆の尊拝という麻薬に引き付けられて，こうした道を歩もうとしている話し手がどんどん増えているのである。

［10］　どうかこうした連中の1人にならないで欲しい。

［11］　インスピレーションについて重要なことがある。それは努力によって得られるものだということだ。誰かがインスピレーションを与えるのは，あなたのことを大きな目で見て彼らの夢を信じることを心で感じ取るように求めるからではない。彼らが興奮するに値するだけの夢を実際に持っているからである。そしてそうした夢は軽々しく得られるものではない。血と汗と涙の末に得られるのだ。

［12］　もしあなたが近道をして，純粋にそのカリスマ性で人々の心を勝ち取ろうとしたら，少しの間は成功を収めるかもしれないが，すぐに正体を見破られてしまい，聴衆も離れてしまうだろう。上に挙げた例においても，一部の人はスタンディングオベーションをしたにもかかわらず，講演後の

私たちの調査で，その講演者は聴衆からひどい評価を受けたし，私たちがその講演を投稿することもなかった。人々は操られていると感じていた。そして実際操られていたのだ。

[13]　もしあなたが，ステージを大股で歩いて自らの才能を示しながら聴衆を熱狂させるロックスターのような講演者になりたいという夢を抱いているなら，再考して欲しい。そんな夢を見ないで欲しい。今の自分よりはるかに大きな存在になることを夢見て欲しい。価値ある何かを達成するまで，外に出てその夢に取り組み続けて欲しい。そしてそれから，謙虚な気持ちで戻って来て，学んだ内容を伝えて欲しい。

[14]　インスピレーションを演じることはできない。インスピレーションとは，信頼性や勇敢さ，私利私欲のない仕事，偽りのない英知に対する聴衆の反応なのだ。そうした特性を講演に取り入れなさい。そうすれば，実際起きることに驚くことになるだろう。

◀解　説▶

(1) fuel は名詞では「燃料」だが，動詞では「燃料を与える」，つまり「助長する，焚きつける」という意味になる。ここでは「TED の成長と成功が深いインスピレーションを与える性質によって高まった」という意味になるため，4の feed「食料を与える，豊かにする」の過去分詞 fed が適切。1．occupy「占有する」，2．discourage「やる気をなくさせる」，3．alert「警報を出す」の過去分詞では意味が大きく異なる。

(2) draw は「描く」という意味のみならず「引く」という意味がある。drawer といえば「引き出し」の意味になる。したがって be drawn to～は「～に引き付けられる」という意味であり，1．「～に魅了された」が適切。他の選択肢の意味は，2．「～に招かれる」，3．「～にうんざりする」，4．「～に基づく」。

(3)下線部の直後もあわせて読めば，「私たちがこれまで TED で感じたいっそう気まずい瞬間」であるので，講演者視点ではなく聴衆や運営者側の目線で考える。すると，3の「講演者の発表に誰もスタンディングオベーションをしなかった」ということではなく，それに関する講演者の発言がマイクに拾われて，「手違いにより，講演者が不平を訴えているのを聴衆が聞いてしまった」ということであろう。したがって2が適切。1．「講演者がステージにマイクを置き忘れてしまった」，4．「講演者の声が小さすぎてマイクがその音を拾わなかった」では合わない。

(4)下線部の前後を考えて，それぞれの選択肢を入れてみればよい。講演者が夢見る内容として「自身のインスピレーションを与える能力が優れていたことを（　　）ツイートであふれたスクリーンが現れること」とある。したがって，3.「保留している」が一番意味をなさない。1.「証拠となる」，2.「断言している」，4.「証明している」はいずれも文意を満たす。

(5)野心的な講演者が過ちを冒す理由は，第4段の最後の2文（They may look … manipulate the audience.）にあるように，インスピレーションに富む講演者の形だけを真似する点にある。したがって，4.「彼らはよい講演の表現方法に似せようとだけしている」ことが答えになる。1.「聴衆の扱い方が堅苦しいものになりがちだ」，2.「表現が気まぐれになりがちだ」，3.「他の著名な講演者の話題のみを真似しようとする」はいずれも合わない。なお，4のstyleに関しては第8段最終文（All style, very …）にも批判の対象として挙げられていることにも気がつくとよい。また，1のformalを「型にはまった，うわべだけの」と読むと正解になるように思われるが，通常formalという語が話し方や行動において用いられると「形式ばった，堅苦しい」という意味になるので適切とは言えない。

(6) compellingは「説得力のある，魅力的な」という意味の形容詞であり，4の「説得力のある」が答えだが，前後の内容からも類推可能である。米国人男性が“compelling”な動画を送ってきて，テーマが合致しており十分な推薦を受けたのであるから，「評価の高い」動画である必要がある。1.「選択の」，2.「自発的な」，3.「任意の」では意味が通らない。

(7) beam at ～で「～に笑顔を見せる」の意。40代の米国人男性の講演における頼もしい出だしの部分であるから，内容より類推することもできる。1.「～を怒鳴りつける」，2.「～に指をさす」，4.「～に固執する」では内容に合わない。

(8) 40代米国人男性の講演がすばらしいスタートを切り，その表現手法から筆者自身も巨大なヒット作を手に入れたと思ったという第6段の趣旨から，1.「講演者は，素晴らしい発表を行うと口頭で約束した」のverbal promiseの部分が誤りとなる。2.「講演は好意的な雰囲気で始まった」，3.「著者はこの講演が成功すると思った」，4.「講演者はその講演をうまく計画していたように思われた」は，いずれも本段の趣旨に合致する。

(9) queasy「心配な，むかつく」の意味を知らなくても前後の内容から解ける。第6段の頼もしい出だしという内容を，第7段はButで受けて「何か違うものがあった」と続く。感情としてはマイナスの内容である。したがって，プラスの意味の2．「満足した」が正解となる。1．「不安な」，3．「落ち着かない」，4．「落ち着かない」はすべて趣旨に合う。

(10)ステージ上の講演者が「楽しみすぎている」場面である。拍手や笑いを得たときに，話をやめて「ありがとう」と言って，milking it for moreをしている。milkを動詞で用いると「乳を搾る，搾り取る」という意味になることが想像できればよい。

*ex.*) She milked her father for all his savings.「彼女は父からすべての預金を搾り取った」

したがって，milking the audience for more applause or laughter「聴衆からさらに多くの拍手や笑いを引きだす（搾り取る）」という意味になると考えられ，1．「講演者は聴衆の反応に喜び，なんとかしてもっと反応を得ようとしていた」が正解となる。2．「講演者は聴衆の反応に満足せず，次の話へと素早く移ろうとした」，3．「聴衆の残念な反応により講演者は喉が渇き，飲み物があればよいのにと願った」，4．「聴衆の反応に気まずくなり，講演者は動きを止めて，冷静に気分を変えた」はいずれも内容に合わない。

(11)下線部直前の第7段第6文（He started inserting …）より，彼を楽しませたtheyとは複数形の名詞であるad-libbed commentsを指すことは明らかであるから，正解は2となる。内容からしても「楽しませることを狙ったアドリブのコメントが実際に彼を楽しませた」ことになって意味が通る。

(12)アドリブのコメントは彼自身を楽しませたが，othersをそれほど楽しませなかったと読めばよい。ここでいうothersとは「他人」つまり「聴衆」であるから，正解は1である。

(13) whimsyは「奇抜な行動，斬新さ」という意味。「講演者がtruthであることを示そうと取り組んだと主張した」という内容を受けてButで始まる英文であるから，truthとは反対の意味のwhimsy and anecdoteという語句で批判していることになる。したがって，1．「非現実的なアイデア」，2．「奇妙な思想」，4．「馬鹿げた意見」はいずれも当てはまるため，正解は3の「正しい見方」になる。

⒁下線部の適切な言い換えを検討する問題。getting carried away「心が奪われる，我を忘れる」，soak up「どっぷり浸かる」，running way overtime「かなり時間をオーバーする」の意味。この段落を通じて，講演者が聴衆をないがしろにして自分ばかりが楽しんでいるという内容であるし，running way overtime「かなり時間がオーバーして」という部分から，2.「彼はステージにいることに興奮するあまり，決められた時間を守れなかった」が正解。1.「決められた時間は短すぎて彼の講演内容では足りなかった」と，4.「時間が過ぎてもなお，聴衆は彼にステージ上にいてもらいたいと思った」は内容と合わない。3.「長すぎる講演ゆえに彼はステージから降ろされた」は，carried away を誤訳しているため不適。

⒂与えられた文の説明が正しければR，誤っていればWをマークする設問である。

1.「その講演はその講演者にとって特別なものではなかった」
第8段第2文（Because it was …）より，その講演が彼にとって大きな意味を持っていたとわかるため，誤りである。

2.「聴衆の一部は彼の話した内容に理解を示した」
第8段第2文（Because it was …）より，一部の聴衆は実際に立ち上がって拍手をしているため，一致する。

3.「著者は，講演の終わりのほうが出だしよりよいと考えた」
第6段で出だしはよかった旨が述べられているが，第7段で違和感を覚え，第8段第3文以降（Me? …）では講演者を批判しているから，誤りである。

4.「著者は，講演の直後に病に倒れた」
I felt sick to my stomach. という文は，「胸がむかむかする」という比喩にすぎず，実際に体調不良になったわけではないから，誤りである。

5.「講演者はすぐに再度 TED での講演に招待されるだろう」
第8段の最後の2文（This was the … very little substance.）より，この講演を TED から排除しようとしていた内容だと批判しているため，誤りである。

⒃ flatter は「お世辞を言う」という意味であり，お世辞とは実際よりよ

いことを述べることであるから，「実際よりよく見える」という意味にもなる。したがって flatter to deceive も「実際よりよく見えて騙す」ということであるから，４．「実際よりもよく見える」が正解。１．「厳然と命じる」，２．「他人を過度に誉める」，３．「誤った情報に頼る」はいずれも合わない。

⒄下線部の直訳は「こうした（表現方法だけで中身のない）講演は，ジャンル全体に悪い名前を与える」であるが，これは「講演会というジャンル自体の評判を貶める」ということに他ならない。genre は日本語と同じで「ジャンル，類型，様式」という意味。したがって，１．「中身のない発表は，講演会全体の評判を害しうる」が正解。２．「退屈な講演者は TED の数多くの聴衆に否定的な影響を与える」は，本文で挙げられているのが「退屈な講演者」ではなく，表現は巧みだが中身がない講演者であるため不適。３．「発表における安っぽい芸当は，聴衆軽視の表れだ」と，４．「中身のない発表は必ずしも後に続く講演者に対するまずい前例になるというわけではない」は，いずれも本文の内容と合わない。

⒅ them は直前の文中の複数形の名詞である more and more speakers を指す。つまり「聴衆の尊拝という麻薬に引き付けられている講演者」のことであるから，４．「聴衆の尊拝のみを追求する講演者」が正解。１．「退屈な講演者を無視する聞き手」，２．「聴衆の悪口を言う講演者」，３．「講演者に心を開かない聞き手」はいずれも文の内容と合わない。

⒆下線部の And they were の後には manipulated が省略されており，「人々は操られていると感じていた。そして実際操られていたのだ」という意味になる。第12段では「カリスマ性だけで押し切ろうとしても途中で見抜かれて，聴衆は離れていく」という内容を，これまで描写してきた米国人男性の実例とあわせて示している。したがって，２．「聴衆の大半はその講演者によって騙されていたと思い，実際それは正しかった」が正解である。１．「騙されたと感じ，発表の最中に聴衆は講演者に対して公の抗議を行った」，３．「ほとんど拍手はなかったけれども，多くの聴衆は実際その講演を肯定的に受け取った」，４．「聴衆は，講演中に言及された事実を疑ったが，実際後になって誤りであるとわかった」は，いずれも本文の内容にそぐわない。

⒇「表現方法だけでは本当のインスピレーションは得られず，講演者は中

身を養い学ぶべきである」というこの文章全体の筆者の主張から，3.「インスピレーションを演じることはできない」を選ぶ。1.「インスピレーションは人を騙しうる」，2.「インスピレーションはもっぱら天才たちのためにある」，4.「インスピレーションは手に入れやすい」は，いずれも本文全体の趣旨と合わない。

(21)筆者はTEDという媒体を通じて，インスピレーションの持つ力の扱い方(2)について，表現方法だけで聴衆を魅了しようとする講演(3)ではうまくいかず講演は失敗に終わるだけで(5)，中身を養うことにこそインスピレーションの本質(1)があると論じている。したがって，4.「インスピレーションに富む講演者が苦手とするもの」，6.「TEDへのうまい申し込み方」は本文では論じられていない。

(22)「そうした夢は軽々しく来ない」とは「そうした夢は簡単に手に入らない」という意味であるから，ここでの夢（those dreams）とは筆者の考えるよい夢のことになる。AとCの直前に書かれる夢は「聴衆から拍手喝采を受ける講演者になる夢」であるから，表現方法ばかりを気にした講演者の夢であり不適である。したがってBが正解。Bの前には「本当に興奮すべき価値のある夢」とあるし，直後のThey come from … の部分にもうまく当てはまる。つまり「興奮するに値する夢は簡単に手に入らず，血と汗と涙によって手に入るのだ」という趣旨となる。

(23)プレゼンテーションの準備に対するアドバイスの内容が本文に即しているかどうかを判別する設問である。本文で推奨された内容であればY，そうでなければNをマークする。

1.「その講演が主に逸話から構成されているという事実を隠すため，聴衆から拍手を引きだそうとしなさい」 表現方法ではなく中身を養うべきという筆者の意見から外れるため，N。

2.「自分が興味を持っていること，話していることに没頭しなさい」 インスピレーションは努力によって得られるものだという筆者の考え方に合致するため，Y。

3.「高い目的意識を持ち，それらに没頭して，自身の経験を聴衆とわかち合いなさい」 夢を追求し，学んだ結果を聴衆と共有すべきという筆者の考え方に合致するため，Y。

4.「講演をさらに魅力的にするため，自身の努力と知恵を聴衆に大げさに表現しなさい」 表現方法に頼るのは筆者が否定する内容であるから，N。

**2** **解答** (1)―4 (2)―2 (3)―2 (4)―2
(5)(a)―5 (b)―6 (c)―3 (d)―1 (e)―4 (f)―2
(6)―4 (7)(a)―5 (b)―7 (c)―3 (d)―8

◆全 訳◆

≪宇宙空間ではレタスで骨量維持を≫

［1］ 無重力状態にある間，宇宙飛行士の骨密度は毎月平均して1～2％低下する可能性がある。国際宇宙ステーション（ISS）への短期的なミッションの間は，骨量の損失はそれほど深刻ではないかもしれない。しかしながら，月や火星，さらに遠方への長期的なミッションの間，宇宙旅行者は骨格を保つ方策が必要となるだろうが，それはサラダを食べることと同じくらい簡単であるかもしれない。

［2］ カリフォルニア大学デービス校の研究者チームが，骨形成刺激ホルモンを産生する遺伝子組み換えレタスを開発した。そのレタスは宇宙空間でも容易に育てることができ，宇宙飛行士の骨を強化する手助けとなるかもしれない。発表によれば，地球上でも資源が限られた地域において，骨粗しょう症のリスクを軽減する手助けにさえなるかもしれない。その研究から明らかになったことが，2022年春のアメリカ化学会の会合で発表された。

［3］「今まさにISSの宇宙飛行士は，骨量を維持しようと一定の運動療法計画を行っています」と，カリフォルニア大学デービス校の大学院生で化学技術者でもあるケヴィン=イエーツが発表の中で述べている。「けれども，彼らは通常，6か月を超えてISSにいるわけではないのです」

現在，骨量を回復するには，骨組成を刺激するために使われるヒト副甲状腺ホルモン（PTH）というペプチド断片を含む薬を注射する必要がある，とエレン=フィディアンがコスモス誌に報告している。その薬は毎日注射する必要があるため，骨の損失を補充するこの手法は長期的な宇宙ミッションにはふさわしくない。

［4］ したがって科学者は，宇宙空間でも生育可能な薬剤を含む遺伝子組み換え種のレタスを生産できるかどうか確かめようと決めた。研究者がレ

タスに焦点を置こうと決めたのは，その植物がISS内で数多く育てられてきたからである。さらなる長所として，その葉の多い野菜は，宇宙飛行士がフリーズドライや缶詰ではなく新鮮な野菜を食べる手段を与えてくれるのだ。

［5］「宇宙飛行士は，遺伝子が組み換えられた種子を持っていくことが可能である。その種子はとても小さくて，親指大の小ビンに2，3千の種子をいれておける。そして普通のレタスのように育てることができるのだ」と，その研究の共同研究者でありカリフォルニア大学デービス校の化学技術者のソメン=ナンディが発表で述べている。「宇宙飛行士は必要に応じてPTHのような調合薬を合成する植物を利用し，その植物を食べられるようになるかもしれない」

［6］ コスモス誌の報告によると，遺伝子組み換えレタスを作り出すために，そのチームは，人体が吸収しやすくなるような別のたんぱく質を含むPTHの別種の遺伝子配列を特定した。それから科学者はこの遺伝子を，アグロバクテリウム・ツメファシエンスと呼ばれる細菌を用いてレタスへと移植した。

そのレタスが生育した後，チームがそのホルモンについてその植物を検査すると，そのレタスは当該たんぱく質を1キログラム当たり10～12ミリグラム産生することがわかった。コスモス誌によると，宇宙飛行士がそのホルモンを十分摂るためには，1日380グラムつまり8カップ分のレタス，およそボウル山盛り1杯分のサラダと等しい量を摂る必要があるだろうとのことである。

［7］ 次に研究者らはそのホルモン量を改善し，投与しやすい手段を見つけ出し，ISS上での育て方を試すことを計画している。そのレタスは食べても安全であり，実際に骨の成長を刺激するということを確かめるためには，動物とヒトの臨床試験を受ける必要があるだろう。また，その野菜は味についての検査も未だなされていない。

それでもその研究は，宇宙空間で薬剤を育てることができる方法を示しているが，これは費用を削減し，放射線による損傷を回避することを可能にする。航行におよそ3年間かかりうる火星へのミッションになれば，再補給は困難であろう。たとえ事前に補給の投下が計画されている場合でも，数年に及ぶ放射線により薬剤が使えなくなるかもしれないとポピュラーサイエンス誌にレト=サプナーが報告している。

「もし，火星に宇宙飛行士を送り出す頃までに，調合薬や他の有益な化合物を産生するために植物が使用されていなければ，私は大変驚くでしょう」とイエーツは発表で述べている。

◀解　説▶

(1) 2つの空所の後には動詞の原形が続いていることに注意する。したがって，4のhelpしか入らない。help (to) *do*で「～する手助けとなる」の意。他の動詞はallow *doing*として「～するのを許す」のように動名詞を取るか，allow〔enable / force〕*A* to *do*として「*A*が～するのを許す〔可能にする／強制する〕」として用いるのがふつう。

(2) replenishの意味を前後の内容から類推させる設問である。下線部を含む文の前文（Restoring bone mass …）では「現在の宇宙飛行士は骨量を維持するため薬を注射する」ことが述べられているが，下線部を含む文（Because the medication …）では「骨の損失をreplenishするこのやり方は長期的な宇宙ミッションではふさわしくない」とある。つまりreplenishとは，2.「(損失した骨量を) 再び補充したり以前の状態へと戻したりすること」が一番当てはまる。1.「何か他の直接的結果として特定の行動をとる（＝react)」，3.「場所から場所，人から人へと移る（＝circulate)」，4.「何かを誰かに与えたり提供したりするのをやめる（＝withdraw)」はいずれも合わない。なお，replenishはre「再び」＋plenishにわけられ，plenishはplenty等と同じく「満たす」という意味に由来するため，多少は予想できるかもしれない。

(3)［4］ではレタスに焦点が当てられた理由が述べられている。1つは，宇宙でレタスの栽培が頻繁に行われてきたこと，もう1つは，宇宙飛行士が「新鮮な」野菜を食べられることである。空所前後のfreshとfreeze-dried and cannedが対立関係にあることからも，2のinstead of～「～ではなくて，～の代わりに」が適切。1. at the sight of～「～を見て」，3. in the event of～「～の場合には」，4. regardless of～「～は関係なく」はいずれも合わない。

(4)［7］は，遺伝子組み換えレタスの今後の課題について書かれている。産生ホルモン量を増やす計画や動物およびヒトの臨床試験といった課題が示されており，空所を含む文の末尾にeither「～もまた（…ない)」があることから，味わいについての試験も「未だになされていない」とするのが妥当である。2．haven't been が正解となる。

(5)語法面からすれば used の使い方が問題となる。(ア) He used to do it.「彼はよくそれをしたものだ」，(イ) He is used to doing it.「彼はそれをするのに慣れている」，(ウ) This is used to make it.「これはそれを作るために用いられる」のどのパターンかを考える。内容面からすれば「近い将来，遺伝子組み換えレタスが使われることになるはずだ」という趣旨だと考えられるので，(ウ)のパターンを用いて，plants aren't being used to produce pharmaceuticals「調合薬を産生するために植物が用いられていない（ならば驚くだろう）」と並べればよい。aren't being used は進行形の受動態となる。

(6)まず［1］で，(c)「宇宙空間で人間の骨密度が減少する割合」が毎月平均して1～2％であると書かれている。次いで，［3］に，(a)「現在の宇宙飛行士が宇宙空間で骨密度を維持する方法」は PTH の注射だとある。さらに［5］で，(b)「ISS に遺伝子組み換えレタスを持ち込む方法」として種子を持っていく方法が説明されている。最後に［6］で，(d)「遺伝子組み換えレタスを作り出す手段」としてアグロバクテリウム・ツメファシエンスを用いて PTH 遺伝子を導入した旨が述べられている。したがって，正解は4となる。

(7)(a)「遺伝子組み換えレタスを動物に与える実験」に関しては，［7］第2文（The lettuce will …）に書かれている通り，安全性と実効性を確かめるために実施する必要がある。つまり，5．「未だ行われていない」が正解になる。

(b)「数年にまたがる宇宙旅行における薬」に関しては，［7］第6文（Even if supply …）にある通り，7．「放射線の影響ゆえに薬が使えなくなるかもしれない」と考える。

(c)「宇宙空間で骨密度を回復させるために必要な遺伝子組み換えレタスの量」に関しては，［6］最終文（For astronauts to …）で1日 380g だと「算定されている」ので，3が正解となる。

(d)「薬を含むレタスが宇宙空間で生育するかどうかということ」は，［7］第1文（Researchers plan to …）で研究者の計画の1つとして挙げられているため，8．「吟味されるだろう」が正解になる。

❖講　評

1は，TEDで聴衆ウケばかりを狙う講演者を題材にして，本当のインスピレーションとは何かを考えていく内容の長文読解問題であった。基本語彙のみならず，馴染みのない表現を前後関係から的確に類推していく力が試された。選択にやや悩む設問も見られ，2022年度よりやや難化したが，全体としては標準的な難易度であった。

2は，宇宙空間で減っていく骨量を維持するためには，ホルモンを産生するレタスを育てて食べていけばよい，という内容の長文読解問題であった。語句整序はやや難しかったが，全体としては取り組みやすい設問が多かった。

長文読解問題の設問には，2022年度までと異なりconsider the contextのような文言はなかったが，それでも文脈を把握しながら解かせる問題が多かった。もちろん基本的な語彙力や熟語力は大いに読解の助けとなるが，常に英文全体，段落全体，文章全体をイメージしながら読んでいく訓練を日ごろから行うことが大切であろう。

# 数学

（注） 解答は，東京理科大学から提供のあった情報を掲載しています。

## 1 解答

(1)(a)ア．1　イウエオ．1125

(b)カキ．10　ク．2　ケコサ．675

(2)シス．22　セソタチ．3375

(3)ツ．2　テトナニ．1125

◀解　説▶

≪方程式の整数解と確率≫

(1)　$\frac{1}{a_1}+\frac{1}{a_2}+\frac{1}{a_3}=1$　……①とおく。

(a)　$a_3 \leqq a_2 \leqq a_1$ のとき，$\frac{1}{a_1} \leqq \frac{1}{a_2} \leqq \frac{1}{a_3}$ であるから

$$1=\frac{1}{a_1}+\frac{1}{a_2}+\frac{1}{a_3} \leqq \frac{1}{a_3}+\frac{1}{a_3}+\frac{1}{a_3}=\frac{3}{a_3}$$

これより　$a_3 \leqq 3$

(i) $a_3=1$ のとき

①は $\frac{1}{a_1}+\frac{1}{a_2}=0$ となり，この方程式を満たす自然数 $a_1$，$a_2$ は存在しない。

(ii) $a_3=2$ のとき

①は　$\frac{1}{a_1}+\frac{1}{a_2}=\frac{1}{2}$

$$2a_2+2a_1=a_1a_2 \qquad (a_1-2)(a_2-2)=4$$

$2 \leqq a_3 \leqq a_2 \leqq a_1$ のとき，$0 \leqq a_2-2 \leqq a_1-2 \leqq 13$ であるから

$$(a_1-2,\ a_2-2)=(4,\ 1),\ (2,\ 2) \qquad (a_1,\ a_2)=(6,\ 3),\ (4,\ 4)$$

ゆえに　$(a_1,\ a_2,\ a_3)=(6,\ 3,\ 2),\ (4,\ 4,\ 2)$ の2通り。

(iii) $a_3=3$ のとき

①は　$\frac{1}{a_1}+\frac{1}{a_2}=\frac{2}{3}$

$$3 \leqq a_2 \leqq a_1,\ \frac{2}{3}=\frac{1}{a_1}+\frac{1}{a_2} \leqq \frac{2}{a_2}$$

$a_2=3$　　このとき　　$a_1=3$

ゆえに　　$(a_1,\ a_2,\ a_3)=(3,\ 3,\ 3)$ の1通り。

よって，(i)〜(iii)より，求める確率は　　$\dfrac{3}{15^3}=\dfrac{1}{1125}$　→ア〜オ

(b)　(a)より，(6, 3, 2)，(4, 4, 2)，(3, 3, 3) の数の組を満たす $(a_1,\ a_2,\ a_3)$ の場合の数はそれぞれ

$$3!=6\text{ 通り},\ \frac{3!}{2!\cdot 1!}=3\text{ 通り},\ 1\text{ 通り}$$

であるから，$F(a_1,\ a_2,\ a_3)=1$ を満たす $(a_1,\ a_2,\ a_3)$ の組は全部で

$6+3+1=10$ 通り　→カ・キ

よって，求める確率は　　$\dfrac{10}{15^3}=\dfrac{2}{675}$　→ク〜サ

(2)　$\dfrac{2}{a_1}+\dfrac{2}{a_2}+\dfrac{2}{a_3}=1$　……② とおく。(1)と同様に

$$1=\frac{2}{a_1}+\frac{2}{a_2}+\frac{2}{a_3} \leqq \frac{6}{a_3}$$

これより　　$a_3 \leqq 6$

(i) $a_3=1,\ 2$ のとき

②は $\dfrac{2}{a_1}+\dfrac{2}{a_2}=-1,\ 0$ となり，この方程式を満たす自然数 $a_1$，$a_2$ は存在しない。

(ii) $a_3=3$ のとき

②は　　$\dfrac{2}{a_1}+\dfrac{2}{a_2}=\dfrac{1}{3}$

$6a_2+6a_1=a_1a_2$　　$(a_1-6)(a_2-6)=36$

$3 \leqq a_3 \leqq a_2 \leqq a_1$ のとき，$-3 \leqq a_2-6 \leqq a_1-6 \leqq 9$ であるから

$(a_1-6,\ a_2-6)=(9,\ 4),\ (6,\ 6)$

ゆえに　　$(a_1,\ a_2)=(15,\ 10),\ (12,\ 12)$ の2通り。

(iii) $a_3=4$ のとき

②は　　$\dfrac{2}{a_1}+\dfrac{2}{a_2}=\dfrac{1}{2}$

$$4a_2+4a_1=a_1a_2 \qquad (a_1-4)(a_2-4)=16$$

$4\leqq a_3\leqq a_2\leqq a_1$ のとき，$0\leqq a_2-4\leqq a_1-4\leqq 11$ であるから

$$(a_1-4,\ a_2-4)=(8,\ 2),\ (4,\ 4)$$

ゆえに　$(a_1,\ a_2)=(12,\ 6),\ (8,\ 8)$ の2通り。

(iv) $a_3=5$ のとき

②は　$\dfrac{2}{a_1}+\dfrac{2}{a_2}=\dfrac{3}{5}$

$$5\leqq a_2\leqq a_1,\ \frac{3}{5}=\frac{2}{a_1}+\frac{2}{a_2}\leqq\frac{4}{a_2} \qquad \therefore\ a_2=5,\ 6$$

$a_2=5$ のとき $a_1=10$，$a_2=6$ のとき自然数 $a_1$ は存在しない。

ゆえに　$(a_1,\ a_2)=(10,\ 5)$ の1通り。

(v) $a_3=6$ のとき

②は　$\dfrac{2}{a_1}+\dfrac{2}{a_2}=\dfrac{2}{3}$

$$6\leqq a_2\leqq a_1,\ \frac{2}{3}=\frac{2}{a_1}+\frac{2}{a_2}\leqq\frac{4}{a_2}$$

$a_2=6$　このとき　$a_1=6$

ゆえに　$(a_1,\ a_2)=(6,\ 6)$ の1通り。

以上より，$F\left(\dfrac{a_1}{2},\ \dfrac{a_2}{2},\ \dfrac{a_3}{2}\right)=1$ かつ $a_3\leqq a_2\leqq a_1$ となる数の組は

$(15,\ 10,\ 3)$，$(12,\ 12,\ 3)$，$(12,\ 6,\ 4)$，$(8,\ 8,\ 4)$，$(10,\ 5,\ 5)$，
$(6,\ 6,\ 6)$

の6組ある。6組を満たす自然数 $(a_1,\ a_2,\ a_3)$ の場合の数は(1)(b)と同様に考えるとそれぞれ，6通り，3通り，6通り，3通り，3通り，1通りであるから

$$6+3+6+3+3+1=22 \text{ 通り}$$

よって，求める確率は　$\dfrac{22}{15^3}=\dfrac{22}{3375}$　→シ～チ

(3)　$\dfrac{3}{2a_1}+\dfrac{1}{a_2}+\dfrac{1}{2a_3}=\dfrac{1}{2}$　……③ とおく。(1)，(2)と同様にして

$$\frac{1}{2}=\frac{3}{2a_1}+\frac{1}{a_2}+\frac{1}{2a_3}\leqq\frac{3}{a_3}$$

これより　$a_3\leqq 6$

(i) $a_3=1$ のとき

方程式 $\dfrac{3}{2a_1}+\dfrac{1}{a_2}=0$ を満たす自然数 $a_1$, $a_2$ は存在しない。

(ii) $a_3=2$ のとき

③は　$\dfrac{3}{2a_1}+\dfrac{1}{a_2}=\dfrac{1}{4}$

$$6a_2+4a_1=a_1a_2 \qquad (a_1-6)(a_2-4)=24$$

$2\leqq a_2\leqq a_1$, $-4\leqq a_1-6\leqq 9$, $-2\leqq a_2-4\leqq 11$ であるから

$$(a_1-6,\ a_2-4)=(8,\ 3),\ (6,\ 4),\ (4,\ 6)$$

ゆえに　$(a_1,\ a_2)=(14,\ 7),\ (12,\ 8),\ (10,\ 10)$ の3通り。

(iii) $a_3=3$ のとき

$$3\leqq a_2\leqq a_1,\ \frac{1}{3}=\frac{3}{2a_1}+\frac{1}{a_2}\leqq\frac{5}{2a_2}$$

これより　$a_2=3,\ 4,\ 5,\ 6,\ 7$

このとき, $a_1$, $a_2$ とも自然数となる組は　$(a_1,\ a_2)=(9,\ 6)$ の1通り。

(iv) $a_3=4$ のとき

$$4\leqq a_2\leqq a_1,\ \frac{3}{8}=\frac{3}{2a_1}+\frac{1}{a_2}\leqq\frac{5}{2a_2}$$

これより　$a_2=4,\ 5,\ 6$

このとき, $a_1$, $a_2$ とも自然数となる組は　$(a_1,\ a_2)=(12,\ 4)$ の1通り。

(v) $a_3=5$ のとき

$$5\leqq a_2\leqq a_1,\ \frac{2}{5}=\frac{3}{2a_1}+\frac{1}{a_2}\leqq\frac{5}{2a_2}$$

これより　$a_2=5,\ 6$

このとき, $a_1$, $a_2$ とも自然数となる組は存在しない。

(vi) $a_3=6$ のとき

$$6\leqq a_2\leqq a_3,\ \frac{5}{12}=\frac{3}{2a_1}+\frac{1}{a_2}\leqq\frac{5}{2a_2}$$

これより　$a_2=6$

このとき, $a_1=6$ の1通り。

よって, (i)〜(vi)より, $F\left(\dfrac{2a_1}{3},\ a_2,\ 2a_3\right)=\dfrac{1}{2}$ かつ $a_3\leqq a_2\leqq a_1$ を満たすのは

$$(a_1,\ a_2,\ a_3)=(14,\ 7,\ 2),\ (12,\ 8,\ 2),\ (10,\ 10,\ 2),$$
$$(9,\ 6,\ 3),\ (12,\ 4,\ 4),\ (6,\ 6,\ 6)$$

の6組あり，求める確率は

$$\frac{6}{15^3}=\frac{2}{1125}\quad \rightarrow ツ〜ニ$$

**2** **解答**　(1)(a)ア．1　イ．1　ウ．1　エ．2　オ．1

(b)カ．1　キ．2　ク．2　ケ．1

(2)コ．1　サ．6　シ．1　ス．1　セ．3　ソ．3　タ．1　チ．8

ツ．1　テ．4　ト．1　ナ．8　ニ．1　ヌ．4

◀解　説▶

≪媒介変数表示，置換積分≫

(1)(a)　直線 $l$ の方程式は，点 $(-1,\ 0)$ を通り，傾き $t$ であるから

$$y=t\{x-(-1)\}\qquad y=t(x+1)\quad \rightarrow ア$$

点 $(u,\ v)$ は直線 $l$ 上の点であるから

$$v=t(u+1)$$

$u^2+v^2=\cos^2\theta+\sin^2\theta=1$ に代入すると

$$u^2+t^2(u+1)^2=1$$

$u$ について整理すると

$$(1+t^2)u^2+2t^2u=1-t^2$$

$(1+t^2)\neq 0$ であり

$$u=\frac{-t^2\pm\sqrt{t^4+(1-t^2)(1+t^2)}}{1+t^2}$$

ここで，$0\leqq\theta<\pi$ において $-1<u\leqq 1$ なので

$$u=\frac{1-t^2}{1+t^2}\quad \rightarrow イ・ウ$$

$v=t(u+1)$ に代入して

$$v=t\cdot\frac{(1-t^2)+(1+t^2)}{1+t^2}=\frac{2t}{1+t^2}\quad \rightarrow エ・オ$$

(b)

$$t=\frac{1-\cos\theta}{\sin\theta}=\frac{1-\left(2\cos^2\frac{\theta}{2}-1\right)}{2\sin\frac{\theta}{2}\cos\frac{\theta}{2}}=\frac{2\left(1-\cos^2\frac{\theta}{2}\right)}{2\sin\frac{\theta}{2}\cos\frac{\theta}{2}}=\frac{\sin^2\frac{\theta}{2}}{\sin\frac{\theta}{2}\cos\frac{\theta}{2}}=\frac{\sin\frac{\theta}{2}}{\cos\frac{\theta}{2}}$$

$$=\tan\frac{\theta}{2}=\tan\left(\frac{1}{2}\theta\right)\quad \rightarrow カ・キ$$

$\dfrac{dt}{d\theta}=\dfrac{1}{\cos^2\dfrac{\theta}{2}}\cdot\dfrac{1}{2}$ より

$$\frac{d\theta}{dt}=2\cos^2\frac{\theta}{2}=\frac{2}{1+\tan^2\dfrac{\theta}{2}}=\frac{2}{1+t^2}\quad\toク・ケ$$

(2) $5+4\sin x+3\cos x=5+4\cdot\dfrac{2t}{1+t^2}+3\cdot\dfrac{1-t^2}{1+t^2}=\dfrac{2(2+t)^2}{1+t^2}$

| $x$ | $0\to\dfrac{\pi}{2}$ |
|---|---|
| $t$ | $0\to 1$ |

よって

$$\int_0^{\frac{\pi}{2}}\frac{1}{5+4\sin x+3\cos x}dx=\int_0^1\frac{1+t^2}{2(2+t)^2}\cdot\frac{2}{1+t^2}dt$$

$$=\int_0^1\frac{1}{(2+t)^2}dt$$

$$=\left[\frac{-1}{2+t}\right]_0^1=\frac{1}{6}\quad\toコ・サ$$

$1+\sin x+\cos x=1+\dfrac{2t}{1+t^2}+\dfrac{1-t^2}{1+t^2}=\dfrac{2(1+t)}{1+t^2}$

| $x$ | $0\to\dfrac{\pi}{3}$ |
|---|---|
| $t$ | $0\to\dfrac{\sqrt{3}}{3}$ |

よって

$$\int_0^{\frac{\pi}{3}}\frac{1}{1+\sin x+\cos x}dx=\int_0^{\frac{\sqrt{3}}{3}}\frac{1+t^2}{2(1+t)}\cdot\frac{2}{1+t^2}dt$$

$$=\int_0^{\frac{\sqrt{3}}{3}}\frac{1}{1+t}dt$$

$$=\Big[\log|1+t|\Big]_0^{\frac{\sqrt{3}}{3}}=\log\left(1+\frac{\sqrt{3}}{3}\right)$$

$$=\log\left(1+\frac{1}{3}\sqrt{3}\right)\quad\toシ〜ソ$$

$$\int_0^{\frac{\pi}{4}}\frac{\sin x}{\sin x+\cos x}dx=\frac{1}{2}\int_0^{\frac{\pi}{4}}\frac{(\sin x+\cos x)-(\cos x-\sin x)}{\sin x+\cos x}dx$$

$$=\frac{1}{2}\int_0^{\frac{\pi}{4}}\left\{1-\frac{(\sin x+\cos x)'}{\sin x+\cos x}\right\}dx$$

$$=\frac{1}{2}\Big[x-\log(\sin x+\cos x)\Big]_0^{\frac{\pi}{4}}=\frac{1}{2}\left(\frac{\pi}{4}-\log\sqrt{2}\right)$$

$$=\frac{1}{8}\pi-\frac{1}{4}\log 2\quad\toタ〜テ$$

$$\int_0^{\frac{\pi}{4}}\frac{\sin x}{\sin x+\cos x}dx+\int_0^{\frac{\pi}{4}}\frac{\cos x}{\sin x+\cos x}dx=\int_0^{\frac{\pi}{4}}\frac{\sin x+\cos x}{\sin x+\cos x}dx=\Big[x\Big]_0^{\frac{\pi}{4}}=\frac{\pi}{4}$$

よって

$$\int_0^{\frac{\pi}{4}}\frac{\cos x}{\sin x+\cos x}dx=\frac{\pi}{4}-\left(\frac{1}{8}\pi-\frac{1}{4}\log 2\right)=\frac{1}{8}\pi+\frac{1}{4}\log 2 \quad \to ト〜ヌ$$

**別解**　タ〜テ．三角関数の合成から，$\sin x+\cos x=\sqrt{2}\sin\left(x+\frac{\pi}{4}\right)$ が成り立つ。そこで，$x+\frac{\pi}{4}=t$ とおくと，$\sin x+\cos x=\sqrt{2}\sin t$ であり

$$\sin x=\sin\left(t-\frac{\pi}{4}\right)=\sin t\cos\frac{\pi}{4}-\cos t\sin\frac{\pi}{4}=\frac{1}{\sqrt{2}}(\sin t-\cos t)$$

さらに，$dx=dt$ であり，$x$ と $t$ との対応は右のようであるから

| $x$ | $0\to\frac{\pi}{4}$ |
|---|---|
| $t$ | $\frac{\pi}{4}\to\frac{\pi}{2}$ |

$$\int_0^{\frac{\pi}{4}}\frac{\sin x}{\sin x+\cos x}dx=\int_{\frac{\pi}{4}}^{\frac{\pi}{2}}\frac{\frac{1}{\sqrt{2}}(\sin t-\cos t)}{\sqrt{2}\sin t}dt$$

$$=\frac{1}{2}\int_{\frac{\pi}{4}}^{\frac{\pi}{2}}\left\{1-\frac{(\sin x)'}{\sin x}\right\}dt=\frac{1}{2}\Big[t-\log|\sin t|\Big]_{\frac{\pi}{4}}^{\frac{\pi}{2}}$$

$$=\frac{1}{2}\left\{\left(\frac{\pi}{2}-\log 1\right)-\left(\frac{\pi}{4}-\log\frac{1}{\sqrt{2}}\right)\right\}=\frac{1}{2}\left(\frac{\pi}{4}-\frac{1}{2}\log 2\right)$$

$$=\frac{1}{8}\pi-\frac{1}{4}\log 2$$

## 3 解答

(1)ア．3　イ．5　ウ．3　エ．5　オ．6　カキ．10
(2)クケコ．450　サ．5　シスセソ．4500　タ．2
(3)チツ．30

### ◀解　説▶

≪四面体の体積，外接する球の半径≫

条件より

$$\overrightarrow{OA}\cdot\overrightarrow{OB}=|\overrightarrow{OA}||\overrightarrow{OB}|\cos\angle AOB=60\cdot 30\cdot\frac{1}{2}=900$$

$$\overrightarrow{OB}\cdot\overrightarrow{OC}=|\overrightarrow{OB}||\overrightarrow{OC}|\cos\angle BOC=0$$

$$\overrightarrow{OC}\cdot\overrightarrow{OA}=|\overrightarrow{OC}||\overrightarrow{OA}|\cos\angle AOC=30\cdot 60\cdot\frac{1}{2}=900$$

(1)　$\overrightarrow{AH}=s\overrightarrow{AB}+t\overrightarrow{AC}$ とおくと，$\overrightarrow{OH}-\overrightarrow{OA}=s(\overrightarrow{OB}-\overrightarrow{OA})+t(\overrightarrow{OC}-\overrightarrow{OA})$ より

$$\overrightarrow{OH}=(1-s-t)\overrightarrow{OA}+s\overrightarrow{OB}+t\overrightarrow{OC}$$

$$\begin{aligned}\overrightarrow{OH}\cdot\overrightarrow{AB}&=\overrightarrow{OH}\cdot(\overrightarrow{OB}-\overrightarrow{OA})=\overrightarrow{OH}\cdot\overrightarrow{OB}-\overrightarrow{OH}\cdot\overrightarrow{OA}\\&=(1-s-t)\overrightarrow{OA}\cdot\overrightarrow{OB}+s|\overrightarrow{OB}|^2+t\overrightarrow{OC}\cdot\overrightarrow{OB}-(1-s-t)|\overrightarrow{OA}|^2\\&\qquad-s\overrightarrow{OA}\cdot\overrightarrow{OB}-t\overrightarrow{OC}\cdot\overrightarrow{OA}\\&=2700s+1800t-2700=0\end{aligned}$$

ゆえに　　$3s+2t-3=0$　……①

同様にして，$\overrightarrow{OH}\cdot\overrightarrow{AC}=1800s+2700t-2700=0$ より

$$2s+3t-3=0\quad\cdots\cdots②$$

①，②を連立して解くと

$s=\frac{3}{5}$，$t=\frac{3}{5}$　→ア～エ

$s=t=\frac{3}{5}$ のとき　　$\overrightarrow{OH}=-\frac{1}{5}\overrightarrow{OA}+\frac{3}{5}\overrightarrow{OB}+\frac{3}{5}\overrightarrow{OC}$

$$\begin{aligned}&|\overrightarrow{OH}|^2\\&=\frac{1}{25}\{|\overrightarrow{OA}|^2+9|\overrightarrow{OB}|^2+9|\overrightarrow{OC}|^2-6\overrightarrow{OA}\cdot\overrightarrow{OB}+18\overrightarrow{OB}\cdot\overrightarrow{OC}-6\overrightarrow{OC}\cdot\overrightarrow{OA}\}\\&=360\end{aligned}$$

よって，$|\overrightarrow{OH}|\geqq 0$ であるから

$|\overrightarrow{OH}|=\sqrt{360}=6\sqrt{10}$　→オ～キ

参考　対称性から，H は二等辺三角形 ABC の中線上にあることは明らかなので，$s=t$ である。これと①より，$s=t=\frac{3}{5}$ を求めてもかまわないであろう。

(2)　　$|\overrightarrow{AB}|^2=|\overrightarrow{OB}-\overrightarrow{OA}|^2=|\overrightarrow{OB}|^2-2\overrightarrow{OA}\cdot\overrightarrow{OB}+|\overrightarrow{OA}|^2=2700$

これより　　$|\overrightarrow{AB}|=30\sqrt{3}$

$$|\overrightarrow{AC}|^2=|\overrightarrow{OC}-\overrightarrow{OA}|^2=|\overrightarrow{OC}|^2-2\overrightarrow{OC}\cdot\overrightarrow{OA}+|\overrightarrow{OA}|^2=2700$$

これより　　$|\overrightarrow{AC}|=30\sqrt{3}$

$$\begin{aligned}\overrightarrow{AB}\cdot\overrightarrow{AC}&=(\overrightarrow{OB}-\overrightarrow{OA})\cdot(\overrightarrow{OC}-\overrightarrow{OA})\\&=\overrightarrow{OB}\cdot\overrightarrow{OC}-\overrightarrow{OA}\cdot\overrightarrow{OB}-\overrightarrow{OC}\cdot\overrightarrow{OA}+|\overrightarrow{OA}|^2=1800\end{aligned}$$

ゆえに，三角形 ABC の面積 $S$ は

$$S=\frac{1}{2}\sqrt{|\overrightarrow{AB}|^2|\overrightarrow{AC}|^2-(\overrightarrow{AB}\cdot\overrightarrow{AC})^2}=\frac{1}{2}\sqrt{3^3\cdot10^2\cdot3^3\cdot10^2-(3^2\cdot10^2\cdot2)^2}$$

$$=\frac{1}{2}\cdot3^2\cdot10^2\sqrt{9-4}=450\sqrt{5}\quad\text{→ク〜サ}$$

四面体 OABC の体積 $V$ は

$$V=\frac{1}{3}\cdot S\cdot\mathrm{OH}=\frac{1}{3}\cdot450\sqrt{5}\cdot6\sqrt{10}=4500\sqrt{2}\quad\text{→シ〜タ}$$

(3)　四面体 OABC の展開図は右図のようになる。

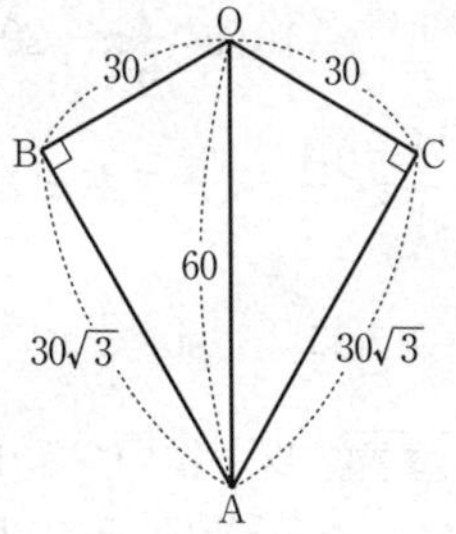


$$\mathrm{OA}:\mathrm{OB}:\mathrm{AB}=\mathrm{OA}:\mathrm{OC}:\mathrm{AC}$$
$$=2:1:\sqrt{3}$$

であるから，△OAB，△OAC は △OAB≡△OAC，

$\angle\mathrm{OBA}=\angle\mathrm{OCA}=\frac{\pi}{2}$ の直角三角形である。

ゆえに，△OAB，△OAC の外心は OA の中点となり，線分 OA の中点をMとおくとき

$$\mathrm{OM}=\mathrm{AM}=\mathrm{BM}=\mathrm{CM}$$

よって，求める球の半径は 30 である。 →チ・ツ

## 4　解答

(1)アイ．16　ウエ．20　オ．5　カ．5　キ．8
ク．1　ケ．8　コ．5

(2)サシ．13　ス．3

(3)セ．5　ソ．2　タ．1　チ．2　ツテト．125　ナニ．32　ヌネ．25
ノハ．32　ヒ．5　フ．2　ヘ．1　ホ．2

◀解　説▶

≪点の回転，三角形の面積比，正五角形の面積比≫

(1)

$$\sin5\theta=\sin(3\theta+2\theta)=\sin3\theta\cos2\theta+\cos3\theta\sin2\theta$$
$$=(3\sin\theta-4\sin^3\theta)(1-2\sin^2\theta)+(4\cos^3\theta-3\cos\theta)\cdot2\sin\theta\cos\theta$$
$$=3\sin\theta-10\sin^3\theta+8\sin^5\theta$$
$$+2\sin\theta\{4(1-\sin^2\theta)^2-3(1-\sin^2\theta)\}$$
$$=16\sin^5\theta-20\sin^3\theta+5\sin\theta\quad\text{→ア〜オ}\quad\cdots\cdots①$$

$z$ の虚部の 2 乗は　　$r^2\sin^2\frac{4}{5}\pi$

①において，$\theta=\frac{4}{5}\pi$ のとき

$$\sin\frac{4}{5}\pi\left(16\sin^4\frac{4}{5}\pi-20\sin^2\frac{4}{5}\pi+5\right)=\sin 5\cdot\frac{4}{5}\pi=0$$

$\sin\frac{4}{5}\pi\neq 0$ であるから

$$16\sin^4\frac{4}{5}\pi-20\sin^2\frac{4}{5}\pi+5=0$$

$\frac{3}{4}\pi<\frac{4}{5}\pi<\pi$ であるから　　$0<\sin^2\frac{4}{5}\pi<\frac{1}{2}$

ゆえに　　$\sin^2\frac{4}{5}\pi=\frac{10-2\sqrt{5}}{16}=\frac{5}{8}-\frac{1}{8}\sqrt{5}$　→カ～コ

参考　以下はいつでも導けるようにしておきたい。

$$\begin{aligned}\sin 3\theta&=\sin(2\theta+\theta)=\sin 2\theta\cos\theta+\cos 2\theta\sin\theta\\&=2\sin\theta\cos^2\theta+(1-2\sin^2\theta)\sin\theta\\&=2\sin\theta(1-\sin^2\theta)+(1-2\sin^2\theta)\sin\theta\\&=3\sin\theta-4\sin^3\theta\end{aligned}$$

$$\begin{aligned}\cos 3\theta&=\cos(2\theta+\theta)=\cos 2\theta\cos\theta-\sin 2\theta\sin\theta\\&=(2\cos^2\theta-1)\cos\theta+2\sin^2\theta\cos\theta\\&=(2\cos^2\theta-1)\cos\theta+2(1-\cos^2\theta)\cos\theta\\&=4\cos^3\theta-3\cos\theta\end{aligned}$$

(2)　$r=2$ のとき，ド・モアブルの定理より

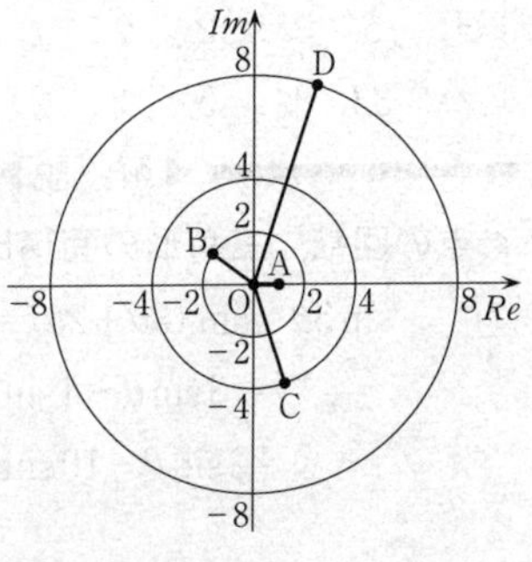


$$z=2\left(\cos\frac{4}{5}\pi+i\sin\frac{4}{5}\pi\right)$$

$$z^2=4\left(\cos\frac{4}{5}\pi+i\sin\frac{4}{5}\pi\right)^2$$

$$=4\left(\cos\frac{8}{5}\pi+i\sin\frac{8}{5}\pi\right)$$

$$z^3=8\left(\cos\frac{4}{5}\pi+i\sin\frac{4}{5}\pi\right)^3=8\left(\cos\frac{12}{5}\pi+i\sin\frac{12}{5}\pi\right)$$

条件より

$$\angle \mathrm{AOB}=\frac{4}{5}\pi,\quad \angle \mathrm{AOD}=\frac{12}{5}\pi-2\pi=\frac{2}{5}\pi$$

$$\angle \mathrm{AOC}=2\pi-\frac{8}{5}\pi=\frac{2}{5}\pi,\quad \angle \mathrm{COD}=\frac{12}{5}\pi-\frac{8}{5}\pi=\frac{4}{5}\pi$$

ゆえに

$$\begin{aligned}S_1&=S_{\triangle \mathrm{OCD}}-(S_{\triangle \mathrm{OAD}}+S_{\triangle \mathrm{OAC}})\\&=\frac{1}{2}\left\{4\cdot 8\sin\frac{4}{5}\pi-\left(1\cdot 8\sin\frac{2}{5}\pi+1\cdot 4\sin\frac{2}{5}\pi\right)\right\}\\&=16\sin\frac{4}{5}\pi-6\sin\frac{2}{5}\pi\end{aligned}$$

$$S_2=\frac{1}{2}\cdot 1\cdot 2\sin\frac{4}{5}\pi=\sin\frac{4}{5}\pi$$

よって

$$\frac{S_1}{S_2}=\frac{16\sin\frac{4}{5}\pi-6\sin\frac{2}{5}\pi}{\sin\frac{4}{5}\pi}=16-6\cdot\frac{\sin\frac{2}{5}\pi}{2\sin\frac{2}{5}\pi\cos\frac{2}{5}\pi}=16-\frac{3}{\cos\frac{2}{5}\pi}$$

ここで

$$\cos^2\frac{4}{5}\pi=1-\sin^2\frac{4}{5}\pi=\frac{3+\sqrt{5}}{8}$$

$\cos\frac{4}{5}\pi<0$ より　　$\cos\frac{4}{5}\pi=-\frac{\sqrt{6+2\sqrt{5}}}{4}=\frac{-\sqrt{5}-1}{4}$

$$\cos^2\frac{2}{5}\pi=\frac{1}{2}\left(1+\frac{-\sqrt{5}-1}{4}\right)=\frac{3-\sqrt{5}}{8}$$

$\cos\frac{2}{5}\pi>0$ より　　$\cos\frac{2}{5}\pi=\frac{\sqrt{6-2\sqrt{5}}}{4}=\frac{\sqrt{5}-1}{4}$

$$\frac{S_1}{S_2}=16-3\cdot\frac{4}{\sqrt{5}-1}=16-3(\sqrt{5}+1)=13-3\sqrt{5}\quad \to サ〜ス$$

(3)　$r=1$ のとき，点 O(0)，$\mathrm{A}_1(1)$，$\mathrm{A}_2(z)$，$\mathrm{A}_3(z^2)$，$\mathrm{A}_4(z^3)$，$\mathrm{A}_5(z^4)$ とおくと，5点 $\mathrm{A}_1$，$\mathrm{A}_2$，$\mathrm{A}_3$，$\mathrm{A}_4$，$\mathrm{A}_5$ は右図のようになる。

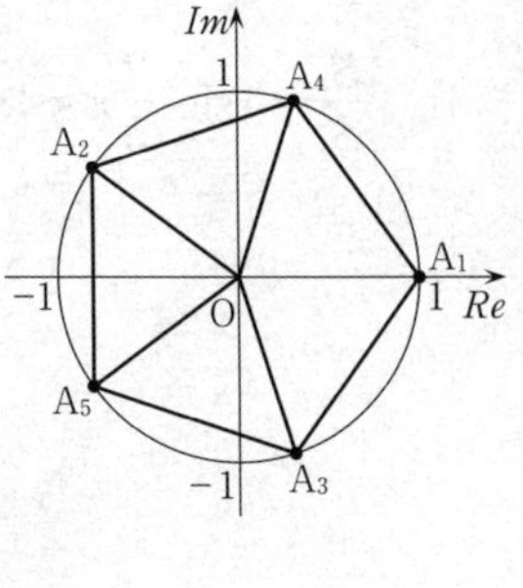


$\triangle \mathrm{OA}_1\mathrm{A}_4$ において，線分 $\mathrm{A}_1\mathrm{A}_4$ の中点をMとおくとき，$\mathrm{OA}_1\cdot\sin\angle \mathrm{A}_1\mathrm{OM}=\mathrm{A}_1\mathrm{M}$ であるから

$$\frac{1}{2}l=1\cdot\sin\frac{\pi}{5}$$

よって　$l^2=4\sin^2\frac{\pi}{5}=4\cdot\frac{1}{2}\left(1-\cos\frac{2}{5}\pi\right)$

$$=2\left(1-\frac{\sqrt{5}-1}{4}\right)=\frac{5}{2}-\frac{1}{2}\sqrt{5}\quad\rightarrow セ〜チ$$

$$S_3{}^2=(5\cdot S_{\triangle OA_1A_4})^2=25\left(\frac{1}{2}\cdot1^2\cdot\sin\frac{2}{5}\pi\right)^2=\frac{25}{4}\left(1-\cos^2\frac{2}{5}\pi\right)$$

$$=\frac{25}{4}\left(1-\frac{3-\sqrt{5}}{8}\right)=\frac{25}{4}\cdot\frac{5+\sqrt{5}}{8}=\frac{125}{32}+\frac{25}{32}\sqrt{5}\quad\rightarrow ツ〜ハ$$

また，点 $B_1(1+z)$，$B_2(1+z+z^2)$，$B_3(1+z+z^2+z^3)$ とおくと，$OA_1=A_1B_1=B_1B_2=B_2B_3=1$ であり，前の図と比較して $A_1B_1 /\!/ OA_2$，$B_1B_2 /\!/ OA_3$，$B_2B_3 /\!/ OA_4$ であるから，5点O，$A_1$，$B_1$，$B_2$，$B_3$ は右図のようになる。

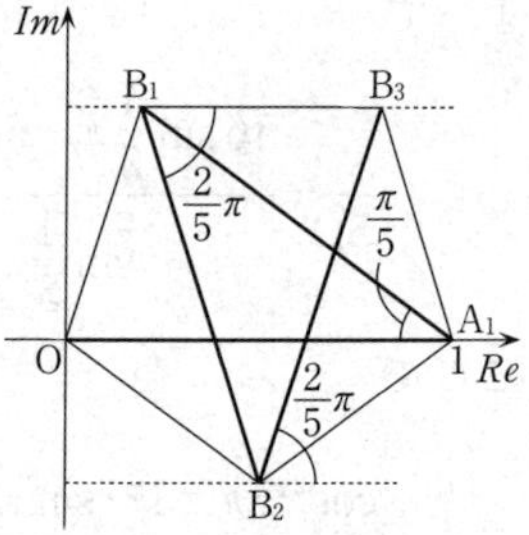


$\triangle OA_1B_1$ において，$OA_1=A_1B_1=1$，

$\angle OA_1B_1=\frac{\pi}{5}$ より

$$\angle A_1OB_1=\frac{2}{5}\pi$$

問題文より，$G_2$ は正五角形であり，$\triangle OA_1B_1$ の外接円と，5点O，$A_1$，$B_1$，$B_2$，$B_3$ の外接円は一致する。その半径を $R$ とおくと，正弦定理より

$$R=\frac{A_1B_1}{2\sin\angle A_1OB_1}=\frac{1}{2\sin\frac{2}{5}\pi}$$

$S_3:S_4=OA_1{}^2:R^2=1:\dfrac{1}{4\sin^2\frac{2}{5}\pi}$ であるから

$$\frac{S_3}{S_4}=4\sin^2\frac{2}{5}\pi=4\cdot\frac{5+\sqrt{5}}{8}=\frac{5}{2}+\frac{1}{2}\sqrt{5}\quad\rightarrow ヒ〜ホ$$

## ❖講　評

全問マークシート式による空所補充形式である。全般的に誘導形式による標準的な頻出問題である。

1　条件より値を絞ってから求めていく整数問題である。最小値の $x_3$ の値で絞ってから数字の組を見つけ，場合の数を求めていく。(1)(a)から(b)を求める考え方を(2)でも利用していきたい。絞り込みのいくつかの方法を理解し，使いこなせるようにしておきたい。

2　(1)直線の方程式と媒介変数表示の基本的な変形である。必ず得点したい。(2) $\int_0^{\frac{\pi}{4}} \frac{\sin x}{\sin x+\cos x}dx=\frac{1}{2}\int_0^{\frac{\pi}{4}} \frac{(\sin x+\cos x)-(\cos x-\sin x)}{\sin x+\cos x}dx$, $\int_0^{\frac{\pi}{4}} \frac{\sin x}{\sin x+\cos x}dx+\int_0^{\frac{\pi}{4}} \frac{\cos x}{\sin x+\cos x}dx=\int_0^{\frac{\pi}{4}} dx$ の変形をできるかがポイントになる。積分区間に注意し，計算を確実に行いたい。

3　(1)同一平面条件，垂直条件を用いた頻出の問題である。式変形・計算を丁寧に行い，ケアレスミスに気を付け，必ず得点したい。(2)三角形の面積・四面体の体積を求める基本問題である。必ず得点したい。(3)距離が等しい点であることから，外心に着目して考えていく。展開図を利用してみると，解法の糸口が見えることもある。

4　(1)3倍角・倍角・相互関係の公式を用いて求める。丁寧に式変形をしていきたい。(2)ド・モアブルの定理より，複素数平面上の点をとり，求めていきたい。(3) $G_1$，$G_2$ とも複素数平面上に描いて考えていきたい。角度，辺の長さ，外接円の半径に着目していく。

例年の傾向から，面積・空間図形の体積に関する問題を十分演習し，慣れておきたい。

問題内容に対して試験時間は必ずしも十分でない。式変形・計算とも量が多いため，丁寧かつ素早く計算をすることを心掛け，普段から基本的な式変形・計算を繰り返すことで，スピードにも慣れておきたい。解ける問題から取り組むことは必須である。数列の和，漸化式，様々な関数の微分・積分，部分積分法，置換積分法など自分なりにまとめてしっかり理解しておくことが必要である。また，日頃から入試問題集を用いて，グラフや図を描いたり，誘導から流れを読み，思考過程を論理的に整理することに慣れておきたい。

# 化学

（注）解答は，東京理科大学から提供のあった情報を掲載しています。

## 1 解答

(1)(ア)—1　①3　②3　③-　④3　(イ)—1
(2)⑤1　⑥1　⑦1　(ウ)—2
⑧0　⑨4　⑩0　（または⑧0　⑨3　⑩9）　⑪1　⑫8
(3)⑬2　⑭7　⑮-　⑯1
(4)(エ)—0　(オ)—1　(カ)—2　(キ)—1
(5)(ク)—5　(ケ)—4　(コ)—1　(サ)—0

### ◀解　説▶

≪反応速度式の決定，濃度平衡定数，触媒，平衡移動≫

(1)(ア)　[Y]＝1.20〔mol/L〕のとき，[X] が 2 倍になる（[X]＝1.20→2.40）と，$v_1$ も 2 倍になる（$v_1=4.80\times10^{-3}\rightarrow9.60\times10^{-3}$）ことから，$v_1$ は [X] の 1 乗に比例する。

また，[X]＝1.20〔mol/L〕のとき，[Y] が 2 倍になる（[Y]＝0.60→1.20）と，$v_1$ も 2 倍になる（$v_1=2.40\times10^{-3}\rightarrow4.80\times10^{-3}$）ことから，$v_1$ は [Y] の 1 乗に比例する。

よって，求める反応速度式は

$$v_1=k_1[\mathrm{X}][\mathrm{Y}]$$

①～④　求めた反応速度式に表 1 の値を代入すると

$$2.40\times10^{-3}=k_1\times1.20\times0.60$$

$$k_1=\frac{1}{0.30}\times10^{-3}=3.33\times10^{-3}\fallingdotseq3.3\times10^{-3}\,〔\mathrm{L/(mol\cdot min)}〕$$

(イ)　(ア)と同様に，[W] の値が一定で [Z] の値が 2 倍になったとき，$v_2$ も 2 倍になっている。また，[Z] の値が一定で [W] の値が 2 倍になったとき，$v_2$ も 2 倍になっていることから，$v_2$ は [Z] の 1 乗，[W] の 1 乗に比例する。

よって，反応速度式は

$$v_2=k_2[\mathrm{Z}][\mathrm{W}]$$

なお，反応速度定数 $k_2$ は

$$1.67\times10^{-5}=\frac{5}{3}\times10^{-5}=k_2\times0.10\times0.20$$

$$k_2=\frac{25}{3}\times10^{-4}\text{〔L/(mol·min)〕}$$

(2)⑤〜⑦　ある時間 $t_1$ での濃度より

$$x\mathrm{X} + y\mathrm{Y} \rightleftarrows z\mathrm{Z} + w\mathrm{W}$$

| | $x$X | $y$Y | $z$Z | $w$W | |
|---|---|---|---|---|---|
| 反応前 | 1.60 | 1.00 | 0 | 0 | 〔mol/L〕 |
| 反応量 | −0.40 | −0.40 | +0.40 | +0.40 | 〔mol/L〕 |
| 時間 $t_1$ | 1.20 | 0.60 | 0.40 | 0.40 | 〔mol/L〕 |

反応量はすべて 0.40mol/L とわかるので，$x=1$，$y=1$，$z=1$，$w=1$ である。

(ウ)　平衡状態では $v_1=v_2$ なので

$$k_1[\mathrm{X}][\mathrm{Y}]=k_2[\mathrm{Z}][\mathrm{W}] \qquad \therefore \quad \frac{k_1}{k_2}=\frac{[\mathrm{Z}][\mathrm{W}]}{[\mathrm{X}][\mathrm{Y}]}=K$$

⑧〜⑩　平衡に達した時間 $t_s$ の濃度より

$$K=\frac{[\mathrm{Z}][\mathrm{W}]}{[\mathrm{X}][\mathrm{Y}]}=\frac{0.80\times0.80}{0.80\times0.20}=4.0$$

**別解**　以下の解き方も可能。

$$v_2=k_2[\mathrm{Z}][\mathrm{W}]$$

表2の値を代入して

$$1.67\times10^{-5}=k_2\times0.10\times0.20$$
$$k_2=8.35\times10^{-4}$$
$$\fallingdotseq 8.4\times10^{-4}$$

$$K=\frac{k_1}{k_2}=\frac{3.3\times10^{-3}}{8.4\times10^{-4}}=3.92\fallingdotseq3.9$$

⑪・⑫　(1)で求めた $k_1$，$k_2$ を用いて $v_1$，$v_2$ を求めると

$$v_1=\frac{10}{3}\times10^{-3}\times1.20\times0.60=2.40\times10^{-3}\text{〔mol/(L·min)〕}$$

$$v_2=\frac{25}{3}\times10^{-4}\times0.40\times0.40=\frac{4}{3}\times10^{-4}\text{〔mol/(L·min)〕}$$

よって

$$\frac{v_1}{v_2}=\frac{2.40\times10^{-3}}{\frac{4}{3}\times10^{-4}}=18\text{ 倍}$$

(3)⑬～⑯　反応が再び平衡に達するまでに反応したX，Y，Z，Wの変化量を $a$〔mol/L〕とすると

| | X | + Y | ⟷ | Z | + W | |
|---|---|---|---|---|---|---|
| 反応前 | 0 | 0 | | 0.80 | 0.80 | 〔mol/L〕 |
| 反応量 | $+a$ | $+a$ | | $-a$ | $-a$ | 〔mol/L〕 |
| 時間 $t_s$ | $a$ | $a$ | | $0.80-a$ | $0.80-a$ | 〔mol/L〕 |

温度が一定ならば平衡定数は変わらないので

$$K=\frac{[Z][W]}{[X][Y]}=\frac{(0.80-a)(0.80-a)}{a\times a}=4.0 \qquad \frac{0.80-a}{a}=2.0$$

$$\therefore\quad a=\frac{0.80}{3}=0.266\fallingdotseq0.27=2.7\times10^{-1}\text{〔mol/L〕}$$

(4)(エ)　正反応の活性化エネルギーはX＋Yが活性化状態になるために必要なエネルギーであり，逆反応の活性化エネルギーはZ＋Wが活性化状態になるために必要なエネルギーであるので，正反応の方が逆反応よりも活性化エネルギーが小さい場合，X＋YのエネルギーのほうがZ＋Wのエネルギーよりも大きい。よって，正反応は発熱反応である。

(オ)～(キ)　触媒を加えると，活性化エネルギーは正反応，逆反応とも小さくなるが，反応熱は変化しない。

(5)　(4)より，X＋Y ⟶ Z＋W の反応は発熱反応である。

$$X+Y \rightleftarrows Z+W\ (+Q\,\mathrm{kJ})$$

(ク)　温度を上げると温度が下がる方向に平衡が移動するので，平衡状態でのZの濃度は小さくなる。また，温度を上げると反応速度が大きくなるので，平衡状態に達するまでに要する時間は短くなる。よって，5が適当。

(ケ)　温度を下げると温度が上がる方向に平衡が移動するので，平衡状態でのZの濃度は大きくなる。また，温度を下げると反応速度が小さくなるので，平衡状態に達するまでに要する時間は長くなる。よって，4が適当。

(コ)　触媒を加えても平衡移動は起こらないので，平衡状態でのZの濃度は変化しない。また，触媒を加えると反応速度は大きくなるので，平衡状態に達するまでに要する時間は短くなる。よって，1が適当。

(サ)　温度，体積が一定で不活性気体Pを加えても平衡移動は起こらず，ま

た反応速度にも変化はない。よって，0が適当。

**2** **解答** (1)(ア)―4　(イ)―1　(ウ)―0　(エ)―3　(オ)―9

(2)(カ)―0　①9　②5　(キ)―2　③2　④1

(3)(ク)―2　(ケ)―2　⑤4　(コ)―2　⑥4　(サ)―1　⑦2　(シ)―0

(ス)―3　(セ)―4　(ソ)―0

◀解　説▶

≪酸化物の分類と性質，工業的製法，沈殿と錯イオン≫

(1)(ア)　両性金属 Al の酸化物 $Al_2O_3$ が両性酸化物である。

(イ)　水に溶けて水溶液が強塩基性となる酸化物は $Na_2O$ である。

$$Na_2O + H_2O \longrightarrow 2NaOH$$

(ウ)　酸性が弱い塩素のオキソ酸は酸素原子の少ない次亜塩素酸 HClO である。

(エ)　七酸化二塩素 $Cl_2O_7$ が水と反応すると過塩素酸 $HClO_4$ を生じる。

$$Cl_2O_7 + H_2O \longrightarrow 2HClO_4$$

(オ)　過塩素酸 $HClO_4$ の Cl 原子の酸化数を $x$ とすると，以下のようになる。

$$+1 + x + (-2) \times 4 = 0 \qquad \therefore \quad x = +7$$

(2)(カ)　硝酸の工業的製法はオストワルト法（アンモニア酸化法）であり，与えられた3式をまとめると，以下のようになる。

$$NH_3 + 2O_2 \longrightarrow HNO_3 + H_2O$$

①・②　消費される $NH_3$（分子量17）と生成する $HNO_3$（分子量63）の物質量は等しいので

$$\frac{25.5 \times 10^3}{17} \times 63 \times 10^{-3} = 94.5 \fallingdotseq 95\,[\mathrm{kg}]$$

(キ)　炭酸ナトリウムの工業的製法はソルベー法（アンモニアソーダ法）であり，主な反応の反応式は以下の2つ。

$$NaCl + NH_3 + CO_2 + H_2O \longrightarrow NaHCO_3 + NH_4Cl$$

$$2NaHCO_3 \longrightarrow Na_2CO_3 + CO_2 + H_2O$$

③・④　NaCl（式量58.5）の $\frac{1}{2}$ 倍の物質量の $Na_2CO_3$（式量106）を生じる。

$$\frac{23.4\times10^3}{58.5}\times\frac{1}{2}\times106\times10^{-3}=21.2\fallingdotseq21\,[\mathrm{kg}]$$

(3)(ク)　$Al(OH)_3$，$Zn(OH)_2$ はいずれも両性水酸化物である。

(ケ)・⑤・(コ)　$Al^{3+}$ は $OH^-$ を配位子とした錯イオン $[Al(OH)_4]^-$ を形成することができるが，$NH_3$ を配位子とした錯イオンは形成できない。

$$Al(OH)_3+OH^-\longrightarrow[Al(OH)_4]^-$$

一方，$Zn^{2+}$ は $OH^-$，$NH_3$ いずれの配位子でも配位数4，正四面体形の錯イオンを形成できるので，$Zn(OH)_2$ は水酸化ナトリウム水溶液にもアンモニア水にも溶解する。

$$Zn(OH)_2+4NH_3\longrightarrow[Zn(NH_3)_4]^{2+}+2OH^-$$

$$Zn(OH)_2+2OH^-\longrightarrow[Zn(OH)_4]^{2-}$$

⑥・(サ)　$Cu^{2+}$ は配位数4，正方形の錯イオンを形成する。

$$Cu(OH)_2+4NH_3\longrightarrow[Cu(NH_3)_4]^{2+}+2OH^-$$

⑦・(シ)　$Ag^+$ は配位数2，直線形の錯イオンを形成する。

$$Ag_2O+4NH_3+H_2O\longrightarrow2[Ag(NH_3)_2]^++2OH^-$$

(ス)〜(ソ)　PbS は黒色沈殿，$PbCrO_4$ は黄色沈殿，$Pb(OH)_2$ は白色沈殿である。$Pb(OH)_2$ は両性水酸化物であり，$OH^-$ の錯イオンとなり溶解する。

$$Pb(OH)_2+2OH^-\longrightarrow[Pb(OH)_4]^{2-}$$

## 3　解答

(1)①0　②6　③0　④6

(2)⑤0　⑥8　⑦1　⑧0

(3)(ア)―1

(4)⑨0　⑩8

(5)(イ)―2　(ウ)―0

(6)⑪8　⑫9　⑬8

(7)(エ)―1

(8)(オ)―2

(9)(カ)―0　(キ)―7

(10)⑭1　⑮3　⑯3

◀解　説▶

≪芳香族化合物の構造決定・元素分析・異性体，合成高分子≫

(1)［実験Ⅰ］より，化合物**A**の組成式は

$$C:H=\frac{169.2\times\frac{12}{44}}{12}:\frac{34.6\times\frac{2.0}{18}}{1.0}=3.84:3.84=1:1$$

よって，組成式はCHとなるから

$$(CH)_n=(12+1.0)n=13n\leqq 120$$

化合物**A**は芳香族炭化水素でC原子は6個以上なので

$$n=6,\ 7,\ 8,\ 9$$

$C_7H_7$，$C_9H_9$の化合物は存在せず，［実験Ⅱ］から$C_8H_8$も不適であるので，化合物**A**は$C_6H_6$（ベンゼン）とわかる。

(2)　［実験Ⅰ］より，化合物**B**の組成式は

$$C:H=\frac{166.0\times\frac{12}{44}}{12}:\frac{42.5\times\frac{2.0}{18}}{1.0}=3.77:4.72=1:1.25=4:5$$

よって，組成式は$C_4H_5$となるから

$$(C_4H_5)_n=(12\times 4+1.0\times 5)n=53n\leqq 120$$

$$\therefore\quad n=1,\ 2$$

化合物**B**も化合物**A**同様に芳香族炭化水素でC原子は6個以上なので

$$n=2$$

よって，化合物**B**の分子式は$C_8H_{10}$とわかる。

(3)　［実験Ⅰ］で化合物**B**，**C**，**D**は同じ結果が得られたことから，化合物**B**，**C**，**D**の分子式はいずれも$C_8H_{10}$である。構造異性体の関係にある化合物**C**，**D**を過マンガン酸カリウムで酸化して得られたカルボン酸**F**，**G**も互いに構造異性体の関係にあると推定される。カルボン酸**G**は加熱すると脱水して化合物**H**を生じるので，化合物**D**は*o*-キシレン，カルボン酸**G**はフタル酸，化合物**H**は無水フタル酸。

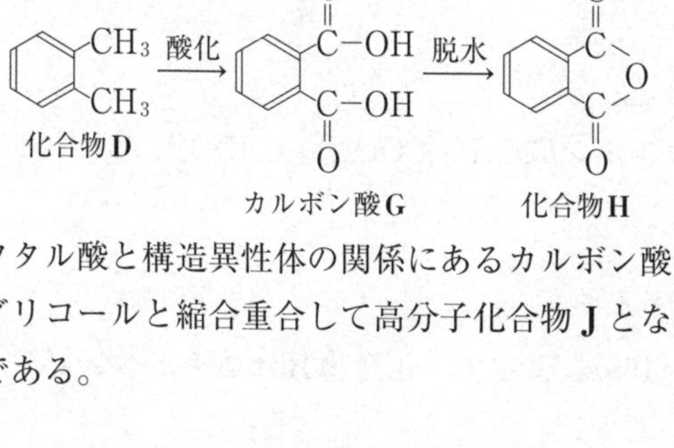


化合物**D**　　カルボン酸**G**　　化合物**H**

(4)　フタル酸と構造異性体の関係にあるカルボン酸**F**は，設問(9)よりエチレングリコールと縮合重合して高分子化合物**J**となることから，テレフタル酸である。

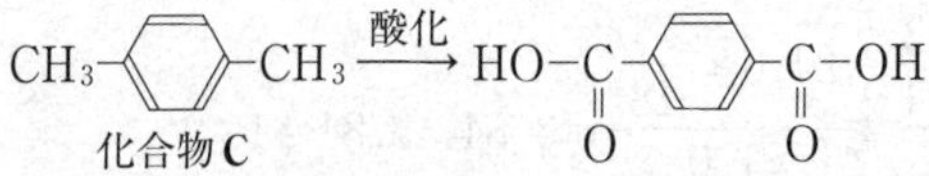
化合物C　　カルボン酸F

カルボン酸Fと同じ分子式 $C_8H_6O_4$ で，ヒドロキシ基とアルデヒド基がベンゼン環上で隣り合う化合物は以下の8種類。

- アルデヒド基，ヒドロキシ基，カルボキシ基を1つずつもつもの

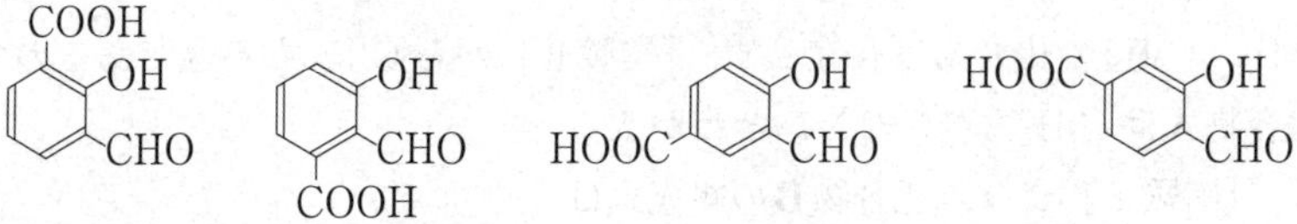

- アルデヒド基，ヒドロキシ基，エステル結合を1つずつもつもの

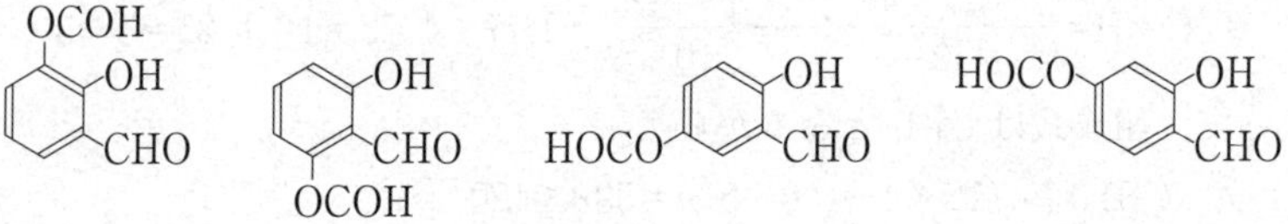

⑸　ナフタレンを酸化バナジウム(V) $V_2O_5$ 触媒のもとで酸化すると，無水フタル酸（化合物H）が得られる。

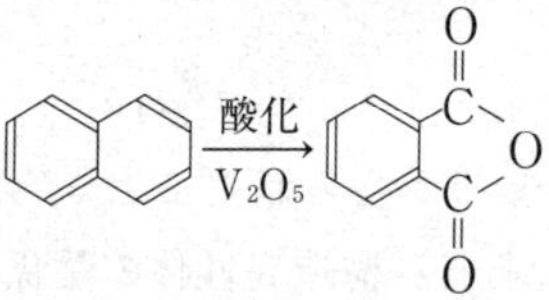

⑹　カルボキシ基がメタノールでエステル化されると，構造が $-COOH$ から $-COOCH_3$ に変化し，カルボキシ基1つにつき分子量が14（$CH_2$）増加する。カルボン酸Eが1価カルボン酸 $C_6H_5COOH$（$C_7H_6O_2$）だとすると，カルボン酸Eの分子量は

$$\frac{14}{0.115} \fallingdotseq 122$$

となり成立（$C_7H_6O_2 = 122$）。

カルボン酸Eが2価カルボン酸 $C_6H_4(COOH)_2$（$C_8H_6O_4$）だとすると，カルボン酸Eの分子量は

$$\frac{28}{0.115} \fallingdotseq 243$$

となり不適（$C_8H_6O_4 = 166$）。よって，化合物Bはエチルベンゼン，カル

ボン酸**E**は安息香酸，化合物**I**は安息香酸メチルである。

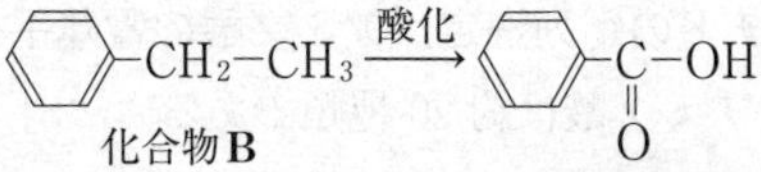

化合物**B**　　カルボン酸**E**

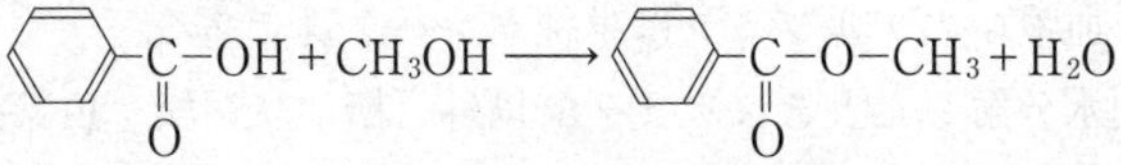

化合物**I**

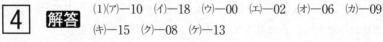

化合物**B**（$C_8H_{10}$）の分子量は106，化合物**I**（$C_8H_8O_2$）の分子量は136より，得られる化合物**I**の質量は

$$\frac{70.0\times10^{-3}}{106}\times136\times10^3=89.81\fallingdotseq89.8\,\text{〔mg〕}$$

⑺　カルボン酸**E**（安息香酸）は1価の弱酸，滴定に用いている塩基は1価の強塩基である水酸化ナトリウムなので，最も適当な滴定曲線の形状は1である（0は強酸を強塩基で滴定，2は弱酸を弱塩基で滴定，3は2価の強酸を強塩基で滴定した形状である）。

⑻　弱酸を強塩基で滴定する際に適した指示薬は，塩基性に変色域をもつフェノールフタレインである。

⑼　カルボン酸**F**（テレフタル酸）とエチレングリコールを縮合重合させると，熱可塑性樹脂であるポリエチレンテレフタラート（高分子化合物**J**）を生じる。ポリエチレンテレフタラートはペットボトルの原料となる。

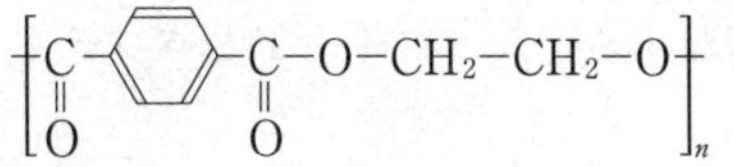

高分子化合物**J**

⑽　重合度$n$のポリエチレンテレフタラートの分子量は$192n$なので

$$192n=2.50\times10^5 \qquad \therefore\quad n=1.30\times10^3\fallingdotseq1.3\times10^3$$

## 4　解答

⑴㋐―10　㋑―18　㋒―00　㋓―02　㋔―06　㋕―09　㋖―15　㋗―08　㋘―13

⑵A－5　B－1　C－4　D－2　E－0

⑶①5　②8　③＋　④4　⑤4

## ◀解 説▶

≪アミノ酸の分類，ペンタペプチドの配列決定，アミノ酸の電離平衡≫

(1)(ア)・(イ) 生体中に存在する$\alpha$-アミノ酸は約20種類である。

(ウ)・(オ) 加水分解したときにアミノ酸だけが生じるタンパク質を単純タンパク質という。血液中のアルブミンは単純タンパク質である。

(エ)・(カ)〜(ケ) 加水分解したときにアミノ酸以外（糖，リン酸，色素，核酸など）を生じるタンパク質を複合タンパク質という。糖タンパク質のムチンはだ液や関節液などの粘液中に含まれる。色素タンパク質のヘモグロビンは血液中の赤血球に存在しており，色素であるヘム（鉄の錯体）を含む。

(2) 解答群0はアスパラギン酸（Asp），1はフェニルアラニン（Phe），2はリシン（Lys），3はグリシン（Gly），4はシステイン（Cys），5はアラニン（Ala）である。

［性質1］ 乳酸のヒドロキシ基をアミノ基に置換するとアラニンになる。よって，アミノ酸Aはアラニン。

［性質2］ ペプチドXの塩基性アミノ酸（リシン）のカルボキシ基が形成するペプチド結合を切断すると，テトラペプチドとアミノ酸を生じることから，Dがリシンとわかる。また，生じたアミノ酸が中性の緩衝液での電気泳動で陽極側へ移動することから，Eは酸性アミノ酸のアスパラギン酸であることがわかる。

［性質3］ ペプチドXの芳香族アミノ酸（フェニルアラニン）のカルボキシ基が形成するペプチド結合を切断すると，ペプチドYとペプチドZを生じる。

［性質4］ ペプチドYのみがキサントプロテイン反応を示すことから，ペプチドY内にフェニルアラニンが含まれることがわかる。

［性質5］ ペプチドZのみがPbSの黒色沈澱を生じることから，ペプチドZ内にシステインが含まれることがわかる。

ペプチドXが「Ala−Cys−Phe−Lys−Asp」の配列では，ペプチドYが「Ala−Cys−Phe」となり，Yにシステインを含むので不適。

ペプチドXが「Ala−Phe−Cys−Lys−Asp」の配列では，ペプチドYが「Ala−Phe」，ペプチドZが「Cys−Lys−Asp」となるので適当である。

(3)①・② 等電点では $[B^+]=[B^-]$ なので

$$K_1 \times K_2 = \frac{[B^{\pm}][H^+]}{[B^+]} \times \frac{[B^-][H^+]}{[B^{\pm}]}$$

$$= [H^+]^2 = 1.0 \times 10^{-2.2} \times 1.0 \times 10^{-9.4} = 1.0 \times 10^{-11.6}$$

$$[H^+] = \sqrt{1.0 \times 10^{-11.6}} = 1.0 \times 10^{-5.8}$$

よって　　pH＝5.8

③～⑤　$[H^+] = 1.0 \times 10^{-8}$〔mol/L〕を $K_1 \times K_2$ に代入すると

$$K_1 \times K_2 = \frac{[B^-]}{[B^+]} \times [H^+]^2 = \frac{[B^-]}{[B^+]} \times (1.0 \times 10^{-8})^2 = 1.0 \times 10^{-11.6}$$

$$\therefore \quad \frac{[B^-]}{[B^+]} = \frac{1.0 \times 10^{-11.6}}{1.0 \times 10^{-16}} = 1.0 \times 10^{4.4}$$

### ❖講　評

試験時間は80分。大問数は4題で[1]が理論，[2]が無機・理論，[3]，[4]が有機・理論であった。いずれも計算問題が含まれていた。

[1]は反応速度，化学平衡の大問であった。反応速度式，反応速度定数，平衡定数に関する計算問題，触媒と活性化エネルギーや反応熱の関係，反応速度の変化と平衡移動のグラフ選択など，いずれも基本・標準的な問題であり迅速に完答することが望ましい。

[2]は酸化物とオキソ酸，硝酸と炭酸ナトリウムの工業的製法，両性金属，遷移元素の沈澱と錯イオンに関する無機の大問であった。いずれも基本的な教科書レベルの問題であり，きちんと無機の学習をしていた受験生は問題なく解答できたと思われる。

[3]は芳香族化合物の構造決定の大問であった。(1)，(2)は元素分析から分子式を求める問題。計算はやや煩雑であったが，分子式を間違ってしまうとほとんどの設問に影響が及んでしまい，大きく失点してしまうことになるので確実に求めたい。分子量が120以下の芳香族炭化水素の炭素数は6～9しかありえないので，それを念頭において［実験Ⅱ］～［実験Ⅴ］による化合物の構造を推察すると解答にたどり着きやすかっただろう。(4)の構造異性体の数を求める問題はあまり見かけないタイプの問題なので，きちんと整理しながら考え，数え落とさないよう気をつけたい。化合物**C**，カルボン酸**F**がメタなのかパラなのかが設問(9)でエチレングリコールと縮合重合するまでわからないところが，やや解きづらか

ったのではないだろうか。

4はアミノ酸，タンパク質に関する大問であった。(1)では単純タンパク質，複合タンパク質の具体例，アルブミン，ムチン，ヘモグロビンを解答する必要があり，覚えていない受験生は戸惑ったかもしれない。(2)はペンタペプチドの配列決定であった。入試頻出の問題なので，配列決定の演習が十分できていれば問題なく解答できたのではないだろうか。(3)はアミノ酸の電離平衡，等電点の標準的な計算問題であり，解答は難しくはなかっただろう。

# 2022年度

# 問題と解答

## ■B方式

# 問題編



### ▶試験科目・配点

| 教　科 | 科　　　目 | 配　点 |
|---|---|---|
| 外国語 | コミュニケーション英語Ⅰ・Ⅱ・Ⅲ，英語表現Ⅰ・Ⅱ | 100点 |
| 数　学 | 数学Ⅰ・Ⅱ・Ⅲ・A・B | 100点 |
| 理　科 | 化学基礎・化学 | 100点 |

### ▶備　考

- 英語はリスニングおよびスピーキングを課さない。
- 「数学B」は「数列」「ベクトル」から出題。

# 英語

(60分)

**1** Read the following passage, and answer the questions below. (58 points)

The ongoing stress and uncertainty of COVID-19 have led to increased demand for mental health services from psychologists in the United States — but conditions like anxiety and depression aren't the only mental health issues people are facing. Experts say misuse of opioids* and stimulants is also on the rise — and <u>psychologists are in a good position to help</u>.(X)

On top of various risks arising with substance misuse, those with substance use disorders (SUD) are both more likely to develop COVID-19 and experience worse COVID-19 outcomes, including higher risk of hospitalization and mortality.

According to the Centers for Disease Control and Prevention (CDC), ( a ) June 2020, 13% of Americans reported starting or increasing substance use as a way of coping with stress or emotions related to COVID-19. Overdoses have also spiked since the onset of the pandemic. A reporting system called ODMAP shows that the early months of the pandemic brought an 18% increase nationwide in overdoses ( b ) those same months in 2019. The trend has continued throughout 2020, according to the American Medical Association, which reported in December that more than 40 U.S. states have seen increases in opioid-related mortality ( c ) ongoing concerns for those with substance use disorders.

Mandy Owens, a clinical psychologist and researcher at the University of Washington Alcohol and Drug Abuse Institute, says she's observed a spike in substance use that includes an increase in both quantity and frequency of drug use during the pandemic. Some people who use substances may have also started new drugs if their usual substances became more difficult to access. For example, Owens says Washington state has seen an uptick* in the use of fentanyl, a synthetic opioid that's increasingly produced illicitly, due to a shift in drug supply availability. But precise data on use and drug type (イ)are hard to come by, according to Wilson Compton, deputy director of the National Institute on Drug Abuse.

Health care records are the primary source of data on substance use, and it can take months for medical providers to provide toxicology* reports for overdose incidents to the CDC, says Sharon Walsh, a professor at the University of Kentucky. Tracking substance use accurately also heavily depends on the ability to do door-to-door household or school-based surveys, which have been more difficult to conduct during the pandemic.

However, Walsh says state-level data are a bit clearer. According to her research, Kentucky has seen increased emergency room visits for overdose-related incidents during the pandemic. By contrast, the state experienced a decline in emergency medical service runs for non-opioid related emergencies. "It really magnifies the opioid problem when you look at it against a decline in presentation* at the hospital for other conditions," she says.

Compton cautions against conflating* all increased drug use directly with COVID-19. For example, shifts in drug availability may also (ロ)be to blame for increased illicit opioid use deaths. But experts agree based on research and clinical observation that pandemic-related strains, from economic stress and loneliness to general anxiety about the virus, are a major driver for the increase. "(ハ)There's sort of a perfect storm of factors that we know increase drug use," says William Stoops, a professor at the University of Kentucky. "People are more stressed and isolated, so they make unhealthy decisions, including drinking more and taking drugs."

As their stress increases, people may have fewer ways to manage it, which Owens says probably contributes to the uptick in substance misuse.

For example, resilience-promoting activities, like physical activity and social interactions, haven't been as safe to engage in or easy to access, which can lead some people to start using drugs or use them more often or in greater amounts.

There are also practical pandemic-related reasons for the rise in overdoses. Compton says people are more likely to die when they are using drugs alone, because there's no one there to call 911 or administer naloxone, an opioid-reversal agent*. For those living alone during the pandemic, this isolation presents an obvious risk. And in the early part of the pandemic, it was more difficult for people to seek the medical care they needed for recovery from opioid use because some clinics and community-based organizations decreased their services.

Walsh says that in March and April, Kentucky methadone* clinics saw an increase in patients ending treatment and a decrease in new patients starting treatment. "Physicians have been concentrating largely on COVID-19, and medical systems are overwhelmed, so people can't always access the care they need," says Stoops. "There's also a stigma around substance use disorder that keeps people away from treatment, and even more so during a pandemic."

Fortunately, it's become easier throughout the pandemic for people to access care for substance use disorders, thanks to the increased availability of telemedicine for behavioral health concerns. While the pandemic initially caused many clinics and community-based organizations to close their doors, telehealth options for physical and mental health problems have become increasingly available as insurance providers and organizations have recognized the need. In addition, it's becoming more common for community-based groups like Narcotics Anonymous and Alcoholics Anonymous to meet virtually. And most insurers, including Medicaid, (二)have lifted previous telehealth restrictions on treatment for behavioral health, including substance use disorder.

For example, Compton says physicians can now start patients on buprenorphine, a drug used for opioid recovery, through telehealth without conducting an in-person exam. Opioid Treatment Program providers (at so-called "methadone clinics") have also been offering patients take-home methadone for maintenance more frequently during the pandemic. "Normally you (ホ)( 1. as many 2. to be 3. have 4. to 5. take 6. as 7. extraordinarily stable) 30 doses at a time home, but they've relaxed some of those requirements so patients don't have to show up every day to an opioid treatment program," Compton says.

Better access to telehealth means people with substance use issues can also seek remote mental health care. While Owens says accessing treatment can be difficult for people without reliable internet or phone service, according to Compton, clinicians are largely reporting more patients showing up for psychotherapy appointments thanks to the increasing use of telehealth. "One clear benefit of changes in treatment infrastructure throughout the pandemic is that the availability of telehealth may have helped (ヘ)some folks that were on the precipice of seeking help go seek that help," says Justin Strickland, a postdoctoral fellow at the Johns Hopkins University School of Medicine.

(Adapted from *Monitor on Psychology*)

(Notes)

opioids < opioid：オピオイド(鎮痛などに用いられる薬剤の総称)

uptick：上昇

toxicology：毒物学

presentation：初診患者の受診

conflating < conflate：結びつける

agent：薬剤

methadone：メサドン(鎮痛などに用いられる薬剤のひとつ)

(1) Which of the items below correctly fill in the blanks ( **a** )～( **c** ) in the passage? Choose one item for each blank and mark the number on your **Answer Sheet**. Each choice cannot be used more than once. Notice that there are more choices than necessary.

1 along with　　2 as of
3 compared with　　4 providing that

(2) Which of the items below is the closest in meaning to the underlined part (イ) in the passage? Consider the context, choose one from the choices, and mark the number on your **Answer Sheet**.

1 are critically analyzed　　2 are easier to understand
3 are difficult to obtain　　4 are hardly trustworthy

(3) Which of the items below is the closest in meaning to the underlined part (ロ) in the passage? Consider the context, choose one from the choices, and mark the number on your **Answer Sheet**.

1 be comparable to　　2 happen as a result of
3 be replaced with　　4 be responsible for

(4) Which of the items below is the closest in meaning to the underlined part (ハ) in the passage? Consider the context, choose one from the choices, and mark the number on your **Answer Sheet**.

1 There are many negative issues present almost at the same time
2 There are only a few unfavorable results shown in an organized manner
3 There are quite a few effective solutions offered one after another
4 There is only one correct answer provided in a simple way

(5) Which of the items below is the closest in meaning to the underlined part (ニ) in the passage? Consider the context, choose one from the choices, and mark the number on your **Answer Sheet**.

1 have raised public awareness on telehealth treatment

2 have ignored potential importance of telehealth treatment

3 have removed earlier limitations on telehealth treatment

4 have found some minor problems on telehealth treatment

(6) Rearrange the words in the underlined part (ホ) in the passage into the correct order. Mark the numbers correctly, from top to bottom, on your **Answer Sheet**.

(7) Which of the items below is the closest in meaning to the underlined part (ヘ) in the passage? Consider the context, choose one from the choices, and mark the number on your **Answer Sheet**.

1 some clinicians who did not have enough time to support patients make time

2 some clinicians who needed financial support find ways to help themselves

3 some patients who had no opportunity to help others have that chance

4 some patients who had difficulty in asking for support decide to ask for such support

(8) For each of the following statements, consider the context and mark your **Answer Sheet** with either **T** if it is true or **F** if it is false.

1 Whereas Mandy Owens has observed an increase in the quantity of drug use during the COVID-19 pandemic, she has yet to notice it in the frequency at the same time.

2 While one particular state of the U.S. has seen an increase in the use of emergency rooms for overdose-related incidents during the COVID-19 crisis, it has witnessed a decrease in medical service for non-opioid related emergencies.

3 Poor access to physical activity and social interactions during the

pandemic has little to do with people's resilience to substance misuse.

4 People are less likely to be saved when they are using drugs alone, partly because there is no one to call an ambulance.

5 The pandemic initially forced some medical institutions to cut back on their services, but telecommunication has gradually become more available as an option for dealing with health problems.

6 Provision of buprenorphine without a doctor's face-to-face consultation is now allowed.

7 The increasing use of telehealth does not affect the number of patients who show up for psychotherapy, because some patients do not have access to reliable internet or phone service.

(9) The sentences below explain the situation described in the underlined part (X) in the passage.

While COVID-19 has had impacts on substance use problems, some practical solutions are suggested. In particular, psychologists are well positioned to support patients struggling with substance use disorders (SUD). For example, some psychologists use an approach called contingency management, (A)which promotes abstinence by providing alternative reinforcers like gift cards or vouchers when patients show they have not used drugs. In addition, psychologists should also make a habit of asking all their patients about any substance use. They are encouraged not to assume patients without a SUD diagnosis aren't misusing substances or at risk for misuse in the future. In general, (B)there's no black-and-white approach to helping patients struggling with substance use, Mandy Owens, a clinical psychologist and researcher, says. "It's really about tailoring to what each patient needs."

Which of the items below best explain the underlined parts (A) and (B) in the sentences? Consider the context, choose one for each underlined part from the choices, and mark the number on your **Answer Sheet**.

Underlined part (A)

1 Patients must get a coupon ticket in advance to make a reservation for psychotherapy, which enables them to keep self-restraint.

2 The more successful patients are in stopping drug misuse, the less they are punished, which helps them enhance self-restraint.

3 For the purpose of developing self-restraint, patients are given a reward when they successfully avoid misusing substances.

4 For the purpose of cultivating self-restraint, patients have to accept a penalty every time they misuse substances.

Underlined part (B)

1 Patients always have to take an instruction from psychologists even if it is not clear.

2 Psychological support should be provided depending on each patient's specific situation.

3 All patients undergo the same predetermined way of psychological treatment.

4 Psychologists should develop one unique solution beneficial to as many people as possible.

**2** For each sentence below, which of the following items correctly fills in the blank in the best possible way? Choose one from the choices, and mark the number on your **Answer Sheet**. (14 points)

(1) It's surprising that people in the office believed that they could keep the matter (　　).

1 hide　2 hidden　3 hiding　4 to hide

(2) (　　) it rain, we'll postpone the game till the first fine Sunday.

1 When　2 Unless　3 Were　4 Should

(3) After the girl was caught in the accident, she lost any memory of what (　　) before.

1 would happen　2 have happened
3 had happened　4 happens

(4) Most urban areas will keep on growing in (　　) population and distribution of transportation services.

1 addition　2 besides　3 both　4 together

(5) There is (　　) truth to the proverb, "time heals all wounds."

1 no　2 not　3 nothing　4 without

(6) She was told not to run fast, (　　) her knee problem.

1 by way of　2 for want of
3 on account of　4 in spite of

(7) I don't know how to draw, and I'm not interested in learning it, (　　).

1 nevertheless　2 too　3 otherwise　4 either

**3** Read the following passage, and answer the questions below. (28 points)

Allow me to introduce you to two men, Alan and Ben. Without thinking about it too long, decide whom you prefer. Alan is smart, hardworking, impulsive, critical, stubborn, and jealous. Ben, however, is jealous, stubborn, critical, impulsive, hardworking, and smart. Who would you prefer to get stuck with in an elevator? Most people choose Alan, even though the descriptions are exactly the same. Your brain pays more attention to the first adjectives in the lists, causing you to identify two different personalities. Alan is smart and hardworking. Ben is jealous and stubborn. The first traits outshine the rest.

If it were not for the *primacy effect*, people would refrain from decking out their headquarters with luxuriously appointed entrance halls. Your lawyer would (1)( 1. feel 2. happy 3. meet 4. to 5. turning 6. up) you in worn-out sneakers rather than beautifully polished designer shoes.

The *primacy effect* triggers practical errors, too. Nobel laureate Daniel Kahneman describes how he used to grade examination papers at the beginning of his professorship. He did it as most teachers do — in order: student 1 followed by student 2 and so on. This meant that students who answered the first questions flawlessly endeared* themselves to him, thus affecting how he graded the remaining parts of their exams. So, Kahneman switched methods and began to grade the individual questions in batches* — all the answers to question one, the answers to question two, and so forth. Thus, he canceled out the *primacy effect.*

Unfortunately, this trick is not always replicable. When recruiting a new employee, for example, you run the risk of hiring the person who makes the best first impression. Ideally, you would set up all the candidates in order and (2)( 1. after 2. answer 3. let 4. one 5. question 6. them 7. the same) the other.

Suppose you sit on the board of a company. A point of discussion is raised —a topic on which you have not yet passed judgement. The first opinion you hear will be crucial to your overall assessment. The same applies to other participants, a fact that you can exploit: If <u>( a ) ( b ) ( c ) ( d ), ( e ) ( f ) ( g ) ( h ) ( i )</u>(3) first. This way, you will influence your colleagues more and draw them over to your side. If, however, you are chairing the committee, always ask members' opinions in random order <u>( 1. advantage 2. an 3. has 4. no 5. one 6. so 7. that 8. unfair)</u>(4).

The *primacy effect* is not always the culprit*; the contrasting "recency effect" matters as well. The more recent the information, the better we remember it. This occurs because our short-term memory file drawer, as it were, contains very little extra space. When a new piece of information gets filed, an older piece of information is discarded to make room.

When does the *primacy effect* supersede* the *recency effect*, or vice versa? If you have to make an immediate decision based on a series of "impressions" (such as characteristics, exam answers, etc.), the *primacy effect* weighs heavier. But if the series of impressions was formed some time ago, the *recency effect* dominates. For instance, if you listened to a speech a few weeks ago, you will remember the final point or punch line more clearly than your first impressions.

In conclusion: First and last impressions ( A ), meaning the content sandwiched between has only a week influence. Try to ( B ) evaluations based on first impressions. They will deceive you, guaranteed, in one way or another. Try to ( C ) all aspects impartially. It's not easy, but there are ways around it. For example, in interviews, I jot* down a score every five minutes and ( D ) the average afterward. This way, I make sure that the "middle" counts just as much as hello and good-bye.

(Adapted from *The Art of Thinking Clearly*)

（Notes）

**endeared < endear**：cause to be loved or liked

**batches < batch**：a number of things or people regarded as a group or set

**culprit**：the cause of a problem

**supersede**：take the place of

**jot**：write quickly

(1) Rearrange the words in the underlined part (1) in the passage into the correct order. Consider the context, and mark the numbers correctly, from top to bottom, on your **Answer Sheet**.

(2) Rearrange the words in the underlined part (2) in the passage into the correct order. Consider the context, and mark the numbers correctly, from top to bottom, on your **Answer Sheet**.

(3) When you rearrange the items below, which of them best fill in the blanks ( **d** ) and ( **h** ) in the underlined part (3)? Consider the context, choose one for each blank from the choices and mark the number on your **Answer Sheet**.

**1** air **2** an **3** don't **4** have **5** hesitate **6** it
**7** opinion **8** to **9** you

(4) Rearrange the words in the underlined part (4) in the passage into the correct order. Consider the context, and mark the numbers correctly, from top to bottom, on your **Answer Sheet**.

(5) Which of the items below best fill in the blanks ( **A** )～( **D** ) in the passage? Consider the context, choose one for each blank from the choices and mark the number on your **Answer Sheet**. Each choice cannot be used more than once.

**1** assess **2** avoid **3** calculate **4** dominate

# 数学

（100 分）

**問題 $\boxed{1}$ ～ $\boxed{4}$ の各文章中の $\boxed{\text{ア}}$，$\boxed{\text{イ}}$，$\boxed{\text{ウ}}$，$\cdots$ に当てはまる数字 0 ～ 9 を求めて，解答用マークシートの指定された欄にマークしなさい。 ただし，分数は既約分数として表しなさい。 根号の中に入る数は，4 でも 9 でも割り切れないものとします。なお，$\boxed{\text{ア}}$ は既出の $\boxed{\text{ア}}$ を表します。**

$\boxed{1}$ 　1 から 12 までの番号が 1 つずつ書かれた同じ大きさの 12 個の球が入った袋がある。この袋の中から球を 1 つ取り出し，球に書かれた番号を調べて球を元に戻す試行を $T$ とする。いま，数直線上の原点に点 P がある。1 回 $T$ を行い，取り出した球の番号が素数のときは，点 P を正の方向に 2 だけ移動させ，それ以外のときは，P を正の方向に 1 だけ移動させる。$n$ 回目 $(n = 1, 2, 3, \cdots\cdots)$ の $T$ が終わったときの点 P の座標を $x_n$ とし，$x_1, x_2, x_3, \cdots\cdots$ の中に $n$ が含まれる確率を $p_n$ とする。また，$x_0 = 0$, $p_0 = 1$ とする。

**(1)** $p_1 = \dfrac{\boxed{\text{ア}}}{\boxed{\text{イ}\,\vdots\,\text{ウ}}}$, $p_2 = \dfrac{\boxed{\text{エ}\,\vdots\,\text{オ}\,\vdots\,\text{カ}}}{\boxed{\text{キ}\,\vdots\,\text{ク}\,\vdots\,\text{ケ}}}$ である。

**(2)** 関係式

$$\boxed{\text{コ}\,\vdots\,\text{サ}}\,p_{n+1} + \boxed{\text{シ}}\,p_n = \boxed{\text{ス}\,\vdots\,\text{セ}} \quad (n = 1, 2, 3, \cdots\cdots)$$

が成り立つ。

**(3)** $q_n = p_n - \dfrac{\boxed{\text{ソ}\,\vdots\,\text{タ}}}{\boxed{\text{チ}\,\vdots\,\text{ツ}}}$ $(n = 1, 2, 3, \cdots\cdots)$ とおくと，数列 $\{q_n\}$ は公比が $-\dfrac{\boxed{\text{テ}}}{\boxed{\text{ト}\,\vdots\,\text{ナ}}}$ である等比数列となる。

**(4)** $x_0, x_1, x_2, \cdots\cdots$ の中に $n-1, n$ がともに含まれる確率は

$$\frac{\boxed{ニ}}{\boxed{ヌ\,ネ}}\left\{1-\left(-\frac{\boxed{ノ}}{\boxed{ハ\,ヒ}}\right)^n\right\} \quad (n=1,2,3,\cdots\cdots)$$

である。

(25点)

**2**　$m, n$ を自然数とし，log は自然対数を表す。

**(1)**　$m=10$ とする。このとき，

$$\sum_{k=1}^{m} k(k+1) = \boxed{アイウ}$$

であり，

$$\sum_{k=1}^{m} k(k+1)(k+2) = \boxed{エオカキ}$$

である。

**(2)**　$m=20$ とする。このとき，

$$\sum_{k=1}^{m} \frac{1}{k(k+1)} = \frac{\boxed{クケ}}{\boxed{コサ}}$$

であり，

$$\sum_{k=1}^{m} \frac{1}{k(k+1)(k+2)} = \frac{\boxed{シスセ}}{\boxed{ソタチ}}$$

である。

**(3)**　$T_m = \sum_{k=1}^{m} \frac{1}{n+k}$ とおくと

$$\lim_{n\to\infty} T_{40n} = \log \boxed{ツテ}$$

である。

(25点)

**3** 座標平面上に，原点Oを中心とする半径1の円 $C_1$ があって，半径が1である円 $C_2$ と点Aで外接しているという。$C_1$ と $C_2$ の共通接線のうち点Aを通らない共通接線の1つを $l$ とする。円 $C_1, C_2$ と共通接線 $l$ によって囲まれた領域(境界線を含む)を $D_1$，$D_1$ 内(境界線を含む)の点 $O_1$ を中心とし，円 $C_1$，$C_2$ および $l$ と接する円を $C_3$ とする。さらに，円 $C_1$，$C_3$ および $l$ によって囲まれた領域(境界線を含む)を $D_2$ とし，$D_2$ 内(境界線を含む)の点 $O_2$ を中心とする円を $C_4$ とする。

**(1)** 領域 $D_1$ の面積は $\boxed{ア} - \dfrac{\boxed{イ}}{\boxed{ウ}}\pi$ である。また，円 $C_3$ の半径は $\dfrac{\boxed{エ}}{\boxed{オ}}$ である。

**(2)** $\theta = \angle OO_1A$ とすると，$D_2$ の面積は

$$\frac{\boxed{カ}}{\boxed{キ}} - \frac{\boxed{ク}}{\boxed{ケコ}}\pi - \frac{\boxed{サシ}}{\boxed{スセ}}\theta$$

と表される。また，円 $C_4$ が円 $C_1$，$C_3$ および直線 $l$ に接するのは，$C_4$ の半径が $\dfrac{\boxed{ソ}}{\boxed{タ}}$ のときである。

点Aを中心とする円 $B_0$ の半径を $\dfrac{\boxed{ソ}}{\boxed{タ}}$ とする。$B_0$ に内接する正方形を $S_1$，その面積を $p_1$，正方形 $S_1$ に内接する円を $B_1$，その面積を $q_1$ とする。そして，正方形 $S_i$ に内接する円を $B_i$，$B_i$ に内接する正方形を $S_{i+1}$，$S_{i+1}$ に内接する円を $B_{i+1}$ とし，正方形 $S_i$ の面積を $p_i$，円 $B_i$ の面積を $q_i$ とする。ただし，$i = 1, 2, 3, \cdots\cdots$ である。

**(3)** $p_1 = \dfrac{\boxed{チ}}{\boxed{ツテ}}$，$q_1 = \dfrac{\boxed{ト}}{\boxed{ナニヌ}}\pi$ である。そして

$$\sum_{i=1}^{\infty}(p_i + q_i) = \frac{\boxed{ネ}}{\boxed{ノハ}}(\pi + \boxed{ヒ})$$

となる。

(25 点)

**4** 関数 $f(x) = x$, $g(x) = \dfrac{x^2}{2}$ とする。このとき，原点をOとする座標平面上において，直線 $l_1 : y = f(x)$ と放物線 $C : y = g(x)$ を考える。

**(1)** 直線 $l_1$ と放物線 $C$ によって囲まれた部分を $x$ 軸の周りに1回転させてできる立体の体積は $\dfrac{\boxed{\text{ア}}\boxed{\text{イ}}}{\boxed{\text{ウ}}\boxed{\text{エ}}}\pi$ である。また，直線 $l_1$ と放物線 $C$ によって囲まれた部分を $y$ 軸の周りに1回転させてできる立体の体積は $\dfrac{\boxed{\text{オ}}}{\boxed{\text{カ}}}\pi$ である。

**(2)** 直線 $l_1$ 上の点Pで $l_1$ と直交し，かつ放物線 $C$ と異なる2つの共有点をもつ直線を $l_2$ とする。$C$ と $l_2$ の共有点のうち $x$ 座標の大きい方をQとし，点PとQの距離を $s$，原点OとPの距離を $t$ とする。

**(a)** 点Qの $x$ 座標を $q$ とすると $q > -\boxed{\text{キ}}$ であり，$s$，$t$ は，$q$ を用いて

$$s = \sqrt{\boxed{\text{ク}}}\left|\frac{\boxed{\text{ケ}}}{\boxed{\text{コ}}}q - \frac{\boxed{\text{サ}}}{\boxed{\text{シ}}}q^2\right|, \quad t = \sqrt{\boxed{\text{ス}}}\left|\frac{\boxed{\text{セ}}}{\boxed{\text{ソ}}}q + \frac{\boxed{\text{タ}}}{\boxed{\text{チ}}}q^2\right|$$

と表される。$s$ が極大値をとるとき，直線 $l_2$ の方程式は $y = -x + \dfrac{\boxed{\text{ツ}}}{\boxed{\text{テ}}}$ である。

**(b)** $h(x) = -x + \dfrac{\boxed{\text{ツ}}}{\boxed{\text{テ}}}$ とする。連立不等式

$$y \leqq f(x), \quad y \geqq g(x), \quad y \leqq h(x)$$

が表す領域(境界線を含む)を $D$ とする。$D$ を直線 $y = f(x)$ の周りに1回転させてできる立体の体積は $\dfrac{\boxed{\text{ト}}}{\boxed{\text{ナ}}\boxed{\text{ニ}}\boxed{\text{ヌ}}}\sqrt{\boxed{\text{ネ}}}\pi$ である。また，$D$ を直線 $y = h(x)$ の周りに1回転させてできる立体の体積は $\dfrac{\boxed{\text{ノ}}\boxed{\text{ハ}}}{\boxed{\text{ヒ}}\boxed{\text{フ}}\boxed{\text{ヘ}}}\sqrt{\boxed{\text{ホ}}}\pi$ である。

(25点)

# 化学

(80分)

原子量を必要とするときは，次の値を用いなさい。

H 1.00, C 12.0, O 16.0, Na 23.0, Cl 35.5, Ca 40.0, I 127

## 1 原子および化学結合に関する以下の問いに答えなさい。 (25点)

(1) 次の表に示された電子配置をもつ原子**あ**～**こ**について，(a)～(f)の記述にあてはまる元素の原子をすべて選び，その原子の原子番号の数の合計を**解答用マークシート**の指定された欄にマークしなさい。ただし，必要のない桁には0をマークしなさい。

(a) 常温常圧において単原子分子として存在する元素

(b) 周期表の2族に属する元素

(c) 1価の陰イオンになると，ネオンと同じ電子配置になる元素

(d) 1価の陽イオンになると陽子のみになる元素

(e) 1価の陰イオンになりやすい元素

(f) 最外殻電子の数がアルミニウム原子と同じ元素

| 原子 | 電子配置 | | | |
|---|---|---|---|---|
| | K | L | M | N |
| あ | 1 | | | |
| い | 2 | | | |
| う | 2 | 3 | | |
| え | 2 | 4 | | |
| お | 2 | 7 | | |
| か | 2 | 8 | 1 | |
| き | 2 | 8 | 2 | |
| く | 2 | 8 | 7 | |
| け | 2 | 8 | 8 | |
| こ | 2 | 8 | 8 | 2 |

(2)　次の化合物またはイオンの下線部の原子の酸化数を求め，(a)～(c)のそれぞれについて酸化数の合計を**解答用マークシート**の指定された欄にマークしなさい。ただし，必要のない桁には0をマークしなさい。なお，化合物が同一元素を複数含む場合，原子1つ分の酸化数のみを合計すること（例：$N\underline{H}_3$　$C\underline{H}_4$ の場合，$N\underline{H}_3$ のH1つ分の酸化数と $C\underline{H}_4$ のH1つ分の酸化数を合計する）。

(a)　$H_2\underline{S}$　$H_2\underline{S}O_4$　$H\underline{N}O_3$　$\underline{N}_2O_3$

(b)　$H_2\underline{C}_2O_4$　$K_2\underline{Cr}_2O_7$　$\underline{Mn}O_4^-$　$\underline{O}_3$

(c)　$\underline{Zn}S$　$Ca\underline{H}_2$　$H\underline{Cl}O$　$NaH\underline{C}O_3$

(3)　分子についての次の記述のうち，正しいものの組み合わせはどれか。**解答群I**の中から選び，その番号を**解答用マークシート**の指定された欄にマークしなさい。

(a)　極性分子間にはたらく力は，無極性分子間にはたらく力に比べて小さい。

(b)　一般に，極性の大きい分子は極性の大きい溶媒に溶解しやすい。

(c)　二酸化炭素は，2つのカルボニル基の影響により，極性が大きい。

(d)　アンモニアは，分子構造の対称性がよく，無極性である。

(e)　シス-1, 2-ジクロロエチレンは極性分子であるのに対し，トランス-1, 2-ジクロロエチレンは無極性分子である。

**解答群Ⅰ**

0　a, b　　1　a, c　　2　a, d　　3　a, e　　4　b, c
5　b, d　　6　b, e　　7　c, d　　8　c, e　　9　d, e

(4)　物質の状態に関する次の記述のうち，正しいものの組み合わせはどれか。**解答群Ⅱ**の中から選び，その番号を**解答用マークシート**の指定された欄にマークしなさい。

(a)　標準状態(0℃，$1.01 \times 10^5$ Pa)で，水は氷よりも密度が小さい。

(b)　水にスクロースを溶かすと沸点が上昇するのは，純粋な水よりも溶液の蒸気圧が高くなるためである。

(c)　メタンは，アンモニアよりも沸点が高い。

(d)　フッ化水素は，塩化水素よりも沸点が高い。

(e)　ヒドロキノン(1,4-ジヒドロキシベンゼン)は，カテコール(1,2-ジヒドロキシベンゼン)よりも沸点が高い。

ヒドロキノン　

カテコール　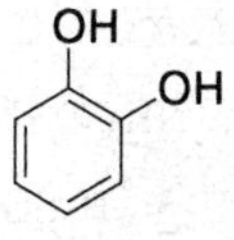


**解答群Ⅱ**

0　a, b　　1　a, c　　2　a, d　　3　a, e　　4　b, c
5　b, d　　6　b, e　　7　c, d　　8　c, e　　9　d, e

(5)　周期表における元素の諸性質(a)～(d)について，(ア) 原子番号が増えるにしたがってどのように変化するか，(イ) その性質と最も密接に関係する事項，の正しい組み合わせを**解答群Ⅲ**の中から選び，その番号を**解答用マークシート**の指定された欄にマークしなさい。

(a)　希ガス(貴ガス)の融点および沸点

(b)　ハロゲン単体の水に対する反応性

(c)　第3周期の元素の最高酸化数(ただし希ガス(貴ガス)は除外する)

(d)　第3周期の元素と酸素との間の単結合の極性

**解答群Ⅲ**

0　(ア)　大きくなる　　(イ)　最外殻の電子数
1　(ア)　大きくなる　　(イ)　イオン化傾向
2　(ア)　大きくなる　　(イ)　ファンデルワールス力
3　(ア)　大きくなる　　(イ)　イオン間距離
4　(ア)　大きくなる　　(イ)　電気陰性度
5　(ア)　小さくなる　　(イ)　最外殻の電子数
6　(ア)　小さくなる　　(イ)　イオン化傾向
7　(ア)　小さくなる　　(イ)　ファンデルワールス力
8　(ア)　小さくなる　　(イ)　イオン間距離
9　(ア)　小さくなる　　(イ)　電気陰性度

(6)　次の文章中の空欄 (ア) ～ (エ) に最も適当なものを**解答群Ⅳ**の中から選び，その番号を**解答用マークシート**の指定された欄にマークしなさい。また，空欄 ① ～ ⑥ にあてはまる数字を**解答用マークシート**の指定された欄にマークしなさい。ただし，ナトリウムの原子量をM，単位格子の一辺の長さをL，アボガドロ定数をNとする。

ナトリウムの結晶の単位格子は，体心立方格子である。ナトリウムの結晶構造において，1個の原子に最も近く隣り合う原子数は ① 個である。単位格子に含まれるナトリウムの原子数は ② 個である。

また，金属ナトリウムの密度は以下の式で示される。

$$\frac{\boxed{③}\ \boxed{(\text{ア})}}{\boxed{(\text{イ})}^{\boxed{④}}\ \boxed{(\text{ウ})}}$$

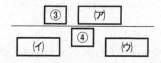

結晶中の各原子を互いに接する球であると考えた場合，ナトリウムの原子半径は以下の式で示される。

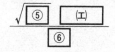

$$\frac{\sqrt{\boxed{⑤}}\ \boxed{(\text{エ})}}{\boxed{⑥}}$$

**解答群Ⅳ【 (ア) ～ (エ) の解答群】**

0 L　　1 M　　2 N

**2** 次の(1)～(5)の設問に答えなさい。　(25点)

空欄 ① ～ ⑭ にあてはまる数字を**解答用マークシート**の指定された欄にマークしなさい。数値は四捨五入し，指示された桁までマークしなさい。ただし，不要な桁には0をマークしなさい。また，空欄 (ア) ～ (ウ) にあてはまる最も適当な語句を**解答群Ⅰ**から，空欄 (A) ～ (B) にあてはまる最も適当な語句を**解答群Ⅱ**から選び，その番号を**解答用マークシート**の指定された欄にマークしなさい。

| | |
|---|---|
| 水のモル凝固点降下 | 1.85 K·kg/mol |
| ベンゼンのモル凝固点降下 | 5.12 K·kg/mol |
| ベンゼンの凝固点 | 5.53 ℃ |

(1) 非電解質の希薄溶液の凝固点降下度は， (ア) の種類に関係なく， (イ) の (ウ) に比例する。

**解答群Ⅰ**

0 溶　液　　1 溶　質　　2 モル濃度

3 質量パーセント濃度　　4 質量モル濃度

(2) 水500 gに塩化カルシウム六水和物($CaCl_2 \cdot 6H_2O$) 75 gを溶解させた水溶液の凝固点は，−2.89 ℃であった。

塩化カルシウム水溶液中における$CaCl_2$の電離度は， ① . ② ③ である。
（小数点）

(3) 純水 200 g に 0.012 mol のスクロース $C_{12}H_{22}O_{11}$ を溶解させた水溶液がある。この水溶液を冷却してスクロースを含まない純粋な氷 50 g が生成したとき，水溶液の温度は，− ④ . ⑤ ⑥ ℃ である。

（↑マイナス　↑小数点）

(4) 100 g のベンゼンに 1.22 g の安息香酸 $C_6H_5COOH$ を溶解させた溶液の凝固点は 5.27 ℃ であった。なお，安息香酸はベンゼン中では水素結合によって 2 分子が会合し，二量体を形成する。

(a) ベンゼン溶液中での安息香酸のみかけの分子量(計算で算出される分子量)は，⑦ ⑧ ⑨ である。

(b) ベンゼン溶液中において，安息香酸のうち，水素結合によって 2 分子が会合し，二量体に変化したものの割合は，⑩ ⑪ % である。

(5) 注射剤や点眼剤の浸透圧が血液や涙液などの体液の浸透圧と等しい場合は等張である，体液の浸透圧よりも高い場合は高張である，体液の浸透圧よりも低い場合は低張であるという。

(a) 注射剤を静脈内注射したとき，赤血球に与える影響は注射剤の浸透圧により変化する。

注射剤が高張である場合は，　(A)　。

注射剤が低張である場合は，　(B)　。

(b) 5.04 %(質量パーセント濃度)のブドウ糖 $C_6H_{12}O_6$ 水溶液と同じ浸透圧を有する塩化ナトリウムを含む注射剤を 200 mL 調製するためには，

⑫ . ⑬ ⑭ g の塩化ナトリウムが必要である。

（↑小数点）

ただし，ブドウ糖水溶液の密度を 1.00 g/cm³ とし，塩化ナトリウムは完全に電離するものとする。

**解答群 II**

0 細胞内液中の水分子が細胞外へ移動し，赤血球が収縮する

1 細胞内液中の水分子が細胞外へ移動し，赤血球が膨張する

2 細胞外液中の水分子が細胞内へ移動し，赤血球が収縮する

3 細胞外液中の水分子が細胞内へ移動し，赤血球が膨張する

**3** 分子内に複数のエステル結合をもち，炭素，水素および酸素からなる分子量 400 以下の化合物 A がある。この化合物 A の構造を明らかにすることを目的として，以下に示す[実験 I ]～[実験Ⅷ]を行った。これらの文章を読み，(1)～(10)の各設問に答えなさい。この際，空欄 (ア) ～ (ク) には，これにあてはまる最も適当な語句を指定された**解答群**から選び，その番号を**解答用マークシート**の指定された欄にマークしなさい。また，空欄 ① ～ ⑲ には，これにあてはまる最も適当な数字を**解答用マークシート**の指定された欄にマークしなさい。ただし，数値は四捨五入し，指示された桁まで答えなさい。この際，不要な桁がある場合には 0 をマークしなさい。 (25 点)

[実験 I ] 90.5 mg の化合物 A を正確にはかり取り，十分な量の酸素の存在下で完全に燃焼させたところ，二酸化炭素 242.0 mg と水 40.5 mg を生じた。

[実験 II ] 90.5 mg の化合物 A に硫酸の存在下で水を作用させ，全てのエステル結合を完全に加水分解したところ，いずれも分子内にベンゼン環をもつ化合物 B および化合物 C を 1：2 のモル比で与えた。

[実験Ⅲ] 化合物 B および化合物 C の混合物をジエチルエーテルに溶解させた後，水酸化ナトリウム水溶液とよく振り混ぜた。しばらく静置してから水層と有機層を分離した。

[実験Ⅳ] [実験Ⅲ]で得られた有機層を加熱してジエチルエーテルを完全に蒸発させたところ，化合物 B が得られた。

［実験Ⅴ］［実験Ⅳ］で得られた化合物Bにヨウ素と水酸化ナトリウム水溶液を加えて加熱したところ，化合物Bの全てが反応して黄色の化合物Dが生じた。

［実験Ⅵ］化合物Bについて，その光学的な性質を調べたところ，偏光(一定方向にのみ振動する光)の振動面を回転させる性質を示した。

［実験Ⅶ］［実験Ⅲ］で得られた水層に氷冷下で濃塩酸を少量ずつ加えて酸性としたところ，化合物Cが遊離した。

［実験Ⅷ］化合物Cのジエチルエーテル溶液に少量の硫酸と無水酢酸を加えて撹拌したところ，分子内にエステル結合をもつ化合物Eを与えた。

(1) 化合物Aの分子式はC［①②］H［③④］O［⑤⑥］である。

(2) ［実験Ⅱ］の反応が完全に進行したと仮定すると，この際に生成する化合物Bの質量は［⑦⑧］.［⑨］mg，化合物Cの質量は［⑩⑪］.［⑫］mgとなる。
（↑小数点）

(3) ［実験Ⅲ］の下線部の実験操作において，下層となるのは［(ア)］である。

［(ア)］の解答群

0　有機層　　1　水　層

(4) 化合物Bと同じ分子式をもつ異性体のうち，分子内にベンゼン環をもち，酸化反応によってフェーリング反応に陽性を示す化合物を与えるものは［⑬⑭］種類存在する。

(5) 化合物Bと同じ分子式をもつ異性体のうち，分子内にベンゼン環およびエーテル結合をもつものは［⑮⑯］種類存在する。

(6)［実験Ⅱ］から［実験Ⅴ］に含まれる全ての反応が完全に進行したと仮定すると，この際に生成する化合物Dの質量は ⑰⑱.⑲ mgとなる。

（↑小数点）

(7)［実験Ⅵ］の結果は，化合物Bには (イ) に由来する (ウ) が存在していることを示している。

(イ) および (ウ) の解答群

0　自由電子　　1　不斉炭素原子　　2　不対電子
3　二重結合　　4　非共有電子対　　5　電気伝導性
6　構造異性体　　7　幾何異性体　　8　鏡像異性体
9　分子内水素結合

(8)［実験Ⅶ］において得られた化合物Cは， (エ) と (オ) の反応によって得られる中間体に高温・高圧下で (カ) を作用させた後，さらに生成物に酸を加えることによって得ることができる。

(エ) の解答群

0　安息香酸　　1　アニリン　　2　ニトロベンゼン
3　ベンゼン　　4　フェノール　　5　トルエン

(オ) の解答群

0　臭　素　　1　硫　酸　　2　硝　酸
3　亜硝酸　　4　水酸化ナトリウム　　5　過マンガン酸カリウム

(カ) の解答群

0　一酸化炭素　　1　二酸化炭素
2　ホルムアルデヒド　　3　プロピレン(プロペン)
4　アセチレン(エチン)　　5　亜　鉛

(9) [実験Ⅷ]において得られた化合物Eは，[(キ)]の主成分として広く用いられている。

[(キ)]の解答群

0 洗　剤　　1 麻酔剤　　2 染　料
3 香　料　　4 解熱鎮痛剤　　5 抗生物質

(10) 化合物Aと化合物Eは，[(ク)]の有無によって識別することができる。

[(ク)]の解答群

0 塩化鉄(Ⅲ)水溶液の添加による呈色
1 ヨウ化カリウム水溶液の添加による呈色
2 金属ナトリウムとの反応による水素の発生
3 さらし粉水溶液の添加による呈色
4 アンモニア性硝酸銀(Ⅰ)水溶液の添加による銀鏡の生成

**4** アミノ酸，タンパク質，酵素に関する次の設問(1)〜(3)に答えなさい。(25点)

(1) 次の文章中の空欄 [(ア)] 〜 [(シ)] および [(a)] 〜 [(d)] にあてはまる最も適当なものを指定された**解答群**から選び，その番号を**解答用マークシート**の指定された欄にマークしなさい。必要ならば，同一番号を繰り返し用いてよい。

カルボキシ基とアミノ基が同じ炭素に結合している化合物を [(ア)] -アミノ酸という。アミノ酸のアミノ基は， [(イ)] 反応により検出できる。アラニン($H_2NCH(CH_3)COOH$)の水溶液の等電点では，陽イオン，双性(両性)イオン，陰イオンのうち， [(ウ)] イオンの物質量が最も多くなるが，酸を加えて等電点よりもpHを低下させていくと， [(エ)] イオンの物質量が増加していく。

[(a)] 以外の [(ア)] -アミノ酸には鏡像異性体が存在するが，ヒトの体を構成するアミノ酸は [(オ)] 体のアミノ酸である。また，多数のアミノ酸からなるポリペプチドは，その水溶液に濃いNaOH水溶液を加えてから少量の硫酸銅(Ⅱ)を加えることにより赤紫色の [(カ)] が形成されることで検出できる。ポリペプチド鎖が高次構造をとる際にジスルフィド結合により安定化されるが，このとき必要な [(キ)] をもつアミノ酸は [(b)] である。

ポリペプチドを主成分とするタンパク質中の [(ク)] は，タンパク質水溶液に濃いNaOH水溶液を加えて加熱後，酢酸鉛(Ⅱ)水溶液を加えることで生じる [(ケ)] 色沈殿により検出できる。一方，タンパク質水溶液に固体のNaOHを加えて加熱すると，気体が発生する。この気体が赤色リトマス紙を青色に変化させることや，この気体に濃塩酸を近づけると白煙が生じることによりタンパク質中の [(コ)] が検出できる。また，タンパク質水溶液に濃硝酸を加えて加熱すると，ベンゼン環がニトロ化されて [(サ)] 色になり，さらに冷却後にアンモニア水などを加えて塩基性にすると，橙黄色になる。この反応を [(シ)] 反応といい，この反応はタンパク質中に [(c)] や [(d)] といったアミノ酸が含まれていることを示している。

**(ア) および (オ) の解答群**

0 $\alpha$　1 $\beta$　2 $\gamma$　3 $\delta$　4 L　5 D

**(イ), (キ), (シ) の解答群**

0 ビウレット　1 キサントプロテイン

2 ニンヒドリン　3 ヒドロキシ基(−OH)

4 チオール基(−SH)　5 アミノ基($-NH_2$)

6 カルボキシ基(−COOH)　7 ベンゼン環

8 メチル基($-CH_3$)

**(ウ) および (エ) の解答群**

0 陽　1 陰　2 双性(両性)

**(カ) の解答群**

0 沈　殿　1 錯イオン　2 親水コロイド

3 疎水コロイド

**(ク) および (コ) の解答群**

0 炭　素　1 酸　素　2 窒　素

3 水　素　4 硫　黄　5 リン

**(ケ) および (サ) の解答群**

0 白　1 黄　2 赤　3 黒

**(a) ～ (d) の解答群**

0 アスパラギン酸　1 アラニン　2 グリシン

3 グルタミン酸　4 システイン　5 セリン

6 チロシン　7 フェニルアラニン　8 メチオニン

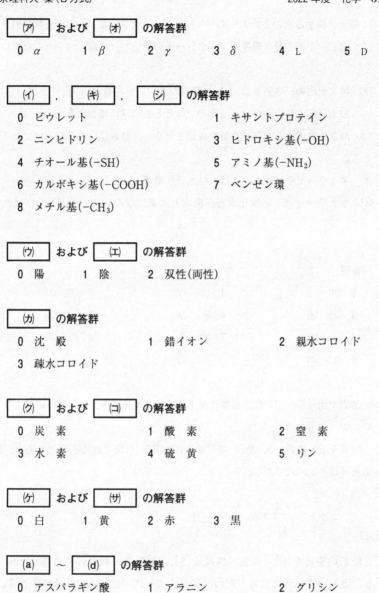

9 リシン

(2) 酵素に関する次の文章(ア)～(オ)のうち，正しい文章の組み合わせを**解答群**から**1つ**選び，その番号を**解答用マークシート**の指定された欄にマークしなさい。

(ア) 酵素反応の反応速度は，pH に関係なく一定である。

(イ) 酵素反応の反応速度は，温度の上昇とともに常に増加する。

(ウ) 酵素を構成するタンパク質を変性させると，酵素反応の反応速度は低下する。

(エ) アミラーゼやマルターゼは，加水分解酵素である。

(オ) カタラーゼは，過酸化水素が酸素と水素になる反応の触媒としてはたらく。

**解答群**

| | | |
|---|---|---|
| 0 (ア)，(イ) | 1 (ア)，(ウ) | 2 (ア)，(エ) |
| 3 (ア)，(オ) | 4 (イ)，(ウ) | 5 (イ)，(エ) |
| 6 (イ)，(オ) | 7 (ウ)，(エ) | 8 (ウ)，(オ) |
| 9 (エ)，(オ) | | |

(3) 酵素が関わる反応の反応速度に関する次の文章を読み，次の問いに答えなさい。

酵素を E，基質を S，酵素-基質複合体を ES，反応生成物を P とすると，酵素反応は下記の式で表される。

$$\mathrm{E + S} \underset{k_3}{\overset{k_1}{\rightleftarrows}} \mathrm{ES} \xrightarrow{k_2} \mathrm{E + P}$$

酵素の濃度を[E]，基質の濃度を[S]，酵素-基質複合体の濃度を[ES]とし，上記の式に含まれる下記の酵素反応①～③の反応速度をそれぞれ $V_1$, $V_2$, $V_3$，反応速度定数をそれぞれ $k_1$, $k_2$, $k_3$ とする。また酵素反応②と③により酵素-基質複合体が分解する反応速度を $V_4$ とする。

| 酵素反応 | 反応速度式 |
| --- | --- |
| ① $E + S \longrightarrow ES$ | $V_1 = k_1[E][S]$ |
| ② $ES \longrightarrow E + P$ | $V_2 = k_2[ES]$ |
| ③ $ES \longrightarrow E + S$ | $V_3 = k_3[ES]$ |

ただし，酵素の全濃度を$[E]_{all}$とし，一定とする。

$$[E]_{all} = [E] + [ES]$$

このとき，酵素反応②と③により酵素-基質複合体が分解する反応速度式として正しいものを次の**0**～**9**から**1**つ選び，その番号を**解答用マークシート**の指定された欄にマークしなさい。

**0**　$V_4 = (k_1 + k_2)[E][S]$　　**1**　$V_4 = (k_1 + k_2)[ES]$

**2**　$V_4 = (k_2 - k_1)[E][S]$　　**3**　$V_4 = (k_2 - k_1)[ES]$

**4**　$V_4 = (k_2 + k_3)[E][S]$　　**5**　$V_4 = (k_2 + k_3)[ES]$

**6**　$V_4 = (k_2 - k_3)[E][S]$　　**7**　$V_4 = (k_2 - k_3)[ES]$

**8**　$V_4 = (k_1 + k_2 + k_3)[E][S]$　　**9**　$V_4 = (k_1 + k_2 + k_3)[ES]$

# 解答編

## 英語

（注）解答は，東京理科大学から提供のあった情報を掲載しています。

**1** **解答** (1) a－2　b－3　c－1
(2)－3　(3)－4　(4)－1　(5)－3
(6) 3－2－7－4－5－1－6　(7)－4
(8) 1－F　2－T　3－F　4－T　5－T　6－T　7－F
(9)(A)－3　(B)－2

◆全　訳◆

≪パンデミック下の薬物使用問題≫

現在起きている新型コロナウイルスのストレスや不安により，合衆国では心理学者からの精神衛生サービスを求める声が高まっている。しかし，不安やうつのような状態が人々の直面している唯一の精神衛生上の問題ではない。専門家が言うには，オピオイドや覚せい剤の乱用もまた上昇しており，それを助けるには心理学者が適した立場にあるのだ。

薬物乱用に伴って生じるさまざまなリスクに加えて，物質使用障害（SUD）の人たちは，新型コロナウイルスに罹りやすくなるだけでなく，入院や死亡率を含め新型コロナウイルスの転帰が悪くなる。

アメリカ疾病予防管理センター（CDC）によれば，2020 年 6 月の時点で，13％のアメリカ人が，新型コロナウイルスに関連したストレスや情緒に対処する方法として薬物を使用し始めたり，使用量を増やしたりしたと報告している。パンデミックが始まって以来，薬物過剰摂取（オーバードース）もまた急激に増えてきた。過剰摂取解析応用プログラム（ODMAP）と呼ばれる報告制度により，パンデミックの開始数カ月で，2019 年の同時期と比べてアメリカ全土で薬物過剰摂取が 18％上昇したことが示されている。米国医師会によれば，この傾向は 2020 年を通じて続き，12月にはアメリカの40を超える州で，物質使用障害の人たちに対する今なお続く懸念と並んで，オピオイドに関連した死亡率の上昇がみられたことが報じられた。

ワシントン大学のアルコールおよび薬物乱用研究所の臨床心理学者兼研究者であるマンディ=オーウェンズは，パンデミックのさなかにドラッグの使用量と使用頻度の双方の上昇を含む薬物使用が急激に上昇したことを観察したと述べている。薬物を使用する人たちの一部は，もし普段使用する薬物がさらに手に入りにくくなっていた場合，新たなドラッグを使用し始めていた可能性もある。たとえばオーウェンズによれば，流通しているドラッグの手に入りやすさが変化したため，ワシントン州では次第に違法に生産されてきている合成オピオイドのフェンタニルの使用が上昇したという。けれども，米国国立薬物乱用研究所副所長のウィルソン=コンプトンによれば，使用率とドラッグの種類に関する正確なデータは入手しがたいという。

診療記録（カルテ）は薬物使用に関する主要な情報源となるデータであるが，ケンタッキー大学の教授であるシャロン=ウォルシュによると，医療提供者が薬物過剰摂取事例に対する毒物学的な報告をCDCに伝えるには数カ月かかりうる。また，薬物使用を正確に追跡できるかどうかは，戸別訪問や学校ごとの調査ができるかどうかに大きく依存するが，こうした調査はパンデミックのさなかに実施することがいっそう困難になってしまった。

しかしながら，ウォルシュは，州レベルにおけるデータの方が少しだけ明確であると言う。彼女の研究によれば，ケンタッキー州ではパンデミックのさなか薬物過剰摂取に関連した事例で緊急治療室に運ばれる患者の数が増えた。対照的に，同州においてオピオイドと関係のない急患への救急車の出動回数は減少した。「病院において他の症状での初診患者の受診数が減っていることに鑑みると，オピオイドの問題は本当に悪化しているのです」と彼女は言う。

コンプトンは，薬物使用が増えたことすべてを新型コロナウイルスと結びつけて考えることにはくぎを刺す。たとえば，ドラッグの手に入りやすさが変わったことも，違法なオピオイド使用による死者数の増加の原因となっているのかもしれない。けれども，パンデミックに関連した精神的緊張，それは経済上のストレスや孤独感からウイルスに対する一般的な不安までさまざまだが，それが増加の主要な原因であると，専門家は研究や臨床観察に基づいて認めている。「ドラッグ使用を増加させることがわかっているさまざまな要因が重なる最悪な状態のようになっているのです」とケンタッキー大学の教授であるウィリアム=ストゥープスは述べる。「人々はこれまで以上にストレスと孤独を感じていて，それで飲酒の量を増やしたりドラッグを用いたりすることを含めて不健全な決断をしているのです」

人々のストレスが増大するにつれて，ストレスに対処する手段も少なくなるのかもしれず，オーウェンズが述べるように，このことがおそらく薬物乱用の上昇の一因になっている可能性がある。たとえば，身体的活動や社会的交流のように回復力を増進させる活動は，コロナ前と比べて従事する安全性が低くなり利用もしにくくなったが，これにより一部の人々はドラッグを用い始めたり，ドラッグの使用頻度を高くするか使用量を増やしたりしている可能性がある。

薬物過剰使用の増加には，パンデミックに関連した実際的な理由もある。コンプトンが言うには，救急車を呼んだりオピオイド拮抗薬であるナロキソンを投与したりする人が誰もいないため，ドラッグをひとりで使用しているとき人々は死亡する可能性が高くなる。パンデミックのさなかにひとり暮らしをしている人々にとって，こうした孤立自体は明確なリスクを示す。さらに，パンデミックの初期においては一部の診療所や地域に根差した団体がサービス提供を減らしていたため，オピオイド使用から回復するために必要な医療を探すことがいっそう困難になった。

ウォルシュが言うには，3月と4月に，ケンタッキー州のメサドンクリニック（麻薬依存症患者のための診療所）では，治療をやめた患者数が増加し，新たに治療を開始した患者数は減少した。「医師は主に新型コロナウイルスに集中してしまい，医療体制は圧迫され，それゆえ人々は必要とする医療を必ずしも利用できなくなるのです」とストゥープスは言う。「物質使用障害にはまた，人々を治療から遠ざけてしまう偏見があり，パンデミックのさなかにはそれがいっそう強くなるのです」

幸いなことに，行動面の健康上の懸念に遠隔治療が利用しやすくなってきたおかげで，パンデミック期間を通じて人々が物質使用障害に医療を利用することが容易になってきている。パンデミックのせいで当初は多くの診療所や地域に根差した団体がサービス提供の道を閉ざしてしまったけれども，保険会社や保険組合が必要性を認めたことにより，身体的および精神的な問題に対して遠隔医療という選択肢がしだいに利用しやすくなってきた。さらには，ナルコティクス・アノニマスとかアルコホーリクス・アノニマスのような地域に根差した団体とオンラインでやり取りすることもしだいに普通のことになりつつある。メディケイドを含めてほとんどの保険会社も，物質使用障害を含めた行動面の健康の治療に関して以前行っていた遠隔医療の制限を撤廃した。

たとえば，コンプトンが言うには，今や医師らは患者に対して，対面での診察をせず遠隔医療によって，オピオイド依存症患者の回復に使用される薬であるブプレノルフィンの使用を開始することができる。またオピオイド治療プログラムの提供者は，（いわゆる「メサドンクリニック」で）パンデミックのさなか以前よりも頻繁に治療維持のための持ち帰り用メサドンを患者に渡し続けてきた。「平時では一度に30回分のメサドンを家に持ち帰るためには極めて安定した状態でなければなりませんが，患者がオピオイド治療プログラムに毎日顔を見せる必要がないように，この必要条件を緩和したのです」とコンプトンは言う。

遠隔医療をさらにうまく利用するということは，薬物使用の問題を抱える人々が地理的に離れた精神医療を探すこともできるということである。安定したインターネットサービスや電話サービスがなければ治療を利用することは難しいだろうとオーウェンズが述べる一方で，コンプトンによれば，臨床医は主に，遠隔医療の利用が増えているおかげで心理療法の予約に訪れる患者の数が増えたと報告しているという。「パンデミック期間を通じて治療のインフラ面で起きた変化の中で明白な利点とは，遠隔医療が利用しやすくなったことで，援助を求める瀬戸際に立っていた何人かの人々がその援助を求める手助けになったということかもしれません」と，ジョンズホプキンス大学医学部の博士研究員であるジャスティン=ストリックランドは述べている。

## ◀解　説▶

(1)基本的な熟語を入れる問題。4の providing that はその後に節を伴う必要があるので a・b・c のいずれにも入らないことに気がつけば若干解きやすくなる。*ex.* I'll lend you my ruler, providing that you return it tomorrow.「明日返してくれるなら私の定規を貸してあげよう」

a．as of ～「～の時点で」 空所のあとに日時がきているので2を選ぶ。

b．compared with ～「～と比べて」 空所前後で the early months と those same months とが比べられていることに注目する。

c．along with ～「～に加えて，～と並んで」 空所前後の opioid-related mortality と ongoing concerns という名詞が並列していることに注目する。意味から考えてもこの両者は比較しているわけではないので3ではなく1が適切。

⑵ come by ～「～を手に入れる」という熟語を知っていれば平易であるが，たとえ知らなくとも前後の内容から意味を類推することが必要である。まず，下線部(イ)を含む文の直後の第5段第1文（Health care records …）には，data on substance use という表現が見られるが，これは下線部(イ)を含む文の主語である data on use and drug type に関連している。したがって，第5段は下線部(イ)を含む文の具体的説明となっていると考えられる。第5段の内容は，要約すると「薬物利用に関するデータの主情報源はカルテの記録であるが，それは報告に時間を要するし，また戸別訪問や学校単位での調査も必要だが，パンデミックのさなか実施しにくくなっている」というものであり，これは「薬物利用に関するデータを入手することの難しさ」を示していると判断できる。したがって，正確なデータは，3の「入手しがたい」が正解。他の選択肢の意味は，1は「批判的に分析されている」，2は「いっそう理解しやすい」，4は「ほとんど信頼に値しない」となる。

⑶ be to blame for ～「～に対して責任がある，～の原因となる」という熟語を知っていれば解きやすい。下線部(ロ)を含む文の次の文（But experts agree …）には，a major driver for the increase「増加の主要な原因」という表現がある。この the increase は，下線部(ロ)の直後の increased illicit opioid use deaths「違法なオピオイド使用による死者数の増加」を受けたものである。したがって，下線部(ロ)を含む文も「(増加の）原因」に関連した内容だと考えられる。よって，下線部(ロ)は「～の原因となる」という意味の4が正解。2の「～の結果として起こる」では因果関係が逆になるのでふさわしくない。他の選択肢の意味は，1は「～と

比較できる」，3は「〜に置き換えられる」となる。

⑷下線部⒣の直前の文（But experts agree …）では，ドラッグ関連死の増加の原因として「経済上のストレスや孤独感やウイルスに対する不安」など「パンデミックに関連するさまざまな精神的緊張」の例を複数個挙げている。したがって，1の「ほぼ同時にたくさんのよくない問題が存在している」がふさわしい。なお，perfect storm とは「複数の悪いことが同時に起こる最悪な事態」という意味で用いられる慣用表現である。*ex.* Japan's economy has been hit by a perfect storm.「日本経済は最悪の状況に見舞われた」

また，他の選択肢は，2は「系統立てて示された不都合な結果はわずかしかない」，3は「かなり多くの解決策が次から次へと提供されている」，4は「簡潔に提供された正解は1つしかない」というものであるから，明らかに前後の文脈とは異なるため，消去法でも答えは出る。

⑸「保険会社が治療に関して以前行っていた遠隔医療の制限を lift した」とはどういうことかを考える。下線部⒩を含む文の主語は insurers「保険会社」である。これは，第11段第2文（While the pandemic …）の insurance providers とほぼ同義で，そこでは「保険会社や保険組合が必要性を認めたことにより，遠隔医療という選択肢が利用しやすくなってきた」のように述べられている。したがって，保険会社は，規制を取り除くことで遠隔医療を促進したと考えるのが自然である。よって3の「以前行っていた遠隔医療への制限を取り除いた」が正しい。なお，lift は「持ち上げる」という意味から転じて「規制等を撤廃する」という意味でも広く用いられる。*ex.* The state of emergency has been lifted in Tokyo.「東京では緊急事態宣言が解除された」

また，他の選択肢のうち遠隔医療を促進したという文脈に合うのは1の「遠隔医療に関する公共の意識を高めた」だが，下線部⒩の restrictions「規制」という部分にまったく触れていないため不可。2の「遠隔医療の潜在的重要性を無視した」と，4の「遠隔医療の些細な問題点を発見した」は文脈と矛盾する内容であるため不可。これも消去法で答えが出る。

⑹下線部⒫の文は Normally で始まり，下線部⒫を経て後半部分との間は接続詞 but で連結されている。つまり，but 以下の「けれども，患者が毎日来る必要がないようにそうした必要条件を緩和した」の前提として「ふ

つうは」どんな満たすべき条件があったかが下線部(ホ)に書かれていると予想できる。したがって，選択肢からまず「〜すべきだ，〜しなければならない」というような〈満たすべき条件〉を表す語句の組み合わせがないかを探すと，3と2を合わせて have to be 〜「〜でなければならない」とするか，3，4，5を合わせて have to take 〜「〜を持っていかなければならない」とするかである。take は下線部(ホ)の直後の名詞句 30 doses を目的語として取ると考えられるため，仮に have to take となる場合，2の to be のような語句は take と目的語の間には入ることができず，have より前に来なければならない。ところが，2は to をともなって不定詞の形で与えられているので，下線部(ホ)の直前の主語 you を受ける動詞になり得ない。よって，have to be という順序になるのが適切だと考えられる。be のあとには形容詞 stable を含む7がくるのが最も自然。さらに，4と5を合わせて作った不定詞 to take が，これまでに並べ替えた（you）have to be extraordinarily stable を後ろから修飾して「〜するためには…しなければならない」という構成になると考えれば，残る選択肢は1と6である。1に as many という〈数〉に関係する語句があるので，これは下線部の直後の 30 doses を修飾する表現の一部だと考えられる。よって，1と6を合わせて as many as 〜「(数値の多さを強調して)〜も」を作り，30 doses の直前に置けばよい。この場合，as many as は 30 doses を直接修飾する補足のための語句なので，take と 30 doses の目的語関係を邪魔することなく，自然に間に入ることができる。よって，正解の語順は（Normally you）have to be extraordinarily stable to take as many as（30 doses at a time home, …）となり，全体では「一度に 30 回分も家に持ち帰るには極めて容体が安定していなければならない」という意味になる。

(7)下線部(ヘ)は help *A do*「*A* が〜するのを助ける」の *A do* の部分であり，*A*＝some folks that were on the precipice of seeking help で，*do*＝go seek that help となる。go seek は go and seek の and が欠落した表現で，口語においてよくみられる。文前半の「パンデミックのさなかに起きた治療インフラの利点」を受けて，この部分は「遠隔医療が利用しやすくなったことが，助けを求める precipice にあった何人かの人々が実際にその助けを求めに行ける一助になった」という意味になる。この文脈から判断すれば，precipiceの意味が「断崖絶壁，危機の瀬戸際」であることを知らなくても，4の「サポートを求めることに苦労していた患者の一部がそのようなサポートを求めようと決断する」が一番近いと判断できる。他の選択肢は，1は「患者を支援する時間が十分になかった臨床医の一部が時間を作る」，2は「経済的支援を必要としていた一部の臨床医が自活する手段を見出す」，3は「他人を助ける機会のなかった一部の患者がそのチャンスを手に入れる」となり，内容がまったく異なる。

(8) 1．「マンディ=オーウェンズは，新型コロナウイルスパンデミックのさなかでドラッグ使用量の増加に気づいたけれども，同時に使用頻度の増加については未だ気づいていない」

第4段第1文（Mandy Owens, a …）参照。ドラッグ使用の量と頻度の双方の上昇に気がついているためF。

2．「米国の特定のある州は，新型コロナウイルス危機のさなかに薬物過剰使用に関連した事故による緊急救命室の利用が増加したが，オピオイドとは関係ない緊急事案における医療が減少した」

第6段第2文（According to her …）および同段第3文（By contrast, the …）参照。ケンタッキー州の事例に合致するのでT。なお，第6段第3文中のmedical service runsとは救急車の出動回数を意味する。

3．「パンデミックのさなか，身体的活動や，社会的交流が利用しにくくなったことは，薬物の乱用から人びとが回復する力とはほとんど関係ない」

第8段第2文（For example, resilience-promoting …）参照。身体的活動や社会的交流は回復力を高める活動の具体例として述べられているため「関係ない」ことはないのでFである。

4．「人々がひとりでドラッグを用いているとき助けられる可能性が低くなる原因の1つは，救急車を呼ぶ人がいないということである」

第9段第2文（Compton says people …）参照。911を呼ぶとは日本でいう119番であり救急車を呼ぶことを意味するためT。

5．「パンデミックにより当初医療機関の一部はサービスを減らすことを余儀なくされたが，健康問題を解決する1つの手段として遠隔通信が徐々に利用できるようになりつつある」

第11段第2文（While the pandemic …）参照。close their doors「扉を

閉める」とは「活動を停止する」つまり「サービスを減らす」ことを意味するし，telehealth options とは「遠隔医療という選択肢」つまり遠隔通信を用いることを示すためT。

6.「医師の対面での問診なしにブプレノルフィンを提供することが今や許されている」

第12段第1文（For example, Compton …）に一致するのでT。in-person exam とは，患者本人と直接会って診察することを意味する。

7.「遠隔医療の利用が増えていっても，患者の一部は安定したインターネットや電話サービスにアクセスできないため，心理療法のために姿を見せる患者の数には影響しない」

最終段第2文（While Owens says …）参照。オーウェンズは安定したインターネットや電話サービスを持たない人々にとって遠隔医療は難しいと述べるが，コンプトンは遠隔医療の利用が増えたことで診察のために訪れる患者が増えたと報告する医師が多いと述べているためF。

(9) 2つの下線部を含む文章の全訳は以下の通りである。

「新型コロナウイルスが薬物使用問題に影響を与えてきた一方で，いくつかの実用的な解決策も提唱されている。特に心理学者は，物質使用障害（SUD）と闘っている患者を支援するのに適した立場にある。たとえば，一部の心理学者は随伴性マネジメントと呼ばれる手法を用いるが，(A)これは，患者がドラッグを使用しなかったことを示したら，ギフトカードやクーポン券のような代替強化因子を与えて患者の自制を促すものである。さらに心理学者は，どんな薬物使用についてであれ，すべての患者に尋ねる習慣を身につけるべきである。心理学者には，SUD の診断のない患者が薬物を乱用していないとか，将来乱用する危険がないなどと思い込まないことが求められる。一般に，(B)薬物使用に取り組んでいる患者を助けることに白か黒かという明確な手法はない。臨床心理学者で研究者でもあるマンディ=オーウェンズは言う。「それぞれの患者が必要とするものに合わせていくことに尽きるのです」

(A) SUD 患者に対して心理学者が用いる随伴性マネジメントという手法に関する記述である。abstinence という語が難しいかもしれないが，「ドラッグを使用しなかった場合にギフトカード等を提供されることで（心理学上）促されるもの」であるから，文脈上「自制」とか「克己心」などが予想できる。したがって，答えは3の「自制心を高める目的で，患者が薬物乱用をうまく回避できた場合に報酬が与えられる」になる。

他の選択肢は，1は「患者は，心理療法の予約をするために事前にクーポン券を手に入れなければならないが，これにより患者は自制心を保つことができる」，2は「患者がドラッグの乱用をやめることに成功を収めれば収めるほど，罰せられることが少なくなるが，これにより患者が自制心を高めることに役立つ」，4は「自制心を養うために，患者は薬物乱用をするたびごとに，罰を受けなければならない」であるが，いずれも下線部(A)の記述とまったく異なる。

(B)薬物使用患者を助けるための「白か黒かの手法」は存在しないとはどういう意味かが問われている。下線部(B)を含む文に続くオーウェンズの発言が下線部(B)の説明になっている。オーウェンズは「それぞれの患者が必要とするものに合わせていくこと」と述べているので，下線部(B)は「うまくいくかいかないかの二者択一の答えはなく，その中間に個人に合わせたさまざまな解決策があるはず」という意味だと考えられる。したがって，答えは2の「心理学的な支援は，それぞれの患者の特定の状況に合わせて提供されるべきだ」になる。tailor は「その人に合わせて（服を）あつらえる」という意味であり，近年では各人の遺伝情報の違い（エピジェネティクス）に合わせた治療である「テーラーメード医療」という使い方でも耳にしたことがあるだろう。

他の選択肢は，1は「患者は常に心理学者から，たとえそれが明確でないとしても，指導を受けなければならない」，3は「すべての患者は，あらかじめ定められた同じ心理学的治療方法を受ける」，4は「心理学者は，できる限り多くの人々に役に立つ1つの固有の解決法を開発すべきである」だが，いずれも下線部(B)の記述とまったく異なる。

## 2　解答

(1)―2　(2)―4　(3)―3　(4)―3　(5)―1　(6)―3　(7)―4

◀解　説▶

(1)「職場の人々がその問題を隠したままにできると信じていたのは驚くべきことだ」

keep O C「OをCのまま保つ」の場合，OとCの間に O is C. の関係が成り立つので The matter was hidden.「その問題は隠された」となる2が正解。hide はふつう他動詞で「～を隠す」の意味で使われる。なお，文法的には something to drink と同じく，4の to hide が matter を修飾するとも考えられるが，「隠すべき問題を保つ」という意味になってしまうため不適。

(2)「万一雨の場合には，最初の晴れの日曜日まで試合を延期します」

rain が原形であることに注意する。もし空所に1の When や2の Unless が入るならば，動詞は活用されて rains となるはずである。したがって，1と2は誤り。3の Were は rain という動詞と結びつかない。If it were to rain という表現は可能であるが，その場合は Were it to rain となる。したがって4が正解。仮定法の条件節における接続詞 if は消去することができ，その場合には倒置形になる（Should it rain＝If it should rain）。

(3)「その少女は事故に遭った後，それ以前に起きていたことについての記憶を失った」

時制の問題。事故に遭った後に失う記憶とは「それ以前に起きていたこと」であるから，was や lost という過去時制よりも前を表す過去完了形の3を選ぶ。

(4)「大半の都市部は，人口面でも輸送サービスの流通面でも成長し続けるだろう」

空所の後にある「名詞＋and＋名詞」に接続できるのは3の both のみ。1の addition は，in addition to～「～に加えて」として使うためここでは不適。2の besides は単独で接続詞的に「さらに，そのうえ」という意味で用いるか，または前置詞として「～だけでなく」という意味で使うが，空所の前には in があるのでどちらの意味でも使用できず不適。4の together は副詞で「一緒に，同時に」という意味であるが，動詞を修飾する語であるから不適。

(5)「『時はすべての傷を癒す』ということわざは間違いだ」

truth は「真実性」という不可算の抽象名詞であるため，There is no〔a lot of / some / little〕truth to～.「～には真実性がない〔多くの真実性がある / ある程度は真実だ / ほとんど間違いだ〕」のような言い回しをする。したがって，正解は1となる。なお，There is not any truth～. なら2も可能で，There is nothing true～. ならば3も可能となる。

⑹「膝の故障のため，彼女は速く走るなと言われた」
文法的にはすべての選択肢が入る可能性があるため，文意を考える。1は「～を経由して」，2は「～が足りないので」，3は「～のために」，4は「～にもかかわらず」であるから，速く走ってはいけない理由を示す3を選ぶ。

⑺「私は絵の描き方を知らないし，それを学ぶことに関心もない」
肯定文を受けて「～もまたそうだ」という場合には，肯定文に続けて too の形を用いるが，否定文を受けて「～もまたそうではない」と言うには否定文に続けて either の形を用いる。したがって，2ではなく4が正解。1の「それにもかかわらず」と3の「さもなくば，違ったふうに，他の点では」では意味が通らない。

## 3 解答

⑴1－2－5－6－4－3
⑵3－6－2－7－5－4－1
⑶d－7　h－1　⑷6－7－4－5－3－2－8－1
⑸A－4　B－2　C－1　D－3　（または，C－3　D－1）

◆全　訳◆

≪初頭効果と近親効果≫

アランとベンという2人の男性を紹介させてほしい。それほど考えずにどちらか好きな方を決めてもらいたいのだ。アランは頭がよくて勤勉で衝動的で批判的で頑固で嫉妬深い人だ。しかしながら，ベンは嫉妬深くて頑固で批判的で衝動的で勤勉で頭がよい。エレベーターに閉じ込められるならどちらと一緒がいいだろうか。たとえその記載がまったく同じであるとしても，大半の人々はアランを選ぶ。あなたの脳は，リストの初めの形容詞の方に注意を払い，そのため2つの異なる人格を識別する。アランは頭がよくて勤勉だ。ベンは嫉妬深くて頑固である。初めに挙げられた特徴が残りの特徴よりも注目を引くのである。

もし，その「初頭効果」がなければ，本社を豪華な設備が施された玄関ホールで飾り立てることなどしないだろう。弁護士は，きれいに磨かれたブランド品の靴ではなくむしろ，使い古しのスニーカーを履いて顧客の元に出向くことで満足するだろう。

「初頭効果」は，実際上の誤りもまた引き起こす。ノーベル賞受賞者であるダニエル=カーネマンは，教授になった当初に自身がやっていた答案用紙の評価方法を説明している。大半の教師が行うように，彼も順番どおりに行っていた。つまり，番号１の学生の後に番号２の学生を見ていくようにである。これが意味するのは，最初の質問に完璧に答えた学生は彼に気に入られて，そうして試験の残りの部分の評価方法にも影響を与えていくということだ。したがって，カーネマンは手法を変え，個々の質問をまとめて，つまり第１問に対するすべての答案，次いで第２問に対するすべての答案というように評価し始めた。こうして彼は「初頭効果」を帳消しにしたのである。

残念ながら，このやり方も常に反復可能というわけではない。たとえば新入社員を募集する際，もっともよい第一印象を与える人を雇い入れる危険がある。理想的に言えば，すべての志願者を並べて，同じ質問に次々と答えてもらうことになろう。

あなたがある会社の役員であるとしよう。話し合うべきある論点，しかもあなたがまだ判断を下していない話題が持ち上がる。あなたが耳にする最初の意見が，あなたの総合的な評価に決定的なものとなるだろう。同じことが他の当事者にも当てはまるので，あなたはその事実を利用できる。つまり，もしあなたに意見があるならば，ためらわずに初めにそれを公表しなさいということだ。このようにして，あなたは同僚にさらに大きな影響を及ぼして，自分の側に引き寄せることだろう。しかしながら，もしあなたが委員会の議長を務めているなら，誰かが不当に有利にならないように参加者の意見を常にランダムな順番で聞くべきである。

初頭効果が必ずしも問題の原因となるわけではない。それと対を成す「親近効果」もまた重要だからである。情報が最新であればあるほど，それだけよく覚えているものだ。このことは，いわば私たちの短期記憶のファイルをしまう引き出しにほとんど余分なスペースがないことが原因で生じる。新しい情報がしまわれるとき，場所を空けるために古い情報が捨てられるのだ。

初頭効果が親近効果に取って代わったり，またその逆が起こるのはいつだろう。もし一連の「印象」（たとえば人格とか試験の答えなど）に基づいて即座の判断を下さなければならないのなら，初頭効果の方が重要なものとなる。けれども，もし一連の印象が少し前に形成されたものであった場合には，親近効果が支配的になる。たとえば，もしあるスピーチを２，３週間前に聞いたという場合，第一印象よりも最後の論点とか結末部分の方を覚えていることだろう。

最後に一言。最初と最後の印象が優位に立つため，その両者に挟まれた内容はほんのわずかな影響しか与えない。最初の印象に基づいて評価をするのは避けるよう努めなければならない。最初の印象は何らかの点であなたを欺くことは明らかなのだ。すべての側面を偏りなく評価しようと努めなければならない。それは容易ではないが，それを回避する手段はいくつもある。たとえば，面接において私は５分ごとに得点を書き留めて，あとでその平均を計算してみる。このように「こんにちは」と「さようなら」と同じくらい「中間部分」も重要であるということを確認しているのだ。

## ◀解　説▶

(1)下線部(1)直後の you に注目する。この you を直接に目的語として取る動詞が必要だが，主語が Your lawyer「あなたの弁護士」であることを考えれば，１の feel「～に触れる」や５の turning「～を回転させる」では明らかに不自然である。よって，３の meet とつながって meet you「あなたに会う」となるのが適切だと考えられる。すると，下線部(1)直前の助動詞 would の後は動詞の原形であるから，meet を除けばここにくるのは１の feel ということになる。また，１の feel と２の happy は feel happy「喜んで」となるはずである。さらに，would の直後に入らなかった動詞の原形 meet は，選択肢中に and などの接続詞がないために動詞としては行き場がないので，４の to と連結して不定詞を作ると考えられる。したがって，この時点で１→２→４→３（Your lawyer would）feel happy to meet（you…）の順が決定する。残る５と６は turn up「現れる」の現在分詞形 turning up と考えられるが，これが自然に入ることができる場所は，それぞれ連結が強いまとまりである feel happy と to meet の間しかない。よって，全体では（Your lawyer would）feel happy turning up to meet（you in worn-out sneakers rather than beautifully polished designer shoes.）となる。なお，feel happy turning up は happy という補語に追加する形で補語を重ねる準補語と呼ばれる文法か，もしくは分詞構文であると解釈される。

(2)文脈的に考えると，下線部(2)を含む英文の冒頭の Ideally とは「初頭効果を受けない志願者の選び方として理想的なのは」という意味になっている。つまり，この箇所は「(理想的には，志願者を順に並べて）矢継ぎ早に質問に答えてもらうことだろう」という流れが推測できる。語法的には，空所の直前の and につながりうる動詞は let, answer, question である。しかし，answer と question をつなげるべきであるし，let を使役動詞として考えるとその後に原形不定詞を要求するから，let them answer the same question もしくは let them answer one question のいずれかが考えられる。さらに one after the other（≒one after another）が「次々と」という熟語であることに注目すれば，(Ideally, you would set up all the candidates in order and) let them answer the same question one after (the other.) となる。

(3)まず直前にあるコロン（：）に注目する。「初頭効果は他の当事者にも影響するため，あなたはその事実を利用できる」というコロン以前の内容を，コロン以下の下線部(3)は具体的に説明していると考えられるため，「あなたは先手を打つべきだ」という内容になると推測できる。語法的には，前半 if 節に入る語は 4 つであるから，if you have an opinion か if you have an air のいずれかであろうが，意味からすれば前者となる。次に後半の節を考えるが，動詞が hesitate か don't hesitate しか考えられないため air も it も主語にできない。そこで don't hesitate to air it と命令文にすべきと気がつけばよい。air には「(意見や不満などを）述べる，公表する」という他動詞の使い方がある。

(4)文脈的には「(初頭効果を考慮に入れて）もし議長を務める場合には各意見をランダムな順番で聞くべき」という箇所である。語法的には動詞が has しかなく，形容詞 unfair が修飾すべき名詞も advantage 以外には見当たらないので，has an unfair advantage とつながることが予想できる。また，「各意見をランダムな順番で聞くべき」なのは「不当に誰かが有利になる」ことがないようにするためだと考えられるので，has の主語を no one として否定文にするのが適切だと判断できる。あとは so that SV「SがVするために」という目的の副詞節を考えて，(If, however, you are chairing the committee, always ask members' opinions in random order) so that no one has an unfair advantage.とすればよい。

(5)A．空所の直前の First and last impressions「最初と最後の印象」は

それぞれ「初頭効果」と「親近効果」に言及していると考えられる。第7段第2文（If you have …）および同段第3文（But if the …）に，状況に応じてどちらの効果も大きな影響を及ぼし得ると述べられているので，空所には4のdominate「支配する，優位に立つ」を入れて「最初と最後の印象が優位に立つ」とすればよい。第7段第3文の最後にdominatesという語が使われているのも参考になるだろう。

B．初頭効果は公平な評価を妨げるという第3段以降の内容をふまえて，2のavoid「～を避ける」を選んで「最初の印象に基づいて評価をするのは避けるよう努めなければならない」という意味にするのがよい。

C．impartiallyは「偏りなく」なので，2の「～を避ける」や4の「～を支配する」では意味が通らない。「すべての側面を偏りなく評価しようと努めなければならない」となるように，1のassess「～を評価する」を選ぶのが適切。なおニュアンスが少し変わるが，calculateを「～を評価する，判断する」の意味で用いるならば3も可である。その場合，Dの解答は1となる。

D．「すべてを偏りなく評価する方法」として挙げられた具体例であるから，「5分ごとに得点を書き留めて，事後に平均を『計算（calculate)』する」と考える。なおニュアンスが少し変わるが，ここは1のassess「～を評価する，査定する」も可である。その場合Cの解答は3となる。

### ❖講　評

[1]は，新型コロナウイルスのパンデミック下における薬物使用問題に関するものであり，基本熟語の知識や前後の内容をふまえた読解力を測る問題である。難易度は標準的であるから，日ごろから英語媒体の記事やニュース等を読みながら段落ごとに意味内容をつかむ訓練をしていれば十分に対応できるものと言える。

[2]は，空所補充型の文法・語彙問題であるが，これも入試においては標準的な内容であるからしっかり得点しておきたい。

[3]は，心理学における「初頭効果」に関する文章を読みながら，途中の部分を並べ替えたり，空所に入る語を選ぶ設問で，文法的には若干難しい問題も含むが，歯が立たないものではない。

長文問題（[1]と[3]）の設問文には consider the context という文言が付されているように，単に知識だけでなく内容をふまえて考えることが必要な問題があるのが特徴である。もちろん知識が一切不要というわけではなく，標準的なレベルの熟語表現等を覚えておくことが望ましい。

# 数学

（注）　解答は，東京理科大学から提供のあった情報を掲載しています。

## 1

**解答**　(1)ア．7　イウ．12　エオカ．109　キクケ．144

(2)コサ．12　シ．5　スセ．12

(3)ソタ．12　チツ．17　テ．5　トナ．12

(4)ニ．7　ヌネ．17　ノ．5　ハヒ．12

◀解　説▶

≪確率と漸化式，無限級数≫

(1)　素数は2，3，5，7，11の5個ある。

$p_1$：球を1回取り出し，素数以外の番号を引く場合であるから

$$p_1=\frac{7}{12}\quad \rightarrow ア〜ウ$$

$p_2$：余事象は，1回目に素数以外の番号，2回目に素数の番号を引く場合であるから

$$p_2=1-\frac{7\cdot 5}{12^2}=\frac{109}{144}\quad \rightarrow エ〜ケ$$

(2)　点Pは数直線上を1回の試行で1または2移動するから，$p_{n+1}$ は

(i)　$x_1$，$x_2$，$x_3$，…，$x_n$ の中に $n$ が含まれ，かつ点Pが $n$ にあるときに次の試行で素数以外の番号を引く場合

(ii)　$x_1$，$x_2$，$x_3$，…，$x_n$ の中に $n$ が含まれない場合（点Pは $n-1$ にあるとき，次の試行で素数の番号を引き，座標 $n+1$ に進む）

の2つの場合の確率の和であるから

$$p_{n+1}=\frac{7}{12}p_n+(1-p_n)=-\frac{5}{12}p_n+1\quad \cdots\cdots ①$$

よって　　$12p_{n+1}+5p_n=12$　→コ〜セ

(3)　①は $p_{n+1}-\frac{12}{17}=-\frac{5}{12}\left(p_n-\frac{12}{17}\right)$ と変形することができる。

ゆえに，$q_n=p_n-\frac{12}{17}$ とおくと，$q_{n+1}=-\frac{5}{12}q_n$，$q_1=p_1-\frac{12}{17}=\frac{-25}{204}$ より

数列 $\{q_n\}$ は，初項 $\dfrac{-25}{204}$，公比 $-\dfrac{5}{12}$ の等比数列である。 →ソ〜ナ

(4)　(2)の(i)より，$n-1$，$n$ がともに含まれる確率は，点Pが $n-1$ にあるときに次の試行で素数以外の番号を引く場合である。

(3)より，$p_n=\dfrac{-25}{204}\cdot\left(-\dfrac{5}{12}\right)^{n-1}+\dfrac{12}{17}$ であるから，求める確率は

$$\frac{7}{12}p_{n-1}=\frac{7}{12}\left\{\frac{-25}{204}\cdot\left(-\frac{5}{12}\right)^{n-2}+\frac{12}{17}\right\}=\frac{7}{12}\cdot\frac{-25}{204}\cdot\frac{-12}{5}\cdot\left(-\frac{5}{12}\right)^{n-1}+\frac{7}{17}$$

$$=-\frac{7}{17}\cdot\left(-\frac{5}{12}\right)\cdot\left(-\frac{5}{12}\right)^{n-1}+\frac{7}{17}=\frac{7}{17}\left\{1-\left(-\frac{5}{12}\right)^{n}\right\}\quad\text{→ニ〜ヒ}$$

**2**　**解答**　(1)アイウ．440　エオカキ．4290

(2)クケ．20　コサ．21　シスセ．115　ソタチ．462

(3)ツテ．41

## ◀解　説▶

≪数列の和，区分求積法と和の極限≫

(1)　$$\sum_{k=1}^{10}k(k+1)=\sum_{k=1}^{10}(k^2+k)=\frac{1}{6}\cdot10\cdot11\cdot21+\frac{1}{2}\cdot10\cdot11=440\quad\text{→ア〜ウ}$$

$$\sum_{k=1}^{10}k(k+1)(k+2)=\sum_{k=1}^{10}(k^3+3k^2+2k)$$
$$=\left(\frac{1}{2}\cdot10\cdot11\right)^2+3\cdot\frac{1}{6}\cdot10\cdot11\cdot21+2\cdot\frac{1}{2}\cdot10\cdot11$$
$$=4290\quad\text{→エ〜キ}$$

(2)　$$\sum_{k=1}^{20}\frac{1}{k(k+1)}=\sum_{k=1}^{20}\left(\frac{1}{k}-\frac{1}{k+1}\right)=\left(1-\frac{1}{2}\right)+\left(\frac{1}{2}-\frac{1}{3}\right)+\cdots+\left(\frac{1}{20}-\frac{1}{21}\right)$$
$$=1-\frac{1}{21}$$
$$=\frac{20}{21}\quad\text{→ク〜サ}$$

$$\sum_{k=1}^{20}\frac{1}{k(k+1)(k+2)}=\frac{1}{2}\sum_{k=1}^{20}\left\{\frac{1}{k(k+1)}-\frac{1}{(k+1)(k+2)}\right\}$$
$$=\frac{1}{2}\left\{\left(\frac{1}{2}-\frac{1}{6}\right)+\left(\frac{1}{6}-\frac{1}{12}\right)+\cdots+\left(\frac{1}{20\cdot21}-\frac{1}{21\cdot22}\right)\right\}$$
$$=\frac{1}{2}\left(\frac{1}{2}-\frac{1}{21\cdot22}\right)$$

$$=\frac{1}{2}\cdot\frac{460}{2\cdot 21\cdot 22}=\frac{115}{462}\quad \to シ〜チ$$

(3)　$T_{40n}=\sum_{k=1}^{40n}\frac{1}{n+k}=\sum_{k=1}^{40n}\frac{40}{40n}\cdot\frac{1}{1+\left(\frac{40}{40n}\right)k}=\frac{40}{40n}\sum_{k=1}^{40n}\frac{1}{1+\left(\frac{40}{40n}\right)k}$

ゆえに　与式 $=\lim_{n\to\infty}\sum_{k=1}^{40n}\frac{1}{n+k}=\int_0^{40}\frac{1}{1+x}dx=\Big[\log|1+x|\Big]_0^{40}=\log 41$　→ツテ

## 3 解答

(1)ア．2　イ．1　ウ．2　エ．1　オ．4

(2)カ．5　キ．8　ク．1　ケコ．32　サシ．15　スセ．32　ソ．1　タ．9

(3)チ．2　ツテ．81　ト．1　ナニヌ．162　ネ．1　ノハ．81　ヒ．4

◀解　説▶

≪円と直線で囲まれる部分の面積，無限等比級数≫

(1)　円 $C_1$，$C_2$，$C_3$ と接線 $l$ との接点をそれぞれ $Q_1$，$Q_2$，$Q_3$，円 $C_2$ の中心を $O_0$，円 $C_1$ と $C_3$ の接点をB，円 $C_3$，$C_4$ の半径をそれぞれ $r_3$，$r_4$ とおく。

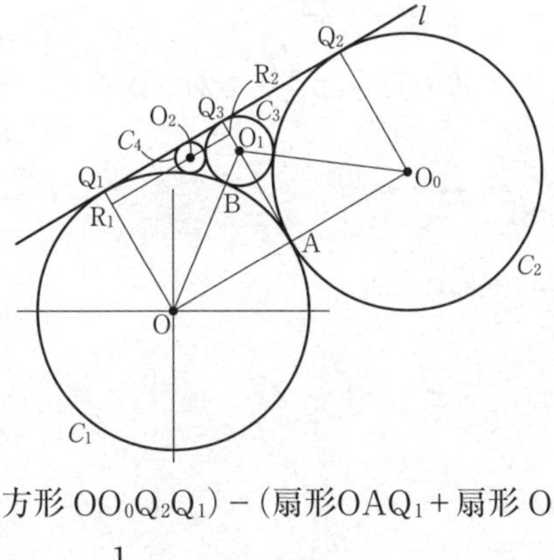


$D_1$ の面積は，(長方形 $OO_0Q_2Q_1$)－(扇形 $OAQ_1$＋扇形 $O_0AQ_2$) より

$$2-\frac{1}{4}\cdot 2\cdot 1^2\cdot\pi=2-\frac{1}{2}\pi\quad \to ア〜ウ$$

$\triangle OO_1A$ において三平方の定理より

$$(1+r_3)^2=1+(1-r_3)^2$$

これを解くと　$r_3=\frac{1}{4}$　→エ・オ

(2)　$D_2$ の面積は，（台形 $OO_1Q_3Q_1$）−（扇形 $OQ_1B$＋扇形 $O_1Q_3B$）より

$$\frac{1}{2}\cdot\left(1+\frac{1}{4}\right)\cdot 1-\left\{\frac{1}{2}\cdot 1^2\cdot\theta+\frac{1}{2}\cdot\left(\frac{1}{4}\right)^2(\pi-\theta)\right\}=\frac{5}{8}-\frac{1}{32}\pi-\frac{15}{32}\theta \quad \to カ〜セ$$

点 $O_2$ を通り，接線 $l$ と平行な直線と $OQ_1$，$O_1Q_3$ との交点をそれぞれ $R_1$，$R_2$ とおく。

$\triangle OO_2R_1$，$O_1O_2R_2$ において三平方の定理より

$$O_2R_1=\sqrt{(1+r_4)^2-(1-r_4)^2}=2\sqrt{r_4}$$

$$O_2R_2=\sqrt{\left(\frac{1}{4}+r_4\right)^2-\left(\frac{1}{4}-r_4\right)^2}=\sqrt{r_4}$$

ゆえに，$O_2R_1+O_2R_2=3\sqrt{r_4}=1$ より　　$r_4=\frac{1}{9}$　→ソ・タ

(3)　円 $B_n$ の半径を $r_n$ とおくと，右図より，正方形 $S_{n+1}$ の一辺の長さは　　$\frac{2}{\sqrt{2}}r_n=\sqrt{2}\,r_n$

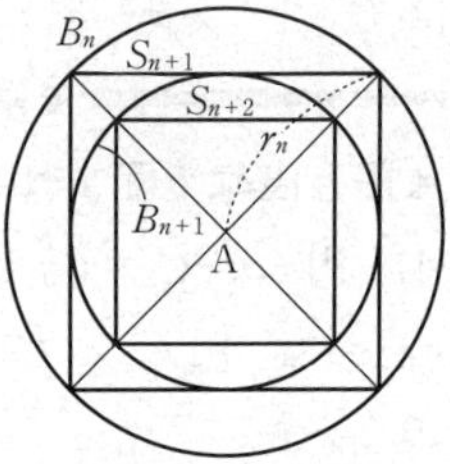


円 $B_{n+1}$ の半径は　　$\frac{1}{\sqrt{2}}r_n$

正方形 $S_{n+2}$ の一辺の長さは $\frac{2}{\sqrt{2}}\cdot\frac{1}{\sqrt{2}}r_n=r_n$ となる。

ゆえに，正方形 $S_1$ の一辺の長さは $\frac{\sqrt{2}}{9}$ であるから

$$p_1=\left(\frac{\sqrt{2}}{9}\right)^2=\frac{2}{81} \quad \to チ〜テ$$

円 $B_1$ の半径は $\frac{1}{9\sqrt{2}}$ であるから

$$q_1=\left(\frac{1}{9\sqrt{2}}\right)^2\pi=\frac{1}{162}\pi \quad \to ト〜ヌ$$

$S_{n+1}$ と $S_{n+2}$ の面積比は　　$(\sqrt{2}\,r_n)^2:(r_n)^2=1:\frac{1}{2}$

$B_n$ と $B_{n+1}$ の面積比は　　$(r_n)^2\pi:\left(\frac{1}{\sqrt{2}}r_n\right)^2\pi=1:\frac{1}{2}$

ゆえに　　$$\sum_{k=1}^{n}(p_k+q_k)=\left(\frac{2}{81}+\frac{1}{162}\pi\right)\cdot\frac{1-\left(\frac{1}{2}\right)^n}{1-\frac{1}{2}}=2\left(\frac{2}{81}+\frac{1}{162}\pi\right)\left\{1-\left(\frac{1}{2}\right)^n\right\}$$

よって　$\sum_{i=1}^{\infty}(p_i+q_i)=\dfrac{1}{81}(4+\pi)$　→ネ〜ヒ

**4** **解答**　(1)アイ．16　ウエ．15　オ．4　カ．3

(2)(a)キ．1　ク．2　ケ，1　コ．2　サ．1　シ．4

ス．2　セ．1　ソ．2　タ．1　チ．4　ツ，3　テ．2

(b)ト．9　ナニヌ．160　ネ．2　ノハ．77　ヒフヘ．480　ホ．2

◀解　説▶

≪$x$軸，$y$軸，直線の周りに1回転させてできる立体の体積≫

(1)　$\dfrac{1}{2}x^2=x$ より　　$x=0,\ 2$

ゆえに，$y=f(x)$ と $y=g(x)$ の共有点は

$(0,\ 0),\ (2,\ 2)$

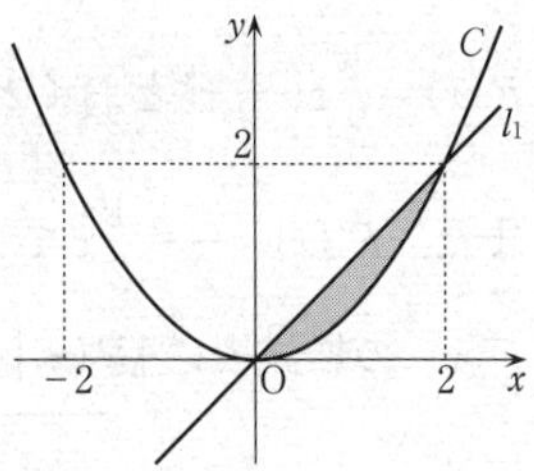


$x$軸の周りに1回転させてできる立体の体積は

$$\frac{1}{3}\cdot 2^3\cdot\pi-\pi\int_0^2\left(\frac{1}{2}x^2\right)^2dx=\frac{8}{3}\pi-\pi\left[\frac{1}{20}x^5\right]_0^2$$

$$=\frac{16}{15}\pi\quad\text{→ア〜エ}$$

$y$軸の周りに1回転させてできる立体の体積は

$$\pi\int_0^2 2ydy-\frac{1}{3}\cdot 2^3\cdot\pi=\pi\left[y^2\right]_0^2-\frac{8}{3}\pi=\frac{4}{3}\pi\quad\text{→オ・カ}$$

(2)(a)　$l_1\perp l_2$ であるから，$l_2：y=-x+k$ とおく。

直線 $l_2$ と曲線 $C$ が接するとき

$\dfrac{1}{2}x^2=-x+k$ より，方程式 $x^2+2x-2k=0$ の判別式を $D$ とおくと

$$\frac{D}{4}=1+2k=0$$

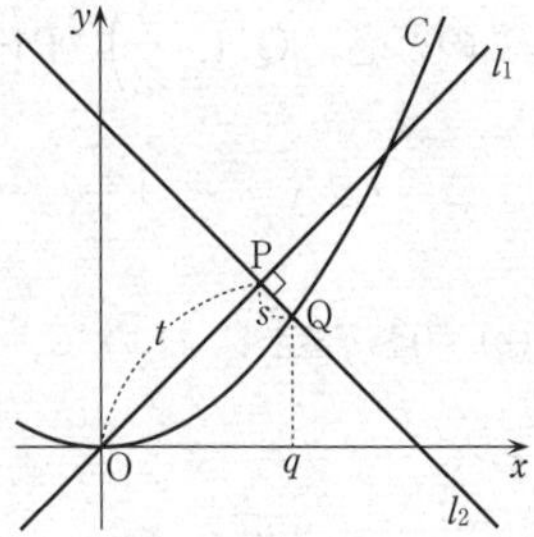


$k=-\dfrac{1}{2}$ のとき，接点の座標は $\left(-1,\ \dfrac{1}{2}\right)$ であるから　　$q>-1$　→キ

点Qの座標は　$\left(q,\ \dfrac{q^2}{2}\right)$

点Pと点Qの距離 $s$ は，点Qと直線 $l_1$ の距離であり，$l_1：x-y=0$ より

$$s=\frac{\left|q-\frac{q^2}{2}\right|}{\sqrt{1^2+1^2}}=\sqrt{2}\left|\frac{1}{2}q-\frac{1}{4}q^2\right| \quad \to ク〜シ$$

また，△OQP において，三平方の定理より

$$t=\mathrm{OP}=\sqrt{\mathrm{OQ}^2-\mathrm{PQ}^2}=\sqrt{\left(q^2+\frac{q^4}{4}\right)-s^2}$$

$$=\sqrt{q^2+\frac{q^4}{4}-\left\{\sqrt{2}\left|\frac{q}{2}-\frac{q^2}{4}\right|\right\}^2}$$

$$=\sqrt{q^2+\frac{q^4}{4}-\frac{q^4}{8}+\frac{q^3}{2}-\frac{q^2}{2}}=\sqrt{\frac{q^4}{8}+\frac{q^3}{2}+\frac{q^2}{2}}=\frac{1}{\sqrt{2}}\left|\frac{q^2}{2}+q\right|$$

$$=\sqrt{2}\left|\frac{1}{2}q+\frac{1}{4}q^2\right| \quad \to ス〜チ$$

$F(x)=\frac{1}{2}x-\frac{1}{4}x^2$ とおくと，$F(x)=0$ となるのは $x=0,\ 2$ のとき。

また，$F'(x)=\frac{1}{2}-\frac{1}{2}x$ であり，$F'(x)=0$ となるのは $x=1$ のとき。

$F(x)$ の増減表に $|F(x)|$ もあわせて書くと下表のようになる。

| $x$ | $\cdots$ | 0 | $\cdots$ | 1 | $\cdots$ | 2 | $\cdots$ |
|---|---|---|---|---|---|---|---|
| $F'(x)$ | + | + | + | 0 | − | − | − |
| $F(x)$ | ↗ | 0 | ↗ | | ↘ | 0 | ↘ |
| $\lvert F(x)\rvert$ | ↘ | 0 | ↗ | | ↘ | 0 | ↗ |

これより，$s$ は $q=1$ で極大値をとることがわかる。

このとき，$\mathrm{Q}\left(1,\ \frac{1}{2}\right)$，$\mathrm{P}\left(\frac{3}{4},\ \frac{3}{4}\right)$，$t=\frac{3\sqrt{2}}{4}$ となり

$$l_2 : y=-x+\frac{3}{2} \quad \to ツ・テ$$

(b)　$0\leqq q\leqq 1$ において，$s=\sqrt{2}\left(\frac{1}{2}q-\frac{1}{4}q^2\right)$，$t=\sqrt{2}\left(\frac{1}{2}q+\frac{1}{4}q^2\right)$ である。よって

$$dt=\frac{\sqrt{2}}{2}(1+q)\,dq$$

| $t$ | $0\to\frac{3\sqrt{2}}{4}$ |
|---|---|
| $q$ | $0\to\ 1$ |

領域 $D$ を $y=f(x)$ の周りに 1 回転させてできる立体の体積は

$$\pi\int_0^{\frac{3\sqrt{2}}{4}} s^2dt=\pi\int_0^1\left\{\frac{1}{8}(q^4-4q^3+4q^2)\cdot\frac{\sqrt{2}}{2}(1+q)\right\}dq$$

$$=\frac{\sqrt{2}}{16}\pi\int_0^1(q^5-3q^4+4q^2)\,dq=\frac{\sqrt{2}}{16}\pi\left[\frac{1}{6}q^6-\frac{3}{5}q^5+\frac{4}{3}q^3\right]_0^1$$

$$=\frac{9}{160}\sqrt{2}\pi \quad \to \text{ト〜ネ}$$

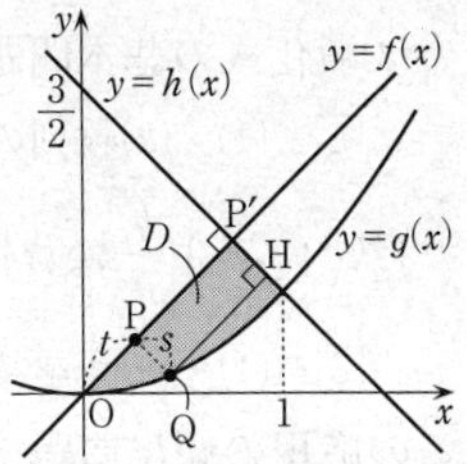


右図のように，点 Q $(0\leqq q\leqq 1)$ から直線 $y=-x+\dfrac{3}{2}$ に垂線 QH を引き，$\mathrm{P}'\left(\dfrac{3}{4},\ \dfrac{3}{4}\right)$，$\mathrm{QH}=h$，$\mathrm{P'H}=u$ とおく。

$$h=\mathrm{OP}'-\mathrm{OP}=\frac{3}{4}\sqrt{2}-t$$

$$=\sqrt{2}\left\{\frac{3}{4}-\left(\frac{1}{2}q+\frac{1}{4}q^2\right)\right\}=\frac{1}{2\sqrt{2}}(-q^2-2q+3)$$

$$u=s=\frac{1}{\sqrt{2}}\left(q-\frac{1}{2}q^2\right)=\frac{1}{2\sqrt{2}}(-q^2+2q)$$

と表される。

よって　　$du=\dfrac{1}{\sqrt{2}}(-q+1)\,dq$

領域 $D$ を $y=h(x)$ の周りに 1 回転させてできる立体の体積は

| | |
|---|---|
| $u$ | $0\to\frac{\sqrt{2}}{4}$ |
| $q$ | $0\to 1$ |

$$\pi\int_0^{\frac{\sqrt{2}}{4}} h^2du$$

$$=\pi\int_0^1\frac{1}{8}(q^4+4q^3-2q^2-12q+9)\cdot\frac{1}{\sqrt{2}}(-q+1)\,dq$$

$$=\frac{1}{8\sqrt{2}}\pi\int_0^1(-q^5-3q^4+6q^3+10q^2-21q+9)\,dq$$

$$=\frac{1}{8\sqrt{2}}\pi\left[-\frac{1}{6}q^6-\frac{3}{5}q^5+\frac{3}{2}q^4+\frac{10}{3}x^3-\frac{21}{2}q^2+9q\right]_0^1$$

$$=\frac{77}{480}\sqrt{2}\pi \quad \to \text{ノ〜ホ}$$

### ❖講　評

全問マークシート法による空所補充形式である。全般的に誘導形式による標準的な頻出問題である。例年の傾向と異なり，数列に関する問題が多く出題されている。

1　(1)具体的な事象を考える。(2) $n \to n+1$ の変化の図をイメージすることで，関係式を求める。この問題が本大問の重要ポイントである。(3)漸化式の基本問題である。(4)(2)の関係より確率を求める。

2　(1)・(2)数列の和を求める基本問題である。ケアレスミスに気をつけたい。(3) $\frac{k}{n}$ に着目することで，区分求積法を工夫して利用する。

3　(1)・(2)図を描くことで考えやすくなる。(3)無限等比級数の図形への応用の頻出問題である。長さ・面積の比を求める。日頃から演習をして慣れておきたい。

4　(1)基本問題である。円錐の体積を利用するなど計算量を減らしていきたい。(2)回転軸に垂直な直線に着目し，断面の円，積分区間 OP, QH を $q$ で表すことを考える。例年の傾向から，面積・回転体の体積に関する問題を十分演習し，慣れておきたい。

問題内容に対して試験時間は必ずしも十分でない。解ける問題から取り組むこと，基本的な計算を繰り返すことで，スピードにも慣れておきたい。

数列の和，漸化式，さまざまな関数の微分・積分，部分積分法，置換積分法など自分なりにまとめてしっかり理解しておくことが必要である。また，日頃から入試問題集を用いて，グラフや図を用いたり，誘導から流れを読み，思考過程を論理的に整理することに慣れておきたい。

# 化学

（注）　解答は，東京理科大学から提供のあった情報を掲載しています。

## 1　解答

(1)(a) 20　(b) 32　(c) 09　(d) 01　(e) 26　(f) 05

(2)(a) 12　(b) 16　(c) 06

(3)―6　(4)―9　(5)(a)―2　(b)―9　(c)―0　(d)―9

(6)(ア)―1　(イ)―0　(ウ)―2　(エ)―0

①8　②2　③2　④3　⑤3　⑥4

◀解　説▶

≪電子配置，酸化数，極性，物質の状態，周期律，体心立方格子≫

(1)　原子あ～こは電子配置より，順にH，He，B，C，F，Na，Mg，Cl，Ar，Caである。

(a)　常温常圧で単原子分子として存在するのはHeとAr。

よって　$2+18=20$

(b)　周期表の2族に属するのはMgとCa。

よって　$12+20=32$

(c)　1価の陰イオンがNeと同じ電子配置になるのはFのみ。

よって　9

(d)　1価の陽イオンが陽子のみとなる元素はHのみ。

よって　1

(e)　1価の陰イオンになりやすいのはFとCl。

よって　$9+17=26$

(f)　最外殻電子の数がアルミニウムと同じ3の元素はBのみ。

よって　5

(2)(a)　$H_2\underline{S}$のSの酸化数は−2，$H_2\underline{S}O_4$のSの酸化数は+6，$H\underline{N}O_3$のNの酸化数は+5，$\underline{N}_2O_3$のNの酸化数は+3。

よって酸化数の合計は　$-2+6+5+3=12$

(b)　$H_2\underline{C}_2O_4$のCの酸化数は+3，$K_2\underline{Cr}_2O_7$のCrの酸化数は+6，$\underline{Mn}O_4^-$のMnの酸化数は+7，$\underline{O}_3$のOの酸化数は0。

よって酸化数の合計は　　$+3+6+7+0=16$

(c)　$\underline{Zn}S$ の Zn の酸化数は +2，$Ca\underline{H}_2$ の H の酸化数は −1，$H\underline{Cl}O$ の Cl の酸化数は +1，$NaH\underline{C}O_3$ の C の酸化数は +4。

よって酸化数の合計は　　$+2-1+1+4=6$

(3)(a)　誤り。無極性分子間よりも極性分子間にはたらく力の方が大きい。

(c)　誤り。C=O 結合に極性はあるが，二酸化炭素分子は無極性分子である。

(d)　誤り。アンモニアは三角錐形であり，極性分子である。

(4)(a)　誤り。標準状態において，密度は氷＜水である。

(b)　誤り。純粋な水よりもスクロース水溶液の方が蒸気圧は低い（蒸気圧降下）。

(c)　誤り。無極性分子であるメタンよりも極性分子であるアンモニアの方が沸点は高い。

(5)(a)　希ガスでは，原子番号が大きくなるほどファンデルワールス力が大きくなるため，沸点，融点は高くなる。

(b)　ハロゲン単体は原子番号が小さい方が電気陰性度が大きく，酸化力が強い。そのため，原子番号が小さいほど水との反応性も大きくなる。

(c)　第3周期の元素の最高酸化数は，Na が +1，Mg が +2，Al が +3，Si が +4，P が +5，S が +6，Cl が +7 である。

(d)　第3周期の元素と酸素との間の単結合の極性は，電気陰性度の差が大きいほど大きくなる。酸素の電気陰性度は約 3.4，Na の電気陰性度は約 0.9 なのでその差は 2.5，Cl の電気陰性度は約 3.2 なのでその差は 0.2。このように，原子番号が大きいほど酸素との電気陰性度の差は小さくなるため，結合の極性は小さくなる。

(6)①　体心立方格子の配位数は 8 である。

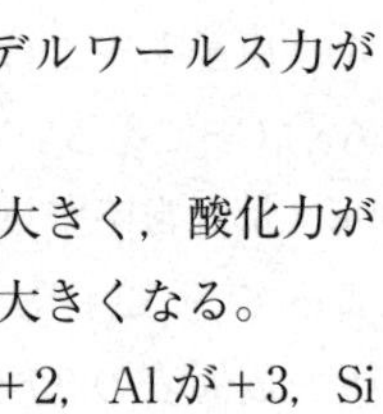

②　単位格子中の原子数は

$$\frac{1}{8}\times 8+1=2$$

③・④・(ア)〜(ウ)　密度は

$$\frac{\frac{M}{N}\times 2}{L^3}=\frac{2M}{L^3N}$$

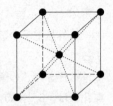

⑤・⑥・(エ) 原子半径を$r$とすると

$$4r=\sqrt{3}L \qquad \therefore \quad r=\frac{\sqrt{3}L}{4}$$

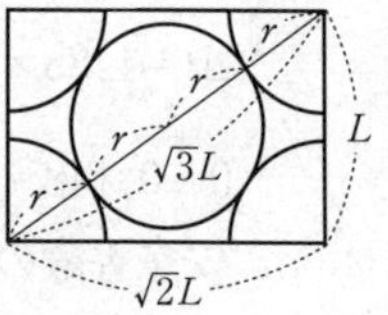


## 2 解答

(1)(ア)―1 (イ)―0 (ウ)―4

(2)①0 ②7 ③3（あるいは2）

(3)④0 ⑤1 ⑥5

(4)(a)⑦2 ⑧4 ⑨0 (b)⑩9 ⑪8

(5)(a)(A)―0 (B)―3 (b)⑫1 ⑬6 ⑭4

### ◀解 説▶

≪凝固点降下，浸透圧≫

(1) 非電解質の希薄溶液の凝固点降下度（$\Delta t$）は，溶質の種類に関係なく，溶液の質量モル濃度（$m$〔mol/kg〕）に比例する。

$\Delta t=k_f\times m$（$k_f$：モル凝固点降下）

(2) $CaCl_2=111$，$6H_2O=108$より，$CaCl_2\cdot 6H_2O$ 75gに含まれる$CaCl_2$と$H_2O$の質量はそれぞれ

$$CaCl_2：75\times\frac{111}{111+108}=38.0〔g〕$$

$$H_2O：75-38.0=37.0〔g〕$$

また，$CaCl_2$水溶液の質量モル濃度を$m$〔mol/kg〕，$CaCl_2$の電離度を$\alpha$とすると

| | $CaCl_2$ | $\longrightarrow$ $Ca^{2+}$ | + $2Cl^-$ | 合計 | |
|---|---|---|---|---|---|
| はじめ | $m$ | 0 | 0 | | 〔mol/kg〕 |
| 変化量 | $-m\alpha$ | $+m\alpha$ | $+2m\alpha$ | | 〔mol/kg〕 |
| 電離後 | $m(1-\alpha)$ | $m\alpha$ | $2m\alpha$ | $m(1+2\alpha)$ | 〔mol/kg〕 |

よって

$$0-(-2.89)=1.85\times\frac{38.0}{111}\times\frac{1000}{500+37.0}\times(1+2\alpha)$$

$\therefore \quad \alpha=0.725\fallingdotseq 0.73$

（注） 計算過程の違いによっては，解答は0.72となる。

(3) 凝固点降下度を$\Delta t$〔K〕とすると

$$\Delta t = 1.85 \times 0.012 \times \frac{1000}{200-50} = 0.148\,〔\mathrm{K}〕$$

$$\therefore \quad 0 - 0.148 = -0.148 \fallingdotseq -0.15\,〔℃〕$$

(4)(a) 安息香酸のみかけの分子量を $M$ とすると

$$5.53 - 5.27 = 5.12 \times \frac{1.22}{M} \times \frac{1000}{100} \qquad M = 240.2 \fallingdotseq 240$$

(b) 安息香酸が二量体に変化する割合を $\beta$ とする。

| | $2C_6H_5COOH \longrightarrow$ | $(C_6H_5COOH)_2$ | 合計 | |
|---|---|---|---|---|
| はじめ | $m$ | $0$ | | 〔mol/kg〕 |
| 変化量 | $-m\beta$ | $+\frac{1}{2}m\beta$ | | 〔mol/kg〕 |
| 会合後 | $m(1-\beta)$ | $\frac{1}{2}m\beta$ | $m\left(1-\frac{1}{2}\beta\right)$ | 〔mol/kg〕 |

よって

$$5.53 - 5.27 = 5.12 \times \frac{1.22}{122} \times \frac{1000}{100} \times \left(1 - \frac{1}{2}\beta\right)$$

$$\beta = 0.984 \fallingdotseq 0.98 \qquad \therefore \quad 98\,\%$$

(5)(a) 注射剤が高張である，つまり，体液よりも注射剤が高濃度である場合，低濃度の体液側から高濃度の注射剤の方へ水が移動し，赤血球が収縮する。逆に，注射剤が低張である，つまり，注射剤よりも体液が高濃度である場合，低濃度の注射剤側から高濃度の体液の方へ水が移動し，赤血球が膨張する。

(b) ブドウ糖水溶液の密度を $1.00\,\mathrm{g/cm^3}$ とすると，5.04％ブドウ糖水溶液のモル濃度は，$C_6H_{12}O_6 = 180$ より

$$1.00 \times 1000 \times \frac{5.04}{100} \times \frac{1}{180} = 0.28\,〔\mathrm{mol/L}〕$$

NaCl は電離すると $Na^+$，$Cl^-$ を生じ，粒子数は 2 倍となるので，ブドウ糖水溶液と同じ浸透圧をもつ塩化ナトリウム水溶液のモル濃度は

$$0.28 \times \frac{1}{2} = 0.14\,〔\mathrm{mol/L}〕$$

よって，水溶液 200 mL を調製するのに必要な NaCl（式量 58.5）の質量は

$$0.14 \times \frac{200}{1000} \times 58.5 = 1.638 \fallingdotseq 1.64\,〔\mathrm{g}〕$$

**3** **解答**　(1)①2　②2　③1　④8　⑤0　⑥5

(2)⑦3　⑧0　⑨5　⑩6　⑪9　⑫0

(3)(ア)―1

(4)⑬0　⑭4

(5)⑮0　⑯5

(6)⑰9　⑱8　⑲5

(7)(イ)―1　(ウ)―8

(8)(エ)―4　(オ)―4　(カ)―1

(9)(キ)―4

(10)(ク)―0

◀解　説▶

≪芳香族化合物の構造決定・元素分析・異性体≫

(1)　90.5mgの化合物**A**に含まれるC，H，Oの質量は，$CO_2=44.0$，$H_2O=18.0$より

$$C:242.0\times\frac{12.0}{44.0}=66.0\text{〔mg〕}$$

$$H:40.5\times\frac{2.0}{18.0}=4.5\text{〔mg〕}$$

$$O:90.5-(66.0+4.5)=20.0\text{〔mg〕}$$

$$C:H:O=\frac{66.0}{12.0}:\frac{4.5}{1.0}:\frac{20.0}{16.0}=5.5:4.5:1.25=22:18:5$$

∴　組成式は　$C_{22}H_{18}O_5$

化合物**A**の分子式を$(C_{22}H_{18}O_5)_n$とすると，分子量は$362n$となり，これが400以下なので　$n=1$

よって分子式は$C_{22}H_{18}O_5$となる。

(2)　芳香族化合物**B**は，［実験Ⅲ］で水酸化ナトリウム水溶液と混合後，［実験Ⅳ］で有機層から得られたことから，酸性の官能基をもたない化合物である。エステル結合を加水分解して生じる官能基で，酸性ではない官能基は中性のアルコール性ヒドロキシ基であることから，化合物**B**はアルコールと推定される。また，［実験Ⅴ］で化合物**B**はヨードホルム反応を示すので，$CH_3-CH(OH)-$という構造をもつことがわかる。さらに，［実験Ⅵ］より，不斉炭素原子をもつことがわかる。以上より，化合物**B**

の構造は以下の構造と推定される。

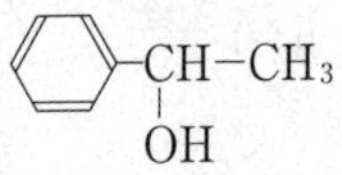

芳香族化合物 **C** は，エステルの加水分解で得られ，［実験Ⅲ］で水酸化ナトリウム水溶液と混合後，［実験Ⅶ］で水層から得られたことから，酸性の官能基，カルボキシ基をもつ化合物と推定される。また，［実験Ⅷ］で無水酢酸と反応する，アセチル化されることから，ヒドロキシ基ももつことがわかる。これらの条件を満たす化合物 **C** の炭素数は最低 7，また，化合物 **B** の炭素数は最低 8，炭素数 22 の化合物 **A** から化合物 **B** と **C** は 1：2 で生じることを考えると，化合物 **B** の炭素数は 8，化合物 **C** の炭素数は 7 という組み合わせしかありえない。さらに，後の(8)で化合物 **C** はサリチル酸であることが決定される。

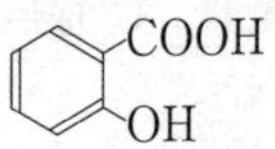

以上より，化合物 **B** の分子式は $C_8H_{10}O$（分子量 122），化合物 **C** の分子式は $C_7H_6O_3$（分子量 138）である。よって 90.5mg の化合物 **A**（分子量 362）から生じる化合物 **B**・**C** の質量は

$$\text{化合物B}：\frac{90.5\times10^{-3}}{362}\times122\times10^{3}=0.250\times10^{-3}\times122\times10^{3}$$

$$=30.5〔\text{mg}〕$$

$$\text{化合物C}：0.250\times10^{-3}\times2\times138\times10^{3}=69.0〔\text{mg}〕$$

(3)　水の方が有機溶媒のジエチルエーテルよりも密度が大きいため，水層が下層となる。

(4)　第一級アルコールを酸化するとアルデヒドを生じ，アルデヒドはフェーリング液を還元する。分子式 $C_8H_{10}O$ で第一級アルコールである芳香族化合物は以下の 4 種類である。

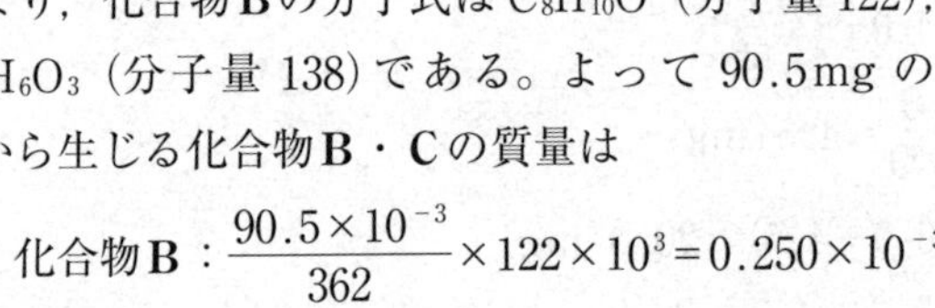

(5)　分子式 $C_8H_{10}O$ でエーテル結合をもつ芳香族化合物は以下の5種類である。

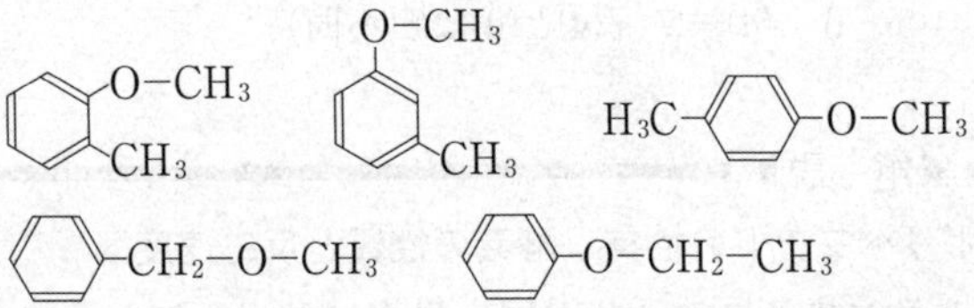

(6)　［実験Ｖ］で生じる黄色の化合物**D**はヨードホルム $CHI_3$（分子量394）である。反応する化合物**B**と生じる化合物**D**の物質量は等しいので

$0.250\times10^{-3}\times394\times10^{3}=98.5$〔mg〕

(7)　偏光の振動面を回転させる性質（旋光性）をもつ化合物は不斉炭素原子をもつ化合物であり，鏡像異性体が存在する。

(8)　フェノールと水酸化ナトリウムを反応させて生じるナトリウムフェノキシドに，高温・高圧条件下で二酸化炭素を作用させると，サリチル酸ナトリウムを生じる。これに塩酸など強酸を加えると，サリチル酸が遊離する。

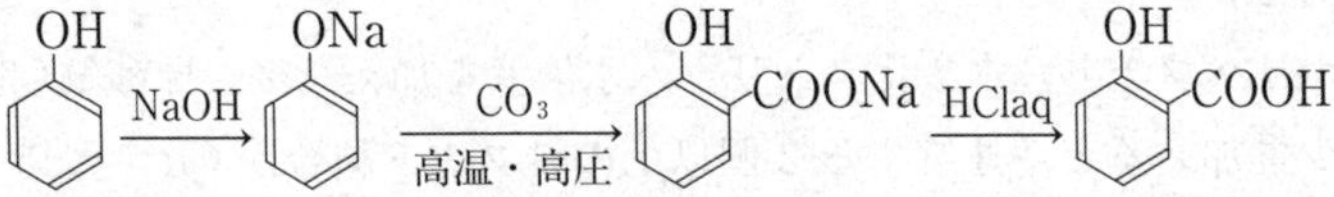

(9)　［実験Ⅷ］で得られる化合物**E**は，解熱鎮痛剤として用いられるアセチルサリチル酸である。

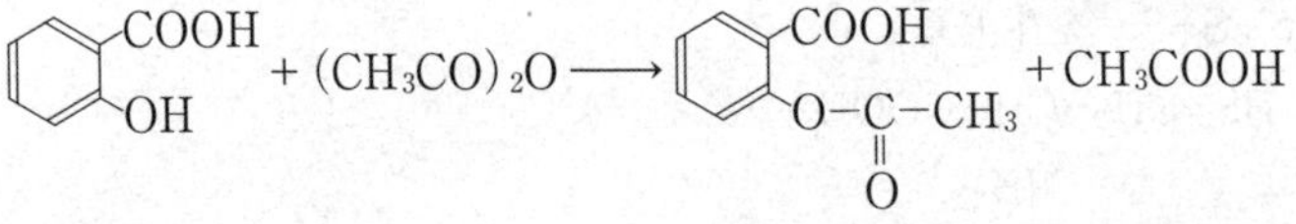

化合物**E**

(10)　塩化鉄(Ⅲ)水溶液を添加すると，フェノール性ヒドロキシ基をもつ化合物**A**のみが呈色反応を示す。

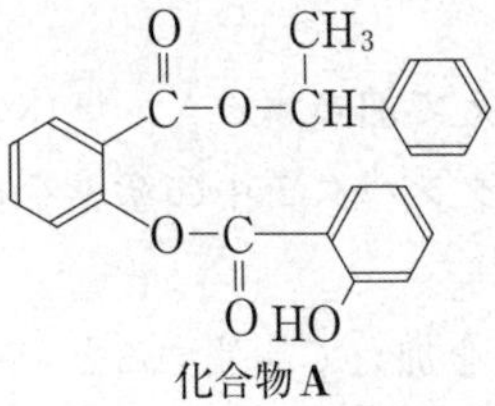

化合物**A**

**4** **解答**　(1)(ア)―0　(イ)―2　(ウ)―2　(エ)―0　(オ)―4　(カ)―1
(キ)―4　(ク)―4　(ケ)―3　(コ)―2　(サ)―1　(シ)―1
(a)―2　(b)―4　(c)―6　(d)―7　((c)と(d)は順不同)
(2)―7　(3)―5

◀解　説▶

≪α-アミノ酸とポリペプチドの性質，酵素の性質と反応速度≫

(1)(ア)～(エ)　カルボキシ基とアミノ基が同一炭素に結合しているアミノ酸はα-アミノ酸である。アミノ基の検出反応はニンヒドリン反応である。アラニンの等電点では，双性イオンが多量に存在し，ごくわずかに存在する陽イオンと陰イオンの物質量やモル濃度が等しく，全体として電荷が0になっている。ここに酸を加えてpHを等電点より小さくすると，陽イオンの割合が増加する。

(a)・(オ)　側鎖がH原子であるグリシン（$H_2N-CH_2-COOH$）以外のα-アミノ酸は不斉炭素原子を有するので鏡像異性体が存在する。鏡像異性体にはD体とL体が存在するが，ヒトの体を構成するアミノ酸はほとんどがL体である。

(カ)　ポリペプチドに水酸化ナトリウム水溶液を加えた後，硫酸銅(Ⅱ)水溶液を少量加えると，連続する2個以上のペプチド結合が$Cu^{2+}$と錯イオンを形成することで赤紫色に呈色する。これをビウレット反応という。

(キ)・(b)　システインがもつチオール基 $-SH$ が酸化されると，ジスルフィド結合 $-S-S-$ を生じる。

$HS-CH_2-CH(NH_2)-COOH$

システイン

(ク)・(ケ)　タンパク質水溶液に濃NaOH水溶液を加えて加熱後，酢酸鉛(Ⅱ)水溶液を加えると，PbSの黒色沈殿を生じる。この反応により，タンパク質中の硫黄を検出することができる。

(コ)　タンパク質水溶液に固体のNaOHを加えて加熱すると，気体の$NH_3$が発生する。この$NH_3$を確認することで，タンパク質中の窒素を検出することができる。

(サ)・(シ)・(c)・(d)　タンパク質水溶液に濃硝酸を加えて加熱すると，ベンゼン環がニトロ化されて黄色沈殿を生じる。この反応をキサントプロテイン反応といい，ベンゼン環をもつアミノ酸，フェニルアラニンやチロシンの検出に用いられる。

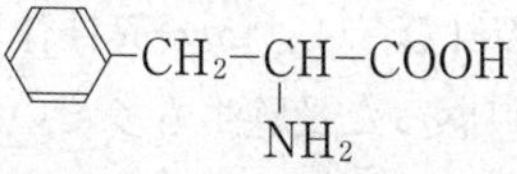


フェニルアラニン

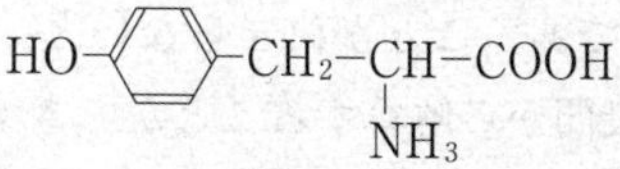


チロシン

(2)(ア)　誤り。酵素には最適 pH があり，反応速度は pH によって変化する。

(イ)　誤り。酵素には最適温度があり，この温度で反応速度は最大となる。温度が高すぎると，酵素が失活してしまうため反応速度は小さくなる。

(オ)　誤り。カタラーゼは過酸化水素が酸素と水になる反応の酵素である。

(3)　酵素-基質複合体 ES が分解する速度 $V_4$ は，ES が分解され E と P になる反応の速度 $V_2$ と，ES が分解され E と S になる反応の速度 $V_3$ の和である。よって

$$V_4 = V_2 + V_3 = k_2[\mathrm{ES}] + k_3[\mathrm{ES}] = (k_2 + k_3)[\mathrm{ES}]$$

## ❖講　評

試験時間は 80 分。大問数は 4 題で[1]，[2]が理論，[3]が計算問題を含む有機，[4]が有機・理論であった。

[1]は理論分野の小問集合。(1)は原子番号の数の合計，(2)は酸化数の合計を解答するという珍しい形式であった。ほとんどは基本的な知識を問う問題であったが，(4)(e)のヒドロキノンとカテコールの沸点，(5)(b)のハロゲン単体の反応性に関係する事項など，やや解答しづらいところもあった。

[2]は凝固点降下，浸透圧についての大問。(2)〜(5)のいずれも入試問題では定番の計算問題ではあるが，ミスなく正確に計算する必要がある。(2)では，結晶を溶解させることで生じる水の質量を溶媒の質量に足すこと，溶解後の濃度は元の濃度の（1＋2×電離度）倍になることをしっかり計算式に入れなければならない。(3)では氷となった水 50g を溶媒 200g から引く必要がある。(4)では，溶解後の濃度は（1−0.5×会合度）倍になる。(5)では塩化ナトリウムは完全電離で溶質粒子数が 2 倍になる。これらのことすべてを注意して解答しなければならない。計算も煩雑であり，やや時間を要したと思われる。

[3]は芳香族ジエステルの構造決定であった。(8)で化合物 C がサリチル

酸とわかるまで，化合物**B**・**C**の炭素数が完全には決定できないため，やや解きにくかったと思われる。化合物**B**が$C_8H_{10}O$，化合物**C**が$C_7H_6O_3$であることが決まらないと，(2)の計算，(4)，(5)の異性体数など前半の設問から解答することができず，戸惑った受験生も多くいただろう。化合物**A**・**B**・**C**を決定することができれば，設問自体は難しくはなかった。

[4]はアミノ酸，タンパク質，酵素に関する大問であった。(1)はアミノ酸，タンパク質に関する基本的な知識を問う空所補充問題，(2)は酵素に関する正誤問題であり，完答が望ましい。(3)は酵素反応の反応速度を問う問題で一見難問のようだが，ESが分解する反応速度$V_4$は$V_2$と$V_3$の和であることさえ読解，理解できれば難しくはなかった。

2021年度

# 問題と解答

## ■B方式

# 問題編



▶試験科目・配点

| 教 科 | 科 目 | 配 点 |
|---|---|---|
| 外国語 | コミュニケーション英語Ⅰ・Ⅱ・Ⅲ，英語表現Ⅰ・Ⅱ | 100点 |
| 数 学 | 数学Ⅰ・Ⅱ・Ⅲ・A・B | 100点 |
| 理 科 | 化学基礎・化学 | 100点 |

▶備　考

- 英語はリスニングおよびスピーキングを課さない。
- 「数学B」は「数列」「ベクトル」から出題。
- 2021年度入学試験について，教科書において「発展的な学習内容」として記載されている内容から出題する場合，必要に応じ補足事項等を記載するなどの措置を行う。

# 英語

(60 分)

**1** The following passage is part of an article entitled "**Survival of the Fittest Cells.**" Read the passage and answer the questions. (54 points)

[ 1 ] **Yasuyuki Fujita**, a cell biologist at Hokkaido University in Sapporo, Japan, has seen first-hand what happens when cells stop being polite and start getting real. He caught a glimpse of this harsh microscopic world when he switched on a cancer-causing gene called *Ras* in a few kidney cells in a dish. He expected to see these cells expanding and forming the beginnings of tumours* among their neighbours. Instead, the neat, orderly neighbours armed themselves with filament* proteins and started "poking, poking, poking," says Fujita. "The transformed cells were eliminated from the society of normal cells," he says, literally pushed out by the cells next door.

[ 2 ] In the past two decades, an explosion of similar discoveries has revealed squabbles*, fights and all-out wars playing out on the cellular level. Known as cell competition, it works a bit like natural selection between species, in that fitter cells win out over their less-fit neighbours. The phenomenon can act as quality control during an organism's development, as a defence against pre-tumorous cells and as a key part of maintaining organs such as the skin, intestine and heart. Cells use a variety of ways to eliminate their rivals, from kicking them out of a tissue* to engulfing them and cannibalizing* their components. The observations reveal that the development and maintenance of tissues are much more chaotic processes than previously thought. "This is a radical departure from development as a preprogrammed set of rules that

run like clockwork," says Thomas Zwaka, a stem-cell biologist at the Icahn School of Medicine at Mount Sinai in New York City.

[ 3 ] But questions abound as to how individual cells recognize and act on weaknesses in their neighbours. Labs have been diligently hunting for — and squabbling over — the potential markers for fitness and how they trigger competitive behaviours. These mechanisms could allow scientists to rein in the process or to help it along (A), which might lead to better methods for combating disease and ageing using regenerative* medicine. "Cell competition is on the global scientific map," says Eugenia Piddini, a cell biologist at the University of Bristol, UK, who likens the buzz around this idea to the excitement that helped propel modern immunotherapies*. The better scientists understand competition, she says, the more likely it is that they will be able to use it therapeutically.

**History repeats**

[ 4 ] During a blizzard that dumped more than 30 centimetres of snow this past February, in 2019, biologists from about a dozen disciplines convened at a hotel at Lake Tahoe, California, for the first major meeting devoted to cell competition. "It was a zoo of researchers," says co-organizer Zwaka, and included biologists who study flatworms that can regenerate their whole body from a single cell, geneticists attempting to make interspecies chimaeras* of mouse, monkey and rabbit embryos, and a keynote speaker who spoke about the terrible battles and cooperative campaigns waged (B) in bacterial communities. The snowbound attendees, about 150 in all, debated how and why cells size up their competition. And they celebrated the discovery that gave birth to the field.

[ 5 ] In 1973, two PhD students, **Ginés Morata** and Pedro Ripoll were perfecting a way to track* the various cell populations, in a fruit-fly larva*,

which would eventually develop into a wing. Working at the Spanish National Research Council's Biological Research Center in Madrid, they introduced a mutation* called *Minute* into a few select cells in the larva and left the rest of the cells unaltered. Knowing that *Minute* cells grow slower than their unaltered neighbours, the scientists expected to find some smaller cells amid the wild-type counterparts. "( (C) ), we found that the cells disappeared," says Morata, now a developmental biologist at the Autonomous University of Madrid in Spain. On their own, *Minute* cells can develop into a fly that is normal — except for the short, thin bristles on their bodies. But when mixed with wild-type cells in the larva, the cells simply vanished. "*Minute* cells were not able to compete with the more vigorous, metabolically active wild-type cells," says Morata. They described the activity as cell competition. "It was a very surprising and interesting observation," Morata says. But lacking the molecular tools to follow cell fates more closely, he and his colleagues let the finding simmer.(D)

[ 6 ] Twenty-six years later, postdocs* **Laura Johnston** and Peter Gallant observed nearly the same phenomenon. Working with Bruce Edgar and Robert Eisenman, respectively, at the Fred Hutchinson Cancer Center in Seattle, Washington, they were studying a mutation in another fly gene, *Drosophila Myc* (*dMyc*), that also slows cell growth. "There was a eureka* moment when Peter and I realized that these *dMyc* mutant cells would disappear," says Johnston, now a developmental biologist at Columbia University Irving Medical Center in New York City. They eventually showed that the mutant cells were forced to initiate(E) a form of programmed cell death. "It was very clear that this was a competitive situation," Johnston says. Their 1999 paper ignited interest among scientists, including **Morata**. He took advantage of modern molecular tools to repeat the *Minute* experiments, with Eduardo Moreno. "The field blossomed from there," says Johnston. **Fujita**'s observation of the kicked-out kidney cells was one of the first hints that mammalian cells compete, too.

Soon after that work was published, researchers started to observe competition forcing out mutated cells from various other tissue types such as skin, muscle and gut.

### Healthy competition

[7] (F)Cracking the mechanics of competition will be key if researchers want to use it to improve regenerative therapies. There are tantalizing hints that cell competition might already protect against some diseases. What started as modest observations in minuscule fruit-fly larvae has exposed the primal cellular battles that could usher in a new era of cell-based medicine. The process has scientists buzzing, but it remains mysterious. "Cell competition might be a general process to remove any undesirable cell that should not be there," says **Morata**, after returning from a one-day meeting in Lausanne, Switzerland devoted to competition in September. Now 74, he's thrilled that work he essentially (G)shelved more than 40 years ago is gaining new life and that (H)the competition is heating up. "It's really exciting."

(Adapted from *Nature*)

(Notes)

tumours：腫瘍

filament：糸状のもの，繊条(組織)

squabbles：小競り合い，けんか

tissue：細胞組織

cannibalizing < cannibalize：共食いする，解体して利用する

regenerative < regenerate：(失った組織・器官などを)再生する

immunotherapies：免疫療法

chimaeras：キメラ(2種以上の遺伝的に異なる組織から成る生物体)

track：追跡する

larva：幼生，幼虫

出典追記：These secret battles between your body's cells might just save your life, Nature on October 15, 2019 by Kendall Powell mutation：突然変異，変異体

postdocs：博士課程を終えた研究者

eureka：分かった，これだ(何かを発見したときの喜びの叫び声)

Paragraph [ 1 ]

(1) The following sentence restates the main point of paragraph [ 1 ]. Which of the choices below correctly fills in the blank? Mark the number on your **Answer Sheet.**

Fujita, a cell biologist, remembers the first time he saw some orderly, regular cells (　　　) and getting rid of irregular cells.

1 attacking one another　　2 rejecting each other

3 staying away　　4 working together

Paragraph [ 2 ]

(2) The following sentence restates the main point of paragraph [ 2 ]. Which of the choices below correctly fills in the blank? Mark the number on your **Answer Sheet.**

In the last two decades, researchers have revealed that cells can (　　　) to overpower their less-fit neighbours.

1 delay chaotic processes

2 discontinue their organism's development

3 exhibit fixed rules

4 use many different strategies

Paragraph [ 3 ]

(3) The following part of a sentence expresses the meaning of the underlined part (A) in paragraph [ 3 ]. Which of the choices below correctly fills in the blank? Mark the number on your **Answer Sheet.**

to (　　) the process of cell competition

1 control　　2 interpret

3 prevent　　4 repeat

(4) The following sentences restate some of the main points of paragraph [ 3 ]. Which of the choices below correctly fills in each blank? Mark the number on your **Answer Sheet.**

There are still ( (a) ) questions about how cells identify and defeat rival cells. ( (b) ) cell competition, there will be a better chance of developing new medical treatments.

(a) 1 few　　2 inconsistent

3 insignificant　　4 many

(b) 1 Although scientists around the world show less interest in

2 Because major researchers work closely together to tackle

3 If researchers can gain a more comprehensive understanding of

4 When more influential scientists finally understand

**Paragraph [ 4 ]**

(5) Which of the following choices best expresses the meaning of the underlined part (B) in paragraph [ 4 ]? Consider the context and mark the number on your **Answer Sheet.**

1 abandoned　　2 caught

3 earned　　4 fought

(6) The following sentences restate some of the main points of paragraph [ 4 ]. Which of the choices below correctly fills in the blank? Mark the number on your **Answer Sheet.**

Recently, a group of scientists (　　) met and discussed cell competition. They also celebrated the research that seeded the field of cell competition.

1 fearful of the consequences of their research

2 from an international organization

3 with a variety of backgrounds

4 working together as a team

**Paragraph** [ 5 ]

(7) Which of the following choices correctly fills in blank (C) in paragraph [ 5 ]? Mark the number on your **Answer Sheet**.

1 Furthermore　　2 Instead

3 Naturally　　4 Similarly

(8) Which of the following choices best explains the underlined part (D) in paragraph [ 5 ]? Mark the number on your **Answer Sheet**.

1 They eagerly repeated their research to obtain better results.

2 They finally realized that their research lacked originality.

3 They were able to ensure that their research was good enough.

4 They were unable to pursue their research any further at that time.

(9) The following sentence restates the main point of paragraph [ 5 ]. Which of the choices below correctly fills in the blank? Mark the number on your **Answer Sheet**.

Back in 1973, in an experiment with a fruit-fly larva, Morata and Ripoll, two PhD students, found that original cells were able to outcompete (　　) cells.

1 artificially altered　　2 perfectly stable

3 slightly younger　　4 surprisingly strong

**Paragraph** [ **6** ]

(10) Which of the following choices best expresses the meaning of the underlined part (E) in paragraph [ **6** ]? Consider the context and mark the number on your **Answer Sheet**.

1 challenge　　2 escape
3 start　　4 stop

(11) The following sentences restate some of the main points of paragraph [ **6** ]. Which of the choices below correctly fills in the blank? Mark the number on your **Answer Sheet**.

Following the publication of Johnston and Gallant's paper that excited the interest of scientists, Morata redid his earlier research, this time with Moreno, making use of (　　　). After that, the field of cell competition developed considerably.

1 both types of altered fly genes
2 contrasting theories of cell competition
3 technical advances in laboratory instruments
4 traditional knowledge of biological function

**Paragraph** [ **7** ]

(12) Which of the following choices best expresses the meaning of the underlined part (F) in paragraph [ **7** ]? Consider the context and mark the number on your **Answer Sheet**.

1 Continuing　　2 Solving
3 Splitting　　4 Stopping

(13) Which of the following choices best expresses the meaning of the underlined part (G) in paragraph [ **7** ]? Consider the context and mark the number on your **Answer Sheet**.

1 appreciated
2 completed
3 improved
4 suspended

(14) Which of the following choices best expresses the meaning of the underlined part (H) in paragraph [ 7 ]? Mark the number on your **Answer Sheet**.

1 the competition among researchers
2 the competition between good and bad cells
3 the competition in Lausanne, Switzerland
4 the competition of various types of cells

(15) The following is an overview of the passage. Which of the items below correctly fills in each blank? Mark the number on your **Answer Sheet**.

The field of cell competition has evolved over many years, with ( (a) ) ( (b) ) ( (c) ) ( (d) ), into what ( (e) ) ( (f) ) ( (g) ) of a new generation of therapies.

1 be
2 the efforts
3 might
4 of
5 researchers
6 the start
7 various

**2** Which of the following items correctly fills in blanks (1) to (6) in the passage? Consider the context, choose one for each blank from the choices, and mark the number on your **Answer Sheet**. Each item cannot be used more than once. (18 points)

## Notice on the Comet "Neowise"

The comet is easy to spot with the naked eye if you avoid city lights, reports Matthew Cappucci for the *Washington Post*. On July 11, viewers across the Northern Hemisphere will be able to spot the comet and its glowing tail right before ( (1) ) — between 4 a.m. and 5 a.m. Eastern Time will be the sweet spot. The comet will appear to the east-northeast of the sky and close to the horizon, so it's important to find a ( (2) ) spot with an unobstructed view of the sky, NASA ambassador Tony Rice tells the *Post*.

From mid-July to mid-August, look to the west-northwest after sunset — between the stars of the Big Dipper — and keep an eye out for a fuzzy, ( (3) ) object with a long orange tail, reports Dan Falk for *National Geographic*. Scientists recommend using binoculars or a telescope to get a clearer view. Up close, you might even be able to ( (4) ) the comet's forked tail. One part of the comet's tail is made primarily of gases, while the other is made up of dust, per the *Post*.

Neowise will move closest to Earth on July 22, flying just 64 million miles ( (5) ) the planet's surface, according to *EarthSky*.

Scientists from NASA say that Neowise might be the brightest comet to visit Earth in more than a decade, per *National Geographic*. The most impressive comets in recent memory were Comet Hale-Bopp in 1997, and Comet McNaught in 2007, which ( (6) ) up skies in the Southern Hemisphere.

---

出典追記：How to Watch Comet Neowise's Spectacular Show, Smithsonian Magazine on July 10, 2020 by Nora McGreevy, Smithsonian Institution

1 above 2 bright 3 dark 4 dawn 5 lit 6 spot

**3** Put the words in brackets into the correct order. Mark the numbers correctly, from top to bottom, on your **Answer Sheet**. All answer choices start with lower-case letters. (28 points)

(1) ( 1 benefits 2 everyone 3 volunteer 4 work) involved.

(2) His e-mail ( 1 calling 2 me 3 of 4 spared 5 the trouble) him.

(3) What are ( 1 articles 2 for 3 newspapers 4 the people 5 who 6 write) called?

(4) Mankind has pursued its own ( 1 destroyed 2 desire 3 has been 4 nature 5 selfish 6 so much that) in some regions.

(5) There is no ( 1 about 2 become 3 has 4 my old friends 5 news 6 of 7 what) from high school.

# 数学

(100分)

**問題 1 ～ 4 の各文章中の ア ，イ ，ウ ，… に当てはまる数字０～９を求めて，解答用マークシートの指定された欄にマークししなさい。ただし，分数は既約分数として表しなさい。根号の中に入る数は，４でも９でも割り切れないものとします。なお， ア は既出の ア を表します。**

**1** 座標空間において，頂点を $(0,0,0),(1,0,0),(0,1,0),(0,0,1),(1,1,0),(1,0,1),(0,1,1),(1,1,1)$ とする立方体を $C$ とし，3点 $(0,0,0),(\frac{s}{2},0,\frac{t}{2}),(0,\frac{s}{2},\frac{t}{2})$ $(s>0, t>0)$ を通る平面を $\alpha$ とする。$C$ を $\alpha$ によって2つの立体に分割したとき，$C$ と $\alpha$ の共通部分の図形を $P$ とし，2つの立体のうち体積が小さい方の立体を $Q$ とする。ただし，2つの立体の体積が等しいときは，頂点 $(1,1,0)$ を含む立体を $Q$ とする。

(1) $s=2$ とする。$P$ が四角形となるのは，$0<t\leqq$ ア のときで，このとき，$P$ の面積は $\frac{1}{\boxed{イ}}\sqrt{\boxed{ウ}t^2+\boxed{エ}}$ である。また，$Q$ の体積は $\frac{t}{\boxed{オ}}$ である。

(2) $s=2$ とする。$P$ が五角形となるのは， ア $<t<$ カ のときである。さらに，$t=\frac{3}{2}$ とすると，$P$ の面積は $\frac{\boxed{キ}}{\boxed{クケ}}\sqrt{\boxed{コサ}}$ である。

(3) $t=2$ とする。$P$ が三角形となるのは，$0<s\leqq$ シ のときで，このとき，$P$ の面積は $\frac{s}{\boxed{ス}}\sqrt{s^{\boxed{セ}}+\boxed{ソ}}$ であり，$Q$ の体積は $\frac{s^{\boxed{タ}}}{\boxed{チツ}}$ である。

(25点)

**2**　空間の単位ベクトル $\vec{p}$，$\vec{q}$，$\vec{r}$ が，たがいに垂直であるとする。1から6までの数字が1つずつ書かれた同じ大きさの6枚の札が入った袋がある。この袋の中から札を1枚取り出し，札に書かれた数字を調べて札を元に戻す試行を6回繰り返す。$k$ 回目に取り出した札に書かれている数字によってベクトル $\vec{a}_k$ を次のように定める $(k=1,2,3,4,5,6)$。ただし，$\vec{0}$ は零ベクトルを表す。

(I) $k=1,3,5$ のとき，

取り出した札の数字が2ならば $\vec{a}_k=\vec{q}$ とし，それ以外ならば $\vec{a}_k=\vec{0}$。

(II) $k=2,4$ のとき，

取り出した札の数字が1または4ならば $\vec{a}_k=\vec{p}$ とし，それ以外ならば $\vec{a}_k=\vec{0}$。

(III) $k=6$ のとき，

取り出した札の数字が6ならば $\vec{a}_k=\vec{r}$ とし，それ以外ならば $\vec{a}_k=\vec{0}$。

そのとき $\vec{x}=\vec{a}_1+\vec{a}_2+\vec{a}_3+\vec{a}_4+\vec{a}_5+\vec{a}_6$ とおく。なお，$\vec{a}\cdot\vec{b}$ は2つのベクトル $\vec{a}$ と $\vec{b}$ の内積を表し，$\vec{0}\cdot\vec{b}=0$ であるものとする。

**(1)** $\vec{x}\cdot\vec{p}=0$ となる確率は $\dfrac{\boxed{ア}}{\boxed{イ}}$ である。また，$\vec{x}\cdot\vec{q}=0$ となる確率は $\dfrac{\boxed{ウエオ}}{\boxed{カキク}}$ である。

**(2)** $\vec{x}=\vec{p}+\vec{q}+\vec{r}$ となる確率は $\dfrac{\boxed{ケコ}}{\boxed{サシス}}$ である。

**(3)** $\vec{x}$ と $\vec{p}-2\vec{q}+\vec{r}$ の内積が0となる確率は $\dfrac{\boxed{セソタチ}}{\boxed{ツテトナニ}}$ である。

**(4)** $\vec{x}$ の大きさが $\sqrt{5}$ となる確率は $\dfrac{\boxed{ヌネノ}}{\boxed{ハヒフヘ}}$ である。

(25点)

**3** $s,\ t$ を実数として，関数

$$f(x)=\frac{\sqrt{6}}{3}\sin x,\quad g(x)=\frac{\sqrt{2}}{2}x+s,\quad h(x)=2\sqrt{2}\sin^2\frac{x}{2}+t$$

を考える。

**(1)** **(a)** ある定数 $k$ があって，$0\leqq x\leqq\dfrac{\pi}{2}$ を満たすどのような $x$ に対しても，$f(x)\leqq k\leqq g(x)$ となる最小の $s$ の値は $\dfrac{\boxed{ア}}{\boxed{イ}}\sqrt{\boxed{ウ}}$ である。

**(b)** $0\leqq x\leqq\dfrac{\pi}{2}$ を満たすある $x$ に対して，ある定数 $l$ があって，$f(x)\leqq l\leqq g(x)$ となる最小の $s$ の値は $\dfrac{1}{\boxed{エ}}\sqrt{\boxed{オ}}-\dfrac{1}{\boxed{カ}}\sqrt{\boxed{キ}}\pi$ である。

**(c)** $0\leqq x\leqq\dfrac{\pi}{2}$ を満たすどのような $x$ に対しても，ある定数 $m$ があって，$f(x)\leqq m\leqq g(x)$ となる最小の $s$ の値は $\dfrac{1}{\boxed{ク}}\sqrt{\boxed{ケ}}-\dfrac{1}{\boxed{コ}\boxed{サ}}\sqrt{\boxed{シ}}\pi$ である。

**(2)** **(a)** $0\leqq x\leqq\dfrac{\pi}{2}$，$0\leqq y\leqq\dfrac{\pi}{2}$ を満たすどのような $x,y$ に対しても，$f(x)\leqq h(y)$ となる最小の $t$ の値は $\dfrac{\boxed{ス}}{\boxed{セ}}\sqrt{\boxed{ソ}}$ である。

**(b)** $0\leqq x\leqq\dfrac{\pi}{2}$ を満たすどのような $x$ に対しても，$f(x)\leqq h(x)$ となる最小の $t$ の値は

$$\frac{\boxed{タ}}{\boxed{チ}}\sqrt{\boxed{ツ}}-\sqrt{\boxed{テ}}$$

である。

**(c)** $0\leqq x\leqq\dfrac{\pi}{2}$ を満たすある $x$ に対して，$f(x)\leqq h(x)$ となる最小の $t$ の値は

$$\frac{\boxed{ト}}{\boxed{ナ}}\sqrt{\boxed{ニ}}-\sqrt{\boxed{ヌ}}$$

である。

(25点)

**4**　$a, b, c$ を実数とする。$f(x) = x^4 - 4x^3 + 4x^2 + \dfrac{1}{4}$ とする。座標平面上における曲線 $C_1 : y = f(x)$ と放物線 $C_2 : y = ax^2 + bx + c$ は点 $\mathrm{P}_1\left(\dfrac{2-\sqrt{2}}{2}, f\left(\dfrac{2-\sqrt{2}}{2}\right)\right)$, $\mathrm{P}_2\left(\dfrac{2+\sqrt{2}}{2}, f\left(\dfrac{2+\sqrt{2}}{2}\right)\right)$ を共有点としてもち，かつ点 $\mathrm{P}_1$ で共通の接線 $\ell_1$，点 $\mathrm{P}_2$ で共通の接線 $\ell_2$ をもつという。曲線 $C_1$ と放物線 $C_2$ によって囲まれた部分の面積を $S_1$，接線 $\ell_1$ および $\ell_2$ と $C_2$ によって囲まれた部分の面積を $S_2$ とする。

**(1)**　$a = -$ ア，$b =$ イ，$c =$ ウ である。

**(2)**　$S_1 = \dfrac{\text{エ}}{\text{オカ}}\sqrt{\text{キ}}$ である。

**(3)**　接線 $\ell_1$ の方程式は $y = \sqrt{\text{ク}}\,x + \dfrac{\text{ケ}}{\text{コ}} - \sqrt{\text{サ}}$ であり，$S_2 = \dfrac{\text{シ}}{\text{ス}}\sqrt{\text{セ}}$ である。

連立不等式 $y \geqq f(x)$，$y \leqq -$ ア $x^2 +$ イ $x + \dfrac{1}{4}$，$x \geqq \dfrac{2+\sqrt{2}}{2}$ が表す領域 (境界線も含む) の面積を $S_3$ とする。

**(4)**　$S_3 = \dfrac{\text{ソ}}{\text{タチ}} - \dfrac{\text{ツ}}{\text{テトナ}}\sqrt{\text{ニ}}$ である。

(25 点)

# ■化学■

(80分)

アボガドロ数は$6.0 \times 10^{23}$とする。

また，原子量を必要とするときは，次の値を用いなさい。

H　1.0，C　12，N　14，O　16，S　32，Cu　64

**1**　原子，分子および化学の基礎法則に関する以下の問いに答えなさい。この際，文章中の空欄 [(ア)] ～ [(コ)] に最も適当な語句を指定された**解答群**から選び，その番号を**解答用マークシート**の指定された欄にマークしなさい。必要なら，同一番号を繰り返し用いてよい。また，空欄 [①] ～ [⑮] にあてはまる数字を**解答用マークシート**の指定された欄にマークしなさい。数値は四捨五入し，**指示された桁まで**マークしなさい。ただし，必要のない桁には0をマークしなさい。　(25点)

(1)　物質は，単体，化合物および混合物に分類される。オゾンは [(ア)] ，塩酸は [(イ)] ，ダイヤモンドは [(ウ)] ，エタノールは [(エ)] に分類される。

[(ア)] ～ [(エ)] **の解答群**

0　単　体　　　1　化合物　　　2　混合物

(2)　原子は原子核と [(オ)] からできており，原子核は [(カ)] と [(キ)] からできている。原子核中の(カ)の数を [(ク)] ，(カ)と(キ)の数の和を [(ケ)] という。同じ元素の原子には，(ク)は同じでも(キ)の数が異なるため，(ケ)が異なるものがある。このような原子同士を互いに同位体であるという。原子は全体としてみると電気的に中性であるから，(オ)の数と(カ)の数は等しい。

（オ）～（ケ）の解答群

0　原子番号　1　質量数　2　陽　子　3　電　子

4　中性子

(3)　自然界に存在するガリウムには，$^{69}$Ga と $^{71}$Ga という 2 種類の同位体がある。$^{12}$C の質量を 12 としたとき，それらの原子の相対質量はそれぞれ 68.9，70.9 である。ガリウムの原子量が 69.7 であるとすれば，同位体 $^{71}$Ga の存在比は ①② . ③ % である。

（↑小数点）

(4)　フランスの化学者プルーストは，「同一化合物においては，それを構成する成分元素の質量比は常に一定である」という定比例の法則を発見した。次の(a)および(b)の実験事実は，「水を構成する水素と酸素の質量比は常に一定である」ということ，すなわち定比例の法則が水について成り立つことを示している。

(a)　水素 1.20 g を燃焼させたところ，水 10.80 g が生じた。

(b)　酸化銅(Ⅱ)2.00 g を加熱しながら水素を送って還元したところ，

④ . ⑤⑥ g の銅と ⑦ . ⑧⑨ g の水を得た。

（↑小数点）　（↑小数点）

(5)　次のうち，酸素原子が最も多く含まれているものは，（コ）である。

（コ）の解答群

0　4.8 g の酸素

1　1.8 g の水

2　0.2 mol の二酸化炭素

3　$6.0 \times 10^{22}$ 個の酸素分子

4　0℃，$1.013 \times 10^{5}$ Pa で 2.24 L の二酸化炭素

(6)　ある金属 M(原子量 52)の酸化物を還元して単体にすると，質量は 31.6 %

減少する。このことから，還元前の酸化物の化学式は M[⑩]O[⑪] と決定される。ただし，[⑩]，[⑪] には，あてはまる最小の整数を入れなさい。

(7) ある金属元素 X の硝酸塩をはかりとり，水溶液とした。この水溶液中の X をすべて硫酸塩として沈殿させて回収し，質量を測定したところ，硝酸塩と比べて質量が 10.73 % 減少していた。このとき金属の酸化数は +2 で変化がなく，塩はいずれも結晶水を含まないものとすると，この金属元素 X の原子量は [⑫ ⑬ ⑭].[⑮] と求められる。

（↑小数点）

**2** 次の文章中の空欄 [(ア)] ～ [(コ)] に最も適当なものを指定された**解答群**から選び，その番号を**解答用マークシート**の指定された欄にマークしなさい。また，空欄 [①] ～ [⑲] にあてはまる数字，または＋，－の符号を**解答用マークシート**の指定された欄にマークしなさい。数値は四捨五入し，**指示された桁まで**マークしなさい。ただし，必要のない桁には 0 をマークしなさい。必要であれば，$\sqrt{1.7}=1.3$，$\sqrt{2.0}=1.4$，$\sqrt{2.8}=1.7$ の数値を用いなさい。

(25 点)

銀イオン $Ag^+$ は数種の陰イオンと反応して水に難溶性の塩をつくる。しかし，$Ag^+$ と陰イオン $X^{n-}$ (n = 1 または 2) からなる難溶性塩 $Ag_nX$ でも水中できわめて少量が溶け，飽和水溶液となる。溶けた $Ag_nX$ は完全に電離してイオンになっており，固体の $Ag_nX$ が存在しているときには，固体とイオンとの間に次の平衡が成り立つ。

$$Ag_nX(固) \rightleftarrows nAg^+ + X^{n-}$$

$Ag_nX$ の溶解度積 ($K_{sp}$) は，$K_{sp}=[Ag^+]^n[X^{n-}](mol/L)^{n+1}$ である。この問題では温度は常に一定であり，その温度における各銀化合物の $K_{sp}$ の値は次の通りである。また，単位は $(mol/L)^2$ または $(mol/L)^3$ である。

塩化銀：$1.7\times10^{-10}$

ヨウ化銀：$2.0 \times 10^{-14}$

クロム酸銀：$2.8 \times 10^{-12}$

塩化銀，ヨウ化銀，クロム酸銀の中で，その飽和水溶液の濃度〔mol/L〕が最も高いのは，[ (ア) ] である。

縦軸に塩化物イオン $Cl^-$ の濃度を，横軸に $Ag^+$ の濃度をとり，塩化銀の沈殿が生成するか否かの境界を実線で，塩化銀の沈殿が生成する $Ag^+$ および $Cl^-$ の濃度域を灰色で示した図が [ (イ) ] である。ただし，この条件において水溶性の錯イオンは生成しないものとする。一方，塩化銀の沈殿にアンモニア水を加えると [ (ウ) ] で示される錯イオンを生じ，溶ける。塩化銀と同じく，水にはほとんど溶けないが，アンモニア水に溶ける銀化合物は [ (エ) ] である。

[ (ア) ] の解答群

0　塩化銀　　1　ヨウ化銀　　2　クロム酸銀

[ (イ) ] の解答群

0

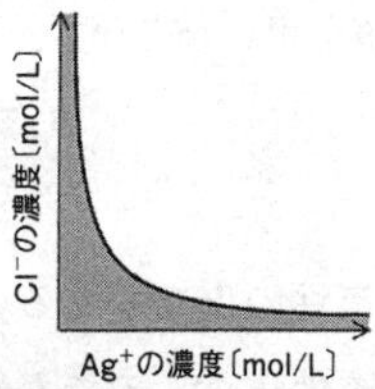


1

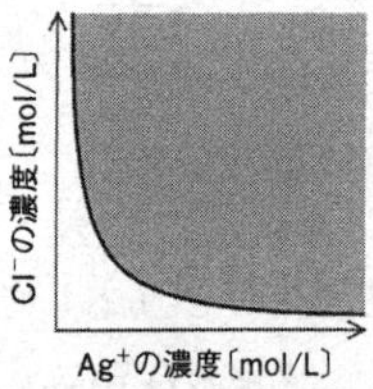


2

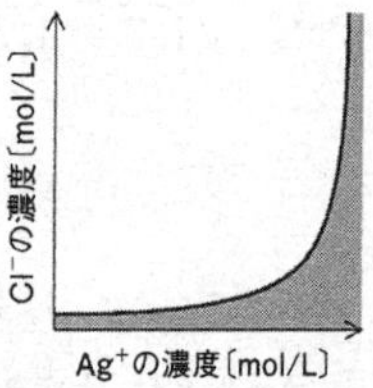


3

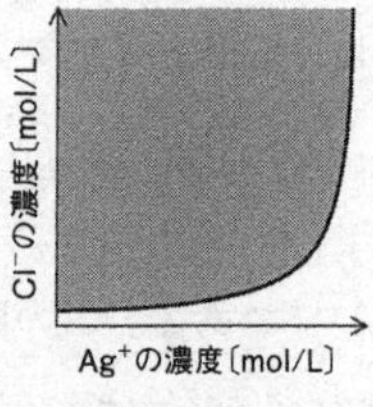


4

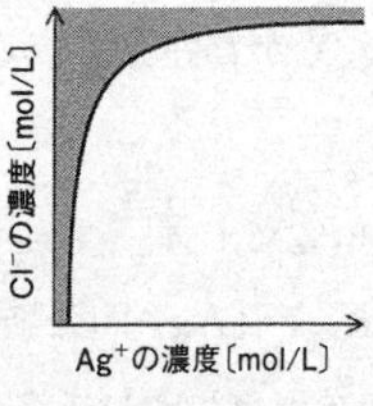


5

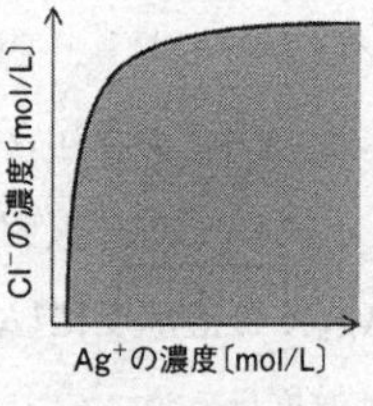

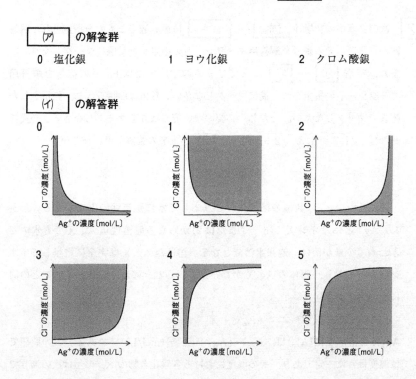

6

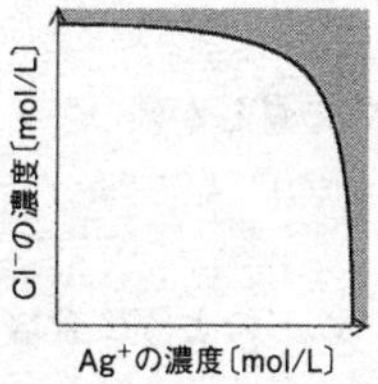


7

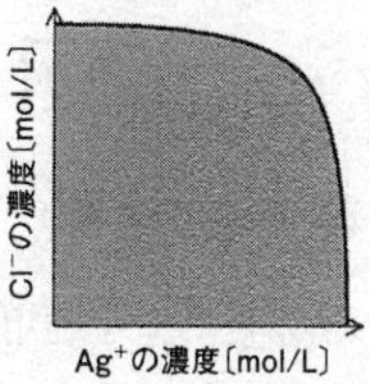


**(ウ) の解答群**

0 $[Ag(NH_3)_2]^+$　　1 $[Ag(NH_3)_4]^+$　　2 $[Ag(NH_4)_2]^{3+}$
3 $[Ag(NH_4)_4]^{5+}$　　4 $[Ag(OH)_2]^-$　　5 $[Ag(OH)_4]^{3-}$
6 $[AgCl_2]^-$　　7 $[AgCl_4]^{3-}$

**(エ) の解答群**

0 フッ化銀　　1 ヨウ化銀　　2 酸化銀　　3 硫化銀

$2.0\times10^{-1}$ mol/L 硝酸銀水溶液 1.0 mL と $2.0\times10^{-1}$ mol/L 塩化ナトリウム水溶液 1.0 mL を混合した後，さらに $2.0\times10^{-4}$ mol のヨウ化ナトリウムを加えたときの結果の記述は，(オ) である。また，逆に $2.0\times10^{-1}$ mol/L 硝酸銀水溶液 1.0 mL と $2.0\times10^{-1}$ mol/L ヨウ化ナトリウム水溶液 1.0 mL を混合した後，さらに $2.0\times10^{-4}$ mol の塩化ナトリウムを加えたときの結果の記述は，(カ) である。ただし，ヨウ化ナトリウムや塩化ナトリウムを加えたことによる溶液の体積変化はないものとする。

1.0 L 中に $1.0\times10^{-1}$ mol の $Cl^-$ と $1.0\times10^{-2}$ mol のクロム酸イオンとを含む水溶液を調製し，これに $Ag^+$ を加えていくと，溶液中の $Ag^+$ の濃度が

①.② × 10^(③ ④⑤) mol/L になったとき，最初に (キ) の

（↑小数点　↑正負の符号　↑指数）

沈殿が生じる。さらに $Ag^+$ を加えていくと，(キ)の沈殿は次第に増加していくが，

(ク) の沈殿は溶液中の $Ag^+$ の濃度が ⑥.⑦ × 10^(⑧ ⑨⑩)

（↑小数点　↑正負の符号　↑指数）

mol/L に達するまで生成しない。(ク)の沈殿が初めて生成したとき，溶液中の $Cl^-$ は最初にあった $Cl^-$ の [⑪].[⑫] × 10^[⑬][⑭] % の量しか残っていない。

（⑪と⑫の間：小数点，⑬：正負の符号，⑭：指数）

塩化銀およびクロム酸銀の溶解度の差を利用すると，以下のように食塩水中の塩化ナトリウム濃度を $Ag^+$ による滴定で求めることができる。この滴定法はモール法と呼ばれる。

食塩水 20 mL を [(ケ)] を用いて正確にビーカーにとり，質量パーセント濃度で 9 % のクロム酸カリウム水溶液を 0.5 mL 加えてよく振り混ぜた。この溶液をよく振り混ぜながら，$1.0 \times 10^{-1}$ mol/L 硝酸銀水溶液を [(コ)] を用いて滴定したところ，滴定が終了するまでに 30.40 mL を要した。この食塩水中の塩化ナトリウムのモル濃度は [⑮].[⑯] × 10^[⑰][⑱⑲] mol/L である。

（⑮と⑯の間：小数点，⑰：正負の符号，⑱⑲：指数）

**[(オ)] および [(カ)] の解答群**

0 「最初に生成した塩化銀の沈殿がそのまま残り，ヨウ化銀の沈殿は生成しない」

1 「ヨウ化銀の沈殿は生成せず，最初に生成した塩化銀の沈殿が溶けだし，その量が減少する」

2 「ヨウ化銀の沈殿が生成するとともに，最初に生成した塩化銀の沈殿が溶けだし，沈殿は最終的にほぼすべてがヨウ化銀となる」

3 「最初に生成したヨウ化銀の沈殿がそのまま残り，塩化銀の沈殿は生成しない」

4 「塩化銀の沈殿は生成せず，最初に生成したヨウ化銀の沈殿が溶けだし，その量が減少する」

5 「塩化銀の沈殿が生成するとともに，最初に生成したヨウ化銀の沈殿が溶けだし，沈殿は最終的にほぼすべてが塩化銀となる」

6 「最終的には，ほぼ等量の塩化銀の沈殿とヨウ化銀の沈殿の混合物が残る」

7「塩化銀の沈殿もヨウ化銀の沈殿もすべて溶解する」

(キ) および (ク) の解答群

0 白色の塩化銀　　1 黒色の塩化銀
2 青白色の塩化銀　　3 淡黄色の塩化銀
4 暗赤(赤褐)色の塩化銀　　5 白色のクロム酸銀
6 黒色のクロム酸銀　　7 青白色のクロム酸銀
8 淡黄色のクロム酸銀　　9 暗赤(赤褐)色のクロム酸銀

(ケ) および (コ) の解答群

0 メスフラスコ　　1 メスシリンダー　　2 ビュレット
3 ホールピペット　　4 こまごめピペット　　5 メートルグラス

**3** 次の(1)，(2)の設問に答えなさい。

文章中の空欄 (ア) ～ (タ) に最も適当なものを指定された**解答群**から選び，その番号を**解答用マークシート**の指定された欄にマークしなさい。また，空欄 ① ～ ⑩ にあてはまる数字を**解答用マークシート**の指定された欄にマークしなさい。数値は四捨五入し，**指示された桁までマーク**しなさい。ただし，必要のない桁には0をマークしなさい。　(25点)

(1) 生体内で抗酸化作用を示すグルタチオンについて行った実験と得られた結果を以下に記した。

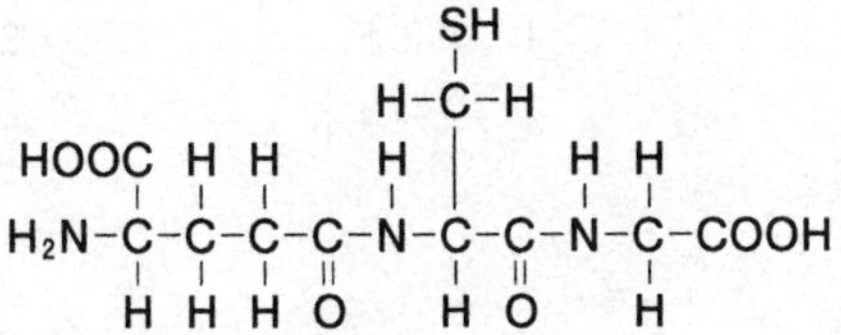


**グルタチオン**

［実験１］　グルタチオンを酸の存在下で加水分解し，３種類のアミノ酸 [ (ア) ]，[ (イ) ]，[ (ウ) ] を得た。

［実験２］　(ア)を含む水溶液に塩素酸カリウムを加えると，(ア)の２分子が水素を失って [ (エ) ] 結合した物質が得られた。このことから，(ア)は [ (オ) ] されたといえる。

［実験３］　(イ)の水溶液は３種類のイオンの電離平衡の状態で存在し，pH の変化により，各イオンの割合が変化する。水酸化ナトリウム水溶液を用いて滴定を行い，電離定数を求めた結果，$K_1 = 1.0 \times 10^{-2.34}$ mol/L，$K_2 = 1.0 \times 10^{-9.61}$ mol/L であった。(イ)の等電点を計算すると，[ ① ].[ ② ③ ] となる。

↑ 小数点

［実験４］　グルタチオンに，一般的なタンパク質に含まれるペプチド結合を加水分解するペプチダーゼを作用させた結果，ジペプチドと(イ)が得られた。pH 2.0 の水溶液中で電気泳動を行うと，[ (カ) ] 側に(イ)が移動した。

［実験５］　グルタチオンに特異的に作用する酵素によって加水分解した結果，ジペプチドとアミノ酸(ウ)が得られた。単純タンパク質である [ (キ) ] は，構成アミノ酸として(ウ)の含有量が多い。

**[ (ア) ] 〜 [ (ウ) ] の解答群**

| | | |
|---|---|---|
| 0　グリシン | 1　アラニン | 2　チロシン |
| 3　システイン | 4　メチオニン | 5　セリン |
| 6　グルタミン酸 | 7　リシン | 8　トリプトファン |

**[ (エ) ] の解答群**

| | | |
|---|---|---|
| 0　イオン | 1　アミド | 2　エーテル |
| 3　水　素 | 4　ペプチド | 5　ジスルフィド |

(オ) および (カ) の解答群

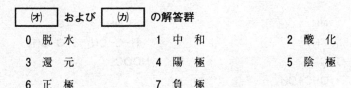

0 脱 水　　1 中 和　　2 酸 化
3 還 元　　4 陽 極　　5 陰 極
6 正 極　　7 負 極

(キ) の解答群

0 ムチン　　1 カゼイン　　2 ヘモグロビン
3 リボソーム　　4 グルテニン(グルテリン)

グルタチオンはヒトの体内において(ア), (イ), (ウ)から生合成される。(ア)をアセチル化してできるアミドの化学構造は (ク) である。(ク)は体内で速やかに(ア)になるため，グルタチオンの働きや生合成を助けることを目的として，医薬品として使われている。

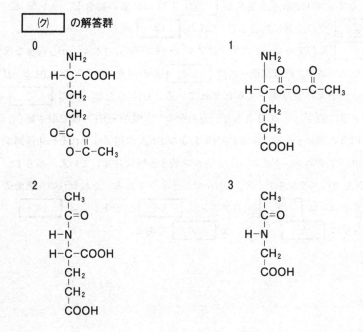

(ク) の解答群

0
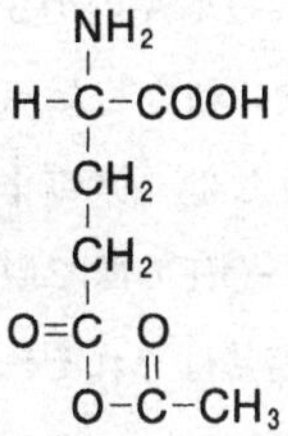

1
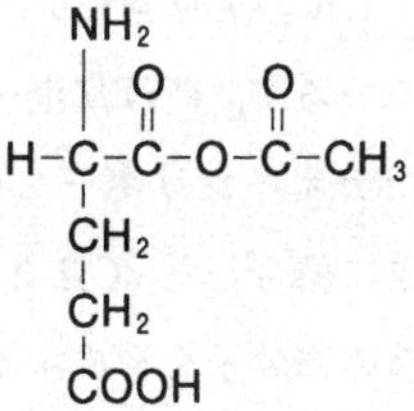

2
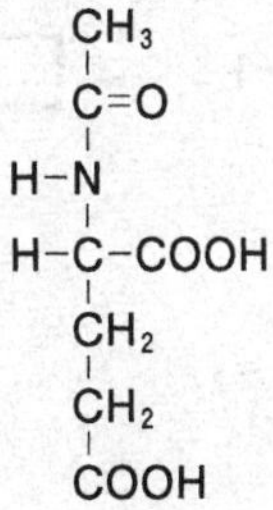

3
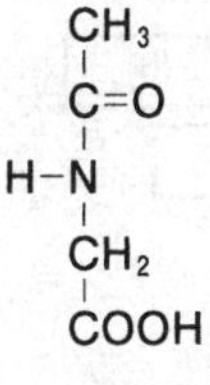

4

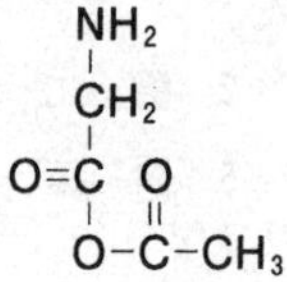

5

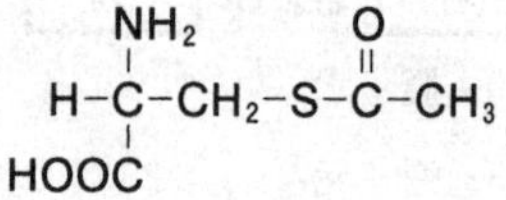

6

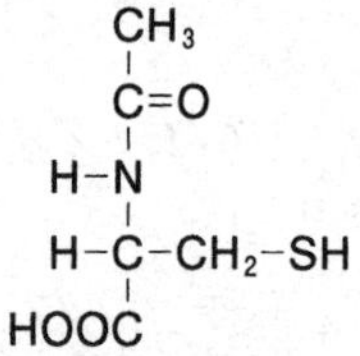

7

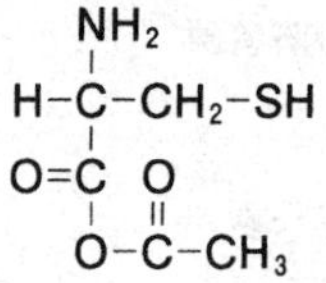

(2)　生物の細胞には，リボ核酸(RNA)とデオキシリボ核酸(DNA)と呼ばれる2種類の核酸がある。核酸は，［(ケ)］を単量体とする高分子である。(ケ)は糖とリン酸と塩基からなる。RNAの(ケ)では，糖はリボース(図に炭素の位置番号を含めて示す)であり，塩基が［④］位の炭素に結合し，リン酸は，［⑤］位の炭素に結合した-OHと［(コ)］結合している。ただし，［⑤］位のアルコールは第一級アルコールである。DNAの(ケ)も同様な構造をしているが，糖はリボースの［⑥］位の炭素に結合した-OHが-Hになったデオキシリボースが含まれている。(ケ)どうしは，糖の［⑦］位の炭素に結合した-OHともう一方の(ケ)のリン酸の-OHの間で脱水縮合し，鎖状構造の高分子を形成する。RNAおよびDNAの塩基はそれぞれ4種類ずつあり，アデニン，グアニン，シトシンの3種類は共通している。残り1つはRNAではウラシルであり，DNAではチミンである。それぞれの化学構造は，アデニンは［(サ)］，グアニンは［(シ)］，シトシンは［(ス)］，ウラシルは［(セ)］，チミンは［(ソ)］である。

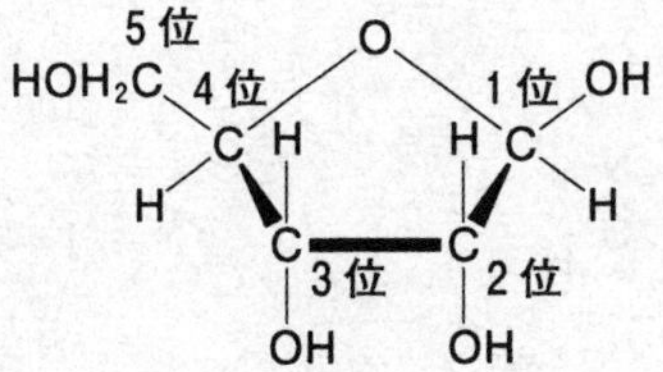


リボース

図

(ケ) および (コ) の解答群

0 ヌクレオシド　　1 ヌクレオチド　　2 ニンヒドリン
3 イオン　　4 水　素　　5 グリコシド
6 アミド　　7 エステル　　8 エーテル
9 ペプチド

(サ) ～ (ソ) の解答群

0

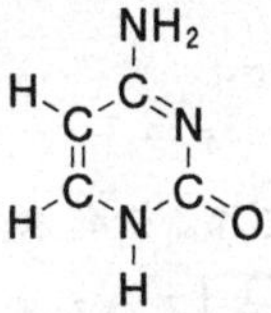

1

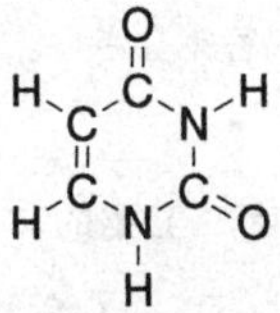

2

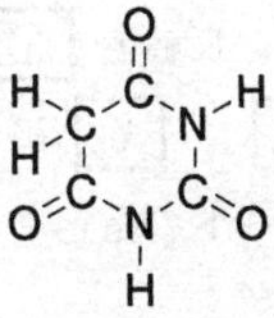

3

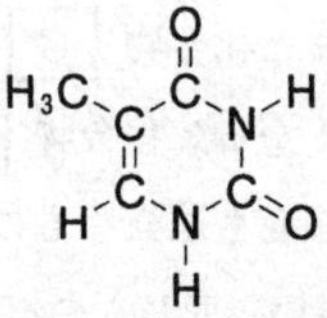

4

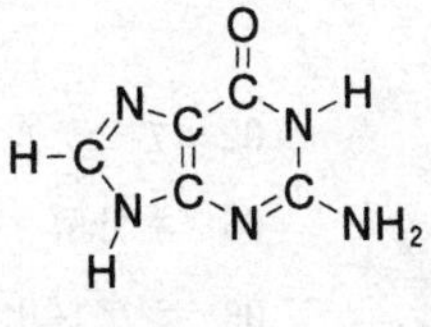

5

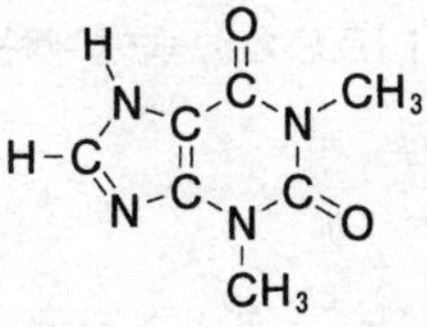

6

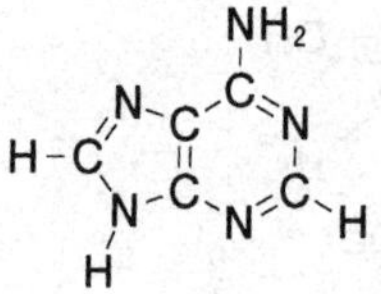

DNAは(ケ)の重合体が塩基間で互いに [(タ)] して二重らせん構造を形成している。50塩基対からなる二本鎖DNAに含まれるすべての塩基のうち15％がグアニンであるとき，このDNAの二重らせん構造を形成している(タ)の総数は [⑧ ⑨ ⑩] 個である。

**[(タ)] の解答群**

0　共有結合　　1　イオン結合　　2　水素結合　　3　配位結合

**4** 図1に示すように，アセチレンはさまざまな化合物の合成原料になりうる。以下の設問(1)～(4)に答えなさい。（25点）

(1)　アセチレンは，工業的にはメタンなど石油に含まれる炭化水素などの [①] 反応によってつくられる。実験室では化合物 [A] に水を加えて合成する。このとき，同時に化合物 [B] が生成し，化合物Bの水溶液に二酸化炭素を通じると化合物 [C] が白色沈殿として生じる。反応名 [①] については**解答群Ⅰ**から，化合物 [A] ～ [C] と試薬 [a]， [b] については**解答群Ⅱ**から最も適当なものを選び，**解答用マークシート**の指定された欄にマークしなさい。同じものを何度用いてもよい。

**解答群Ⅰ【反応名①～⑥の解答群】**

| | | |
|---|---|---|
| 00　還　元 | 01　加水分解 | 02　アセチル化 |
| 03　付　加 | 04　エステル化 | 05　熱分解 |
| 06　ハロゲン化 | 07　電気分解 | 08　ジアゾ化 |

| | | |
|---|---|---|
| 09 付加重合 | 10 酸　化 | 11 異性化 |
| 12 銀　鏡 | 13 ニトロ化 | 14 スルホン化 |

**解答群Ⅱ【化合物A～Cと試薬a，bの解答群】**

| | | |
|---|---|---|
| 00 $H_2O$ | 01 $H_2$ | 02 $HNO_3$ |
| 03 $HCl$ | 04 $CaCO_3$ | 05 $CaCl_2$ |
| 06 $H_2C{=}CH_2$ | 07 $O_2$ | 08 $N_2$ |
| 09 $CH_3OH$ | 10 $NaOH$ | 11 $H_2O_2$ |
| 12 $Ca(OH)_2$ | 13 $NH_3$ | 14 $NaNO_2$ |
| 15 $CO_2$ | 16 $H_2SO_4$ | 17 $CaC_2$ |

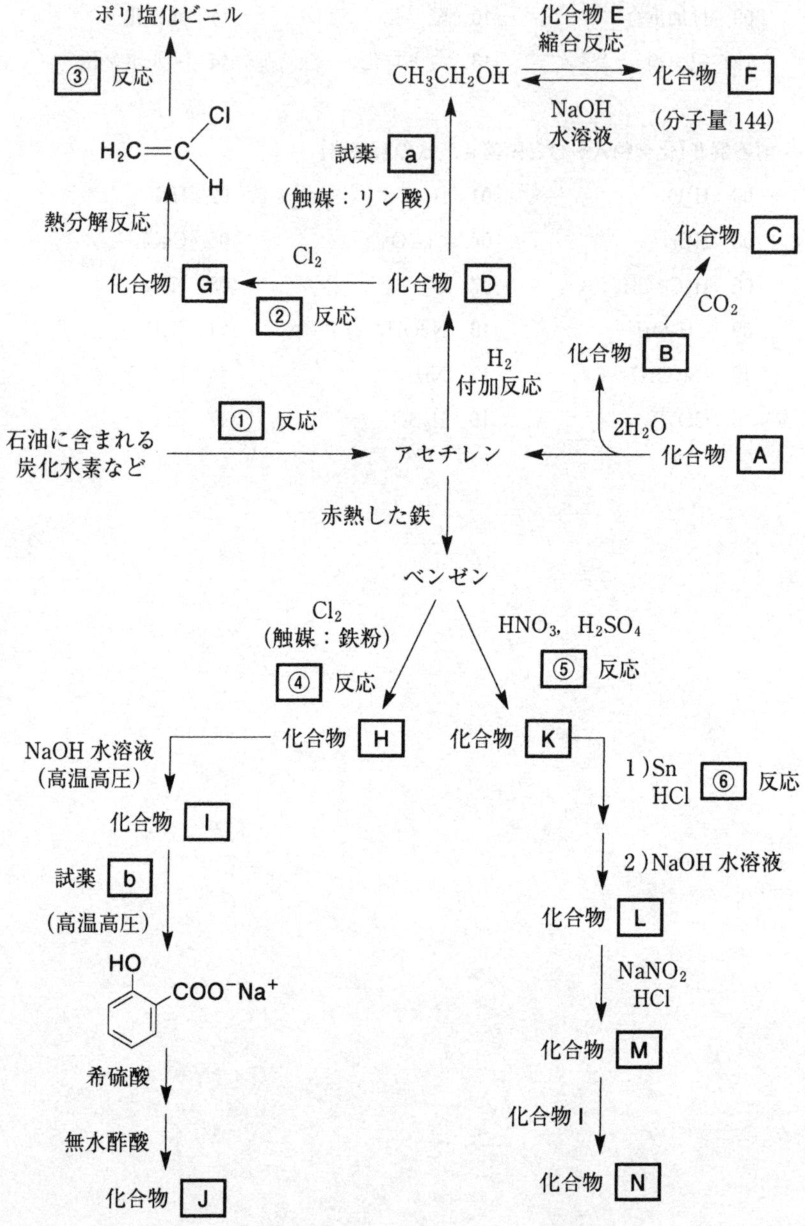


**図 1 アセチレンを中心とするさまざまな化合物の合成**

(2)　図1中の反応名 [②] ～ [⑥] については**解答群Ⅰ**から，化合物 [D]，[G] ～ [N] については**解答群Ⅲ**から最も適当なものを選び，**解答用マークシート**の指定された欄にマークしなさい。同じものを何度用いてもよい。なお，図1中の化合物 [F] の分子量は144であり，元素分析を行ったところ，炭素Cは66.7％，水素Hは11.1％，窒素Nは0％であった。また，化合物Fを水酸化ナトリウム水溶液で反応したところ，反応がほぼ100％進行して$CH_3CH_2OH$が得られた(この下線は(4)の問題文に関連して引いています)。従って化合物 [F] の分子式は，C [⑦] H [⑧] N [⑨] O [⑩] であると考えられる。[⑦] ～ [⑩] のどれかが0(ゼロ)の場合には，該当する欄に0(ゼロ)をマークしなさい(「十の位」と「一の位」の両方)。

**解答群Ⅲ【化合物D，G～Nの解答群】**

00
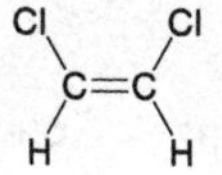

01
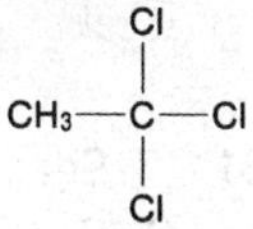

02
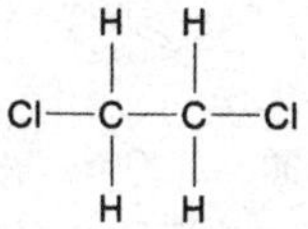

03
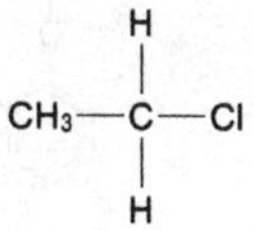

04
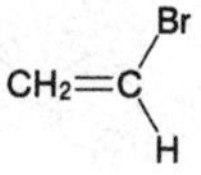

05
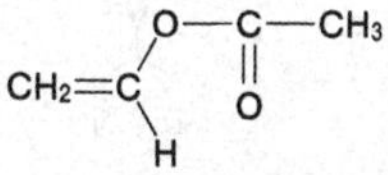

06
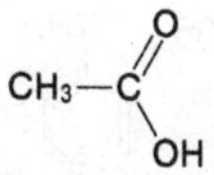

07
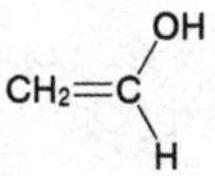

08
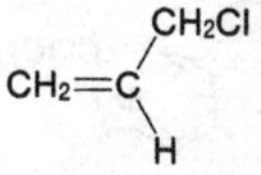

09
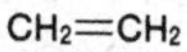

10
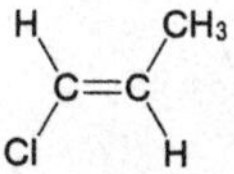

11
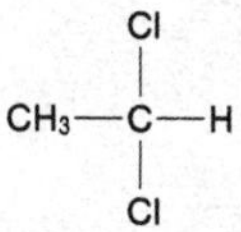

12
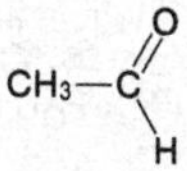

13
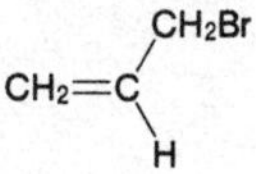

14
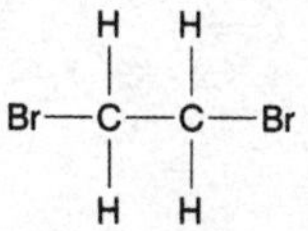

15
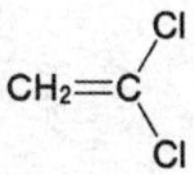

16
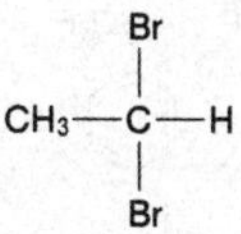

17
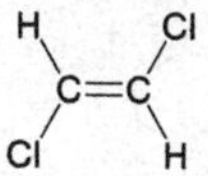

18
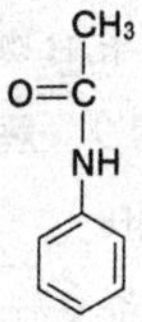

19
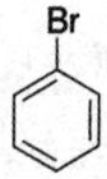

20
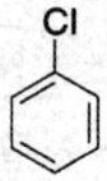

21
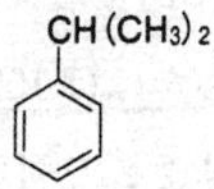

22
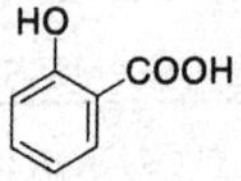

23
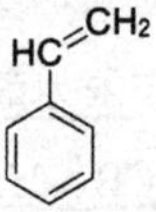

24
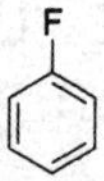

25
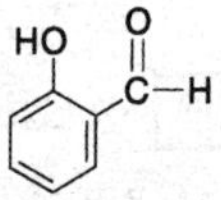

26
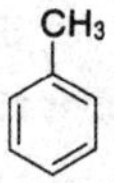

27
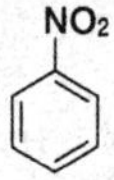

28
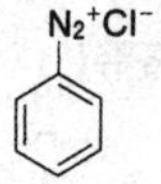

29
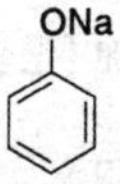

30
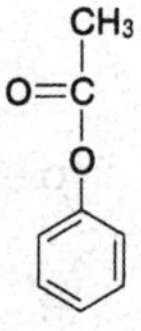

31
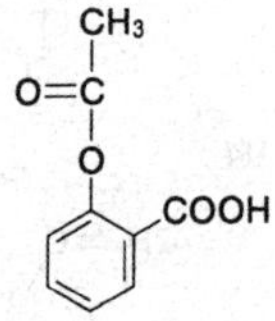

32
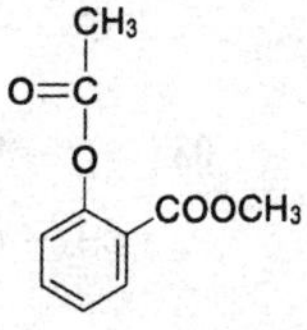

33
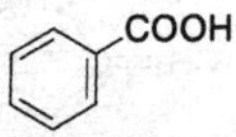

34
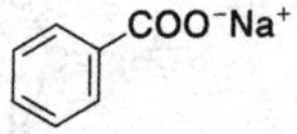

35
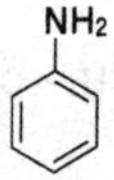

36
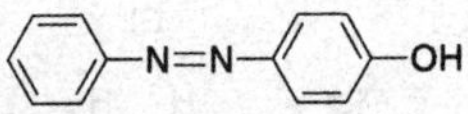

37
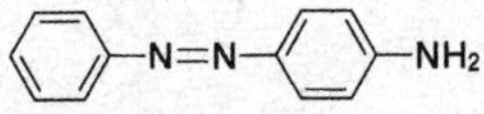

38
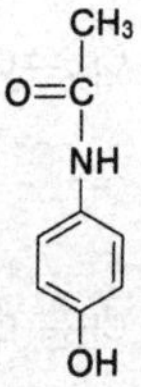

39
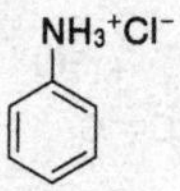

40
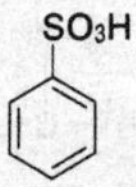

41
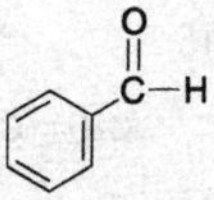

(3) アセチレンは燃焼時に高温が得られて必要な酸素量が少ないため，金属の溶接や切断などに使われる。アセチレンの生成熱が －234 kJ/mol，二酸化炭素の生成熱が 394 kJ/mol，水(液体)の生成熱が 286 kJ/mol だとすると，アセチレンの燃焼熱は [⑪] [⑫⑬⑭⑮] kJ/mol である(完全燃焼であると仮定する)。

（⑪：正負の符号）

[⑪] にあてはまる正負の符号と，[⑫] ～ [⑮] にあてはまる数値を**解答用マークシート**にマークしなさい。たとえば「－10 kJ/mol」と解答する場合，**解答用マークシート**の [⑪] の －(マイナス)をマークし，[⑫] と [⑬] には 0 (ゼロ)をマークしなさい。

(4) **図1**中の化合物 [F] にあてはまる化合物の異性体は，[⑯] 個あると考えられる。あてはまる数字を**解答用マークシート**の指定された欄にマークしなさい。ただし，(2)の問題文の下線部の性質をもつものに限る。鏡像異性体がある場合には，その両方を別々に数えることとする。

# 解答編

## 英語

(注)　解答につきましては，東京理科大学から提供のあった情報を掲載しております。

**1**　**解答**　(1)—4　(2)—4　(3)—1　(4) (a)—4　(b)—3
(5)—4　(6)—3　(7)—2　(8)—4　(9)—1
(10)—3　(11)—3　(12)—2　(13)—4　(14)—1
(15) (a)—2　(b)—4　(c)—7　(d)—5　(e)—3　(f)—1　(g)—6

◆全　訳◆

≪細胞はどのように生き残っていくのか≫

［1］　日本の札幌にある北海道大学の細胞生物学者**藤田恭之**は，細胞がおとなしくするのをやめて本気を出すときに何が起こるのかを直接観察した。彼は，ペトリ皿の上でいくつかの腎臓細胞にある＜ラス＞と呼ばれる発がん遺伝子を興奮させたときに，この厳しい微細な世界を垣間見た。彼は，これらの細胞が増殖し，周囲の細胞に初期段階の腫瘍を形成するのが観察できると予想した。実際はそうではなく，きちんと整然とした周囲の細胞がフィラメントタンパク質で武装し，「小突いて，小突いて，小突き」始めたと，藤田は言う。「形質転換した細胞は，正常な細胞の共同体から除去されたのです」と，藤田は言う。文字通り，隣の細胞に押し出されたのだ。

［2］　過去 20 年間で，同様の発見が爆発的にあり，細胞レベルで展開する小競り合い，喧嘩，総力戦が明らかになった。細胞競合として知られているが，これは，より環境に順応した細胞があまり順応していない細胞に打ち勝つという点で，多少，種の間の自然淘汰のような働きをする。この現象は，前腫瘍細胞に対する防御として，そして皮膚，腸，心臓のような臓器を維持するためのカギとなる部分として，生命体が発達する間の品質管理として機能することができるのだ。細胞組織から追い出すことから，

飲み込んでその成分を解体して利用することに至るまで，細胞はライバルを除去するのにさまざまな方法を用いる。観察結果から，細胞組織の発達や維持は，かつて考えられていたよりもはるかに混沌とした過程だということが明らかになっている。「これは，ぜんまい仕掛けのように動く，あらかじめプログラムされた一連のルールとしての発達からの著しい逸脱です」と，ニューヨーク市にあるマウント=シナイ=アイカーン医科大学の幹細胞生物学者であるトーマス=ズワカは語る。

［3］ だが，どのようにして個々の細胞が周囲の細胞の弱点を認識し，影響を及ぼすのかについては，疑問が多くある。多くの研究室が，潜在的な適応の遺伝標識について，そしてそれがどのように競合的行動を引き起こすのかということについて，コツコツと探し回り，そして論争を続けてきた。こういう機構を知ることで，科学者はそのプロセスを制御したり，進展させたりすることが可能になるだろう。そしてこのことは，再生医療を活用して病気や老化に対抗する，よりよい方法に導くかもしれないのだ。「細胞競合は，国際的な科学地図に掲載されているようなものです」と，イギリスのブリストル大学の細胞生物学者であるユージニア=ピディーニは語る。彼女はこのアイデアをめぐる熱狂を，現代の免疫療法の進展の一助となった興奮と見立てている。彼女の言葉によれば，科学者が細胞競合を理解すればするほど，細胞競合を治療法として，より活用できるようになるだろう。

歴史は繰り返す

［4］ 2019年，この2月の，30センチ以上の雪をどさっと落とした猛吹雪の間，10前後の分野の生物学者が，カリフォルニアのタホー湖のホテルに，細胞競合をテーマにした最初の大きな会合のために集まった。「研究者でごった返していました」と，共催者のズワカは語っている。そしてその中には，単一の細胞から全身を再生する能力をもつ扁形動物を研究する生物学者，マウス，サル，そしてウサギの胚の異種間のキメラを作製しようと試みている遺伝学者，細菌の世界で行われた激しい戦いや共同作戦について語った基調講演者などがいた。全部でおよそ150人の雪に閉じ込められた出席者は，どのように，そしてなぜ，細胞が競合をするよう判断するのかという点について議論を戦わせた。そして，彼らは，この分野を誕生させた発見を祝した。

［5］ 1973 年，2 人の博士課程の学生，**ヒネス=モラータ**とペドロ=リポールは，最終的には羽に進化する，ショウジョウバエの幼生のさまざまな細胞集団を追跡する方法の仕上げにかかっていた。マドリッドにあるスペイン国立研究会議生物学研究センターで研究をする 2 人は，<ミニット>と呼ばれる突然変異体を幼生内部のいくつかの優良な細胞に導入し，残りの細胞には何の変化も加えなかった。<ミニット>細胞は，変化を加えなかった周囲の細胞よりも成長が遅いということはわかっていたので，この 2 人の科学者は，野生型の細胞の中にいくつかのより小型の細胞が存在するのを見つけるだろうと予測した。「それどころか，私たちは<ミニット>細胞が消滅することを発見したのです」と，現在はスペインのマドリッド自治大学の発生生物学者であるモラータは語る。単独で存在すると，<ミニット>細胞は，正常なハエに――身体を覆う短く薄い針毛を除いて――発達することが可能なのだ。だが，幼生の中で野生型の細胞と一緒にされると，<ミニット>細胞は，わけなく消滅したのだ。「<ミニット>細胞はより活発な，代謝的に活動的な野生型の細胞と競合することはできなかったのです」と，モラータは語る。彼らはこの活動を細胞競合として説明した。「これは非常に驚くべき，興味深い観察でした」と，モラータは語る。だが，細胞の運命をより綿密に追跡する分子ツールに欠けていたので，彼とその同僚は，この発見の議論がくすぶるままにしておいたのだ。

［6］ 26 年後，博士課程を終えた研究者の**ローラ=ジョンストン**とピーター=ギャラントが，ほとんど同じ現象を観察した。ワシントン州シアトルにあるフレッドハッチンソンがんセンターで，ブルース=エドガー，ロバート=アイゼンマンと各々研究をしていた 2 人は，やはり細胞の成長を遅らせる，別のハエ遺伝子の突然変異体，<ショウジョウバエ *Myc* (*dMyc*)>を研究していた。「ピーターと私が，これらの *dMyc* の突然変異細胞が消滅するということを認識したとき，これだと思った瞬間があったのです」と，現在はニューヨーク市のコロンビア大学アービングメディカルセンターの発生生物学者であるジョンストンは語る。彼女らは最終的に，この変異細胞が一種のプログラムされた細胞死を開始するよう仕向けられることを示した。「これが競合的状況であることは明白でした」と，ジョンストンは言う。彼女らの 1999 年の論文が，**モラータ**を含め，科学者た

ちの興味を燃え上がらせた。モラータは，エドゥアルド=モレノとともに，<ミニット>の実験をやり直すために，近代的な分子ツールを利用した。「この分野はここから花開いたのです」と，ジョンストンは語る。**藤田**による，追い出された腎臓細胞の観察は，哺乳類の細胞もまた競合するということを最初に示唆したものの一つだった。この研究が公表された直後，研究者たちは，皮膚，筋肉，消化管などの他のさまざまなタイプの組織から変異細胞を強制的に追い出す競合の観察を始めた。

健康的な競合

［7］　研究者が再生療法改善のために活用したいのなら，競合の仕組みを解明することがカギとなるだろう。細胞競合がすでにいくつかの病気を防御しているかもしれないという気を揉ませるようなヒントがある。非常に小さなショウジョウバエの幼生の控えめな観察で始まったものが，細胞に基づく医学の新時代の幕開けとなる可能性のある，原始的な細胞の戦いを暴いたのだ。そのプロセスは科学者をざわつかせてはいるが，まだ謎のままだ。「細胞競合は，そこに存在してはいけない，望ましくないどんな細胞も除去する普遍的なプロセスかもしれません」と，9月にスイスのローザンヌで行われた，競合に傾注した1日限りの会議から帰った後，**モラータ**は語る。現在74歳だが，40年以上前に本質的には棚上げにした研究が新たな命を得て，研究競争が激化していることに彼はわくわくしている。「本当に興奮しますね」

## ◀解　説▶

(1)「次の文はパラグラフ［1］の主題を言い換えた文である。空所に入れるのに適当なものは次の選択肢のうちのどれか。解答用紙の番号をマークせよ」

「細胞生物学者の藤田は，初めていくつかの整然とした正常な細胞が（　　　）異常な細胞を除去するのを観察したことを覚えている」

1.「互いを攻撃して」
2.「互いを拒絶して」
3.「遠くにいて」
4.「力を合わせて」

第1段第4・5文（Instead, … cells next door.）を参照すると，正常な細胞がフィラメントタンパク質によって異常な細胞を攻撃し，除去したとあることから，4が正解である。

⑵「次の文はパラグラフ［2］の主題を言い換えた文である。空所に入れるのに適当なものは次の選択肢のうちのどれか。解答用紙の番号をマークせよ」

「最近20年間で，研究者は，適合度のより低い周囲の細胞に打ち勝つために，細胞は（　　　）ことができるということを明らかにした」

1.「混沌とした過程を遅らせる」

2.「生体の発達を中断させる」

3.「決められた規則を示す」

4.「多くの異なる戦略を用いる」

第2段第4文（Cells use …）において，細胞がライバルを除去するためにさまざまな方法を用いると指摘されていることから，4が正解である。

⑶「次の文の一部はパラグラフ［3］の下線部(A)の意味を表したものである。空所に入れるのに適当なものは次の選択肢のうちのどれか。解答用紙の番号をマークせよ」

「細胞競合の過程を（　　　）ために」

1.「制御する」　2.「解釈する」　3.「妨げる」　4.「繰り返す」

下線部のrein in ～は「～を制御する」という意味であることから，1が正解である。

⑷「次の文はパラグラフ［3］の主題のいくつかを言い換えた文である。それぞれの空所に入れるのに適当なものは次の選択肢のうちのどれか。解答用紙の番号をマークせよ」

「いまだに，細胞がどのように敵対する細胞を確認し，打ち負かすのかということについての疑問が（ (a) ）ある。（ (b) ），新しい治療法を開発する，よりよい機会があるだろう」

(a)　1.「わずかな」　2.「一貫性のない」　3.「重要でない」　4.「多くの」

(b)　1.「世界中の科学者は（細胞競合に）あまり興味を示していないが」

2.「主要な研究者が（細胞競合に）取り組むために共同で密接に研究をしているので」

3.「もしも研究者が（細胞競合に対する）より包括的な理解を得ることができたら」

4.「より影響力のある科学者が最終的に（細胞競合を）理解したら」

第3段第1文（But questions …）には，個々の細胞が周囲の細胞の弱点をどう認識し影響を及ぼすのかということについての疑問が多くあるという記述があることに留意する。さらに，同段最終文（The better …）では，科学者の細胞競合に対する理解が深まるほど治療への応用がより可能になるとの指摘があることにも着目すると，(a)には4，(b)には3を入れるのが適切である。

(5)「次の選択肢の中で，パラグラフ［4］の下線部(B)の意味を最もよく示しているのはどれか。文脈を考慮し，解答用紙の番号をマークせよ」

1.「捨てた」　2.「捕らえた」　3.「稼いだ」　4.「戦った」

下線部の直前に，battle「戦闘」や campaign「軍事作戦」等の語があることに注意する。下線部の wage には戦闘行為などを「行う」という意味があることから，4が正解と判断できる。

(6)「次の文はパラグラフ［1］の主題のいくつかを言い換えた文である。空所に入れるのに適当なものは次の選択肢のうちのどれか。解答用紙の番号をマークせよ」

「最近，（　　　）科学者のグループが会合を開き細胞競合について議論をした。彼らはまた，細胞競合という分野の種をまいた研究を祝した」

1.「自分たちの研究の結果を恐れる」

2.「ある国際組織に所属する」

3.「さまざまな経歴をもつ」

4.「チームとして共同で研究をする」

第4段第1文（During a blizzard …）に，10ほどの分野の生物学者が会合を持ったとあることから，3が正解と判断できる。

(7)「次の選択肢の中で，パラグラフ［5］の空所(C)に入れるのに適当なものはどれか。解答用紙の番号をマークせよ」

1.「さらに」　2.「そうではなくて」　3.「当然」　4.「同様に」

空所の直前の第5段第3文（Knowing that …）では小さめの〈ミニット〉細胞が観察されるのではないかと予想しているのに対し，空所を含む第4文では，〈ミニット〉細胞が消滅したとある点に注目する。予想とは異なる観察結果が得られていることから，2が正解である。

(8)「次の選択肢の中で，パラグラフ［5］の下線部(D)の意味を最もよく示しているのはどれか。解答用紙の番号をマークせよ」

1.「彼らは，よりよい結果を得るために研究を繰り返した」

2.「彼らは，ついに，自分たちの研究には独創性が足りないということを認識した」

3.「彼らは，自分たちの研究が十分によいものであると保証することができた」

4.「彼らは，当時は，彼らの研究をそれ以上追究することができなかった」

下線部の simmer は，議論などが「くすぶっている」ということを意味する動詞である。ここでは，発見したことに対して結論を出せずにいたという意味であると考えられることから，4が正解と判断できる。

(9)「次の文はパラグラフ［5］の主題を言い換えた文である。空所に入れるのに適当なものは次の選択肢のうちのどれか。解答用紙の番号をマークせよ」

「1973年ごろ，ショウジョウバエの幼生を用いた実験で，モラータとリポールの2人の博士課程の学生は，もともとの細胞が（　　　）細胞に打ち勝つことができることを発見した」

1.「人工的に変えられた」

2.「完全に安定した」

3.「少し若い」

4.「驚くほど強い」

第5段第6文（But when …）に，モラータとリポールの実験の結果が示されているが，野生型の細胞と一緒にすると，人為的に加えた突然変異細胞が消滅したということであるから，1が正解である。

(10)「次の選択肢の中で，パラグラフ［6］の下線部(E)の意味を最もよく示しているのはどれか。文脈を考慮し，解答用紙の番号をマークせよ」

1.「挑戦する」　2.「逃れる」　3.「始める」　4.「やめる」

下線部の initiate は start とほぼ同義であるので，3が正解である。下線部を含む文の前文（"There was a eureka moment …）に変異細胞が消滅するという記述があり，下線部直後の programmed cell death「プログラムされた細胞死」という語句との関連を考えても判断できる。

(11)「次の文はパラグラフ［6］の主題のいくつかを言い換えた文である。

空所に入れるのに適当なものは次の選択肢のうちのどれか。解答用紙の番号をマークせよ」

「科学者の関心を刺激したジョンストンとギャラントの論文の公表に続いて，モラータは，今回はモレノとともに（　　　）を利用して，彼の初期の研究を再び行った。その後，細胞競合の分野は目覚ましく発展した」

1.「両方のタイプの手を加えたハエの遺伝子」
2.「細胞競合の仮説の対照」
3.「研究室の器具の技術的な進歩」
4.「生物学的機能の従来の知識」

第6段第7文（He took advantage …）に，近代的な道具を活用したとあるから，3が正解である。

⑿「次の選択肢の中で，パラグラフ［7］の下線部(F)の意味を最もよく示しているのはどれか。文脈を考慮し，解答用紙の番号をマークせよ」

1.「続けること」　2.「解決すること」　3.「割ること」
4.「止めること」

下線部で用いられている動詞 crack は，ここでは「解明する」という意味で用いられていることから，2が正解である。下線部を含む第7段第1文は，第3段最終文（The better scientists …）と同じ内容のことがより具体的に述べられており，そのことからも判断できる。

⒀「次の選択肢の中で，パラグラフ［7］の下線部(G)の意味を最もよく示しているのはどれか。文脈を考慮し，解答用紙の番号をマークせよ」

1.「理解した」　2.「完成した」　3.「改善した」　4.「中断した」

下線部で用いられている動詞 shelve は，ここでは「棚上げする」という意味で用いられていることから，4が正解である。第5段最終文（But lacking the …）からも，モラータらが研究をかつて中断したことが読みとれ，また，第6段第7文（He took advantage …）には，実験をやり直したという記述があることからも判断できる。

⒁「次の選択肢の中で，パラグラフ［7］の下線部(H)の意味を最もよく示しているのはどれか。解答用紙の番号をマークせよ」

1.「研究者間の競争」
2.「よい細胞と悪い細胞との間の競争」

3.「スイスのローザンヌにおける競争」

4.「さまざまな種類の細胞の競争」

下線部の the competition は,「研究競争」の意味で用いられていることから, 1が正解である。

⑮「次は本文の概要を示したものである。それぞれの空所に入れるのに適当なものは次の選択肢のうちのどれか。解答用紙の番号をマークせよ」

本文の内容を時系列でみてみると, 1973年のモラータらの実験を皮切りに, 藤田などの研究に言及しつつ, 再生医療への応用までの道のりを示しているといえる。この点を考慮すると, 選択肢から,(the efforts)(of)(various)(researchers)というまとまりと,(the start) of a new generation of therapies というまとまりが形成できる。これらのことから, 次のような概要が完成するだろう。

The field of cell competition has evolved over many years, with (the efforts) (of) (various) (researchers), into what (might) (be) (the start) of a new generation of therapies.「細胞競合という分野は, 何年もかかって, さまざまな研究者の努力で, 治療法の新世代の始まりといえるかもしれない段階へと進化してきた」

## 2 解答　(1)—4　(2)—3　(3)—2　(4)—6　(5)—1　(6)—5

◆全　訳◆

《ネオワイズ彗星(すいせい)の紹介》

その彗星は, 街の明かりを避ければ肉眼でも簡単に見つかると, マシュー=カプッチは『ワシントンポスト』紙に書いている。7月11日, 北半球で天体観測をしている人は, ちょうど夜明け前に, その彗星とその光り輝く尾を見ることができるだろう——東部時間の午前4時から5時の間が最適だろう。この彗星は, 地平線近くの東北東の空に現れるから, 空にさえぎるもののない, 暗い場所を見つけるのが重要だと, NASAのアンバサダーであるトニー=ライスは『ポスト』紙に語っている。

7月中旬から8月中旬に, 日没後に西北西の方角——北斗七星の間——を見て, オレンジ色の長い尾がある, 輪郭のはっきりしない明るい物体に目を光らせておこうと,『ナショナルジオグラフィック』誌にダン=

フォークは伝えている。より鮮明に見るために，科学者は双眼鏡もしくは望遠鏡を使うことを勧めている。すぐ近くで，その彗星のフォーク型の尾を見つけることさえできるかもしれない。『ポスト』紙によると，その彗星の一方の尾は基本的にガスでできているのに対して，もう一方の尾はちりでできている。

『アーススカイ』によると，ネオワイズは7月22日に地球に最も近づき，地表からわずか6400万マイル上空を飛行する。

『ナショナルジオグラフィック』誌によると，NASAの科学者は，ネオワイズはここ10年以上の間で，地球を訪問する最も明るい彗星だろうと言う。最近の記憶の中で最も印象的な彗星は，1997年のヘール・ボップ彗星と2007年のマクノート彗星だった。この2つの彗星は南半球の空を照らしたのだった。

◀解　説▶

(1)　空所の後続の between 4 a.m. and 5 a.m.「午前4時から午前5時」が，空所と同じ内容を示していると考えられることから，dawn「夜明け」が正解である。

(2)　空所の前のカンマまでの部分（The comet … the horizon,）で，この彗星が地平線近くを通ることがわかる。街の明かりなどに干渉されない場所が好ましいと考えれば，dark を入れるのがよい。

(3)　comet「彗星」，つまり夜空に光る物体についての文章であるから，bright が正解である。

(4)　be able to の後の空所であるから，動詞が入ると判断できる。選択肢の中では，前後のつながりを考慮すれば，spot「見つける」を用いるのが適切である。

(5)　彗星が通過する位置についての記述であるから，above「～の上の」を入れるのがよい。

(6)　主語の働きをしていると考えられる関係代名詞 which と副詞 up の間の空所であるから，動詞が入ると判断できる。light「明るくする」の過去形 lit を入れるのが適切である。

**3** **解答**

(1) 3－4－1－2

(2) 4－2－5－3－1

(3) 4－5－6－1－2－3

(4) 5－2－6－4－3－1

(5) 5－1－7－3－2－6－4

◀解 説▶

(1) (Volunteer work benefits everyone) involved.「ボランティアの仕事は関係するすべての人のためになる」

選択肢の中で，volunteer work というまとまりができる。また，benefit「～のためになる」に三単現の s が付いた形になっていることから，この文の動詞として用いられていると推測できる。everyone を修飾する形容詞は後に置かれるため，everyone involved「関係するすべての人」というまとまりが考えられる。したがって，主語を volunteer work として，everyone を最後に置くと，自然な意味の文となる。

(2) His e-mail (spared me the trouble of calling) him.「彼の電子メールのおかげで，彼に電話をする手間が省けた」

spare *A* *B*「*A*（人）に *B* を与えないで済ます」という意味の構文が用いられていることに気づくことが肝心である。

(3) What are (the people who write articles for newspapers) called?「新聞に記事を書く人のことは何と呼ばれているか」

関係代名詞 who が選択肢にあること，write *A* for *B*「*B* のために *A* を書く」という意味の構文が用いられていることに気づけば，SVOC の C の部分が what で問われている疑問文だと判断できる。

(4) Mankind has pursued its own (selfish desire so much that nature has been destroyed) in some regions.「人類が自分自身の利己的な欲望をあまりにも追求したために，いくつかの地域において自然が破壊されてしまった」

選択肢中の so much that が，so ～ that S V「あまりに～なので S が V する」の構文の一部であること，selfish desire という名詞句が作れることなどに気づくことが肝心である。

(5) There is no (news about what has become of my old friends) from high school.「高校時代からの古い友人に何が起こったのかまったく

情報がない」
become of というまとまりに気づくと，what を主語にした「～はどうなるのか」という疑問文の慣用的表現ができることがわかる。

### ❖講　評

1は，細胞競合という現象の研究史が主題の英文による読解問題である。1,000語強の長文から，下線部の意味や段落の主題などを中心に問う問題である。途中にサブタイトルがついており，比較的内容把握の手がかりが多いが，(15)のような文章全体の概要を完成させる問題などは，全体として何が書かれているのかを把握する力が求められており，しっかりとした英文読解力が必要である。

2は，ネオワイズという彗星についての英文である。250語程度の文章を題材に，空所補充に特化した設問が出されている。前後の文脈や文構造の理解が必要とされる問題となっている。

3は，語句整序による文法・語彙問題である。おしなべて，比較的難度の高い構文知識が必要とされており，十分な準備が必要な問題である。

全体的には，文法や構文の知識を基盤に，主としてしっかりとした英文読解力が求められているといえる。

# 数学

(注) 解答につきましては，東京理科大学から提供のあった情報を掲載しております。

## 1 解答

(1)ア．1 イ．2 ウ．2 エ．4 オ．2
(2)カ．2 キ．7 クケ．36 コサ．34
(3)シ．2 ス．8 セ．2 ソ．8 タ．2 チツ．24

◀解 説▶

≪立方体から平面が切り取る図形の面積，分割された立体の体積≫

平面 $\alpha$ 上の点を R とおく。

平面 $\alpha$ は 3 点 $(0,\ 0,\ 0)$，$\left(\frac{s}{2},\ 0,\ \frac{t}{2}\right)$，$\left(0,\ \frac{s}{2},\ \frac{t}{2}\right)$ を通るから

$$\overrightarrow{\mathrm{OR}}=m\left(\frac{s}{2},\ 0,\ \frac{t}{2}\right)+n\left(0,\ \frac{s}{2},\ \frac{t}{2}\right)=\left(\frac{s}{2}m,\ \frac{s}{2}n,\ \frac{t}{2}(m+n)\right)$$

($m$，$n$ は実数)

と表すことができる。

(1) $s=2$ のとき　$\overrightarrow{\mathrm{OR}}=\left(m,\ n,\ \frac{t}{2}(m+n)\right)$

平面 $\alpha$ が点 $(1,\ 1,\ 1)$ を通るとき，$m=n=1$，$\frac{t}{2}(m+n)=1$ より，$t=1$ で，このとき図形 $P$ はひし形である。

また，$0<t<1$ のとき，平面 $\alpha$ は立方体 $C$ の 3 辺と頂点以外の共有点をもつから，$P$ は四角形となる。

よって，$P$ が四角形となるのは $0<t\leqq 1$ のときである。 →ア

平面 $\alpha$ と立方体 $C$ の共有点を

$x=1$，$y=0$ のとき，$m=1$，$n=0$ より　$\mathrm{A}\left(1,\ 0,\ \frac{t}{2}\right)$

$x=1$，$y=1$ のとき，$m=1$，$n=1$ より　$\mathrm{B}(1,\ 1,\ t)$

$x=0$，$y=1$ のとき，$m=0$，$n=1$ より　$\mathrm{C}\left(0,\ 1,\ \frac{t}{2}\right)$

とおくとき，$P$ の面積は

$$S_{\triangle OAB}+S_{\triangle OBC}$$
$$=\frac{1}{2}\sqrt{|\overrightarrow{OA}|^2|\overrightarrow{OB}|^2-(\overrightarrow{OA}\cdot\overrightarrow{OB})^2}+\frac{1}{2}\sqrt{|\overrightarrow{OB}|^2|\overrightarrow{OC}|^2-(\overrightarrow{OB}\cdot\overrightarrow{OC})^2}$$
$$=2\cdot\frac{1}{2}\sqrt{\left(1+\frac{t^2}{4}\right)(2+t^2)-\left(1+\frac{t^2}{2}\right)^2}$$
$$=\sqrt{\frac{t^2}{2}+1}=\frac{1}{2}\sqrt{2t^2+4}\quad\to イ〜エ$$

図形 $Q$ は，1辺の長さ1の正方形を底面とする，高さ $t$ の直方体を半分にした立体となるから，体積は

$$\frac{1}{2}\cdot 1^2\cdot t=\frac{t}{2}\quad\to オ$$

(2) 平面 $\alpha$ が2点 $(1,\ 0,\ 1)$，$(0,\ 1,\ 1)$ を通るとき，$m=1$，$n=0$，$\frac{1}{2}(m+n)t=1$ より，$t=2$ である。

ゆえに，$1<t<2$ のとき，平面 $\alpha$ は立方体 $C$ の4辺と頂点以外の共有点をもつから，図形 $P$ は五角形となる。

よって，$P$ が五角形となるのは $1<t<2$ のときである。 →カ

$t=\frac{3}{2}$ のとき　　$\overrightarrow{OR}=\left(m,\ n,\ \frac{3}{4}(m+n)\right)$

平面 $\alpha$ と立方体 $C$ の共有点を

$x=1$，$y=0$ のとき，$m=1$，$n=0$ より　　$D\left(1,\ 0,\ \frac{3}{4}\right)$

$x=1$，$z=1$ のとき，$m=1$，$\frac{3}{4}(m+n)=1$ より　　$E\left(1,\ \frac{1}{3},\ 1\right)$

$y=1$，$z=1$ のとき，$n=1$，$\frac{3}{4}(m+n)=1$ より　　$F\left(\frac{1}{3},\ 1,\ 1\right)$

$x=0$，$y=1$ のとき，$m=0$，$n=1$ より　　$G\left(0,\ 1,\ \frac{3}{4}\right)$

とおくとき，$P$ の面積は

$$S_{\triangle ODE}+S_{\triangle OEF}+S_{\triangle OFG}$$
$$=\frac{1}{2}\sqrt{|\overrightarrow{OD}|^2|\overrightarrow{OE}|^2-(\overrightarrow{OD}\cdot\overrightarrow{OE})^2}+\frac{1}{2}\sqrt{|\overrightarrow{OE}|^2|\overrightarrow{OF}|^2-(\overrightarrow{OE}\cdot\overrightarrow{OF})^2}$$
$$+\frac{1}{2}\sqrt{|\overrightarrow{OF}|^2|\overrightarrow{OG}|^2-(\overrightarrow{OF}\cdot\overrightarrow{OG})^2}$$

$$=2\cdot\frac{1}{2}\sqrt{\left(1+\frac{9}{16}\right)\left(1+\frac{1}{9}+1\right)-\left(1+\frac{3}{4}\right)^2}$$
$$+\frac{1}{2}\sqrt{\left(1+\frac{1}{9}+1\right)\left(\frac{1}{9}+1+1\right)-\left(\frac{1}{3}+\frac{1}{3}+1\right)^2}$$
$$=\sqrt{\frac{25}{16}\cdot\frac{19}{9}-\frac{49}{16}}+\frac{1}{2}\sqrt{\frac{19}{9}\cdot\frac{19}{9}-\frac{25}{9}}$$
$$=\frac{7}{36}\sqrt{34}$$ →キ～サ

(3) $t=2$ のとき　$\overrightarrow{\mathrm{OR}}=\left(\frac{s}{2}m,\ \frac{s}{2}n,\ m+n\right)$

平面 $\alpha$ が点 $(1,\ 0,\ 1)$ を通るとき，$\frac{s}{2}m=1$，$\frac{s}{2}n=0$，$m+n=1$ より，$m=1$，$n=0$，$s=2$ で，このとき図形 $P$ は正三角形である。
また，$0<s<2$ のとき，平面 $\alpha$ は立方体 $C$ の 2 辺と頂点以外の共有点をもつから，$P$ は三角形となる。
よって，$P$ が三角形となるのは $0<s\leqq 2$ のときである。 →シ
平面 $\alpha$ と立方体 $C$ の共有点を

$y=0$，$z=1$ のとき，$\frac{s}{2}n=0$，$m+n=1$ より　$\mathrm{H}\left(\frac{s}{2},\ 0,\ 1\right)$

$x=0$，$z=1$ のとき，$\frac{s}{2}m=0$，$m+n=1$ より　$\mathrm{I}\left(0,\ \frac{s}{2},\ 1\right)$

とおくとき，$P$ の面積は

$$S_{\triangle\mathrm{OHI}}=\frac{1}{2}\sqrt{|\overrightarrow{\mathrm{OH}}|^2|\overrightarrow{\mathrm{OI}}|^2-(\overrightarrow{\mathrm{OH}}\cdot\overrightarrow{\mathrm{OI}})^2}=\frac{1}{2}\sqrt{\left(\frac{s^2}{4}+1\right)^2-1}$$
$$=\frac{1}{2}\sqrt{\frac{s^4}{16}+\frac{s^2}{2}}=\frac{s}{8}\sqrt{s^2+8}\quad(\because\ s>0)$$ →ス～ソ

点 $(0,\ 0,\ 1)$ と 2 点 H，I の距離は $\frac{s}{2}$ であるから，立体 $Q$ は，直角をはさむ 2 辺の長さが $\frac{s}{2}$ となる直角二等辺三角形を底面とする，高さ 1 の三角錐である。よって，体積は

$$\frac{1}{3}\cdot\frac{1}{2}\cdot\left(\frac{s}{2}\right)^2\cdot 1=\frac{s^2}{24}$$ →タ～ツ

**2** **解答**　(1)ア．4　イ．9　ウエオ．125　カキク．216

(2)ケコ．25　サシス．972

(3)セソタチ．3175　ツテトナニ．11664

(4)ヌネノ．215　ハヒフヘ．2916

◀解　説▶

≪取り出した札の数字で決定する空間ベクトルの確率≫

条件より

$$|\vec{p}|=|\vec{q}|=|\vec{r}|=1$$

$$\vec{p}\perp\vec{q},\ \vec{q}\perp\vec{r},\ \vec{r}\perp\vec{p} \quad \text{より} \quad \vec{p}\cdot\vec{q}=\vec{q}\cdot\vec{r}=\vec{r}\cdot\vec{p}=0$$

である。

$$\vec{x}=l\vec{p}+m\vec{q}+n\vec{r}$$

（ただし，$l$，$m$，$n$ は整数，$0\leqq l\leqq 2$，$0\leqq m\leqq 3$，$0\leqq n\leqq 1$）

とおく。

(1)　$\vec{x}\cdot\vec{p}=0$ となるとき

$$\vec{x}\cdot\vec{p}=l|\vec{p}|^2+m\vec{q}\cdot\vec{p}+n\vec{r}\cdot\vec{p}=l \quad \text{より} \quad l=0$$

となる。

すなわち，$k=2$，4のとき[1]，[4]以外の札を取り出す場合であるから，求める確率は

$$\left(\frac{4}{6}\right)^2=\frac{4}{9} \quad \rightarrow \text{ア，イ}$$

$\vec{x}\cdot\vec{q}=0$ となるとき

$$\vec{x}\cdot\vec{q}=l\vec{p}\cdot\vec{q}+m|\vec{q}|^2+n\vec{r}\cdot\vec{q}=m \quad \text{より} \quad m=0$$

となる。

すなわち，$k=1$，3，5のとき[2]以外の札を取り出す場合であるから，求める確率は

$$\left(\frac{5}{6}\right)^3=\frac{125}{216} \quad \rightarrow \text{ウ〜ク}$$

(2)　$\vec{x}=\vec{p}+\vec{q}+\vec{r}$ となるとき，$l=m=n=1$ となる。

すなわち，$k=1$，3，5のうち1回だけ[2]の札，$k=2$，4のうち1回[1]または[4]の札，$k=6$ のとき[6]の札を取り出す場合であるから，求める確率は

$${}_3C_1\left(\frac{1}{6}\right)\left(\frac{5}{6}\right)^2\cdot{}_2C_1\left(\frac{2}{6}\right)\left(\frac{4}{6}\right)\cdot\frac{1}{6}=\frac{25}{972} \quad \rightarrow \text{ケ〜ス}$$

(3)　$\vec{x}\cdot(\vec{p}-2\vec{q}+\vec{r})=l|\vec{p}|^2-2m|\vec{q}|^2+n|\vec{r}|^2+(-2l+m)\vec{p}\cdot\vec{q}+(m-2n)\vec{q}\cdot\vec{r}+(l+n)\vec{r}\cdot\vec{p}$

$$=l-2m+n$$

より，$l-2m+n=0$ となるのは

$$(l,\ m,\ n)=(0,\ 0,\ 0),\ (1,\ 1,\ 1),\ (2,\ 1,\ 0)$$

の 3 つの場合となる。

(i)　$(l,\ m,\ n)=(0,\ 0,\ 0)$ のとき

$k=1,\ 3,\ 5$ のとき 3 回とも[2]以外の札，$k=2,\ 4$ のとき 2 回とも[1]と[4]以外の札，$k=6$ のとき[6]以外の札を取り出す場合であるから

$$\left(\frac{5}{6}\right)^3\left(\frac{4}{6}\right)^2\left(\frac{5}{6}\right)=\frac{5^4\cdot2^4}{6^6}=\frac{5^4}{2^2\cdot3^6}$$

(ii)　$(l,\ m,\ n)=(1,\ 1,\ 1)$ のとき，(2)より　$\dfrac{5^2}{2^2\cdot3^5}$

(iii)　$(l,\ m,\ n)=(2,\ 1,\ 0)$ のとき

$k=1,\ 3,\ 5$ のうち 1 回だけ[2]の札，$k=2,\ 4$ のとき 2 回とも[1]または[4]の札，$k=6$ のとき[6]以外の札を取り出す場合であるから

$$_3C_1\left(\frac{1}{6}\right)\left(\frac{5}{6}\right)^2\cdot\left(\frac{2}{6}\right)^2\cdot\frac{5}{6}=\frac{5^3\cdot3}{6^4\cdot3^2}=\frac{5^3}{2^4\cdot3^5}$$

よって，求める確率は

$$\frac{5^4\cdot2^2+5^2\cdot2^2\cdot3+5^3\cdot3}{2^4\cdot3^6}=\frac{5^2(5^2\cdot2^2+2^2\cdot3+5\cdot3)}{2^4\cdot3^6}$$

$$=\frac{25\cdot127}{2^4\cdot3^6}=\frac{3175}{11664}\quad\to セ〜ニ$$

(4)　$|\vec{x}|=\sqrt{5}$ となるとき，$l^2+m^2+n^2=5$ となる。

$$(l,\ m,\ n)=(0,\ 2,\ 1),\ (1,\ 2,\ 0),\ (2,\ 1,\ 0),\ (2,\ 0,\ 1)$$

の 4 つの場合となる。

(i)　$(l,\ m,\ n)=(0,\ 2,\ 1)$ のとき

$k=1,\ 3,\ 5$ のうち 2 回[2]の札，$k=2,\ 4$ のとき 2 回とも[1]と[4]以外の札，$k=6$ のとき[6]の札を取り出す場合であるから

$$_3C_2\left(\frac{1}{6}\right)^2\left(\frac{5}{6}\right)\cdot\left(\frac{4}{6}\right)^2\cdot\frac{1}{6}=\frac{5\cdot2^2\cdot3}{6^4\cdot3^2}=\frac{5}{2^2\cdot3^5}$$

(ii)　$(l,\ m,\ n)=(1,\ 2,\ 0)$ のとき

$k=1,\ 3,\ 5$ のうち 2 回[2]の札，$k=2,\ 4$ のうち 1 回だけ[1]または[4]の札，

$k=6$ のとき[6]以外の札を取り出す場合であるから

$$ {}_3C_2\left(\frac{1}{6}\right)^2\left(\frac{5}{6}\right)\cdot{}_2C_1\left(\frac{2}{6}\right)\left(\frac{4}{6}\right)\cdot\frac{5}{6}=\frac{5^2\cdot2^2\cdot3}{6^4\cdot3^2}=\frac{5^2}{2^2\cdot3^5} $$

(iii)　$(l,\ m,\ n)=(2,\ 1,\ 0)$ のとき，(3)より　$\dfrac{5^3}{2^4\cdot3^5}$

(iv)　$(l,\ m,\ n)=(2,\ 0,\ 1)$ のとき

$k=1,\ 3,\ 5$ のとき 3 回とも[2]以外の札，$k=2,\ 4$ のとき 2 回とも[1]または[4]の札，$k=6$ のとき[6]の札を取り出す場合であるから

$$ \left(\frac{5}{6}\right)^3\left(\frac{2}{6}\right)^2\cdot\frac{1}{6}=\frac{5^3\cdot2^2}{6^6}=\frac{5^3}{2^4\cdot3^6} $$

よって，求める確率は

$$ \frac{5\cdot2^2\cdot3+5^2\cdot2^2\cdot3+5^3\cdot3+5^3}{2^4\cdot3^6}=\frac{5(2^2\cdot3+5\cdot2^2\cdot3+5^2\cdot3+5^2)}{2^4\cdot3^6} $$

$$ =\frac{5\cdot172}{2^4\cdot3^6}=\frac{5\cdot43}{2^2\cdot3^6}=\frac{215}{2916}\quad\rightarrow ヌ〜ヘ $$

## 3 解答

(1)(a)ア．1　イ．3　ウ．6

(b)エ．3　オ．6　カ．4　キ．2

(c)ク．6　ケ．6　コサ．12　シ．2

(2)(a)ス．1　セ．3　ソ．6

(b)タ．2　チ．3　ツ．6　テ．2

(c)ト．1　ナ．3　ニ．6　ヌ．2

## ◀解　説▶

≪不等式の種々の問題（グラフと不等式）≫

(1)(a)　$0\leqq x\leqq\dfrac{\pi}{2}$ のとき，$0\leqq f(x)\leqq\dfrac{1}{3}\sqrt{6}$，$s\leqq g(x)\leqq s+\dfrac{1}{4}\sqrt{2}\pi$ であるから，

$0\leqq x\leqq\dfrac{\pi}{2}$ を満たすどのような $x$ に対しても $f(x)\leqq k\leqq g(x)$ となる条件は，

（$f(x)$ の最大値）$\leqq$（$g(x)$ の最小値）である。

ゆえに，$\dfrac{1}{3}\sqrt{6}\leqq s$ より，求める値は　$\dfrac{1}{3}\sqrt{6}$　→ア〜ウ

(b)　$F(x)=g(x)-f(x)=\dfrac{1}{2}\sqrt{2}x-\dfrac{1}{3}\sqrt{6}\sin x+s$ とおく。

$0 \leqq x \leqq \dfrac{\pi}{2}$ を満たすある $x$ に対して，$f(x) \leqq l \leqq g(x)$ となる $l$ が存在するための条件は，$F(x) \geqq 0$ となる $x$ が $0 \leqq x \leqq \dfrac{\pi}{2}$ において存在すること，すなわち（$F(x)$ の最大値）$\geqq 0$ である。

$$F'(x) = \frac{1}{2}\sqrt{2} - \frac{1}{3}\sqrt{6}\cos x$$

$F'(x) = 0$ のとき　　$x = \dfrac{\pi}{6}$

$F(x)$ の $0 \leqq x \leqq \dfrac{\pi}{2}$ における増減表は次のようになる。

| $x$ | $0$ | $\cdots$ | $\dfrac{\pi}{6}$ | $\cdots$ | $\dfrac{\pi}{2}$ |
|---|---|---|---|---|---|
| $F'(x)$ | | $-$ | $0$ | $+$ | |
| $F(x)$ | $s$ | ↘ | $\dfrac{\sqrt{2}}{12}\pi - \dfrac{1}{6}\sqrt{6} + s$ | ↗ | $\dfrac{\sqrt{2}}{4}\pi - \dfrac{1}{3}\sqrt{6} + s$ |

$\dfrac{1}{4}\sqrt{2}\pi \fallingdotseq \dfrac{1.4 \times 3.14}{4} = 1.099$，$\dfrac{1}{3}\sqrt{6} < \dfrac{1}{3}\sqrt{9} = 1$ より，$\dfrac{1}{4}\sqrt{2}\pi - \dfrac{1}{3}\sqrt{6} > 0$ であるから，$F(x)$ の最大値は

$$\frac{1}{4}\sqrt{2}\pi - \frac{1}{3}\sqrt{6} + s$$

ゆえに，$\dfrac{1}{4}\sqrt{2}\pi - \dfrac{1}{3}\sqrt{6} + s \geqq 0$ より　　$s \geqq \dfrac{1}{3}\sqrt{6} - \dfrac{1}{4}\sqrt{2}\pi$

よって，求める値は　　$\dfrac{1}{3}\sqrt{6} - \dfrac{1}{4}\sqrt{2}\pi$　→エ～キ

(c)　$0 \leqq x \leqq \dfrac{\pi}{2}$ を満たすどのような $x$ に対しても，$f(x) \leqq m \leqq g(x)$ となる $m$ が存在するための条件は，$0 \leqq x \leqq \dfrac{\pi}{2}$ において $F(x) \geqq 0$，すなわち（$F(x)$ の最小値）$\geqq 0$ である。

ゆえに，$\dfrac{1}{12}\sqrt{2}\pi - \dfrac{1}{6}\sqrt{6} + s \geqq 0$ より　　$s \geqq \dfrac{1}{6}\sqrt{6} - \dfrac{1}{12}\sqrt{2}\pi$

よって，求める値は　　$\dfrac{1}{6}\sqrt{6} - \dfrac{1}{12}\sqrt{2}\pi$　→ク～シ

(2)(a)　半角の公式より，$2\sin^2\dfrac{x}{2} = 1 - \cos x$ なので

$$h(x)=\sqrt{2}\,(1-\cos x)+t$$

よって

$$h(y)=2\sqrt{2}\cdot\frac{1}{2}(1-\cos y)+t=-\sqrt{2}\cos y+\sqrt{2}+t$$

$0\leqq y\leqq\dfrac{\pi}{2}$ のとき　　$t\leqq h(y)\leqq\sqrt{2}+t$

$0\leqq x\leqq\dfrac{\pi}{2}$, $0\leqq y\leqq\dfrac{\pi}{2}$ を満たすどのような $x$, $y$ に対しても $f(x)\leqq h(y)$ となる条件は，($f(x)$ の最大値)$\leqq$($h(y)$ の最小値) である。

ゆえに，$\dfrac{1}{3}\sqrt{6}\leqq t$ より，求める値は　　$\dfrac{1}{3}\sqrt{6}$　→ス～ソ

(b)　$G(x)=h(x)-f(x)=-\sqrt{2}\cos x-\dfrac{1}{3}\sqrt{6}\sin x+\sqrt{2}+t$ とおく。

$0\leqq x\leqq\dfrac{\pi}{2}$ を満たすどのような $x$ に対しても $f(x)\leqq h(x)$ となる条件は，

$0\leqq x\leqq\dfrac{\pi}{2}$ において $G(x)\geqq0$, すなわち($G(x)$ の最小値)$\geqq0$ である。

$$G'(x)=\sqrt{2}\sin x-\frac{1}{3}\sqrt{6}\cos x=\frac{2}{3}\sqrt{6}\sin\left(x-\frac{\pi}{6}\right)$$

$G'(x)=0$ のとき，$\sin\left(x-\dfrac{\pi}{6}\right)=0$ より　　$x=\dfrac{\pi}{6}$

$G(x)$ の $0\leqq x\leqq\dfrac{\pi}{2}$ における増減表は次のようになる。

| $x$ | $0$ | $\cdots$ | $\frac{\pi}{6}$ | $\cdots$ | $\frac{\pi}{2}$ |
|---|---|---|---|---|---|
| $G'(x)$ | | $-$ | $0$ | $+$ | |
| $G(x)$ | $t$ | ↘ | $\sqrt{2}-\frac{2}{3}\sqrt{6}+t$ | ↗ | $\sqrt{2}-\frac{1}{3}\sqrt{6}+t$ |

ゆえに，$\sqrt{2}-\dfrac{2}{3}\sqrt{6}+t\geqq0$ より　　$t\geqq\dfrac{2}{3}\sqrt{6}-\sqrt{2}$

よって，求める値は　　$\dfrac{2}{3}\sqrt{6}-\sqrt{2}$　→タ～テ

(c)　$0\leqq x\leqq\dfrac{\pi}{2}$ を満たすある $x$ に対して，$f(x)\leqq h(x)$ となる条件は，

$G(x) \geqq 0$ となる $x$ が $0 \leqq x \leqq \frac{\pi}{2}$ において存在すること，すなわち

$(G(x)$ の最大値$) \geqq 0$ である。

$\sqrt{2}-\frac{1}{3}\sqrt{6}=\frac{1}{3}(3\sqrt{2}-\sqrt{6})=\frac{1}{3}(\sqrt{18}-\sqrt{6})>0$ であるから，$G(x)$ の最大値は

$$\sqrt{2}-\frac{1}{3}\sqrt{6}+t$$

ゆえに，$\sqrt{2}-\frac{1}{3}\sqrt{6}+t \geqq 0$ より　　$t \geqq \frac{1}{3}\sqrt{6}-\sqrt{2}$

よって，求める値は　　$\frac{1}{3}\sqrt{6}-\sqrt{2}$　→ト～ヌ

## 4　解答

(1)ア．1　イ．2　ウ．0
(2)エ．2　オカ．15　キ．2
(3)ク．2　ケ．3　コ．2　サ．2　シ．1　ス．6　セ．2
(4)ソ．2　タチ．15　ツ．7　テトナ．120　ニ．2

◀解　説▶

≪放物線と 4 次曲線，接線で囲まれた図形の面積，領域の面積≫

(1)　$x^4-4x^3+4x^2+\frac{1}{4}=ax^2+bx+c$ より

$$x^4-4x^3+(-a+4)x^2-bx+\left(-c+\frac{1}{4}\right)=0 \quad \cdots\cdots①$$

とおくと，2 点 $P_1$，$P_2$ で曲線 $C_1$ と放物線 $C_2$ が接するから，方程式①は $x=\frac{2\pm\sqrt{2}}{2}$ をそれぞれ重解にもつ。

$$\begin{aligned} x^4-4x^3+(-a+4)x^2-bx+\left(-c+\frac{1}{4}\right) &= \left(x-\frac{2-\sqrt{2}}{2}\right)^2\left(x-\frac{2+\sqrt{2}}{2}\right)^2 \\ &= x^4-4x^3+5x^2-2x+\frac{1}{4} \end{aligned}$$

両辺の係数を比較すると

$$-a+4=5,\quad -b=-2,\quad -c+\frac{1}{4}=\frac{1}{4}$$

より　　$a=-1$，$b=2$，$c=0$　→ア～ウ

(2)　(1)より，$C_2$：$y=g(x)=-x^2+2x$ とおく。

$f(1)=\frac{5}{4}$，$g(1)=1$ より，$\frac{2-\sqrt{2}}{2}\leqq x\leqq\frac{2+\sqrt{2}}{2}$ において $f(x)\geqq g(x)$ であるから

$$S_1=\int_{\frac{2-\sqrt{2}}{2}}^{\frac{2+\sqrt{2}}{2}}\left\{\left(x^4-4x^3+4x^2+\frac{1}{4}\right)-(-x^2+2x)\right\}dx$$

$$=\int_{\frac{2-\sqrt{2}}{2}}^{\frac{2+\sqrt{2}}{2}}\left(x-\frac{2-\sqrt{2}}{2}\right)^2\left(x-\frac{2+\sqrt{2}}{2}\right)^2dx$$

$$=\int_{\frac{2-\sqrt{2}}{2}}^{\frac{2+\sqrt{2}}{2}}\left(x-\frac{2-\sqrt{2}}{2}\right)^2\left(x-\frac{2-\sqrt{2}}{2}-\sqrt{2}\right)^2dx$$

$$=\int_{\frac{2-\sqrt{2}}{2}}^{\frac{2+\sqrt{2}}{2}}\left\{\left(x-\frac{2-\sqrt{2}}{2}\right)^4-2\sqrt{2}\left(x-\frac{2-\sqrt{2}}{2}\right)^3+2\left(x-\frac{2-\sqrt{2}}{2}\right)^2\right\}dx$$

$$=\left[\frac{1}{5}\left(x-\frac{2-\sqrt{2}}{2}\right)^5-\frac{\sqrt{2}}{2}\left(x-\frac{2-\sqrt{2}}{2}\right)^4+\frac{2}{3}\left(x-\frac{2-\sqrt{2}}{2}\right)^3\right]_{\frac{2-\sqrt{2}}{2}}^{\frac{2+\sqrt{2}}{2}}$$

$$=\frac{1}{5}(\sqrt{2})^5-\frac{\sqrt{2}}{2}(\sqrt{2})^4+\frac{2}{3}(\sqrt{2})^3$$

$$=\frac{2}{15}\sqrt{2}\quad\text{→エ～キ}$$

(3)　$g'(x)=-2x+2$，$g'\left(\frac{2-\sqrt{2}}{2}\right)=\sqrt{2}$，$g\left(\frac{2-\sqrt{2}}{2}\right)=\frac{1}{2}$ であるから，接線 $l_1$ の方程式は

$$y-\frac{1}{2}=\sqrt{2}\left(x-\frac{2-\sqrt{2}}{2}\right)$$

より　$y=\sqrt{2}x+\frac{3}{2}-\sqrt{2}$　→ク～サ

同様にして，$l_2$ の方程式は

$$y-\frac{1}{2}=-\sqrt{2}\left(x-\frac{2+\sqrt{2}}{2}\right)$$

より　$y=-\sqrt{2}x+\frac{3}{2}+\sqrt{2}$

$$\sqrt{2}x+\frac{3}{2}-\sqrt{2}=-\sqrt{2}x+\frac{3}{2}+\sqrt{2}\qquad x=1$$

ゆえに

$$S_2=\int_{\frac{2-\sqrt{2}}{2}}^{1}\left\{\left(\sqrt{2}x+\frac{3}{2}-\sqrt{2}\right)-(-x^2+2x)\right\}dx$$

$$+\int_{1}^{\frac{2+\sqrt{2}}{2}}\left\{\left(-\sqrt{2}x+\frac{3}{2}+\sqrt{2}\right)-(-x^2+2x)\right\}dx$$

$$=\int_{\frac{2-\sqrt{2}}{2}}^{1}\left(x-\frac{2-\sqrt{2}}{2}\right)^2dx+\int_{1}^{\frac{2+\sqrt{2}}{2}}\left(x-\frac{2+\sqrt{2}}{2}\right)^2dx$$

$$=\left[\frac{1}{3}\left(x-\frac{2-\sqrt{2}}{2}\right)^3\right]_{\frac{2-\sqrt{2}}{2}}^{1}+\left[\frac{1}{3}\left(x-\frac{2+\sqrt{2}}{2}\right)^3\right]_{1}^{\frac{2+\sqrt{2}}{2}}$$

$$=\frac{1}{3}\left(\frac{\sqrt{2}}{2}\right)^3-\frac{1}{3}\left(-\frac{\sqrt{2}}{2}\right)^3=\frac{1}{6}\sqrt{2}$$　→シ～セ

(4)　$f'(x)=4x^3-12x^2+8x=4x(x-1)(x-2)$

$f'(x)=0$ のとき　$x=0,\ 1,\ 2$

$y=f(x)$ の増減表は右のようになる。

| $x$ | $\cdots$ | 0 | $\cdots$ | 1 | $\cdots$ | 2 | $\cdots$ |
|---|---|---|---|---|---|---|---|
| $f'(x)$ | $-$ | 0 | $+$ | 0 | $-$ | 0 | $+$ |
| $f(x)$ | ↘ | $\frac{1}{4}$ | ↗ | $\frac{5}{4}$ | ↘ | $\frac{1}{4}$ | ↗ |

$$x^4-4x^3+4x^2+\frac{1}{4}=-x^2+2x+\frac{1}{4}$$

$$x(x-1)^2(x-2)=0$$

であるから，曲線 $y=f(x)$ と曲線 $y=-x^2+2x+\frac{1}{4}$ の共有点の $x$ 座標は $x=0,\ 1,\ 2$ である。

連立不等式が表す領域は右図の網かけ部分（ただし，境界線を含む）となる。

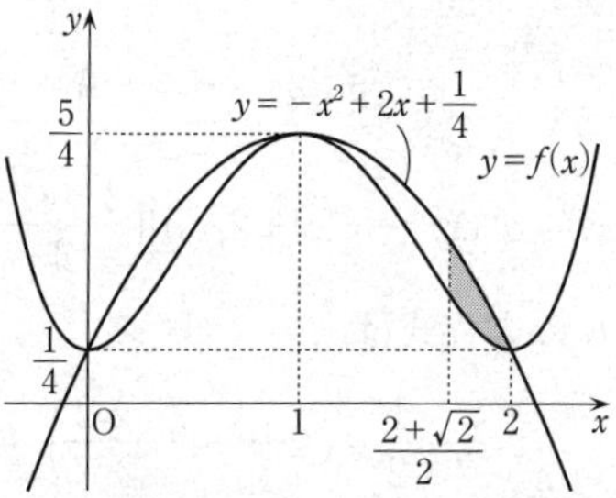


$$S_3=\int_{\frac{2+\sqrt{2}}{2}}^{2}\left\{\left(-x^2+2x+\frac{1}{4}\right)-\left(x^4-4x^3+4x^2+\frac{1}{4}\right)\right\}dx$$

$$=\int_{\frac{2+\sqrt{2}}{2}}^{2}\{-x(x-1)^2(x-2)\}dx$$

$$=-\int_{\frac{2+\sqrt{2}}{2}}^{2}\{(x-1)+1\}(x-1)^2\{(x-1)-1\}dx$$

$$=-\int_{\frac{2+\sqrt{2}}{2}}^{2}\{(x-1)^4-(x-1)^2\}dx$$

$$=-\left[\frac{1}{5}(x-1)^5-\frac{1}{3}(x-1)^3\right]_{\frac{2+\sqrt{2}}{2}}^{2}$$

$$= -\left(\frac{1}{5}-\frac{1}{3}\right)+\left\{\frac{1}{5}\left(\frac{\sqrt{2}}{2}\right)^5-\frac{1}{3}\left(\frac{\sqrt{2}}{2}\right)^3\right\}$$

$$=\frac{2}{15}-\frac{7}{120}\sqrt{2} \quad \to ソ\sim ニ$$

### ❖講　評

出題数は大問 4 題であり，全問マークシート法である。全般的に，誘導形式による基本～標準的な頻出問題である。

1　立方体 $C$ と平面 $\alpha$ をイメージし，立方体 $C$ と平面 $\alpha$ の各辺の共有点の個数を調べていくことができれば，得点することは難しくはない。立方体 $C$，平面 $\alpha$ はともに平面 $y=x$ に対して対称となり，面積・体積計算においては，この対称性を利用することで計算量を減らしたい。

2　$\vec{x}=l\vec{p}+m\vec{q}+n\vec{r}$ とおき，各条件を満たす $l$，$m$，$n$ の値を調べて，確率を求めていく。ケアレスミスに十分注意して，丁寧に計算したい。

3　「どのような $x$ に対しても」，「ある $x$ に対して」の表現の違いの意味が問われる問題である。条件を満たすグラフをイメージすることで，$f(x)$，$g(x)$，$h(y)$，$g(x)-f(x)$，$h(x)-f(x)$ の最大値・最小値の大小関係を調べていく。入試問題集などで類題を演習しておきたい。

4　接線と曲線で囲まれる図形の頻出問題である。(1)は「点 $P_1$，$P_2$ で接する $\Longleftrightarrow$ 重解をもつ」を利用して求める。(2)・(4)はグラフをイメージして，グラフの上下，積分区間に注意をして積分計算を行う。被積分関数の式をうまく変形することで，計算量を減らすことができる。本番に向けてマスターしておきたい。(3)は接線の方程式を求める基本問題である。積分計算は，接点の $x$ 座標 $\alpha$ が重解を表すことを利用して，被積分関数を $(x-\alpha)^2$ で計算することで計算量を減らすことができる。

誘導形式による頻出問題が多く，教科書や受験参考書の重要例題などを繰り返し勉強することが合格への一歩である。計算力も求められているため，1つ1つの問題に丁寧に対応し，見直しをするなどして，極力ミスを避けたい。

# 化学

（注）　解答につきましては，東京理科大学から提供のあった情報を掲載しております。

## 1 解答

(1)(ア)— 0　(イ)— 2　(ウ)— 0　(エ)— 1

(2)(オ)— 3　(カ)— 2　(キ)— 4　(ク)— 0　(ケ)— 1

(3)① 4　② 0　③ 0

(4)④ 1　⑤ 6　⑥ 0　⑦ 0　⑧ 4　⑨ 5

(5)(コ)— 2

(6)⑩ 2　⑪ 3

(7)⑫ 1　⑬ 3　⑭ 7　⑮ 0

◀解　説▶

≪小問集合≫

(1)　オゾン $O_3$ とダイヤモンドCは単体，エタノール $C_2H_5OH$ は化合物，塩酸は塩化水素と水の混合物である。

(2)　原子は原子核と電子からできている。原子核は陽子と中性子でできており，陽子の数を原子番号，陽子と中性子の数の和を質量数という。

(3)　$^{71}$Ga の存在比を $x$〔%〕とすると

$$68.9\times\frac{100-x}{100}+70.9\times\frac{x}{100}=69.7 \qquad \therefore \quad x=40.0〔\%〕$$

(4)　$CuO+H_2 \longrightarrow Cu+H_2O$

$CuO=80.0$，$H_2O=18.0$ より

$$Cu：\frac{2.00}{80.0}\times 64=1.60〔g〕$$

$$H_2O：\frac{2.00}{80.0}\times 18.0=0.45〔g〕$$

(5)　0 ～ 4 に含まれる酸素原子の物質量は次の通り。

0．$O_2=32$ より　$\frac{4.8}{32}\times 2=0.3$〔mol〕

1．$H_2O=18$ より　$\frac{1.8}{18}=0.1$〔mol〕

2．$0.2\times2=0.4$〔mol〕

3．$\dfrac{6.0\times10^{22}}{6.0\times10^{23}}\times2=0.2$〔mol〕

4．$\dfrac{2.24}{22.4}\times2=0.2$〔mol〕

よって，最も多くの酸素原子を含んでいるものは2である。

(6)　酸化物の化学式を $MO_x$ とすると，式量は $52+16x$ となる。

$$\frac{52}{52+16x}\times100=100-31.6=68.4〔\%〕\qquad x\fallingdotseq1.5$$

$MO_{1.5}$ を2倍して，化学式は $M_2O_3$ となる。

(7)　金属元素Xの原子量を $M$ とすると，$X(NO_3)_2$ の式量は $M+124$，$XSO_4$ の式量は $M+96$ である。よって

$$\frac{M+96}{M+124}\times100=100-10.73=89.27〔\%〕$$

$$\therefore\quad M=136.95\fallingdotseq137.0$$

## 2　解答

(ア)―2　(イ)―1　(ウ)―0　(エ)―2　(オ)―2　(カ)―3
①1　②7　③－　④0　⑤9　(キ)―0　(ク)―9　⑥1
⑦7　⑧－　⑨0　⑩5　⑪1　⑫0　⑬－　⑭2
(ケ)―3　(コ)―2　⑮1　⑯5　⑰－　⑱0　⑲1

◀解　説▶

≪銀化合物の溶解度積と性質，モール法≫

(ア)　AgCl，AgI，$Ag_2CrO_4$ の溶解度をそれぞれ $x$〔mol/L〕，$y$〔mol/L〕，$z$〔mol/L〕とする。

$$AgCl：K_{sp}=[Ag^+][Cl^-]=x^2=1.7\times10^{-10}$$
$$x=\sqrt{1.7}\times10^{-5}=1.3\times10^{-5}〔mol/L〕$$
$$AgI：K_{sp}=[Ag^+][I^-]=y^2=2.0\times10^{-14}$$
$$y=\sqrt{2.0}\times10^{-7}=1.4\times10^{-7}〔mol/L〕$$
$$Ag_2CrO_4：K_{sp}=[Ag^+]^2[CrO_4{}^{2-}]=(2z)^2\times z=4z^3=2.8\times10^{-12}$$
$$z=\sqrt[3]{0.7}\times10^{-4}\fallingdotseq9\times10^{-5}〔mol/L〕$$

よって，飽和水溶液の濃度が最も高いのは $Ag_2CrO_4$ である。

(イ)　$[Ag^+]\times[Cl^-]$ が $K_{sp}$ を超えるとき，AgClの沈殿が生成する。これ

を表すグラフは 1 である。

(ウ)　AgCl にアンモニア水を加えると $[Ag(NH_3)_2]^+$ の錯イオンを生じる。

$$AgCl + 2NH_3 \longrightarrow [Ag(NH_3)_2]^+ + Cl^-$$

(エ)　AgF は水に可溶である。AgI，$Ag_2S$ はアンモニア水に溶けない。$Ag_2O$ はアンモニア水に可溶である。

$$Ag_2O + H_2O + 4NH_3 \longrightarrow 2[Ag(NH_3)_2]^+ + 2OH^-$$

(オ)　$AgNO_3$ 水溶液と NaCl 水溶液を混合したとき

$$[Ag^+][Cl^-] = \left(0.20 \times \frac{1.0}{1000} \times \frac{1000}{2.0}\right) \times \left(0.20 \times \frac{1.0}{1000} \times \frac{1000}{2.0}\right)$$
$$= 0.10 \times 0.10 = 1.0 \times 10^{-2} \,[\text{mol/L}]^2$$

これは AgCl の $K_{sp} = 1.7 \times 10^{-10}\,[\text{mol/L}]^2$ を超えているので，AgCl の沈殿を生じる。よって，選択肢 0，1，2 のいずれかである。また，AgI の $K_{sp}$ は AgCl の $K_{sp}$ よりも小さいことから，AgI の方が AgCl よりも沈殿しやすいことがわかる。以上より，2 が正しい記述である。

(カ)　$AgNO_3$ 水溶液と AgI 水溶液を混合したとき

$$[Ag^+][I^-] = \left(0.20 \times \frac{1.0}{1000} \times \frac{1000}{2.0}\right) \times \left(0.20 \times \frac{1.0}{1000} \times \frac{1000}{2.0}\right)$$
$$= 0.10 \times 0.10 = 1.0 \times 10^{-2} \,[\text{mol/L}]^2$$

これは AgI の $K_{sp} = 2.0 \times 10^{-14}\,[\text{mol/L}]^2$ を超えているので AgI の沈殿を生じる。よって，選択肢 3，4，5 のいずれかである。$K_{sp}$ の値が小さい AgI の方が AgCl より沈殿しやすいので AgI が溶け出すようなことはない。よって，3 が正しい記述である。

①〜⑭，(キ)・(ク)　AgCl が沈殿し始めるときの $[Ag^+]$ は

$$[Ag^+] = \frac{K_{sp}}{[Cl^-]} = \frac{1.7 \times 10^{-10}}{0.10} = 1.7 \times 10^{-9} \,[\text{mol/L}]$$

$Ag_2CrO_4$ が沈殿し始めるときの $[Ag^+]$ は

$$[Ag^+] = \sqrt{\frac{K_{sp}}{[CrO_4^{2-}]}} = \sqrt{\frac{2.8 \times 10^{-12}}{1.0 \times 10^{-2}}} = \sqrt{2.8} \times 10^{-5}$$
$$= 1.7 \times 10^{-5} \,[\text{mol/L}]$$

よって，先に沈殿するのは白色の AgCl であり，そのときの $[Ag^+]$ は $1.7 \times 10^{-9}\,[\text{mol/L}]$，$[Ag^+] = 1.7 \times 10^{-5}\,[\text{mol/L}]$ に達すると，暗赤（赤褐）色の $Ag_2CrO_4$ が沈殿する。$Ag_2CrO_4$ が生成し始めたとき，溶液中の

$[Cl^-]$ は

$$[Cl^-]=\frac{K_{sp}}{[Ag^+]}=\frac{1.7\times10^{-10}}{1.7\times10^{-5}}=1.0\times10^{-5}\,[mol/L]$$

なので，これは初期濃度 0.10mol/L の

$$\frac{1.0\times10^{-5}}{0.10}\times100=1.0\times10^{-2}\,[\%]$$

となる。

(ケ)・(コ)　少量の溶液を正確にはかりとる器具はホールピペット，溶液を滴下する器具はビュレットである。

⑮～⑲　NaCl のモル濃度を $x$〔mol/L〕とする。反応式

$$NaCl+AgNO_3\longrightarrow AgCl+NaNO_3$$

より，NaCl と $AgNO_3$ は 1：1 で反応するので

$$x\times\frac{20}{1000}=1.0\times10^{-1}\times\frac{30.40}{1000}$$

$$x=0.152\fallingdotseq1.5\times10^{-1}\,[mol/L]$$

## 3　解答

(1)(ア)―3　(イ)―0　(ウ)―6　(エ)―5　(オ)―2

①5　②9　③8　(カ)―5　(キ)―4　(ク)―6

(2)(ケ)―1　④1　⑤5　(コ)―7　⑥2　⑦3

(サ)―6　(シ)―4　(ス)―0　(セ)―1　(ソ)―3　(タ)―2　⑧1　⑨1　⑩5

◀解　説▶

≪グルタチオンの加水分解・構造・性質，核酸の構造≫

(ア)・(エ)・(オ)　グルタチオンはグルタミン酸，システイン，グリシンのトリペプチドである。このうちシステインは，酸化剤である塩素酸カリウムを加えると，酸化されてシステインの二量体であるシスチンに変化する。シスチンがもつ −S−S− 結合をジスルフィド結合という。

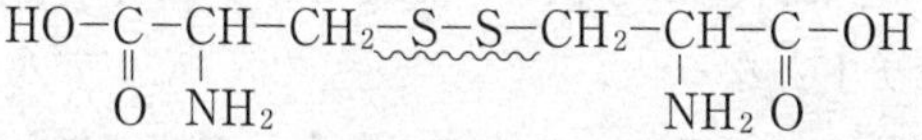
シスチン

(イ)　(イ)は水溶液中で3種類のイオンが平衡状態で存在することから，グリシンである。酸性アミノ酸であるグルタミン酸の場合は4種類のイオンが平衡状態で存在する。

①～③　グリシンの陽イオンを $G^+$，双性イオンを G，陰イオンを $G^-$ と

する。

$$G^+ \rightleftarrows G + H^+$$

$$K_1 = \frac{[G][H^+]}{[G^+]} = 1.0 \times 10^{-2.34} 〔mol/L〕$$

$$G \rightleftarrows G^- + H^+$$

$$K_2 = \frac{[G^-][H^+]}{[G]} = 1.0 \times 10^{-9.61} 〔mol/L〕$$

等電点では $[G^+] = [G^-]$ なので

$$K_1 \times K_2 = \frac{[G][H^+]}{[G^+]} \times \frac{[G^-][H^+]}{[G]} = [H^+]^2$$

$$[H^+] = \sqrt{K_1 K_2} = \sqrt{1.0 \times 10^{-2.34} \times 1.0 \times 10^{-9.61}} = 1.0 \times 10^{-\frac{11.95}{2}}$$

よって　$pH = \frac{11.95}{2} = 5.975 \fallingdotseq 5.98$

(カ)　(イ)グリシンは pH2.0 の酸性水溶液中では陽イオンが多く存在しているので，電気泳動を行うと陰極側に移動する。

(ウ)・(キ)　(ウ)はグルタミン酸である。(キ)の選択肢のうち，ムチン，カゼイン，ヘモグロビン，リボソームは複合タンパク質であり，グルテニンのみが単純タンパク質である。

(ク)　システインをアセチル化して生じる化合物は以下の通り。

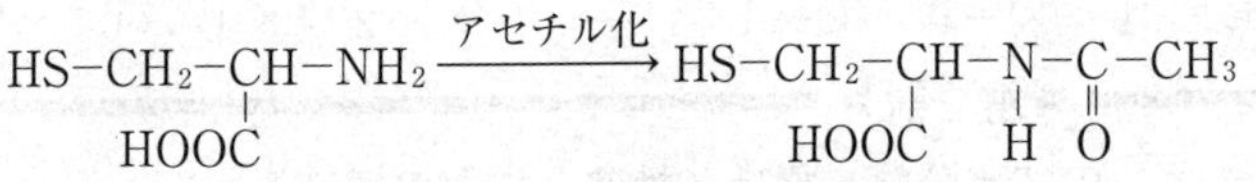

(2)(ケ)　核酸はポリヌクレオチドである。

④・⑤，(コ)　リボースの1位の炭素に塩基が結合，5位の炭素の −OH にリン酸がエステル結合したものが RNA のヌクレオチドである。

⑥・⑦　リボースの2位の −OH を −H にしたものがデオキシリボースである。ヌクレオチドどうしは，糖の3位の —OH とリン酸の —OH で縮合重合してポリヌクレオチドとなる。

(サ)〜(ソ)　アデニンが選択肢6，グアニンが4，シトシンが0，ウラシルが1，チミンが3の構造である。

(タ)・⑧〜⑩　DNA ではアデニン，チミン間に2本の水素結合，グアニン，シトシン間に3本の水素結合が形成される。DNA に含まれる塩基のうち15％がグアニンのとき，シトシンも15％，アデニンとチミンが35％ずつとなるので，50塩基対はグアニン，シトシンの塩基対が15，アデニン，チミンの塩基対が35からなる。よって，水素結合の総数は

$15\times3+35\times2=115$ 個

**4**　**解答**　(1)①—05　A—17　B—12　C—04　a—00　b—15

(2)②—03　③—09　④—06　⑤—13　⑥—00

D—09　G—02　H—20　I—29　J—31　K—27　L—35　M—28

N—36　⑦08　⑧16　⑨00　⑩02

(3)⑪＋　⑫1　⑬3　⑭0　⑮8

(4)⑯11

◀解　説▶

≪有機化合物の合成法・反応，元素分析，反応熱，異性体≫

(1)①　メタンを熱分解するとアセチレンを生じる。

$$2CH_4 \longrightarrow C_2H_2+3H_2$$

化合物A～C．カルシウムカーバイド $CaC_2$ に水を加えると，アセチレンと水酸化カルシウムを生じる。

$$\underset{\text{化合物A}}{CaC_2}+2H_2O \longrightarrow \underset{\text{化合物B}}{C_2H_2}+Ca(OH)_2$$

水酸化カルシウム水溶液に二酸化炭素を通じると，炭酸カルシウムの白色沈殿を生じる。

$$Ca(OH)_2+CO_2 \longrightarrow \underset{\text{化合物C}}{CaCO_3}+H_2O$$

試薬a．化合物Dはエチレンであり，エチレンに水を付加させるとエタノールを生じる。

$$\underset{\text{化合物D}}{CH_2{=}CH_2}+\underset{\text{試薬a}}{H_2O} \longrightarrow CH_3CH_2OH$$

試薬b．化合物Ⅰはナトリウムフェノキシドであり，ナトリウムフェノキシドに高温・高圧で二酸化炭素を反応させるとサリチル酸ナトリウムを生じる。

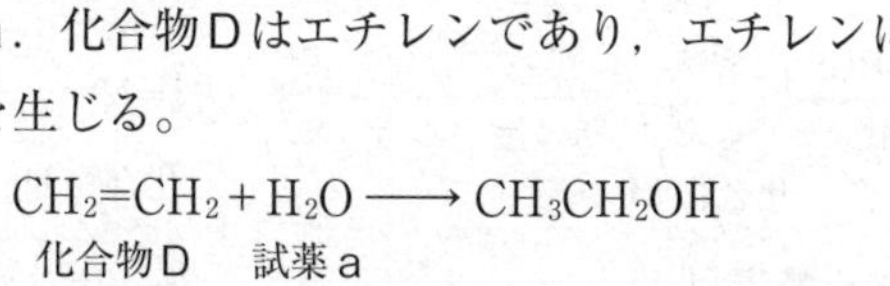


化合物Ⅰ　試薬b

(2)　化合物D・G，②・③

$$CH\equiv CH + H_2 \longrightarrow CH_2{=}CH_2$$

化合物D

$$CH_2{=}CH_2 + Cl_2 \xrightarrow{\text{②付加反応}} CH_2Cl{-}CH_2Cl$$

化合物D　　　　　　化合物G

$$\xrightarrow{\text{熱分解}} CH_2{=}CHCl \xrightarrow{\text{③付加重合}} \left[CH_2{-}CHCl\right]_n$$

化合物H～J，④

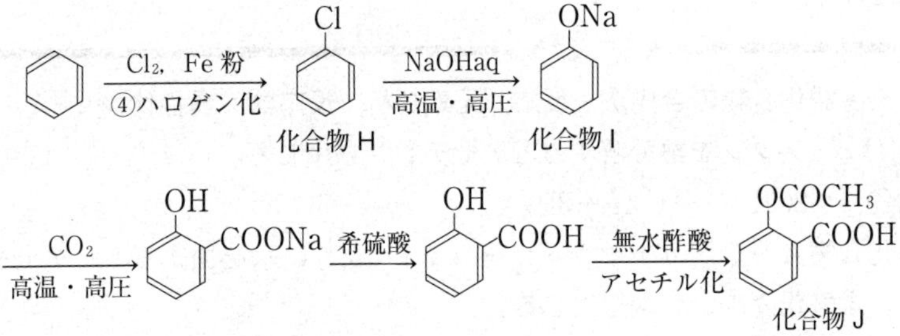


化合物K～N，⑤・⑥

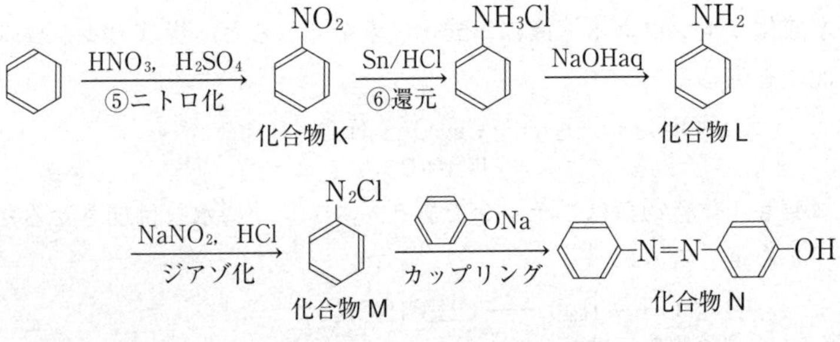


⑦～⑩　化合物Fに含まれる酸素は

$$100-(66.7+11.1)=22.2〔\%〕$$

よって　　$C:H:O=\dfrac{66.7}{12}:\dfrac{11.1}{1.0}:\dfrac{22.2}{16}\fallingdotseq 4:8:1$

分子式を $(C_4H_8O)_n$ とすると

$$(C_4H_8O)_n=72n=144 \qquad n=2$$

よって，化合物Fの分子式は $C_8H_{16}O_2$ である。

⑶　アセチレンの燃焼熱を $Q$〔kJ/mol〕とすると

$$C_2H_2(\text{気}) + \frac{5}{2}O_2(\text{気}) = 2CO_2(\text{気}) + H_2O(\text{液}) + Q\text{kJ}$$

ヘスの法則より

$$Q = 2 \times 394 + 286 - (-234) = 1308〔\text{kJ/mol}〕$$

⑷　化合物Fは分子式 $C_8H_{16}O_2$ で，カルボン酸Eとエタノールのエステルである。$CH_3{-}CH_2{-}O{-}C(=O){-}R$ の構造でRが $C_5H_{11}-$ の異性体を考えればよい。$C_5H_{11}-$ の構造を以下に示す（Hは省略，$^*$C は不斉炭素原子）。

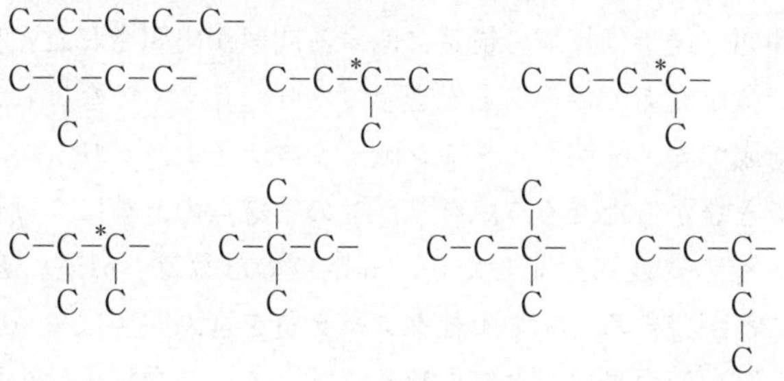


構造異性体で 8 個，そのうち 3 つが不斉炭素原子をもつので合計 11 個となる。

## ❖講　評

試験時間は 80 分。大問数は 4 題で1が理論，2が無機を含む理論，3が計算問題を含む有機，4が計算問題と，無機を含む有機であった。

1は理論分野の小問集合であった。主な出題内容は化学序論で，物質の分類，原子の構造，同位体の天然存在比と原子量，定比例の法則，物質量計算，酸化物の化学式，未知金属の原子量計算が出題された。いずれも，教科書，問題集の基本問題レベルの設問であり，短時間で正確に解答したい大問である。

2は銀化合物の溶解度積と性質・反応，モール法が出題された。㋐は溶解度積の値から溶解度を求める問題である。クロム酸銀の溶解度は 3 乗根の計算をする必要があり，やや戸惑ったかもしれないが，大小関係を知りたいだけなので厳密に計算する必要はない。㋓は水に難溶かつアンモニア水に可溶な銀化合物を選択する問題。フッ化銀が水に可溶なことは知っていても，ヨウ化銀，硫化銀がアンモニア水に難溶であることまで正確に覚えてはいない受験生も多かっただろう。(オ)・(カ)は記述選択問題ではあるが，さまざまな計算を考えると難しい。塩化銀とヨウ化銀の溶解度積の値から，塩化銀よりもヨウ化銀の方がより沈殿しやすいことを押さえ，選択肢から「ヨウ化銀の沈殿は生成しない」「ヨウ化銀の沈殿が溶ける」「すべて溶解する」など，あり得ないものを除去していくと正解を選びやすい。①～⑲の溶解度積，モール法の計算は入試頻出問題，(キ)～(コ)は基本的な知識問題であり，しっかり得点したい。

3の前半はトリペプチドであるグルタチオン，それを構成するアミノ酸に関する問題，後半は核酸の構造に関する問題が出題された。種々のアミノ酸の特徴を覚えていることが必須であり，覚えていなければグルタチオンの構成アミノ酸がグルタミン酸，システイン，グリシンであることが解答できなかっただろう。グリシンの等電点の計算は，〔解説〕では平衡定数，その式変形を記したが，等電点の計算は $(pK_1 + pK_2) \div 2$ と計算することができる。(キ)で単純タンパク質を選ぶ問題はやや難しい。単純タンパク質，複合タンパク質を数多く覚えている受験生は少ないと思われ，やや戸惑ったのではないだろうか。(2)の核酸に関する問題は，いずれもこの単元の知識を問う標準的なものであった。しかし，糖と塩基，糖とリン酸，ヌクレオチドどうしの結合場所を解答する，塩基５種の構造を７択から選択するなど，この単元をきちんと勉強していないと解答が難しいものであったとも言える。

4はさまざまな有機化合物の合成法や反応，元素分析，燃焼熱，異性体を問う問題であった。設問中には無機化合物の反応，ヘスの法則を用いて燃焼熱を求める計算問題も含まれており，総合的な大問であった。図１に含まれている反応は，いずれも有機化学，または一部無機化学の基本・標準的な反応であり，解答個数は多いがしっかりと得点したい。また，元素分析，燃焼熱の算出も迅速かつ正確に計算したいものである。(4)の異性体の個数はやや数が多かったので，数え忘れが生じたかもしれない。炭素数が８の化合物Ｆであるが，エチルエステルであることは確定なので，炭素数５のアルキル基に着目して異性体を記していきたい。その際，不斉炭素原子をもつ構造が３つあることを見落としてはならない。

# 2020年度

# 問題と解答

## ■B方式

# 問題編



▶試験科目・配点

| 教科 | 科目 | 配点 |
|---|---|---|
| 外国語 | コミュニケーション英語Ⅰ・Ⅱ・Ⅲ，英語表現Ⅰ・Ⅱ | 100点 |
| 数学 | 数学Ⅰ・Ⅱ・Ⅲ・A・B | 100点 |
| 理科 | 化学基礎・化学 | 100点 |

▶備考

- 英語はリスニングおよびスピーキングを課さない。
- 「数学B」は「数列」「ベクトル」から出題。

# 英語

(60 分)

**1** Read the following passage and answer the questions below. (67 points)

In October 1833 William Henry Fox Talbot — polymath*, politician, pioneer, poet — found himself on the shores of Lake Como in Italy. His wife and other family members were happily sketching away, preserving their reactions and memories on drawing paper — everybody, that is, except for Talbot. <u>As accomplished as he was in so many fields, the 33-year-old simply could not draw</u>(1). Turning to technology, he reached for the drawing aid he had carried on his travels for years — the camera lucida, which cast nature on to paper through a prism. But, as Talbot later noted, "when the eye was removed from the prism — in which all looked beautiful — <u>I found that the faithless pencil had only left traces on the paper melancholy to behold</u>(2)".

Talbot was a typical Victorian 'gentleman scientist' and he had already been experimenting with the new field of capturing images, when he became convinced that it was possible to "cause these natural images to imprint themselves durably and remain fixed upon the paper!" Returning home to Lacock Abbey in Wiltshire, he <u>drew upon</u>(3) his own knowledge of chemistry and the experiments of others to obtain "distinct and very pleasing images".

People of Talbot's standing, working in Britain in the mid-nineteenth century, performed experiments and made discoveries with little concern for financial gain. For them, knowing that they had advanced a field of study or invented a device that improved modern life <u>was</u>(4) often reward enough. His investigations into mathematics, optics and chemistry, combined with his knowledge of botany, art, foreign languages, and classics, led to his invention of paper photography. And his own pictures allude to his belief that photography held the promise to change the world.

(5)( 1. an aristocratic 2. born 3. connections 4. family 5. into 6. though 7. with) to British royalty, Talbot did not have an easy early life. His father died when he was only five months old, leaving the family with massive debt and nowhere to live. Nevertheless, a precocious* child, from the age of eight, he instructed his family to save all his correspondence, perhaps sensing that he was destined for greatness. And his understanding of photography's promise was prescient*. Almost from the beginning, he realized it could record more accurately than the human hand, it could be readily reproduced, and (6)it could preserve a fleeting moment in time indefinitely. His mother having remarried well, Talbot had the luxury of not worrying whether this invention was lucrative, but he was also aware that (7)photography's ability to alter how people perceived their world was priceless.

( 8 ) he was not the first to permanently capture an image — that distinction belongs to the Frenchman Louis-Jacques-Mandé Daguerre in 1839 — Talbot was the first to do so on a sheet of paper and it was his work that would form the basis of photography for most of the nineteenth and twentieth centuries.

His breakthrough came in 1840. By now fully devoted to his new medium, Talbot made two discoveries within days. First, he experimented with a process he called a 'leucotype' in which he 'fixed' a direct-positive photograph using water rather than expensive chemicals. Then he tried a new method of the already established technique of sensitizing paper using gallic acid and silver nitrate, which resulted in much greater sensitivity. The process, in which an image is captured on paper but not revealed until a chemical is applied, meant Talbot could expose a sheet in hours, minutes or even seconds. Instead of photographing only inanimate objects, Talbot could now take pictures of people and living things.

(9)Sensing the potential of this new process, Talbot would patent it in 1841 as the 'calotype'—from the Greek *kalos* (beautiful) and *type* (impression). The technique involved creating a negative image on a sensitized sheet of paper. That paper was then put in contact with another sheet of light-sensitive paper to create a new, positive image. Unlike the daguerreotype, which created a unique, singular image on a metal plate, Talbot's calotype prints could be duplicated endlessly.

(10) Talbot always believed that his paper-based process would win out because of its relative economy and ease of reproduction, and the calotype seemed to prove him right, while also propelling him to his crowning accomplishment: the first commercially produced book illustrated with photographs, *The Pencil of Nature* (1844-46). In one of the most perceptive observations about early photography, a reviewer of *The Pencil of Nature* marveled at (11) how the new art "has already enabled us to hand down to future ages a picture of the sunshine of yesterday".

Today, it is not only Talbot's childhood letters that remain, but, thanks to him, the pictures that show us the dawn of a new medium—and make his time almost palpable*.

Adapted from *William Henry Fox Talbot and the Promise of Photography*

(Notes)

**polymath**: someone who has a lot of knowledge about many different subjects
**precocious**: very clever, mature, or good at something at a young age
**prescient**: able to imagine or know what will happen in the future
**palpable**: obvious or intense and easily noticed

(1) Which of the items below is the closest in meaning to the underlined part (1) in the passage? Choose one from the choices and mark the number on your **Answer Sheet**.

1 Talbot was not able to draw natural objects very well, but was able to

do many other things.

2 Talbot made no attempt to draw, though he was good at doing a lot of different things.

3 Talbot thought he could not draw pictures well enough, so he tried to be successful in other fields.

4 Talbot was very capable in many fields, but unable to draw pictures by hand as he wanted.

(2) The sentence below explains the situation described in the underlined part (2) in the passage.

He drew a sketch on the paper with a pencil, based on the image the prism produced, (　　　).

Which of the items below correctly fills in the blank? Consider the context, choose one from the choices, and mark the number on your **Answer Sheet**.

1 but he felt sad except when the drawing looked the same as the true image

2 but his lack of ability discouraged him from finishing the drawing

3 but it depressed him to think that he had never been able to copy the image mechanically

4 but the drawing was so poor that he only felt a sense of disappointment

(3) Which of the items below is the closest in meaning to the underlined part (3) in the passage? Choose one from the choices and mark the number on your **Answer Sheet**.

1 cast light on　　2 made use of

3 paid attention to　　4 put emphasis on

(4) The underlined part (4) in the passage is the main verb of the sentence.

Which of the items below is the subject of this sentence? Choose one from the choices and mark the number on your **Answer Sheet**.

1 a device that improved modern life

2 a field of study or invented a device that improved modern life

3 knowing that they had advanced a field of study or invented a device that improved modern life

4 modern life

(5) Rearrange the words in the underlined part (5) in the passage into the correct order. Mark the numbers correctly, from top to bottom, on your **Answer Sheet**. The beginning of the sentence is not indicated by a capital letter.

(6) Which of the items below is the closest in meaning to the underlined part (6) in the passage? Choose one from the choices and mark the number on your **Answer Sheet**.

1 it could be kept for a long time so that it might be useful at some point in the future

2 it could be protected from decaying and even continue improving

3 it could change with the passing of time, which would affect its quality

4 it could record a momentary incident, and it would not be lost even after a long period of time

(7) Which of the items below is the closest in meaning to the underlined part (7) in the passage? Choose one from the choices and mark the number on your **Answer Sheet**.

1 people could not recognize the value of photography, even though it brought them new powers of observation

2 people could now observe their world accurately, exploring the capability of photography to its full extent

3 photography provided people with a clear view of the world, which led to a change in their lifestyle

4 photography was of great value, because it made it possible for people to see their world from a totally different viewpoint

(8) Which of the items below correctly fills in the blank ( 8 ) in the passage? Choose one from the choices and mark the number on your **Answer Sheet.**

1 Before　　2 Since

3 Thus　　4 While

(9) Which of the items below is the closest in meaning to the underlined part (9) in the passage? Choose one from the choices and mark the number on your **Answer Sheet.**

1 He saw the possibility that this new process would lead to great success, so he made sure to obtain a patent for it in 1841

2 He thought that this new process should be carefully examined before he protected it by patent in 1841

3 It was uncertain whether this new process would be a success or not, but he eventually applied for a patent on it in 1841

4 There was little likelihood that this new process would work, but he tried to get a patent for it in 1841

(10) Which of the items below is the closest in meaning to the underlined part (10) in the passage? Choose one from the choices and mark the number on your **Answer Sheet.**

1 Talbot believed that the process needed to be relatively inexpensive and capable of easy reproduction, so the paper-based calotype was what he wanted

2 Talbot's belief seemed to confirm that the calotype would finally succeed,

because it could produce prints easily and repeatedly, and also at low cost, as it was paper-based

3 Talbot was sure the calotype prints could be reproduced easily and economically because the process was paper-based, but at the same time he thought it seemed too good to be true

4 The calotype prints did not cost much as they were paper-based, and Talbot seemed to believe in the likely success of the process because the technique could be acquired easily

(11) Which of the items below is the closest in meaning to the underlined part (11) in the passage? Choose one from the choices and mark the number on your **Answer Sheet**.

1 the fact that both people of that age and those in the future could similarly keep a picture of the sunshine they saw the previous day thanks to the new art

2 the fact that people in future generations would be able to see the sunshine of the past, as it could be printed on paper due to the new technology

3 the fact that the new art encouraged people of that age to complete the picture of the sunshine they saw the previous day for the future

4 the fact that the prospects for the new art were improving, but the sunshine of the past kept on the picture would never change

(12) For each of the following statements, consider the context and mark your **Answer Sheet** with either **T** if it is true or **F** if it is false.

1 It was during his trip to Italy that he used a technological drawing tool for the first time.

2 Talbot had little interest in financial success because he was wealthy enough to concentrate on his research and experiments.

3 Talbot had profound knowledge and was well-accomplished in and

outside the field of science, which helped him come up with his invention of the calotype.

4 Talbot told his family to have his letters destroyed, probably because he wanted to keep his private life separate from his work.

5 The major difference between Daguerre's photography and Talbot's was that the former created an image on a metal plate, and the latter did it on paper.

6 What was revolutionary about Talbot's photography is that it could not only present an image of quiet scenes but also of living objects.

**2** Read the following passage and answer the questions below. (33 points)

This year marks a decade since smartphones hit the mainstream. But while our ability to communicate has improved, it seems our skin has suffered as a result. American medical scientist Dr. Howard Murad has blamed smartphones for an increase in skin damage and premature ageing, with many other experts ( 1 ) the blue light emitted from mobile phones as a type of skin "pollution".

"Every day, our skin is affected by this blue light," says Murad. "To put it into context, blue light—with its short, high-energy wavelength—penetrates the skin deeper than UV rays. Blue light rays damage the skin and cause visible signs of ageing, including uneven skin tone, pigmentation and wrinkles." Murad launched the City Skin Age Defense SPF50; one of the ingredients is lutein, a potent antioxidant that creates a barrier on the skin to protect it from blue light.

Defense certainly seems (2)( 1. against 2. the best 3. choice 4. like 5. of 6. the effects) blue light. The bestselling CE Ferulic serum by SkinCeuticals creates a shield for the skin to protect it from environmental pollution and damage.

Pollution has become one of the biggest beauty buzzwords* of the year. New research from the NPD Group, a global research company, has found that sales of anti-pollution skincare in the UK have grown, with a value of this emerging market set at £1. 3 million, and set to increase.

"Brands are creating innovative products to protect the skin from pollution, and from the blue light emitted by digital devices," says June Jensen, the director of NPD UK. "We expect to see more products like this in the future, as people ( 3 ) to protect their skin from the harmful damage of city and digital life."

According to Jose Ginestar, the scientific director for luxury skincare brand Sisley, the past decade has seen "more research in labs to find out the effects of blue light on the skin. Particularly for the eye area, we have found this results in the appearance of crow's feet wrinkles, fine lines, and a lack of firmness of the eyelids."

Blue light aside, it seems we need to worry about "tech necks", too. Although primarily referring to the neck pain that occurs from constantly looking down at your mobile phone, the tech neck typically sees sagging of the jawline and neck area. "The constant folding of the skin <u>(4)( 1. by 2. induced 3. looking down 4. motion 5. of 6. plays 7. repetitive 8. the)</u> a role in the skin ageing of the neck," says Ginestar. "Technology is affecting our posture, skin and eyes in a negative way," and though there are ways of combating the damage, "thanks to our busy lifestyles, one thing is certain: we're entering a new era of skin concerns."

Adapted from *The Daily Telegraph*

(Note)

**buzzword**: a word from one special area of knowledge that people suddenly think is very important

(1) Which of the items below correctly fills in the blank ( 1 ) in the passage? Choose one from the choices and mark the number on your **Answer Sheet**.

1 classing　　2 managing
3 raising　　4 separating

(2) Rearrange the words in the underlined part (2) in the passage into the correct order. Mark the numbers correctly, from top to bottom, on your **Answer Sheet**.

(3) Which of the items below correctly fills in the blank ( 3 ) in the passage? Choose one from the choices and mark the number on your **Answer Sheet**.

1 aim　　2 claim
3 profess　　4 refer

(4) Rearrange the words in the underlined part (4) in the passage into the correct order. Mark the numbers correctly, from top to bottom, on your **Answer Sheet**.

(5) For each of the following statements, consider the context and mark your **Answer Sheet** with either **T** if it is true or **F** if it is false.

1 People started using smartphones as they commonly do now about ten years ago.

2 Companies have carried out research on skin-care products for years, but they are not very optimistic about the sales.

3 Recent research suggests that using smartphones for a long time is likely to change our facial appearance.

4 Problems such as tech necks and neck pain make us more conscious of lifestyle issues than the effects of blue light.

# 数学

（100分）

問題 1 ～ 4 の各文章中の ア , イ , ウ , … に当てはまる数字 **0** ～ **9** を求めて，解答用マークシートの指定された欄にマークしなさい。 ただし，分数は既約分数として表しなさい。 根号の中に入る数は，**4** でも **9** でも割り切れないものとします。 なお， ア は既出の ア を表します。

## 1

**(1)** $a_1 = 27,\ a_{n+1} = 3\sqrt{a_n}\ (n = 1, 2, 3, \cdots)$ を満たす数列 $\{a_n\}$ がある。

**(a)** $a_3 = \boxed{ア}^{\frac{\boxed{イ}}{\boxed{ウ}}},\ a_4 = \boxed{ア}^{\frac{\boxed{エオ}}{\boxed{カ}}}$ である。

**(b)** $b_n = \log_3 a_n\ (n = 1, 2, 3, \cdots)$ とおくと，数列 $\{b_n\}$ の第 $n$ 項は

$$\boxed{キ}\left(\frac{\boxed{ク}}{\boxed{ケ}}\right)^{n-1} + \boxed{コ}$$

と表される。したがって，$\lim_{n\to\infty} a_n = \boxed{サ}$ である。

**(2)** $c_1 = \frac{7}{18},\ c_{n+1} = \frac{8c_n}{4c_n + 1}\ (n = 1, 2, 3, \cdots)$ を満たす数列 $\{c_n\}$ がある。

**(a)** $c_3 = \frac{\boxed{シスセ}}{\boxed{ソタチ}},\ c_4 = \frac{\boxed{ツテトナ}}{\boxed{ニヌネノ}}$ である。

**(b)** $d_n = \frac{1}{c_n}\ (n = 1, 2, 3, \cdots)$ とおくと，数列 $\{d_n\}$ の第 $n$ 項は

$$\boxed{ハ}\left(\frac{\boxed{ヒ}}{\boxed{フ}}\right)^{n-1} + \frac{\boxed{ヘ}}{\boxed{ホ}}$$

と表される。

(25点)

**2** $x$ の整式 $f(x)$ が，$x$ についての恒等式

$$\left(x+\frac{1}{2}\right)f''(x)-(x+2)f'(x)+4f(x)=48x-39$$

を満たし，かつ $f(0)=0$ であるという。ただし，$f'(x)$ と $f''(x)$ はそれぞれ $f(x)$ の第 1 次導関数と第 2 次導関数を表す。また，文中の log は自然対数を表す。

**(1)** 整式 $f(x)$ の次数は $\boxed{ア}$ であり，$\boxed{ア}$ 次の項の係数は $\boxed{イ}$ である。そして，

$$\int_1^2 \frac{x}{f(x)}dx=\frac{1}{\boxed{ウ}\boxed{エ}}\left(\boxed{オ}+\boxed{カ}\log 2-\boxed{キ}\log 3\right)$$

である。

**(2)** 関数 $f(x)$ は，$x=\dfrac{\boxed{ク}}{\boxed{ケ}}\sqrt{\boxed{コ}}$ のとき，極大値 $-\dfrac{\boxed{サ}}{\boxed{シ}}+\boxed{ス}\sqrt{\boxed{セ}}$ をとり，$x=\boxed{ソ}$，$-\dfrac{\boxed{タ}}{\boxed{チ}}\sqrt{\boxed{ツ}}$ のとき，極小値 $\boxed{テ}$，$-\dfrac{\boxed{ト}}{\boxed{ナ}}-\boxed{ニ}\sqrt{\boxed{ヌ}}$ をそれぞれとる。

**(3)** 曲線 $y=f(x)$ と $x$ 軸で囲まれた部分の面積は $\dfrac{\boxed{ネ}\boxed{ノ}\boxed{ハ}}{\boxed{ヒ}}$ である。

(25 点)

**3**　$n$ を自然数とする。

(1)　$n=7$ とする。このとき，$\sum_{k=0}^{n} {}_nC_k = \boxed{アイウ}$，$\sum_{k=0}^{n}(-1)^k {}_nC_k = \boxed{エ}$ である。また，$\sum_{k=0}^{n} k\,{}_nC_k = \boxed{オカキ}$，$\sum_{k=0}^{n} k^2 {}_nC_k = \boxed{クケコサ}$ であり，$\sum_{k=0}^{n}\left(\frac{1}{k+1}\right) {}_nC_k = \frac{\boxed{シスセ}}{\boxed{ソ}}$ である。

$A(n) = \sum_{k=0}^{n} ({}_nC_k)^2$ とする。

(2)　$A(n)$ と $A(n+1)$ は関係式

$$(n+\boxed{タ})A(n+1) = (\boxed{チ}n+\boxed{ツ})A(n), \qquad n=1,2,3,\cdots$$

を満たし，$A(7) = \boxed{テトナニ}$ である。

(3)　すべての $n$ に対して，

$$b^{n-1} < A(n) < c^n$$

が成り立つような自然数 $b$ と $c$ のうち，最大の $b$ の値は $\boxed{ヌ}$ であり，最小の $c$ の値は $\boxed{ネ}$ である。

(25点)

**4** 関数 $f(x)=\cos 2x-3\sqrt{3}\cos x+4\ (0\leqq x\leqq 2\pi)$ を考える。

**(1)** $f(x)\geqq 0$ となるような $x$ の範囲は,

$$\frac{\boxed{ア}}{\boxed{イ}}\pi\leqq x\leqq\frac{\boxed{ウ}\boxed{エ}}{\boxed{オ}}\pi$$

である。

**(2)** 曲線 $y=f(x)$ と $x$ 軸で囲まれた部分を, $x$ 軸のまわりに1回転してできる立体の体積を $V$ とすると,

$$V=\boxed{カ}\boxed{キ}\pi^2+\frac{\boxed{ク}\boxed{ケ}\boxed{コ}}{\boxed{サ}}\sqrt{\boxed{シ}}\pi$$

である。

**(3)** $n$ を自然数とし,

$$g_n=\sum_{k=1}^{n}f\left(\frac{k}{12n}\pi\right)$$

とおく。$\sin\left(\frac{1}{12}\pi\right)=\frac{\boxed{ス}\sqrt{6}-\boxed{セ}\sqrt{2}}{4}$ であるから,

$$\lim_{n\to\infty}\frac{g_n}{n}=\frac{\boxed{ソ}}{\pi}\left(\boxed{タ}+\boxed{チ}\sqrt{\boxed{ツ}}-\boxed{テ}\sqrt{\boxed{ト}}\right)+\boxed{ナ}$$

となる。

(25点)

# 化学

（80 分）

原子量を必要とするときは，次の値を用いなさい。

H 1.0，C 12，N 14，O 16

**1** 次の(1)〜(6)の文章中の空欄 (ア) 〜 (ト) に最も適当なものを指定された**解答群**の中から選び，その番号を**解答用マークシート**の指定された欄にマークしなさい。必要なら，同一番号を繰り返し用いてよい。また，空欄 ① 〜 ⑩ にあてはまる数字または＋，－の符号を**解答用マークシート**の指定された欄にマークしなさい。数値は四捨五入し，**指示された桁まで**マークしなさい。ただし，必要のない桁には 0 をマークしなさい。指数が 0 の場合は，＋の符号と 00 をマークしなさい。 （25 点）

(1) 化学反応が起こるためには，反応する粒子が互いに衝突することが必要である。したがって，容積一定の容器内で溶液や気体の成分が反応するときには，濃度や分圧が (ア) ，反応する粒子の数が多いほど単位時間あたりの衝突回数が増加するので反応速度が大きくなる。反応が進むためには，粒子が互いに (イ) し，遷移状態と呼ばれる高エネルギー状態になることが必要である。この状態になるために必要な最小のエネルギーを (ウ) という。一般に他の条件が一定ならば (エ) が高くなると，反応に必要なエネルギーを持つ粒子の割合が増加するため，反応速度は (オ) なる。

(ア) 〜 (オ) **の解答群**

| | |
|---|---|
| 0 大きく | 1 小さく |
| 2 結 合 | 3 反 発 |
| 4 衝 突 | 5 結合エネルギー |

6　活性化エネルギー　　7　運動エネルギー

8　温　度　　9　反応熱

10　反応容器の容積

(2)　ある一定温度における気体分子の運動エネルギーと，そのエネルギーを持つ分子の割合の関係を図1に破線(----)で示す。

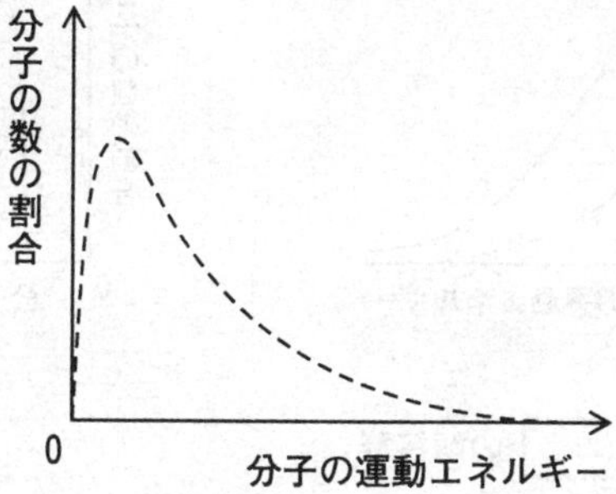


**図1　ある一定温度における気体分子の運動エネルギーと，そのエネルギーを持つ分子の数の割合の関係**

図1の条件から温度を上昇させたときの，気体分子の運動エネルギーとそのエネルギーを持つ分子の割合の関係を表す線を，図1に実線(――)で書き込むと [ (カ) ] のようになる。化学反応の際に，反応前後でそれ自身は変化せずに，反応物の反応速度を大きくする物質を [ (キ) ] という。[ (キ) ] を加えると [ (ク) ] が低下し，反応速度は [ (ケ) ] が，反応熱は [ (コ) ] 。

[ (カ) ] の解答群

0

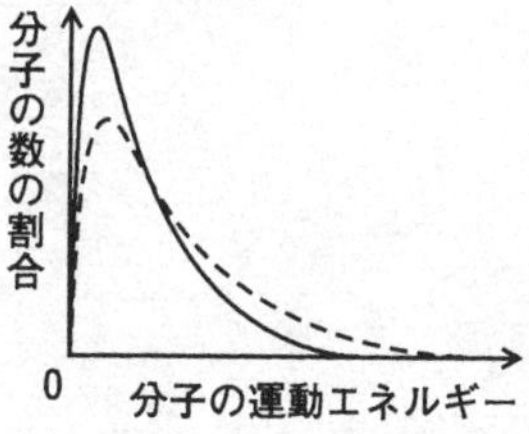


1

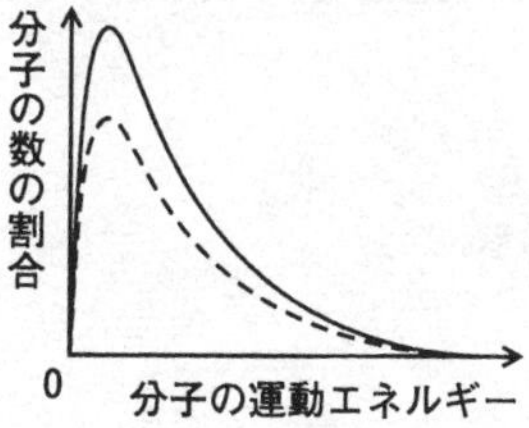

2
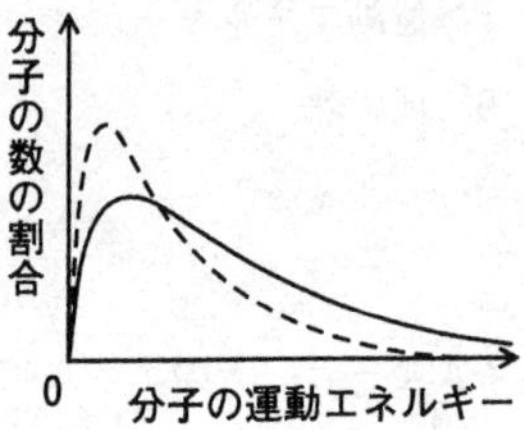


3
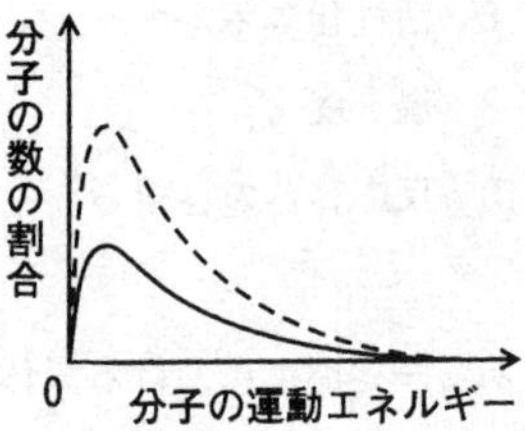


4
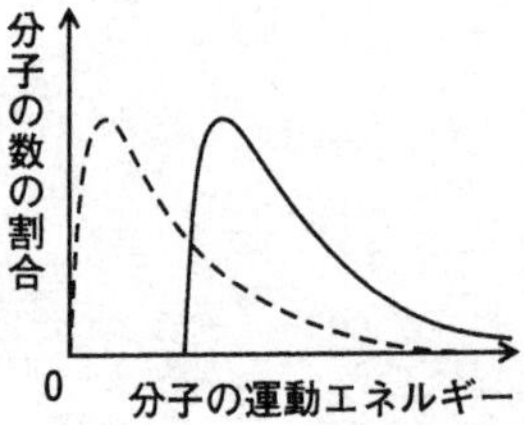


5
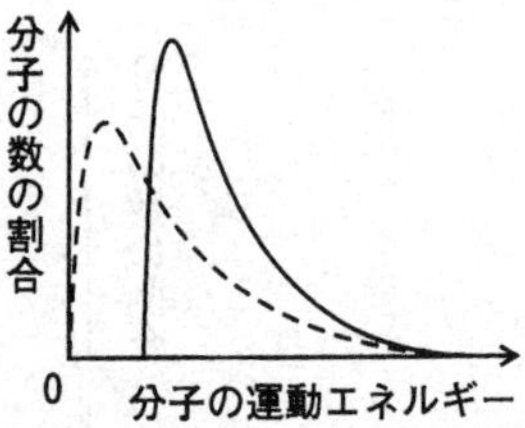


**［(キ)］〜［(コ)］の解答群**

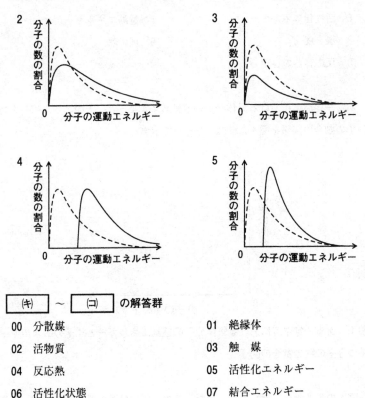

00　分散媒　　01　絶縁体
02　活物質　　03　触　媒
04　反応熱　　05　活性化エネルギー
06　活性化状態　　07　結合エネルギー
08　衝突回数　　09　変わらない
10　大きくなる　　11　小さくなる

(3)　一酸化窒素NOは，酸素$O_2$と反応して二酸化窒素$NO_2$を生成する。濃度の異なる一酸化窒素と酸素を，25℃で反応させて二酸化窒素を生成させたときの一酸化窒素濃度[NO]と酸素濃度[$O_2$]，および反応開始時の反応速度(以下，反応速度)を**表1**に示す。

**表1 一定温度で一酸化窒素と酸素を反応させて二酸化窒素を生成させたときの反応開始時の反応速度**

| | 一酸化窒素濃度[NO] (mol/L) | 酸素濃度$[O_2]$ (mol/L) | 反応開始時の反応速度 (mol/(L·s)) |
|---|---|---|---|
| **実験1** | $2.0\times10^{-2}$ | $1.0\times10^{-2}$ | $4.7\times10^{-3}$ |
| **実験2** | $2.0\times10^{-2}$ | $2.0\times10^{-2}$ | $9.5\times10^{-3}$ |
| **実験3** | $4.0\times10^{-2}$ | $1.0\times10^{-2}$ | $1.9\times10^{-2}$ |
| **実験4** | $4.0\times10^{-2}$ | $2.0\times10^{-2}$ | $3.8\times10^{-2}$ |

**実験2**の反応速度は，**実験1**の反応速度と比較すると約2倍である。これより，反応速度は酸素濃度に関しては [(サ)] 反応であることがわかる。一方，**実験3**の反応速度は，**実験1**の反応速度と比較すると [(シ)] である。したがって，反応速度は一酸化窒素濃度に対しては [(ス)] 反応である。以上の関係をもとに，一酸化窒素と酸素の反応速度 $v$ は反応速度定数 $k$ を用いると，

$v=$ [(セ)]

と表すことができる。したがって，**実験4**の結果を用いて反応速度定数 $k$ を計算すると，[①].[②] × 10^[③][④⑤] $L^2/(mol^2\cdot s)$ となる。この $k$ は温度が一定であれば濃度によらず一定の値となる。

（小数点 ↑ . 　正負の符号 ↑ ③ 　指数 ↑ ④⑤）

**[(サ)] ～ [(ス)] の解答群**

| | | |
|---|---|---|
| **0** 0次 | **1** 1次 | **2** 2次 |
| **3** 3次 | **4** 4次 | **5** 約0.4倍 |
| **6** 約1倍 | **7** 約2倍 | **8** 約4倍 |

(セ) の解答群

| | | |
|---|---|---|
| 00 $k[NO][O_2]$ | 01 $k[NO][O_2]^2$ | 02 $k[NO]^2[O_2]$ |
| 03 $k[NO][NO_2][O_2]$ | 04 $k[NO][O_2]^3$ | 05 $k[NO]^2[O_2]^2$ |
| 06 $k[NO]^3[O_2]$ | 07 $k\dfrac{[NO]}{[O_2]}$ | 08 $k\dfrac{[NO]}{[O_2]^2}$ |
| 09 $k\dfrac{[NO]^2}{[O_2]}$ | 10 $k\dfrac{[NO]}{[O_2]^3}$ | 11 $k\dfrac{[NO]^3}{[O_2]}$ |
| 12 $k\dfrac{[NO][O_2]}{[NO_2]}$ | 13 $k\dfrac{[NO][O_2]^2}{[NO_2]}$ | 14 $k\dfrac{[NO]^2[O_2]}{[NO_2]}$ |

(4) ある温度において，一酸化窒素濃度が$2.0\times10^{-2}$ mol/L，酸素濃度が$1.0\times10^{-2}$ mol/Lの条件で一酸化窒素と酸素を反応させた。このときの反応速度から反応速度定数$k'$を求めたところ，$8.0\times10^{2}$ $L^2/(mol^2\cdot s)$であった。このときの温度は (ソ) ことがわかる。

(ソ) の解答群

0 25℃である　　1 25℃よりも高い　　2 25℃よりも低い

(5) 赤褐色の二酸化窒素を密閉容器に入れて放置すると，四酸化二窒素$N_2O_4$が生成する。一方，生成した四酸化二窒素から二酸化窒素が生成する逆向きの反応も起こる。このような，両矢印の記号($\rightleftarrows$)で表される反応を (タ) 反応という。二酸化窒素を入れた容積一定の密閉容器を一定温度で保つと，容器内の二酸化窒素濃度と四酸化二窒素濃度は，見かけ上，一定となる。この状態を (チ) 状態という。この状態にある密閉容器を圧縮して圧力を増加させると， (ツ) が減少する。一方，温度と体積を一定に保ったままでアルゴンArを加えた場合，容器内の気体の色は (テ) 。

(タ) ～ (テ) の解答群

| | | |
|---|---|---|
| 0 平　衡 | 1 可　逆 | 2 不可逆 |
| 3 正 | 4 電　離 | 5 緩　衝 |
| 6 二酸化窒素 | 7 四酸化二窒素 | 8 薄くなる |

9　濃くなる　　　　　　10　変化しない

(6)　温度が一定の条件において，$5.0 \times 10^{-2}$ mol/L の四酸化二窒素を容積一定の密閉容器に入れて放置したときの四酸化二窒素濃度(実線 ——— )と二酸化窒素濃度(破線 - - - - )の時間変化を図2に示す。十分に時間が経過したとき，四酸化二窒素濃度$[N_2O_4]$は$4.2 \times 10^{-2}$ mol/L，二酸化窒素濃度は$1.6 \times 10^{-2}$ mol/L となった。この結果から，この反応の平衡定数 $K$(mol/L)は，

⑥ . ⑦ × 10^⑧ ⑨⑩ mol/L と求められる。一方，$1.0 \times 10^{-1}$

（小数点　正負の符号　指数）

mol/L の二酸化窒素を同じ密閉容器に入れて同じ一定温度で放置したときの，四酸化二窒素(実線)と二酸化窒素(点線)の濃度変化を表す図は　(ト)　のようになる。

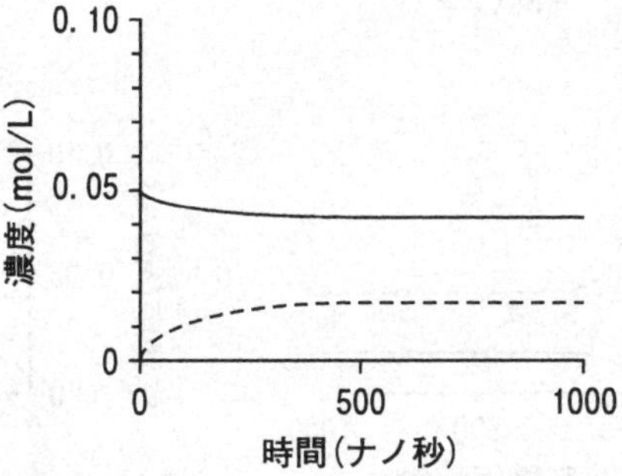


**図2　ある一定温度における四酸化二窒素濃度(実線)と二酸化窒素濃度(点線)の時間変化**

(ト) の解答群

0

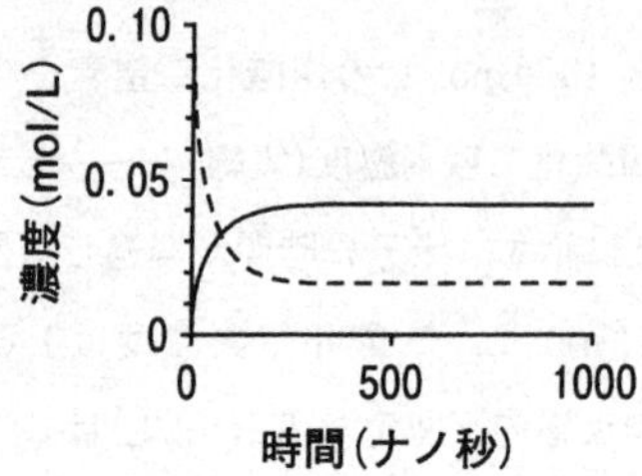


1

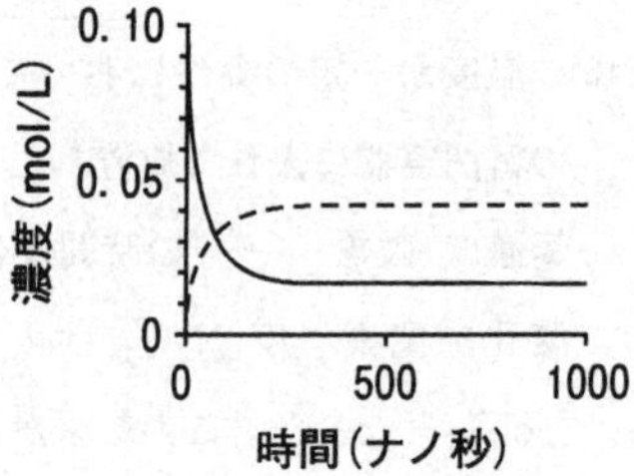


2

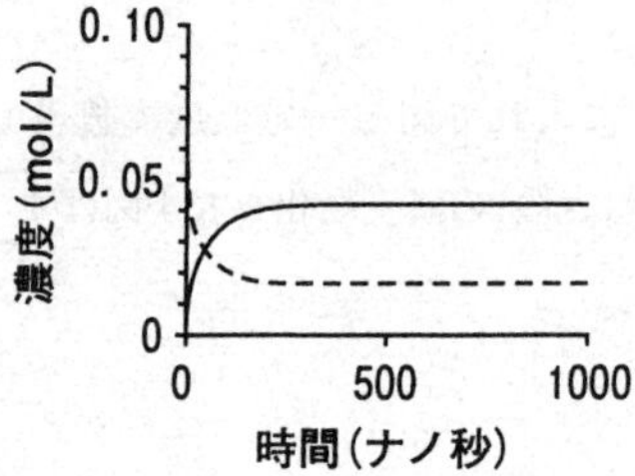


3

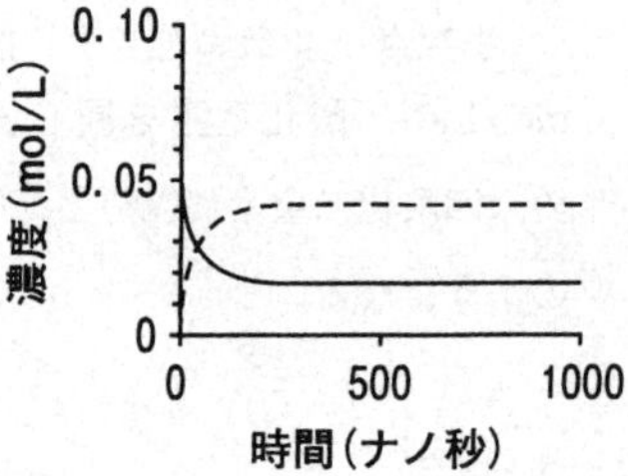


4

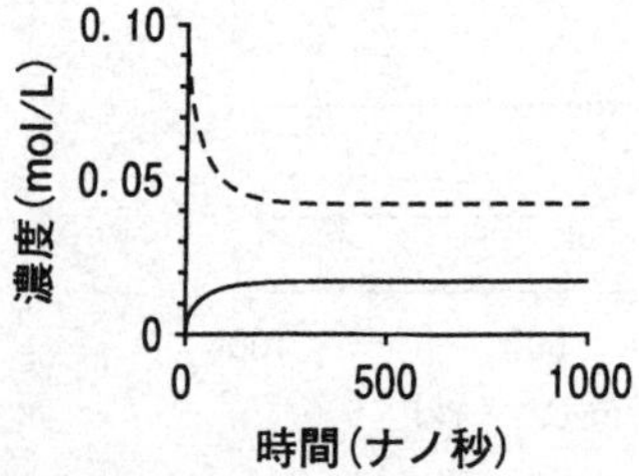


5

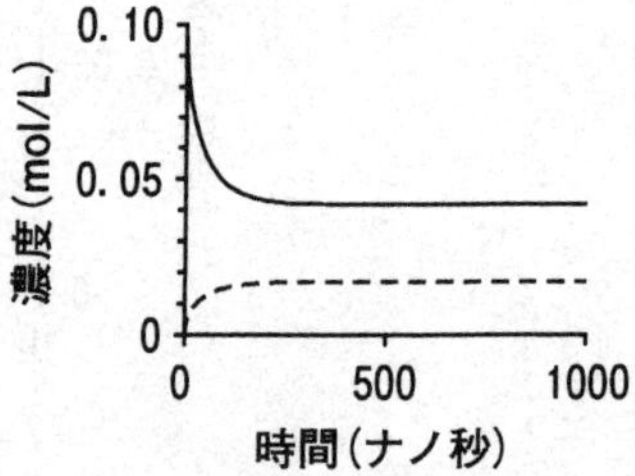


6

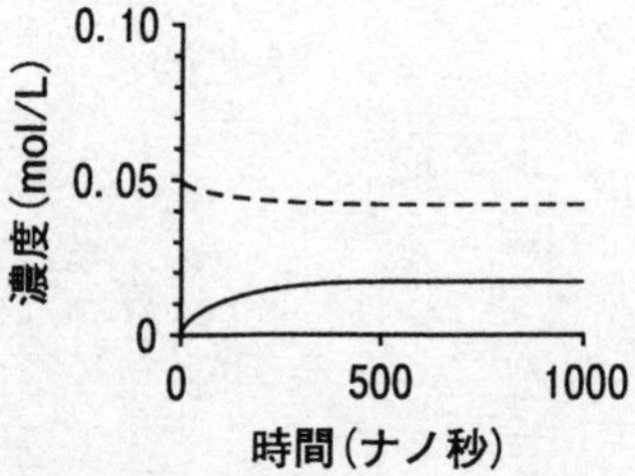


7

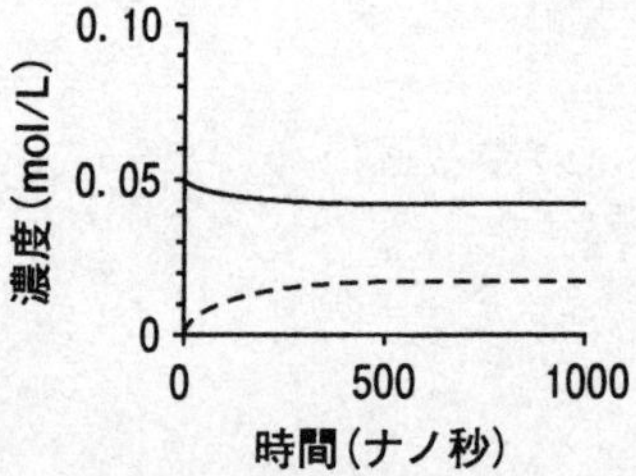

**2** 糖類に関する次の設問(1)~(3)に答えなさい。

文章中の空欄 (ア) ~ (ツ) に最も適当なものを**解答群**から選び，その番号を**解答用マークシート**の指定された欄にマークしなさい。また，①には最も適当な数字を**解答用マークシート**の指定された欄にマークしなさい。 (25点)

(1) グルコースが1位と ① 位の間で (ア) -グリコシド結合した高分子は (イ) と呼ばれる。 (イ) は植物の細胞壁の主成分で， (ウ) 状の構造をしており，分子内および分子間に多くの (エ) 結合が形成されるため，水にも有機溶媒にも溶けない。 (イ) にセルラーゼを作用させ， (オ) 反応によって，二糖類である (カ) を得ることができる。

セルロースに濃硝酸と濃硫酸の混合物を作用させると，セルロースのヒドロキシ基がエステル化された (キ) と (ク) が生成する。81 g のセルロースにこの反応を行って 108 g の (キ) を得た時，セルロースのヒドロキシ基の (ケ) % がエステル化されたと考えられる。

**(ア) ~ (ウ) の解答群**

0 $\alpha$　1 $\beta$　2 アミロース
3 アミロペクチン　4 セルロース　5 グリコーゲン
6 シクロデキストリン　7 らせん　8 直　鎖
9 環

**(エ) ~ (カ) の解答群**

0 共　有　1 イオン　2 水　素
3 酸　化　4 還　元　5 加水分解
6 脱　水　7 セロビオース　8 ラクトース
9 マルトース

［(キ)］～［(ケ)］の解答群

0 トリアセチルセルロース　1 レーヨン
2 ニトロセルロース　3 二酸化炭素　4 水
5 酢　酸　6 30　7 40
8 62

(2) フルクトースはグルコースの構造異性体である。結晶中のフルクトースは主に六員環構造をとるが，36℃の水溶液中では鎖状構造を経由した五員環構造との平衡状態になる。この水溶液中で最も多いのが六員環構造の$\beta$型［(コ)］で，次に多いのは五員環構造の$\beta$型［(サ)］である。フルクトースの水溶液をアンモニア性硝酸銀溶液に加えて温めると銀鏡反応が起こり，［(シ)］された銀が析出する。このとき，フルクトースは鎖状構造の［(ス)］の部分が［(セ)］される。このことから，フルクトースは［(ソ)］であることがわかる。

［(コ)］および［(サ)］の解答群

0
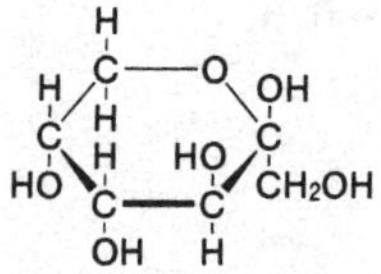

1
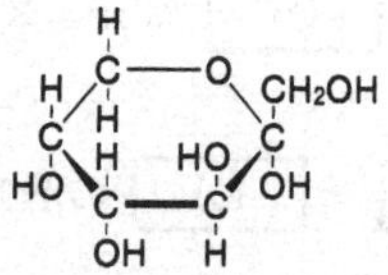

2
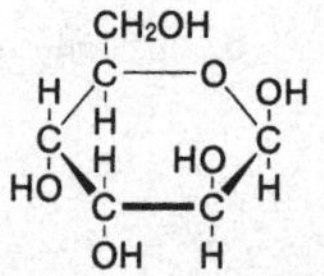

3
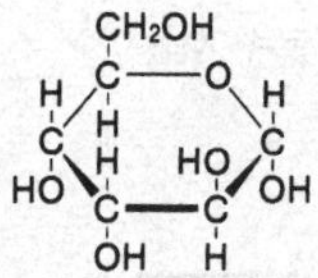

4
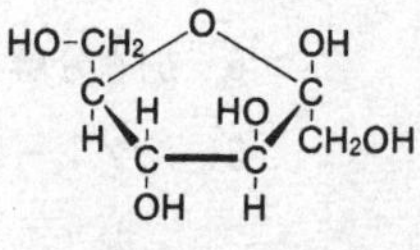

5
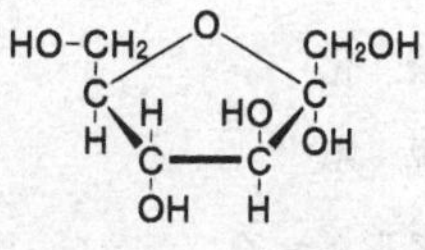

6 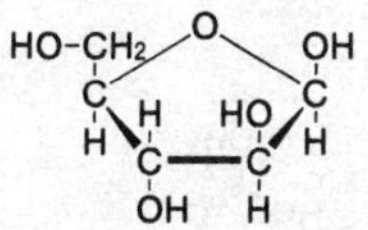

7 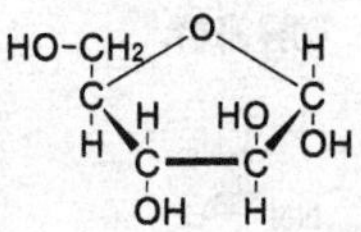

(シ) ～ (ソ) の解答群

0 酸 化　　1 還 元　　2 中 和

3 $-CHO$　　4 $-COCH_2OH$　　5 ＞CHOH

6 還元糖　　7 転化糖

(3) グルコースの6位が酸化されたグルクロン酸は酸性を示す (タ) 基を持つ。グルクロン酸はヒトの体内において親油性の薬物と結合して，薬物を水に (チ) させ，体外へ排出しやすくする。これは薬物を異物とみなして生体が行う代謝反応の一つであり，グルクロン酸抱合という。たとえば，熱を下げる働きをする医薬品であるアセトアミノフェン(図1)が体内に吸収されると，グルクロン酸がアセトアミノフェンにグリコシド結合した化合物(グルクロン酸抱合体) (ツ) が形成される。

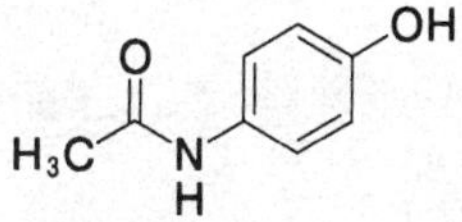

アセトアミノフェン

図1

(タ) および (チ) の解答群

0 アミノ　　1 カルボキシ　　2 ホルミル(アルデヒド)

3 スルホ　　4 溶けにくく　　5 溶けやすく

| (ツ) |

の解答群

0

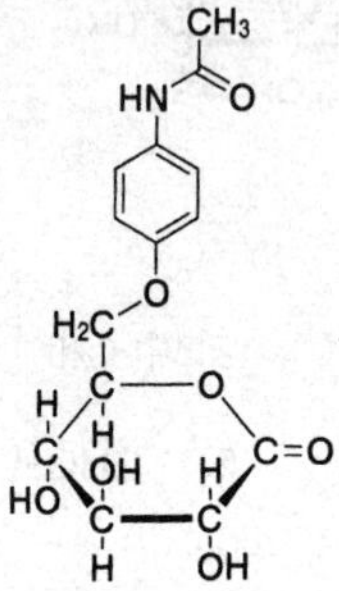

1

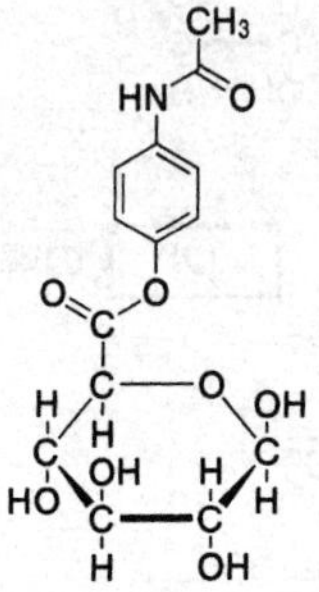

2

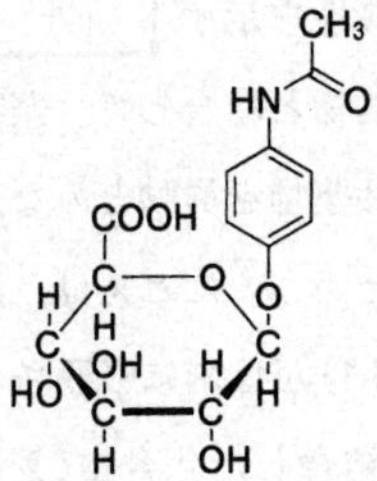

3

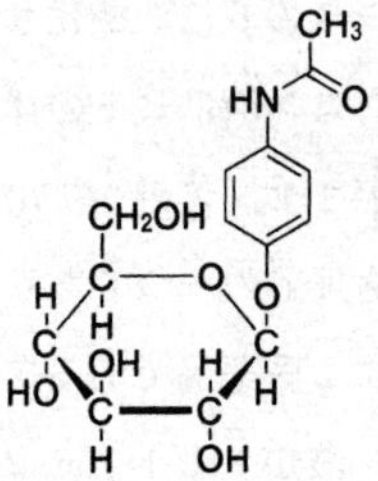

**3** 次の(1)~(8)は，常温で気体の単体 (ア) ~ (オ) ，および常温で固体の単体 (カ) ~ (ク) の反応と性質について述べたものである。 (ア) ~ (ク) ，およびその関連化合物 (a) ~ (i) にあてはまる最も適当な化学式を**解答群**の中から選び，その番号を**解答用マークシート**の指定された欄にマークしなさい。ただし，同じ記号の箇所には同じ化学式があてはまるものとする。なお， (ア) ~ (ク) ，および (a) ~ (i) はすべて異なる物質である。 (25点)

(1) (ア) と (イ) を反応させると，常温で液体の (a) が生成する。

(2) 触媒を用いて (ウ) と(イ)を反応させると，常温で気体の (b) が生成する。(b)の水溶液は塩基性を示す。

(3) (エ) と(イ)を光照射下で反応させると (c) が生成する。(c)と(b)を反応させると，白煙が生じる。この白煙は (d) によるものである。

(4) (オ) と(a)を反応させると， (e) と(ア)が生成する。

(5) (f) の水溶液に(エ)を通じると， (カ) が生成する。

(6) 常温で気体の (g) の水溶液を(カ)と反応させると， (キ) が生成する。

(7) (ク) を(c)の水溶液と反応させると，(イ)を発生しながら， (h) となって溶ける。

(8) (h)の水溶液に(b)を過剰に通じた後，(g)の水溶液を加えると，白色の (i) が沈殿する。

**解答群**

| | | |
|---|---|---|
| 00　Ag | 01　AgBr | 02　AgCl |
| 03　AgI | 04　$[Ag(NH_3)_2]Cl$ | 05　$AgNO_3$ |
| 06　$Ag_2O$ | 07　$Ag_2S$ | 08　$Br_2$ |
| 09　$Cl_2$ | 10　$F_2$ | 11　$H_2$ |
| 12　HBr | 13　HCl | 14　HF |
| 15　$HNO_3$ | 16　$H_2O$ | 17　$H_2S$ |
| 18　$H_2SO_4$ | 19　$I_2$ | 20　KBr |
| 21　KCl | 22　KF | 23　KI |
| 24　$KNO_3$ | 25　KOH | 26　$N_2$ |
| 27　$NH_3$ | 28　$NH_4Cl$ | 29　NO |
| 30　$NO_2$ | 31　$O_2$ | 32　Pb |
| 33　$PbCl_2$ | 34　$Pb(NO_3)_2$ | 35　$Pb(OH)_2$ |
| 36　PbS | 37　$PbSO_4$ | 38　S |
| 39　$SO_2$ | 40　$SO_3$ | 41　Zn |
| 42　$ZnCl_2$ | 43　$[Zn(NH_3)_4]Cl_2$ | 44　$Zn(NO_3)_2$ |
| 45　$Zn(OH)_2$ | 46　ZnS | 47　$ZnSO_4$ |

**4**　ある大学の大学院生である理大理香さんが，解熱鎮痛剤であるフェナセチンを合成することにした。以下の設問(1)～(3)に答えなさい。　(25点)

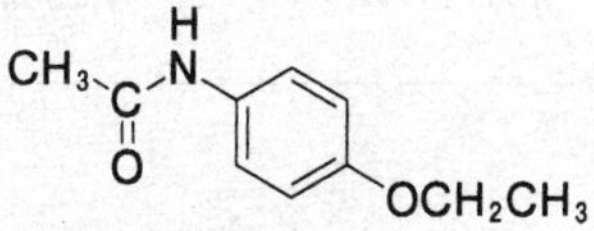

**フェナセチン**

(1)　**図1**に示すように，ベンゼンからフェナセチンの合成を行った。ベンゼンから化合物Cを合成するためにクメン法を用いた。**図1**中の反応名 [①] ～ [③] については**解答群I**から，各反応に必要な試薬 [a] ～ [f] については**解答群II**から，化合物A～DおよびF中の置換基 [$X_A$] ～ [$X_D$]，[$Y_F$] については**解答群III**から最も適当なものを選び，**解答用マークシート**の指定された欄にマークしなさい。同じものを何度用いてもよい。また試薬 [c] と試薬 [d] の順序は問わない。

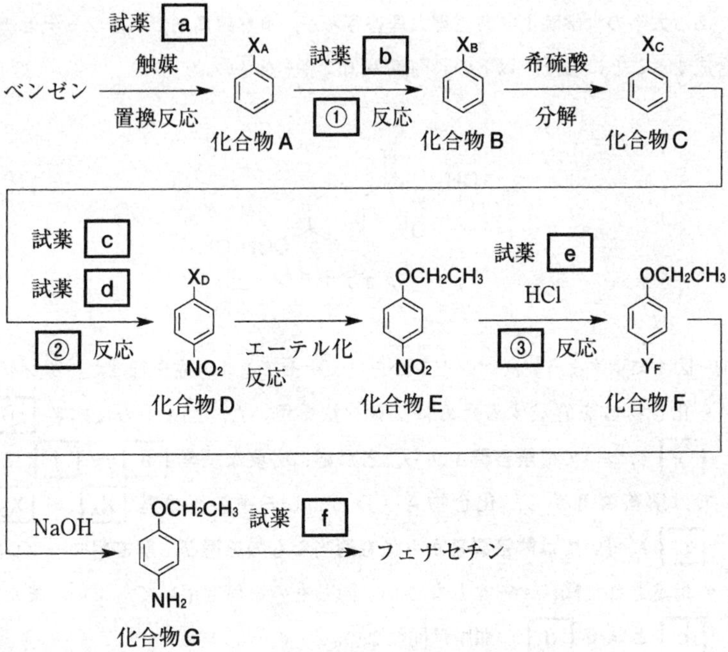


**図1 ベンゼンからフェナセチンの合成**

**解答群Ⅰ【反応名①～③の解答群】**

| | | |
|---|---|---|
| 00 加水分解 | 01 ジアゾ化 | 02 ニトロ化 |
| 03 縮 合 | 04 重 合 | 05 付 加 |
| 06 還 元 | 07 電気分解 | 08 中 和 |
| 09 異性化 | 10 酸 化 | 11 スルホン化 |
| 12 ハロゲン化 | 13 アセチル化 | 14 エステル化 |
| 15 銀 鏡 | | |

**解答群Ⅱ【試薬a～fの解答群】**

| | | |
|---|---|---|
| 00 $H_2O$ | 01 $H_2$ | 02 $CH_2CHClCH_2CH_3$ |
| 03 $H_2SO_4$ | 04 $H_2C{=}C{=}CH_2$ | 05 HCl |
| 06 $H_2C{=}CH_2$ | 07 $O_2$ | 08 $(CH_3)_2CHOH$ |
| 09 $CH_3OH$ | 10 NaOH | 11 $CH_3CH_2OH$ |

| | | | | | |
|---|---|---|---|---|---|
| 12 | $CH_3COOH$ | 13 | $(CH_3CO)_2O$ | 14 | $NaNO_2$ |
| 15 | $H_2C{=}CH{-}CH_3$ | 16 | Cu | 17 | $Cl_2$ |
| 18 | $Br_2$ | 19 | $NH_3$ | 20 | $CO_2$ |
| 21 | $HNO_3$ | 22 | Sn | 23 | $(CH_3)_2C{=}O$ |

**解答群Ⅲ【置換基 $X_A$ ～ $X_D$, $Y_F$ の解答群】**

| | | | | | |
|---|---|---|---|---|---|
| 00 | $OCOCH_3$ | 01 | $CH_3$ | 02 | $COOCH_3$ |
| 03 | $COCH_3$ | 04 | $CONH_2$ | 05 | ONa |
| 06 | $COCH_2CH_3$ | 07 | $C(CH_3)_3$ | 08 | $C(CH_3)_2OOH$ |
| 09 | $C(CH_3)_2OH$ | 10 | $CH(CH_3)COOH$ | 11 | $OCH_2CH_3$ |
| 12 | $NHCOCH_3$ | 13 | COONa | 14 | $CH_2CH_3$ |
| 15 | $OCH_3$ | 16 | $NO_2$ | 17 | Cl |
| 18 | $SO_3H$ | 19 | I | 20 | $CH(CH_3)_2$ |
| 21 | $N(CH_3)_2$ | 22 | $COCH{=}CH_2$ | 23 | $NH_2$ |
| 24 | OH | 25 | $COOCH_2CH_3$ | 26 | COOH |
| 27 | $NH_3{}^+Cl^-$ | 28 | $COOCH(CH_3)_2$ | 29 | $CONH(CH_3)$ |
| 30 | Br | 31 | OOH | | |

(2) 図1で合成したフェナセチンは，純粋であれば本来固体になるはずであったが，固体にすることができなかった(これを粗生成物と呼ぶ)。理香さんは，粗生成物に不純物が含まれていることが原因ではないかと考えた。そこで，図2のように酸，塩基反応を使ってフェナセチンから不純物を除くことにした。図2で得られた溶液(g)，(h)，(i)，(j)，(k)のうち，フェナセチンは主にどの溶液に含まれると考えられるか。**解答群Ⅳ**から最も適当なものを選び，**解答用マークシート**の指定された欄 [ ④ ] にマークしなさい。

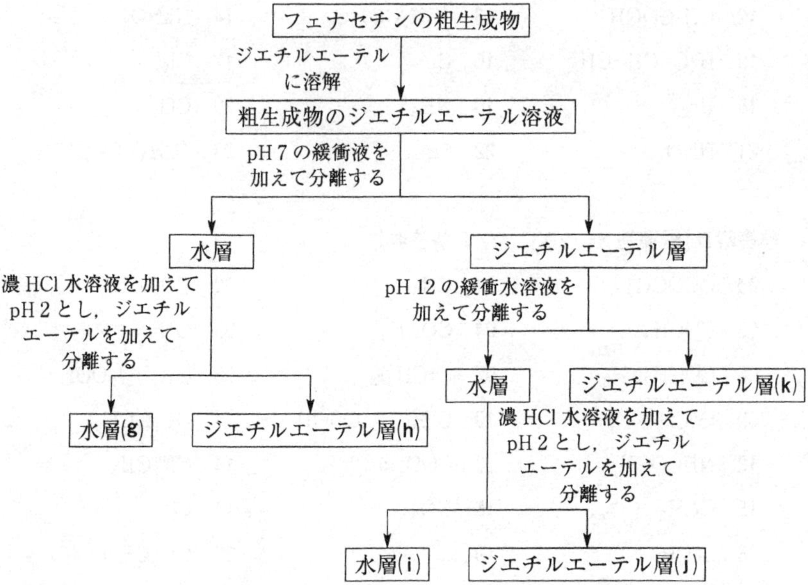


**図 2　フェナセチンの粗生成物からの不純物分離とフェナセチンの単離**

**解答群Ⅳ【④の解答群】**

0　水層(g)　　1　ジエチルエーテル層(h)　　2　水層(i)

3　ジエチルエーテル層(j)　　4　ジエチルエーテル層(k)

(3) **図 2** の実験操作でフェナセチンから不純物をほとんど除くことができ，フェナセチンが含まれる溶液を濃縮したところ固体が得られ，その質量は 8.0 g だった(粗結晶と呼ぶ)。この化合物の薬理作用を調べるため，理香さんはこの粗結晶をさらに再結晶によって精製することにした。以前フェナセチンを合成した学生の実験で，純粋なフェナセチンの溶媒 A，B，C に対する溶解度曲線は，**図 3** のようになっていることがわかっていた。そこで理香さんは，できるだけ少ない量の溶媒を用いて再結晶を行うことによって，より多くの純粋なフェナセチンを得るために，溶媒 [ ⑤ ] を選択した。そして，必要な溶媒量は約 [ ⑥ ] g であり，理論的に約 [ ⑦ ] g のフェナセチンが析出すると予想した。[ ⑤ ] は**解答群Ⅴ**から，[ ⑥ ] と [ ⑦ ] は**解答群**

Ⅵから最も適当なものを選び，**解答用マークシート**の指定された欄にマークしなさい。

ただし溶媒Aの沸点は80℃，溶媒BとCの沸点は75℃であり，再結晶ではそれぞれの沸点まで加熱して化合物を溶解し，20℃へ冷却するものとする。また，フェナセチンの溶解に伴う凝固点降下や沸点上昇は無視することとし，溶解度の差に伴って，ほぼ100％のフェナセチンが析出するものとする。さらに，これらの操作によってフェナセチンと不純物の化学構造は変化せず，不純物はどの温度においても溶媒A，B，Cに溶けているとする。

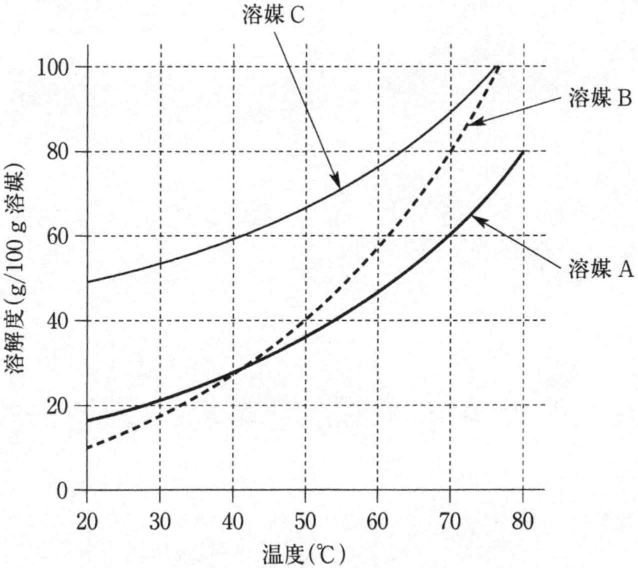


**図3　フェナセチンの溶媒A～C中の溶解度曲線**

**解答群Ⅴ【⑤の解答群】**

| | | |
|---|---|---|
| **0** A | **1** B | **2** C |

**解答群Ⅵ【⑥，⑦の解答群】**

| | | |
|---|---|---|
| **00** 1.9 | **01** 2.8 | **02** 4.0 |
| **03** 4.5 | **04** 5.6 | **05** 6.1 |

| | | | | | |
|---|---|---|---|---|---|
| **06** | 6.7 | **07** | 7.2 | **08** | 8.0 |
| **09** | 9.6 | **10** | 10 | **11** | 10.8 |
| **12** | 14.2 | **13** | 16 | **14** | 30 |
| **15** | 60 | **16** | 75 | **17** | 80 |
| **18** | 90 | **19** | 120 | | |

# 解答編

## 英語

（注）　解答につきましては，東京理科大学から提供のあった情報を掲載しております。



**1** **解答**

(1)—4　(2)—4　(3)—2　(4)—3

(5)6—2—5—1—4—7—3

(6)—4　(7)—4　(8)—4　(9)—1　(10)—2　(11)—2

(12)1—F　2—T　3—T　4—F　5—T　6—T

◆全　訳◆

≪タルボットが開発した写真技術≫

1833年10月，ウィリアム=ヘンリー=フォックス=タルボット――博識家にして，政治家にして，先駆者にして詩人――は，イタリアのコモ湖の湖畔にいた。彼の妻と他の家族は，楽しげにスケッチをし，彼らの表情や思い出を画用紙にせっせと描いていた――みんなが，つまり，タルボットを除いては。多くの分野で実績をあげていたけれども，この33歳の男はとにかく絵が描けなかった。科学技術に頼ろうと，彼は何年も旅に携行していた絵を描くための補助器具――プリズムを通して自然を紙の上に投射するカメラ・ルシダ――に手を伸ばした。だが，のちにタルボットが書き記していたように，「目がプリズム――その中ではすべてが美しく見えたのだが――から離れると，あてにならない鉛筆は，紙の上の筆跡に見るべきものとして残していたのは憂鬱さだけだった」。

タルボットは典型的な堅苦しい「紳士然とした科学者」で，すでに写真を撮るという新しい分野での実験を行っていて，そのときに，「自然の像を紙の上に永続的に刻み込み，固定させる！」ことが可能だと確信するようになった。ウィルトシャー州ラコックアビーの自宅に戻り，彼は，「明確で非常に愉快な像」を手に入れるために，自分の化学の知識と他の人々が行った実験を利用した。

19世紀半ばの英国で働いていたタルボットのような地位の人は，金銭的な利益にほとんど関心を払わずに実験を行い，発見を成し遂げてきた。彼らにしてみると，自分がある研究分野を進展させた，あるいは現代の生活を改善する機器を発明したと知ることが，多くの場合十分な報酬だったのだ。彼の植物学，芸術，外国語，古典文学の知識とあいまって，彼の数学，光学，化学の研究が，彼を紙の写真の発明へと導いたのだ。そして，彼自身が写っている写真が，写真が世界を変えるという将来の見通しを支えていたという彼の信念を想起させるのだ。

英国王室とつながりのある貴族の家庭に生まれたのだが，タルボットの幼少期の生活は楽なものではなかった。父親は彼がまだ生後5カ月のときに死に，家族に莫大な借金を残し，住む場所もなくなった。それでも，早熟な子どもだったので，おそらく有名になる運命にあると感じていたのか，8歳のときから彼は，家族には自分の手紙はすべて保存しておくように指示をした。そして，写真が将来有望であるとの彼の理解には先見の明があった。ほとんど初めから彼は，写真は人間の手によるものよりも正確に記録でき，簡単に複製され，時の流れの中の一瞬の出来事を永久に保存することができるということを認識していた。彼の母親はよい相手と再婚していたので，タルボットはこの発明がお金になるかどうか心配しなくていいほどの余裕があったが，彼は，人々の世界の見方を変えるこの写真の力はお金では買えないほど貴重なものだとも気がついていた。

タルボットは永久に残る像を捉えた最初の人間ではなかった――その栄誉は1839年のフランス人，ルイ=ジャック=マンデ=ダゲールのものである――が，1枚の紙の上に永久に残る像を捉えた最初の人間であり，19世紀そして20世紀のほとんどの間の写真の基礎を形づくったのも彼の業績だった。

彼の躍進は1840年にやってきた。すでにこの新しい媒体にすっかり専念していて，タルボットはここ何日かで2つの発見をしていた。まず彼は，彼が「ロイコタイプ」と呼ぶ，高価な化学薬品の代わりに水を使って直接陽画写真を「定着させる」処理過程を実験していた。次に彼は，すでに確立されていた，没食子酸（もっしょくしさん）と硝酸銀を使って紙に感光性を与える技術の新しい手法を試した。その結果，感光度がはるかに向上した。像が紙の上に捉えられるものの化学薬品が加えられるまで見えてこないというこの処理過程は，タルボットは数時間でも，数分間でも，あるいは数秒間でさえも，紙を感光させることができればよいということを意味していた。いまやタルボットは，無生物のものだけを写真に撮るのではなく，人や生き物の写真を撮ることができた。

この新たな処理過程の潜在能力に気づき，タルボットは1841年に，「カロタイプ」――ギリシャ語のカロス（美しい）とタイプ（刻印）からきている――として特許を申請した。この技術の中には，感光性を与えた1枚の紙の上に陰画を作り出すというものが含まれていた。次にその紙を，別の感光性のある紙に重ね合わせて新たな陽画を作り出した。独特で，特異な画像を金属板に作り出す銀板写真法とは異なり，タルボットのカロタイプ印画は，無限に複製をすることが可能だった。

比較的経済的であり複製が容易であるために，タルボットは，彼の紙ベースの処理過程が勝利を収めると常に信じていたし，カロタイプは彼が正しいということを証明しているようであった。一方でまた，彼を，最高の業績へと駆り立てもした。史上初の商業目的で制作された写真入りの本，『自然の鉛筆』（1844～46年）である。『自然の鉛筆』の評者は，初期の写真についての最も鋭敏な観察の一つの中で，この新しい芸術が「過去の太陽の光の写真を未来の世代へ伝えることをすでに可能にしていた」ことに驚嘆していた。

今日，現存しているのは，タルボットの子ども時代の手紙ばかりではなく，彼のおかげで，新しい媒体の夜明けを私たちに見せてくれる――そして彼が生きた時代をほとんど簡単にわかるようにしてくれる――写真なのである。

## ◀解　説▶

(1)「次のうちのどれが本文の下線部(1)の意味に最も近いか。選択肢の中から1つ選び，解答用紙の番号をマークせよ」

1.「タルボットは自然のものをあまり上手に描くことはできなかったが，多くの他のことをすることはできた」

2.「別の多くのことをするのは上手だったが，タルボットはまったく絵を描こうとはしなかった」

3.「タルボットはあまりうまく絵を描けないと思ったので，他の分野で成功を収めようとした」

4.「タルボットは多くの分野でとても有能だったが，手を使って望み通りに絵を描くことはできなかった」

下線部は，タルボットが多くの分野で成功を収めたことと，絵が上手でなかったことが書かれていて，1の「自然のもの」には言及していない。また，2の「試みをしなかった」点についても，本文では触れていない。3については，他の分野で成功したことは下線部では事実として示しており，「試みた」とは言っていない。4については，下線部の内容とほぼ同一であると考えてよい。

(2)「下の文は本文の下線部(2)で述べられた状況を説明している。

彼は，プリズムが生み出すイメージに基づいて鉛筆で紙にスケッチを描いた，(　　　)。

空所に入れるのに正しいのは次のうちのどれか。文脈を考慮し，選択肢の中から1つ選び，解答用紙の番号をマークせよ」

1.「だが，彼は描いたものが本当の像と同じように見えるとき以外は悲しかった」

2.「だが，能力の欠如が絵を完成させる気持ちを失せさせた」

3.「だが，像を機械的に写すことができたことがないと考えると気持ちが落ち込んだ」

4.「だが，絵はとても下手で失望感しか感じなかった」

下線部の the faithless pencil「あてにならない鉛筆」とは，タルボットが，絵がまったく苦手であることの比喩表現であると考えられる。また，melancholy「憂鬱さ」とは，絵が下手でやりきれない気持ちを表しており，4が正解と考えてよい。

(3)「次のうちのどれが本文の下線部(3)の意味に最も近いか。選択肢の中から1つ選び，解答用紙の番号をマークせよ」

1.「～に光を投げかけた」　2.「～を利用した」　3.「～に注目した」
4.「～を強調した」

下線部の drew upon ～ は「～を利用した」という意味で用いられていると判断できるので，2が正解である。

(4)「本文の下線部(4)はこの文の主動詞である。次のうちのどれがこの文の主語（主部）にあたるか。選択肢の中から1つ選び，解答用紙の番号をマークせよ」

下線部の was の主語は knowing で，knowing that … modern life が主部全体となる。したがって，主部を正しく抜き出しているのは3である。

(5) 「本文の下線部(5)の語句を正しい語順に並べ替えよ。解答用紙の番号を文頭から文末へ正しくマークせよ。文の先頭の語は大文字で示されていない」

並べ替えて完成する英文は次の通り。

Though born into an aristocratic family with connections (to British royalty, …)

下線部に与えられた語群から，主語として機能する語が見当たらないことと，動詞として機能する語が born だけであることなどを手がかりに，下線部の直後のカンマ以降の文の主語である Talbot を意味上の主語とする受動態の分詞構文の可能性を検討してみると，Though he was を born の前に補えば全体として意味の通る英文になることが確認できる。

(6) 「次のうちのどれが本文の下線部(6)の意味に最も近いか。選択肢の中から1つ選び，解答用紙の番号をマークせよ」

1.「それは未来のあるときに役立つように長期間保存することができた」

2.「それは劣化から保護されることが可能で，進歩し続けることさえできた」

3.「それは時間の経過とともに変化することができ，品質にも影響するだろう」

4.「それは瞬間的な出来事を記録することができ，長期間経ったあとでも失われないだろう」

下線部が意味するのは，瞬間的な出来事を記録することが可能なことと，長期保存が可能なことの2点である。この内容が含まれているのは4である。

(7) 「次のうちのどれが本文の下線部(7)の意味に最も近いか。選択肢の中から1つ選び，解答用紙の番号をマークせよ」

1.「写真は新しい観察の力をもたらしたが，人々はその価値を認識することができなかった」

2.「今や人々は彼らの世界を正確に観察し，写真の力を存分に探ることができた」

3.「写真は人々に世界に対するくもりのない視点を提供し，それは人々の生活様式の変化をもたらした」

4.「写真は大きな価値のあるものだ。それは，写真は人々が彼らの世界をまったく異なる視点から見ることを可能にしたからだ」

下線部の文構造を捉えることが大切である。photography's … world の部分が主部となっており，全体として SVC の構造になっている。つまり，写真のもつ力（photography's ability）はお金では買えないほどの価値がある（priceless）という意味の文であることから，内容的に最も合致しているのは 4 である。

(8)「次のうちのどれが本文中の空所(8)に入れるのに正しいか。選択肢の中から 1 つ選び，解答用紙の番号をマークせよ」

1.「(～の）前に」　2.「(～）以来」　3.「それゆえ」　4.「～とはいえ」

空所を含む文が，複文の構造になる点に留意しよう。その上で，空所から in 1839 までの従属節と，Talbot was … twentieth centuries の主節の意味の比較をすると，逆接の関係で捉えると文が自然になることに気がつくだろう。選択肢の中で，逆接の接続詞としての用法があるのは 4 の While である。

(9)「次のうちのどれが本文の下線部(9)の意味に最も近いか。選択肢の中から 1 つ選び，解答用紙の番号をマークせよ」

1.「彼は，この新しい処理過程が大成功を収める可能性を感じた。そこで彼は，1841 年に確実にこの処理過程の特許を取得した」

2.「彼は，1841 年に特許で保護する前に，この新しい処理過程を注意深く検証しなければならないと考えた」

3.「この新しい処理過程が成功を収めるかどうかは不確かだったが，最終的に彼は 1841 年に特許を申請した」

4.「この新しい処理過程がうまくいく見込みはほとんどなかったが，彼は 1841 年に特許を取得しようとした」

下線部の前半部分（Sensing … process）は分詞構文になっており，Because he sensed the potential of this new process「新しい処理過程の可能性に気がついたので」という意味で捉えることができる。したがって，1 が内容的に最も近い。

(10)「次のうちのどれが本文の下線部(10)の意味に最も近いか。選択肢の中から１つ選び，解答用紙の番号をマークせよ」

１.「タルボットは，この処理過程が相対的に安価で簡単に複製が可能である必要があると信じていた。だから紙ベースのカロタイプは彼が望んでいるものだった」

２.「タルボットの信念は，紙ベースなので印画が低価格で簡単にしかも繰り返し生産できるから，カロタイプが最後には成功を収めるだろうということを裏付けるようだった」

３.「タルボットは，処理過程が紙ベースであるのでカロタイプの印画が簡単にしかも経済的に複製できると確信していたが，同時に話がうますぎるようだとも思っていた」

４.「カロタイプの印画は，紙ベースであるためにそれほど高価ではなく，タルボットは，技術が簡単に習得できるのでこの処理過程はきっと成功するだろうと信じているようだった」

下線部のカンマの前の部分（Talbot always … of reproduction）には経済的で複製が容易であることから紙ベースの処理過程が生き残るとタルボットが信じていたということが書かれており，カンマの後の部分（and the … him right）には，そのように信じているタルボットが正しいとカロタイプが証明しているようだ，つまり，カロタイプが成功する見込みが高いということが書かれている。したがって，２の内容が最も近い。

⑾「次のうちのどれが本文の下線部⑾の意味に最も近いか。選択肢の中から１つ選び，解答用紙の番号をマークせよ」

１.「この新しい芸術のおかげで，当時の人々と未来の人々の両方が同様に前の日に見た太陽の光の写真を保存することができるという事実」

２.「この新しい技術のおかげで紙に印刷できるようになったために，未来の世代の人々が過去の太陽の光を見ることができるという事実」

３.「この新しい芸術が，前日に見た太陽の光の写真を未来のために完成させるよう当時の人々を励ましたという事実」

４.「この新しい芸術が発展する見込みが大きくなりつつあったが，その写真の中に保持されている過去の太陽の光は決して変わらないだろうという事実」

下線部は，hand down to ～「～に伝える」という慣用表現が用いられており，全体として，過去の像を記録して後世へと伝えるという写真の特性についての賞賛が記されていると解釈することができる。したがって，2の内容が最も近いと言える。

⑿「次の各文について，内容を考慮して正しければTを，間違っていればFを解答用紙にマークせよ」

1.「彼が科学技術による描画用具を初めて使用したのはイタリア旅行の最中だった」 第1段第4文（Turning to …）の前半の部分には，描画用補助器具をもう何年も携行していたとあるので，初めてという記述は誤りである。

2.「研究や実験に集中できるだけの十分な財力があったので，タルボットは金銭的な成功にはほとんど興味がなかった」 第4段最終文（His mother …）の前半によると，「タルボットはこの発明がお金になるかどうか心配しなくていいほどの余裕があった」と述べられているので，一致していると判断できる。

3.「タルボットは，深い知識をもっており，科学の分野でもそれ以外の分野でも素晴らしい業績をあげた。そしてそのことがカロタイプの発明を思いつく助けになった」 第3段第3文（His investigations …）に注目する。紙の写真の発明をもたらしたものとして，タルボットの科学分野の研究だけでなく，外国語や芸術などの知識も挙げられていることから，一致していると判断できるだろう。

4.「おそらく自分の仕事と私的な生活を切り離しておきたかったので，タルボットは家族に彼の手紙を処分してもらうように伝えていた」 第4段第3文（Nevertheless, a precocious …）には，家族に手紙を保管しておくようにと指示をしていたとあるので，誤りである。

5.「ダゲールの写真とタルボットの写真の大きな違いは，前者が金属板の上に像を作ったのに対して，後者は紙の上に像を作った点だ」 第5段後半（Talbot was the …）には，タルボットが紙の上に像を捉えたとの記述があり，一方，第7段最終文（Unlike the …）には，ダゲールは金属板の上に像を捉えたとあることから，正しいと判断できる。

6.「タルボットの写真の革命的なところは，動きのない場面だけでなく，生きているものの像も生み出すことができた点である」 第6段最終文（Instead of …）によれば，「いまやタルボットは，無生物のものだけを写真に撮るのではなく，人や生き物の写真を撮ることができた」と記述がある。このことは，第7段最終文（Unlike the …）にある daguerreotype「銀板写真法」では不可能だったため，revolutionary「革命的な」ことだったと判断すべきであろう。よって一致する。

## 2 解答

(1)―1　(2)4―2―3―1―6―5
(3)―1　(4)2―1―8―7―4―5―3―6
(5)1―T　2―F　3―T　4―F

◆全　訳◆

≪化粧品業界の販売戦略≫

スマートフォンが主流になって今年で10年になる。だが，私たちのコミュニケーション能力が向上した一方で，その結果私たちの皮膚が被害を被っているようである。米国の医学者ハワード=ミュラド教授は，スマートフォンが皮膚へのダメージと早期老化の原因であると指摘し，多くの他の専門家とともに，携帯電話から発せられる青色光（ブルーライト）を一種の皮膚の「汚染物質」と同類だとみなしている。

「毎日，私たちの皮膚はこの青色光に影響されています」とミュラドは言う。「それを筋道立てて言えば，青色光――短波長で高エネルギーなのですが――は紫外線よりも皮膚により深く浸透してしまいます。青色光は皮膚にダメージを与え，肌の色合いのムラ，色素沈着，しわなどの老化の明らかな兆候を引き起こすのです」 ミュラドはシティスキンエイジディフェンス SPF50 を発売した。この商品の原材料の一つには，青色光から皮膚を守るために皮膚の上にバリアを作り出す，有効な抗酸化物質であるルテインがある。

防御というのは確かに，青色光の影響を防ぐための最善の選択のように見える。最もよく売れているスキンシューティカルズ社の CE フェルリック美容液は，環境汚染とダメージから肌を守るためにシールドを作り出す。

汚染物質はその年の美容業界最大の流行語の一つになった。世界的な調査会社である NPD グループの新しい調査によると，英国における汚染物質防止のスキンケアの売り上げが上昇し，この新たに発生した市場の価値は130万ポンドで，まだ成長する見込みだ。

「多くの化粧品ブランドが汚染物質やデジタル機器から発せられる青色光から皮膚を守るための革新的な製品を創造し続けています」と，英国

NPD の取締役ジューン=ジェンセンは言う。「人々が都会の生活やデジタル機器に囲まれた生活の有害なダメージから肌を守ろうとしているのですから，私たちは将来このような商品がもっと多く販売されることを期待します」

高級スキンケアブランドであるシスレーの科学担当取締役ホセ=ヒネスターによると，過去 10 年間で「青色光が皮膚に与える影響を発見するために，研究所でより多くの研究が行われました。特に目の部分では，青色光が目尻のしわ，小じわ，まぶたのたるみを引き起こすことを発見したのです」。

青色光はさておき，私たちは「スマホ首」も心配する必要があるようだ。もともとは，絶え間なくスマートフォンを見下ろして使うことからくる首の痛みのことを言うのだが，スマホ首は一般的に，下あごの輪郭と首回りのたるみを引き起こす。「繰り返し見下ろす動作によって皮膚の折り重なりが休みなく引き起こされると，首の皮膚の老化を招きます」とヒネスターは言う。「科学技術は私たちの体の姿勢，皮膚，目に悪影響を与えます」，そして，そのダメージに対抗する方法はあるにしても，「私たちの忙しい生き方のおかげで，確かなことが一つあります。私たちは皮膚を心配する新しい時代に入っているのです」と。

## ◀解　説▶

(1) 「本文の空所(1)に入れるのに正しいものは次のうちのどれか。選択肢の中から 1 つ選び，解答用紙の番号をマークせよ」

1．「～を同類とみなす」　2．「～を管理する」　3．「～を上げる」　4．「～を分ける」

空所の後続部分が手がかりになる。the blue … mobile phones の部分が空所に入る動詞の目的語として機能しており，さらに as「～として」が用いられていることから，class *A* as *B*「*A* を *B* の同類とみなす」とすれば内容的に適切な英文になる。

(2) 「本文中の下線部(2)の語句を正しい語順に並べ替えよ。解答用紙の番号を文頭から文末へ正しくマークせよ」

並べ替えて完成する英文は次の通り。

(Defense certainly seems) like the best choice against the effects of (blue light.)

まず下線部の直前の動詞 seems とのつながりから，seems like～「～のように見える」という表現が考えられる。また，ここではスマートフォンから発せられる青色光を防ぐための方法が述べられていることを手がかりに，the best choice「最善の選択」という句とともに，下線部の直後の blue light とのつながりを考慮すると，「～に備えて」という意味をもつ前置詞 against を用いた against the effects of (blue light)「(青色光) の影響に備えて」という表現ができる。

⑶ 「本文中の空所⑶に入れるのに正しいのは次のうちのどれか。選択肢の中から１つ選び，解答用紙の番号をマークせよ」

１.「～を目指す」 ２.「～を主張する」 ３.「～を告白する」 ４.「言及する」

空所の直後に不定詞の to (protect) があることや，空所の前後の内容が肌を汚染から守ることについて書かれていることなどを手がかりに考えると，１が適切であろう。

⑷ 「本文中の下線部⑷の語句を正しい語順に並べ替えよ。解答用紙の番号を文頭から文末へ正しくマークせよ」

並べ替えて完成する英文は次の通り。

(… of the skin) induced by the repetitive motion of looking down plays (a role …)

まず，下線部の直後にある a role とのつながりから，plays a role「役割を演じる」という慣用表現ができる。また，plays が下線部を含む文の動詞として用いられていると考えられることと，下線部の直前にある名詞 skin を主語の一部として捉え，induced by～「～によって引き起こされた」が skin を修飾する過去分詞の形容詞的用法として用いられていると判断できる。最後に，下線部の直前が，“tech necks”「スマホ首」が生じる原因について述べている部分であることから，the repetitive motion of looking down「繰り返し見下ろす動作」という表現もできるだろう。

⑸ 「次の各文について，内容を考慮して正しければＴを，間違っていればＦを解答用紙にマークせよ」

１.「人々は10年ほど前に，現在一般的に行われているようにスマートフォンを使い始めた」 第１段第１文（This year …）に，スマートフォンが主流として使われるようになって今年で10年だとの記述があることから，内容的に正しいと考えてよいだろう。

2．「企業は何年も，スキンケア製品に関する研究を行ってきたが，売り上げに関しては，それほど楽観的ではない」 スキンケアに関する研究についての明確な言及は本文にはない。さらには，売り上げについては，第4段第2文（New research …）に，今後成長が見込まれるとの調査会社の調査結果が示されており，選択肢にある，「あまり楽観的ではない」との記述は誤りと判断してよいだろう。

3．「最近の研究では，長時間スマートフォンを使用すると私たちの顔貌が変化するかもしれないということが示唆されている」 最終段第2文（Although primarily …）に，スマートフォンを繰り返しのぞき込む動作によってあごのラインにたるみが出ると指摘されていることから，内容的に正しいと判断できよう。

4．「スマホ首や首痛のような問題で，私たちは青色光の影響よりも生き方の問題により意識が向く」 最終段最終文の後半部分（“thanks to …）にあるように，「私たちの忙しい生き方が原因となって，皮膚を心配する（＝青色光による肌への影響やスマホ首が問題になる）新しい時代に突入している」と，「生き方」と「青色光」は因果関係で記述されている。選択肢のように「青色光の影響」と「生き方」を同列に捉えて比較するのは内容的に誤りである。

### ❖講　評

①は，現在の写真技術の礎を築いたウィリアム=ヘンリー=フォックス=タルボットについての長文である。比較的平易な英文ではあるが，本文の語数がおよそ800語あり，しっかりとした読解力が求められる。設問の構成としては，本文中の下線が引かれた箇所に関して内容を正しく理解しているかを問う問題を中心に，空所補充，語句整序，内容真偽など，多岐にわたって英語力が問われている。

②は，化粧品業界の現状についての新聞記事を題材とする読解問題である。本文の語数は450語程度と，①に比べると短めである。設問は①と同様，語句整序，空所補充，内容真偽など総合的な英語力をみる構成となっている。

全体としては，長文問題を通して基礎的な英語力をみる出題構成になっており，高等学校で学習する内容をふまえた出題である。

# ■数学■

（注）　解答につきましては，東京理科大学から提供のあった情報を掲載しております。

## 1　解答

(1)ア．3　イ．9　ウ．4　エオ．17　カ．8
キ．1　ク．1　ケ．2　コ．2　サ．9
(2)シスセ．224　ソタチ．135　ツテトナ．1792　ニヌネノ．1031
ハ．2　ヒ．1　フ．8　ヘ．4　ホ．7

◀解　説▶

≪漸化式で定められる数列の一般項≫

(1)(a)　漸化式より　$a_2=3\sqrt{27}=3\cdot(3^3)^{\frac{1}{2}}=3^{\frac{5}{2}}$

$a_3=3\cdot(3^{\frac{5}{2}})^{\frac{1}{2}}=3^{\frac{9}{4}}$　→ア〜ウ

$a_4=3\cdot(3^{\frac{9}{4}})^{\frac{1}{2}}=3^{\frac{17}{8}}$　→エ〜カ

(b)　$a_1=27>0$，$a_{n+1}=3\sqrt{a_n}>0$ であるから，すべての自然数 $n$ について，$a_n>0$ となる。漸化式の両辺の 3 を底とする対数をとると

$$\log_3 a_{n+1}=\log_3 3\sqrt{a_n}=\frac{1}{2}\log_3 a_n+1$$

$b_n=\log_3 a_n$ とおくと

$$b_{n+1}=\frac{1}{2}b_n+1 \quad \cdots\cdots①$$

①は，$b_{n+1}-2=\frac{1}{2}(b_n-2)$ と変形することができる。

$b_1-2=\log_3 27-2=1$ より，数列 $\{b_n-2\}$ は，初項1，公比 $\frac{1}{2}$ の等比数列であるから

$$b_n-2=\left(\frac{1}{2}\right)^{n-1} \quad より \quad b_n=\left(\frac{1}{2}\right)^{n-1}+2 \quad →キ〜コ$$

よって，$a_n=3^{\left(\frac{1}{2}\right)^{n-1}+2}=9\cdot3^{\left(\frac{1}{2}\right)^{n-1}}$ であるから

$$\lim_{n\to\infty}a_n=\lim_{n\to\infty}9\cdot3^{\left(\frac{1}{2}\right)^{n-1}}=9 \quad →サ$$

(2)(a)　漸化式より　$c_2=\dfrac{8\cdot\dfrac{7}{18}}{4\cdot\dfrac{7}{18}+1}=\dfrac{28}{23}$

$$c_3=\frac{8\cdot\dfrac{28}{23}}{4\cdot\dfrac{28}{23}+1}=\frac{224}{135}$$　→シ～チ

$$c_4=\frac{8\cdot\dfrac{224}{135}}{4\cdot\dfrac{224}{135}+1}=\frac{1792}{1031}$$　→ツ～ノ

(b)　$c_1=\dfrac{7}{18}>0$，$c_{n+1}=\dfrac{8c_n}{4c_n+1}>0$ であるから，すべての自然数 $n$ について，$c_n>0$ となる。漸化式の両辺の逆数をとると

$$\frac{1}{c_{n+1}}=\frac{4c_n+1}{8c_n}=\frac{1}{8c_n}+\frac{1}{2}$$

$d_n=\dfrac{1}{c_n}$ とおくと

$$d_{n+1}=\frac{1}{8}d_n+\frac{1}{2}\quad\cdots\cdots②$$

②は，$d_{n+1}-\dfrac{4}{7}=\dfrac{1}{8}\left(d_n-\dfrac{4}{7}\right)$ と変形することができる。

$d_1-\dfrac{4}{7}=\dfrac{18}{7}-\dfrac{4}{7}=2$ より，数列 $\left\{d_n-\dfrac{4}{7}\right\}$ は，初項2，公比 $\dfrac{1}{8}$ の等比数列であるから

$$d_n-\frac{4}{7}=2\cdot\left(\frac{1}{8}\right)^{n-1}$$

よって　$d_n=2\cdot\left(\dfrac{1}{8}\right)^{n-1}+\dfrac{4}{7}$　→ハ～ホ

**2** **解答** (1)ア．4　イ．1　ウエ．50　オ．5　カ．6
キ．2

(2)ク．1　ケ．2　コ．6　サ．9　シ．4　ス．6　セ．6　ソ．3
タ．1　チ．2　ツ．6　テ．0　ト．9　ナ．4　ニ．6　ヌ．6

(3)ネノハ．216　ヒ．5

◀解　説▶

≪未知の関数の導関数を含む方程式，極大値・極小値，$y=f(x)$ と $x$ 軸で囲まれた部分の面積≫

(1)　$\left(x+\frac{1}{2}\right)f''(x)-(x+2)f'(x)+4f(x)=48x-39$　……①とおく。

(i)　整式 $f(x)$ の次数が 0 のとき

$f(0)=0$ より $f(x)=0$，$f'(x)=0$，$f''(x)=0$ であるから，$48x-39=0$ より不適。

ここで，整式 $f(x)$ の最高次の項を $ax^n$（$a\neq 0$，$n$ は自然数）とおくと

(ii)　整式 $f(x)$ の次数が 1 のとき

$f(x)=ax$，$f'(x)=a$，$f''(x)=0$ であるから，$3ax-2a=48x-39$ より不適。

(iii)　整式 $f(x)$ の次数が 2 以上のとき

①の左辺の最高次の項は $a(-n+4)x^n$ となり，①が $x$ についての恒等式となるとき，$a(-n+4)=0$ より　　$n=4$　→ア

次に，$f(x)=ax^4+bx^3+cx^2+dx$ とおくと

$$f'(x)=4ax^3+3bx^2+2cx+d$$
$$f''(x)=12ax^2+6bx+2c$$

であるから，①の両辺の係数を比較すると

$$4a+b=0,\ 6a+2c=0,\ 3b-2c+3d=48,\ c-2d=-39$$

連立して解くと　　$a=1$　→イ

$$b=-4,\ c=-3,\ d=18$$

より，$f(x)=x^4-4x^3-3x^2+18x=x(x-3)^2(x+2)$ であるから

$$\frac{x}{f(x)}=\frac{1}{(x-3)^2(x+2)}=\frac{1}{5(x-3)^2}+\frac{1}{25}\left(\frac{1}{x+2}-\frac{1}{x-3}\right)$$

と変形することができる。よって

$$\int_1^2\frac{x}{f(x)}dx=\int_1^2\left\{\frac{1}{5(x-3)^2}+\frac{1}{25}\left(\frac{1}{x+2}-\frac{1}{x-3}\right)\right\}dx$$

$$=\left[-\frac{1}{5(x-3)}+\frac{1}{25}(\log|x+2|-\log|x-3|)\right]_1^2$$

$$=\left(\frac{1}{5}+\frac{1}{25}\log 4\right)-\left\{\frac{1}{10}+\frac{1}{25}(\log 3-\log 2)\right\}$$

$$=\frac{1}{50}(5+6\log 2-2\log 3)$$ →ウ～キ

(2) $f'(x)=4x^3-12x^2-6x+18=2(x-3)(2x^2-3)$

関数 $y=f(x)$ の増減表は次のようになる。

| $x$ | $\cdots$ | $-\frac{\sqrt{6}}{2}$ | $\cdots$ | $\frac{\sqrt{6}}{2}$ | $\cdots$ | 3 | $\cdots$ |
|---|---|---|---|---|---|---|---|
| $f'(x)$ | $-$ | 0 | $+$ | 0 | $-$ | 0 | $+$ |
| $f(x)$ | ↘ | 極小 | ↗ | 極大 | ↘ | 極小 | ↗ |

ゆえに，増減表より

$x=\frac{\sqrt{6}}{2}$ のとき，極大値 $-\frac{9}{4}+6\sqrt{6}$ →ク～セ

$x=3$ のとき，極小値 0 →ソ・テ

$x=-\frac{\sqrt{6}}{2}$ のとき，極小値 $-\frac{9}{4}-6\sqrt{6}$ →タ～ツ，ト～ヌ

をそれぞれとる。

(3) $f(x)=x(x-3)^2(x+2)$ であるから，求める面積は

$$\int_{-2}^{0}(-x^4+4x^3+3x^2-18x)\,dx+\int_0^3(x^4-4x^3-3x^2+18x)\,dx$$

$$=\left[-\frac{1}{5}x^5+x^4+x^3-9x^2\right]_{-2}^{0}+\left[\frac{1}{5}x^5-x^4-x^3+9x^2\right]_0^3$$

$$=\frac{216}{5}$$ →ネ～ヒ

**3** **解答** (1)アイウ．128　エ．0　オカキ．448

クケコサ．1792　シスセ．255　ソ．8

(2)タ．1　チ．4　ツ．2　テトナニ．3432

(3)ヌ．3　ネ．4

◀解　説▶

≪Σの計算，二項定理≫

(1)　二項定理より $(1+1)^n=\sum_{k=0}^{n}{}_nC_k=2^n$ であるから

$$\sum_{k=0}^{7}{}_7C_k=2^7=128 \quad \toア〜ウ$$

$$\begin{aligned}\sum_{k=0}^{7}(-1)^k{}_7C_k&={}_7C_0-{}_7C_1+{}_7C_2-{}_7C_3+{}_7C_4-{}_7C_5+{}_7C_6-{}_7C_7\\&=({}_7C_0-{}_7C_7)+(-{}_7C_1+{}_7C_6)+({}_7C_2-{}_7C_5)\\&\qquad+(-{}_7C_3+{}_7C_4)\\&=0 \quad \toエ\end{aligned}$$

$$\begin{aligned}\sum_{k=0}^{7}k{}_7C_k&=1\cdot{}_7C_1+2\cdot{}_7C_2+3\cdot{}_7C_3+4\cdot{}_7C_4+5\cdot{}_7C_5+6\cdot{}_7C_6+7\cdot{}_7C_7\\&=7({}_7C_0+{}_7C_1+{}_7C_2+{}_7C_3)=7\cdot64=448 \quad \toオ〜キ\end{aligned}$$

$$\begin{aligned}\sum_{k=0}^{7}k^2{}_7C_k&=7^2\cdot{}_7C_0+(1^2+6^2){}_7C_1+(2^2+5^2){}_7C_2+(3^2+4^2){}_7C_3\\&=1792 \quad \toク〜サ\end{aligned}$$

$$\sum_{k=0}^{7}\left(\frac{1}{k+1}\right){}_7C_k=1+\frac{7}{2}+\frac{21}{3}+\frac{35}{4}+\frac{35}{5}+\frac{21}{6}+\frac{7}{7}+\frac{1}{8}=\frac{255}{8} \quad \toシ〜ソ$$

(2)　$(1+x)^n(1+x)^n=(1+x)^{2n}$ において

左辺の $x^n$ の係数は

$$\begin{aligned}{}_nC_0\cdot{}_nC_n+{}_nC_1\cdot{}_nC_{n-1}+\cdots+{}_nC_n\cdot{}_nC_0&=({}_nC_0)^2+({}_nC_1)^2+\cdots+({}_nC_n)^2\\&=\sum_{k=0}^{n}({}_nC_k)^2\end{aligned}$$

右辺の $x^n$ の係数は　${}_{2n}C_n=\dfrac{(2n)!}{n!n!}$

ゆえに　$\sum_{k=0}^{n}({}_nC_k)^2={}_{2n}C_n$

$$A(n+1)={}_{2(n+1)}C_{n+1}=\frac{(2n+2)!}{(n+1)!(n+1)!}=\frac{(2n+2)(2n+1)(2n)!}{(n+1)^2n!n!}$$

$$=\frac{2(2n+1)}{n+1}\cdot A(n)$$

であるから

$$(n+1)A(n+1)=(4n+2)A(n)\quad \to タ〜ツ$$

また　$A(7)={}_{14}C_7=3432$　→テ〜ニ

(3)　$$A(n+1)=\frac{4n+2}{n+1}A(n)=\left(4-\frac{2}{n+1}\right)A(n)$$

$A(1)=2$，すべての自然数 $n$ に対して $3\leqq 4-\dfrac{2}{n+1}<4$ であるから，

最大の $b$ の値は 3 であり，最小の $c$ の値は 4 である。 →ヌ・ネ

## 4 解答

(1)ア．1　イ．6　ウエ．11　オ．6

(2)カキ．50　クケコ．145　サ．8　シ．3

(3)ス．1　セ．1　ソ．3　タ．1　チ．3　ツ．6　テ．9　ト．2　ナ．4

◀解　説▶

≪回転体の体積，区分求積法≫

(1)　$$f(x)=(2\cos^2 x-1)-3\sqrt{3}\cos x+4=2\cos^2 x-3\sqrt{3}\cos x+3$$
$$=(2\cos x-\sqrt{3})(\cos x-\sqrt{3})$$

$0\leqq x\leqq 2\pi$ のとき $-1\leqq\cos x\leqq 1$ であるから，$f(x)\geqq 0$ となるとき

$$-1\leqq\cos x\leqq\frac{\sqrt{3}}{2}$$

よって，求める範囲は　$\dfrac{1}{6}\pi\leqq x\leqq\dfrac{11}{6}\pi$　→ア〜オ

(2)　$$y^2=\cos^2 2x+27\cos^2 x+16-6\sqrt{3}\cos 2x\cos x-24\sqrt{3}\cos x+8\cos 2x$$
$$=\frac{1}{2}(1+\cos 4x)+27\cdot\frac{1}{2}(1+\cos 2x)+16-6\sqrt{3}\cdot\frac{1}{2}(\cos 3x+\cos x)$$
$$-24\sqrt{3}\cos x+8\cos 2x$$
$$=\frac{1}{2}\cos 4x-3\sqrt{3}\cos 3x+\frac{43}{2}\cos 2x-27\sqrt{3}\cos x+30$$

(1)より，求める体積 $V$ は

$$V=\pi\int_{\frac{\pi}{6}}^{\frac{11}{6}\pi}\left(\frac{1}{2}\cos 4x-3\sqrt{3}\cos 3x+\frac{43}{2}\cos 2x-27\sqrt{3}\cos x+30\right)dx$$

$$=\pi\left[\frac{1}{8}\sin 4x-\sqrt{3}\sin 3x+\frac{43}{4}\sin 2x-27\sqrt{3}\sin x+30x\right]_{\frac{\pi}{6}}^{\frac{11}{6}\pi}$$

$$=\pi\left\{\left(-\frac{\sqrt{3}}{16}+\sqrt{3}-\frac{43\sqrt{3}}{8}+\frac{27\sqrt{3}}{2}+55\pi\right)\right.$$

$$\left.-\left(\frac{\sqrt{3}}{16}-\sqrt{3}+\frac{43\sqrt{3}}{8}-\frac{27\sqrt{3}}{2}+5\pi\right)\right\}$$

$$=50\pi^2+\frac{145}{8}\sqrt{3}\pi$$ →カ〜シ

(3)　$\sin^2\left(\frac{1}{12}\pi\right)=\frac{1}{2}\left(1-\cos\frac{\pi}{6}\right)=\frac{1}{2}\left(1-\frac{\sqrt{3}}{2}\right)=\frac{2-\sqrt{3}}{4}$

$\sin\left(\frac{1}{12}\pi\right)>0$ であるから

$$\sin\left(\frac{1}{12}\pi\right)=\sqrt{\frac{2-\sqrt{3}}{4}}=\frac{\sqrt{4-2\sqrt{3}}}{2\sqrt{2}}=\frac{\sqrt{6}-\sqrt{2}}{4}$$ →ス・セ

$$\lim_{n\to\infty}\frac{g_n}{n}=\lim_{n\to\infty}\frac{1}{n}\sum_{k=1}^{n}\left(\cos\frac{\pi}{6}\cdot\frac{k}{n}-3\sqrt{3}\cos\frac{\pi}{12}\cdot\frac{k}{n}+4\right)$$

$$=\int_0^1\left(\cos\frac{\pi}{6}x-3\sqrt{3}\cos\frac{\pi}{12}x+4\right)dx$$

$$=\left[\frac{6}{\pi}\sin\frac{\pi}{6}x-\frac{36\sqrt{3}}{\pi}\sin\frac{\pi}{12}x+4x\right]_0^1$$

$$=\frac{6}{\pi}\cdot\frac{1}{2}-\frac{36\sqrt{3}}{\pi}\cdot\frac{\sqrt{6}-\sqrt{2}}{4}+4$$

$$=\frac{3}{\pi}(1+3\sqrt{6}-9\sqrt{2})+4$$ →ソ〜ナ

### ❖講　評

出題数は大問 4 題であり，全問マークシート法である。全般的に誘導形式による基本〜標準的な頻出問題である。

1　(1)は漸化式の $a_n$ に $\sqrt{\ }$ が付くため，両辺の対数をとり一般項を求めていく。誘導もあり，必ず得点したい。(2)も誘導に従い，両辺の逆数をとり一般項を求める基本問題である。必ず得点したい。

2　(1)は両辺の最高次の項を比較して次数を求める。関数の決定は，両辺の係数比較をケアレスミスに十分注意して，丁寧に計算したい。定積分は，部分分数に分解する基本問題である。(2)は極大値・極小値を求める問題である。(3)は曲線と $x$ 軸で囲まれた部分の面積を求める問題であるが，4 次関数の面積であるため，積分区間を求め計算するのは難しくはない。(2)・(3)とも頻出の基本問題であり，必ず得点したい。

3　(1)は二項定理や，対称性を利用することで計算量を減らしたい。ケアレスミスに十分注意して，丁寧に計算して得点につなげたい。(2)は恒等式 $(1+x)^n(1+x)^n=(1+x)^{2n}$ において，二項定理を利用して求めることができる。工夫が必要なため，難しく感じたと思われる。(3)は(2)の結果を利用する。

4　(1)・(2)は倍角の公式・半角の公式・積和の公式の基本事項が理解できていれば，求めることは難しくない。(3)は与式から $\lim_{n\to\infty}\frac{1}{n}\sum_{k=1}^{n}f\left(\frac{k}{n}\right)$ の形に変形して，区分求積法を利用する頻出問題である。

誘導形式による頻出問題が多く，教科書や受験参考書の重要例題などを繰り返し勉強することが合格への第一歩である。計算力も求められているため，1 つ 1 つの問題に丁寧に対応し，見直しをするなど極力ミスを避けたい。

# ■化学■

（注）解答につきましては，東京理科大学から提供のあった情報を掲載しております。

## 1 解答

(1)(ア)－0　(イ)－4　(ウ)－6　(エ)－8　(オ)－0

(2)(カ)－2　(キ)－03　(ク)－05　(ケ)－10　(コ)－09

(3)(サ)－1　(シ)－8　(ス)－2　(セ)－02　①1　②2　③＋　④⑤03

(4)(ソ)－2

(5)(タ)－1　(チ)－0　(ツ)－6　(テ)－10

(6)⑥6　⑦1　⑧－　⑨⑩03　(ト)－0

### ◀解　説▶

≪反応速度，分子の運動エネルギー，平衡移動，平衡定数≫

(2)(カ)　温度を高くすると，大きな運動エネルギーをもつ粒子の割合が増加する。しかし，運動エネルギーの小さな分子が存在しなくなるわけではない。

(3)(サ)　実験1，2を比較すると，[NO] は等しく，[$O_2$] が2倍になることで反応速度が約2倍になっている。よって，反応速度は [$O_2$] の1乗に比例する。

(シ)・(ス)　実験1，3を比較すると，[$O_2$] は等しく，[NO] が2倍になることで反応速度が約4倍になっている。よって，反応速度は [NO] の2乗に比例する。

(セ)　(サ)，(ス)より，$v=k[\mathrm{NO}]^2[\mathrm{O_2}]$ である。

①～⑤　実験4の結果を反応速度式に代入すると

$$3.8\times10^{-2}=k\times(4.0\times10^{-2})^2\times2.0\times10^{-2}$$

$$k=1.18\times10^3\fallingdotseq1.2\times10^3\,[\mathrm{L^2/(mol^2\cdot s)}]$$

(4)　25℃での反応速度定数は(3)より $1.2\times10^3\,\mathrm{L^2/(mol^2\cdot s)}$，(4)の温度での反応速度定数は $8.0\times10^2\,\mathrm{L^2/(mol^2\cdot s)}$ であり，25℃での値より小さい。反応速度定数が小さいということは反応速度が遅いということであり，25℃よりも低温であるということがわかる。

(5)(ツ)　この反応の反応式は

$$2NO_2 \rightleftarrows N_2O_4$$

圧力を大きくすると，圧力が小さくなる方向，つまり物質量が減る方向である右向きに平衡が移動するので，$NO_2$ が減少する。

(テ)　温度と体積が一定のもとでアルゴンを加えても $NO_2$，$N_2O_4$ の分圧は変化しないので平衡は移動しない。よって，容器内の気体の色に変化はない。

(6)⑥～⑩　この反応の反応式は

$$N_2O_4 \rightleftarrows 2NO_2$$

であり，平衡定数 $K$ は

$$K=\frac{[NO_2]^2}{[N_2O_4]}=\frac{(1.6\times10^{-2})^2}{4.2\times10^{-2}}=6.09\times10^{-3}\fallingdotseq6.1\times10^{-3}\,[\text{mol/L}]$$

(ト)　容器内のN原子，O原子の物質量が等しく，同じ一定温度で放置しているので，平衡状態では $NO_2$，$N_2O_4$ ともに図2と同じ濃度で一定となる。よって，$[NO_2]$（点線）が 0.10mol/L から $1.6\times10^{-2}$mol/L に減少し，$[N_2O_4]$（実線）が 0mol/L から $4.2\times10^{-2}$mol/L に増加している図である 0 が正しい。

## 2　解答

(1)(ア)―1　(イ)―4　(ウ)―8　(エ)―2　(オ)―5　(カ)―7
(キ)―2　(ク)―4　(ケ)―7　①4
(2)(コ)―0　(サ)―4　(シ)―1　(ス)―4　(セ)―0　(ソ)―6
(3)(タ)―1　(チ)―5　(ツ)―2

### ◀解　説▶

≪糖類の構造・性質・反応・誘導体≫

(1)(キ)～(ケ)　セルロースに濃硝酸と濃硫酸の混合物を作用させると，セルロースの2，3，6位のヒドロキシ基がエステル化され，ニトロセルロースと水を生じる。

$$-O\underline{H}+\underline{HO}-NO_2 \xrightarrow{\text{エステル化}} -O-NO_2+H_2O$$

硝酸　　　硝酸エステル

ヒドロキシ基が $x$ の割合でエステル化されると

$$[C_6H_7O_2(OH)_3]_n \xrightarrow[\text{エステル化}]{} [C_6H_7O_2(ONO_2)_{3x}(OH)_{3(1-x)}]_n$$

となり，分子量はヒドロキシ基1個あたり45増加する。

$$\underset{-1}{-\mathrm{O\underset{\sim}{H}}} \xrightarrow{+45} -\mathrm{O}-\underset{+46}{\underset{\sim\sim}{\mathrm{NO_2}}}$$

反応するセルロース（分子量 162*n*）と生成するニトロセルロース（分子量（162＋45×3*x*）*n*）の物質量は等しいので

$$\frac{81}{162n}=\frac{108}{(162+45\times 3x)\,n} \qquad x=0.40$$

∴　0.40×100＝40〔%〕

(2)(シ)～(ソ)　フルクトースの鎖状構造は右の通りであり，$-\underset{\underset{\mathrm{O}}{\|}}{\mathrm{C}}-\mathrm{CH_2}-\mathrm{OH}$ という構造をもつ。

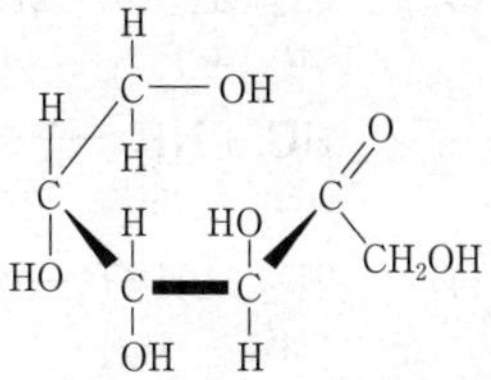


この構造は，塩基性の水溶液中で構造の一部が変化し，アルデヒド基を生じるため，フルクトースは還元性を示す還元糖である。

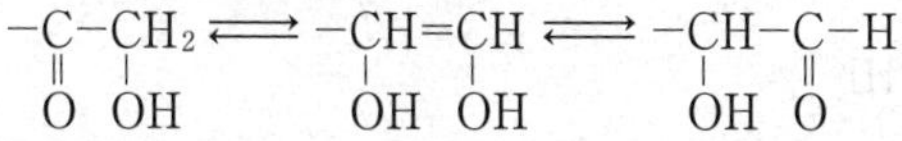


(3)　グルコースの6位が酸化されたグルクロン酸は酸性を示す官能基であるカルボキシ基をもつ。カルボキシ基は極性が大きい親水基であるため，グルクロン酸と結合した薬物は水に溶けやすくなる。

グルクロン酸抱合体はカルボキシ基を残していなければならないので，2の構造式が正しいとわかる。

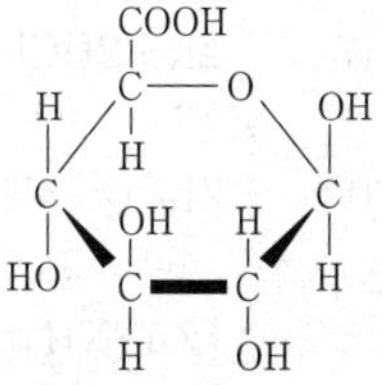


グルクロン酸（β体）

## 3　解答

(1)(ア)—31　(イ)—11　(a)—16

(2)(ウ)—26　(b)—27

(3)(エ)—09　(c)—13　(d)—28

(4)(オ)—10　(e)—14

(5)(カ)—19　(f)—23

(6)(キ)—38　(g)—17

(7)(ク)—41　(h)—42

(8)(i)—46

◀解　説▶

≪無機化合物・単体の反応と性質≫

(1)〜(8)の反応の反応式を以下に示す。

(1)　$\underset{(イ)}{2H_2} + \underset{(ア)}{O_2} \longrightarrow \underset{(a)}{2H_2O}$

(2)　$\underset{(ウ)}{N_2} + \underset{(イ)}{3H_2} \longrightarrow \underset{(b)}{2NH_3}$…塩基性

(3)　$\underset{(エ)}{Cl_2} + \underset{(イ)}{H_2} \longrightarrow \underset{(c)}{2HCl}$

$\underset{(c)}{HCl} + \underset{(b)}{NH_3} \longrightarrow \underset{(d)}{NH_4Cl}$…白煙

(4)　$\underset{(オ)}{2F_2} + \underset{(a)}{2H_2O} \longrightarrow \underset{(e)}{4HF} + \underset{(ア)}{O_2}$

(5)　$\underset{(f)}{2KI} + \underset{(エ)}{Cl_2} \longrightarrow 2KCl + \underset{(カ)}{I_2}$

(6)　$\underset{(g)}{H_2S} + \underset{(カ)}{I_2} \longrightarrow \underset{(キ)}{S} + 2HI$

(7)　$\underset{(ク)}{Zn} + \underset{(c)}{2HCl} \longrightarrow \underset{(h)}{ZnCl_2} + \underset{(イ)}{H_2}$

(8)　$\underset{(h)}{ZnCl_2} + \underset{(b)}{4NH_3} \longrightarrow [Zn(NH_3)_4]Cl_2$

$[Zn(NH_3)_4]Cl_2 + \underset{(g)}{H_2S} \longrightarrow \underset{(i)}{ZnS} + 2NH_4Cl + 2NH_3$…白色

**4** **解答** (1)①―10　②―02　③―06

a―15　b―07　c―03　d―21（c，dは順不同）

e―22　f―13

$X_A$―20　$X_B$―08　$X_C$―24　$X_D$―24　$Y_F$―27

(2)④―4

(3)⑤―1　⑥―08　⑦―07

◀解　説▶

≪フェナセチンの合成・分離・精製≫

(1)　ベンゼンからフェノールを合成するクメン法は以下の通り。

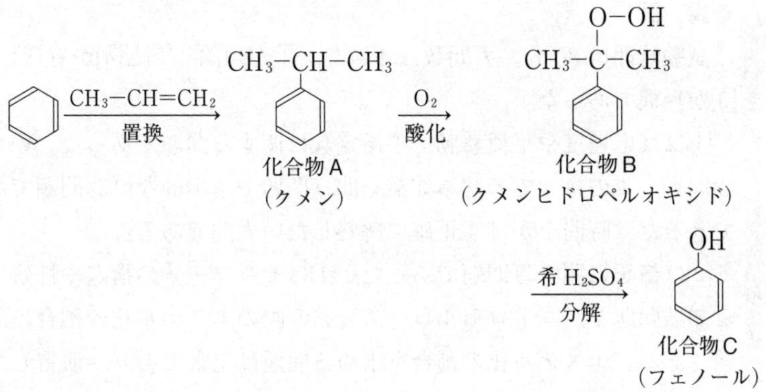


フェノールからフェナセチンまでの合成は以下の通り。

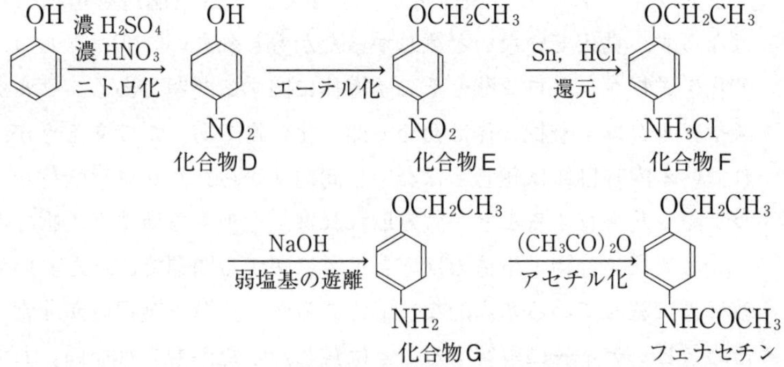


(2)　フェナセチンには酸性，塩基性を示す官能基はなく，水に不溶な中性物質である。よって，緩衝液を加えても水層に移ることはなく，ジエチルエーテル層(k)に分離される。

(3)　より少ない溶媒量で多くのフェナセチンを再結晶させるためには，沸点での溶解度と20℃での溶解度の差が大きい溶媒を選べばよい。よって，75℃での溶解度が約100，20℃での溶解度が約10である溶媒Bが最も適している。75℃で溶媒B 100g にフェナセチンは約100g 溶けるので，8.0g のフェナセチンの粗結晶を溶かすのに必要な溶媒Bは約8.0g である。20℃に冷却すると，溶解できるフェナセチンは

$$\frac{10}{100}\times 8.0=0.80\,[\mathrm{g}]$$

となるので，析出するフェナセチンは

$$8.0-0.80=7.2\,[\mathrm{g}]$$

## ❖講　評

試験時間は80分。大問数は4題で，1が理論，2と4が有機・理論，3が無機であった。

1は反応速度や平衡移動，平衡定数に関する問題であった。いずれの設問も，この単元での基本知識を問う問題や基本的な計算問題である。できるだけ時間をかけず正確に解答したい大問である。

2は糖類に関する問題であった。(1)はセルロースの構造や性質に関する知識問題と，ニトロセルロース合成の際のエステル化の割合の計算問題である。エステル化の割合を求める問題は定番であり，演習したことのある受験生も多かっただろう。(2)はフルクトースに関する問題である。$\beta$-フルクトースの五員環構造だけでなく，六員環構造も選択しなければならず，覚えていないと難しかったかもしれない。(3)はグルコースの酸化生成物グルクロン酸とその誘導体に関する問題である。グルクロン酸やグルクロン酸抱合体は初めて聞く化合物であったであろうが，問われている内容自体は難しくはない。問題文からグルクロン酸抱合体がカルボキシ基を有することが読み取れれば，選択する構造も1択であった。

3は無機化合物・単体の反応と性質に関する問題であった。いずれも教科書に載っている基本的な反応であるが，空欄や選択肢が非常に多いためスピーディーに解答することは難しかったかもしれない。わずかに記載されている性質，「塩基性を示す」で$NH_3$，「白煙」で$NH_4Cl$をすぐに決め，また，選択肢48個のうち単体は11個しかないので，そこに目をつければ解答しやすかったと思われる。

4は解熱鎮痛剤フェナセチンの合成経路・分離・精製に関する問題であった。フェナセチンの構造は与えられており，(1)の図1に記されている合成経路は基本的な反応の組み合わせなので，試薬，反応名，官能基いずれも問題なく解答したい。(2)もフェナセチンが酸性の官能基，塩基性の官能基をいずれももたない中性化合物であることを考えると，水層に移動することはないとすぐにわかる。(3)はやや難しく思う受験生もいたかもしれない。しかし，〔解説〕で記したように，溶解度の差が最も大きいものに着目し，固体の溶解度の基本計算をきちんとできれば難しくはなかった。

いずれの問題も基本〜標準レベルの出題であり，2020年度はあまり問題量が多くなかったので，高得点をねらえたと思われる。ただ，例年通り独特のマークシート法なので，十分に過去問演習を積んでいないと空欄の多さ，解答形式に手こずってしまっただろう。

////////////////////// · memo · //////////////////////

//////////////////// · memo · ////////////////////

//////////////////// · memo · ////////////////////

//////////////////// · memo · ////////////////////

/////////////////// · memo · ///////////////////

//////////////////// · memo · ////////////////////

////////////////////// · memo · //////////////////////

# 2025年版　大学赤本シリーズ

## 国公立大学 その他

171 〔国公立大〕医学部医学科 総合型選抜・学校推薦型選抜※ 医 総推
172 看護・医療系大学〈国公立 東日本〉※
173 看護・医療系大学〈国公立 中日本〉※
174 看護・医療系大学〈国公立 西日本〉※
175 海上保安大学校／気象大学校
176 航空保安大学校
177 国立看護大学校
178 防衛大学校 総推
179 防衛医科大学校（医学科） 医
180 防衛医科大学校（看護学科）

※ No.171～174の収載大学は赤本ウェブサイト（http://akahon.net/）でご確認ください。

## 私立大学①

### 北海道の大学（50音順）

201 札幌大学
202 札幌学院大学
203 北星学園大学
204 北海学園大学
205 北海道医療大学
206 北海道科学大学
207 北海道武蔵女子大学・短期大学
208 酪農学園大学（獣医学群〈獣医学類〉）

### 東北の大学（50音順）

209 岩手医科大学（医・歯・薬学部） 医
210 仙台大学 総推
211 東北医科薬科大学（医・薬学部） 医
212 東北学院大学
213 東北工業大学
214 東北福祉大学
215 宮城学院女子大学 総推

### 関東の大学（50音順）

#### あ行（関東の大学）

216 青山学院大学（法・国際政治経済学部－個別学部日程）
217 青山学院大学（経済学部－個別学部日程）
218 青山学院大学（経営学部－個別学部日程）
219 青山学院大学（文・教育人間科学部－個別学部日程）
220 青山学院大学（総合文化政策・社会情報・地球社会共生・コミュニティ人間科学部－個別学部日程）
221 青山学院大学（理工学部－個別学部日程）
222 青山学院大学（全学部日程）
223 麻布大学（獣医、生命・環境科学部）
224 亜細亜大学
226 桜美林大学
227 大妻女子大学・短期大学部

#### か行（関東の大学）

228 学習院大学（法学部－コア試験）
229 学習院大学（経済学部－コア試験）
230 学習院大学（文学部－コア試験）
231 学習院大学（国際社会科学部－コア試験）
232 学習院大学（理学部－コア試験）
233 学習院女子大学
234 神奈川大学（給費生試験）
235 神奈川大学（一般入試）
236 神奈川工科大学
237 鎌倉女子大学・短期大学部
238 川村学園女子大学
239 神田外語大学
240 関東学院大学
241 北里大学（理学部）
242 北里大学（医学部） 医
243 北里大学（薬学部）
244 北里大学（看護・医療衛生学部）
245 北里大学（未来工・獣医・海洋生命科学部）
246 共立女子大学・短期大学
247 杏林大学（医学部） 医
248 杏林大学（保健学部）
249 群馬医療福祉大学・短期大学部
250 群馬パース大学 総推
251 慶應義塾大学（法学部）
252 慶應義塾大学（経済学部）
253 慶應義塾大学（商学部）
254 慶應義塾大学（文学部） 総推
255 慶應義塾大学（総合政策学部）
256 慶應義塾大学（環境情報学部）
257 慶應義塾大学（理工学部）
258 慶應義塾大学（医学部） 医
259 慶應義塾大学（薬学部）
260 慶應義塾大学（看護医療学部）
261 工学院大学
262 國學院大學
263 国際医療福祉大学 医
264 国際基督教大学
265 国士舘大学
266 駒澤大学（一般選抜T方式・S方式）
267 駒澤大学（全学部統一日程選抜）

#### さ行（関東の大学）

268 埼玉医科大学（医学部） 医
269 相模女子大学・短期大学部
270 産業能率大学
271 自治医科大学（医学部） 医
272 自治医科大学（看護学部）／東京慈恵会医科大学（医学部〈看護学科〉）
273 実践女子大学 総推
274 芝浦工業大学（前期日程）
275 芝浦工業大学（全学統一日程・後期日程）
276 十文字学園女子大学
277 淑徳大学
278 順天堂大学（医学部） 医
279 順天堂大学（スポーツ健康科・医療看護・保健看護・国際教養・保健医療・医療科・健康データサイエンス・薬学部） 総推
280 上智大学（神・文・総合人間科学部）
281 上智大学（法・経済学部）
282 上智大学（外国語・総合グローバル学部）
283 上智大学（理工学部）
284 上智大学（TEAPスコア利用方式）
285 湘南工科大学
286 昭和大学（医学部） 医
287 昭和大学（歯・薬・保健医療学部）
288 昭和女子大学
289 昭和薬科大学
290 女子栄養大学・短期大学部 総推
291 白百合女子大学
292 成蹊大学（法学部－A方式）
293 成蹊大学（経済・経営学部－A方式）
294 成蹊大学（文学部－A方式）
295 成蹊大学（理工学部－A方式）
296 成蹊大学（E方式・G方式・P方式）
297 成城大学（経済・社会イノベーション学部－A方式）
298 成城大学（文芸・法学部－A方式）
299 成城大学（S方式〈全学部統一選抜〉）
300 聖心女子大学
301 清泉女子大学
303 聖マリアンナ医科大学 医
304 聖路加国際大学（看護学部）
305 専修大学（スカラシップ・全国入試）
306 専修大学（前期入試〈学部個別入試〉）
307 専修大学（前期入試〈全学部入試・スカラシップ入試〉）

#### た行（関東の大学）

308 大正大学
309 大東文化大学
310 高崎健康福祉大学
311 拓殖大学
312 玉川大学
313 多摩美術大学
314 千葉工業大学
315 中央大学（法学部－学部別選抜）
316 中央大学（経済学部－学部別選抜）
317 中央大学（商学部－学部別選抜）
318 中央大学（文学部－学部別選抜）
319 中央大学（総合政策学部－学部別選抜）
320 中央大学（国際経営・国際情報学部－学部別選抜）
321 中央大学（理工学部－学部別選抜）
322 中央大学（5学部共通選抜）
323 中央学院大学
324 津田塾大学
325 帝京大学（薬・経済・法・文・外国語・教育・理工・医療技術・福岡医療技術学部）
326 帝京大学（医学部） 医
327 帝京科学大学 総推
328 帝京平成大学 総推
329 東海大学（医〈医〉学部を除く－一般選抜）
330 東海大学（文系・理系学部統一選抜）
331 東海大学（医学部〈医学科〉） 医
332 東京医科大学（医学部〈医学科〉） 医
333 東京家政大学・短期大学部 総推
334 東京経済大学
335 東京工科大学
336 東京工芸大学
337 東京国際大学
338 東京歯科大学
339 東京慈恵会医科大学（医学部〈医学科〉） 医
340 東京情報大学
341 東京女子大学
342 東京女子医科大学（医学部） 医
343 東京電機大学
344 東京都市大学
345 東京農業大学
346 東京薬科大学（薬学部） 総推
347 東京薬科大学（生命科学部） 総推
348 東京理科大学（理学部〈第一部〉－B方式）
349 東京理科大学（創域理工学部－B方式・S方式）
350 東京理科大学（工学部－B方式）
351 東京理科大学（先進工学部－B方式）
352 東京理科大学（薬学部－B方式）
353 東京理科大学（経営学部－B方式）
354 東京理科大学（C方式、グローバル方式、理学部〈第二部〉－B方式）
355 東邦大学（医学部） 医
356 東邦大学（薬学部）

## 私立大学②

357 東邦大学（理・看護・健康科学部）
358 東洋大学（文・経済・経営・法・社会・国際・国際観光学部）
359 東洋大学（情報連携・福祉社会デザイン・健康スポーツ科・理工・総合情報・生命科・食環境科学部）
360 東洋大学（英語〈3日程×3カ年〉）
361 東洋大学（国語〈3日程×3カ年〉）
362 東洋大学（日本史・世界史〈2日程×3カ年〉）
363 東洋英和女学院大学
364 常磐大学・短期大学 総推
365 獨協大学
366 獨協医科大学（医学部） 医

### な行（関東の大学）

367 二松学舎大学
368 日本大学（法学部）
369 日本大学（経済学部）
370 日本大学（商学部）
371 日本大学（文理学部〈文系〉）
372 日本大学（文理学部〈理系〉）
373 日本大学（芸術学部〈専門試験併用型〉）
374 日本大学（国際関係学部）
375 日本大学（危機管理・スポーツ科学部）
376 日本大学（理工学部）
377 日本大学（生産工・工学部）
378 日本大学（生物資源科学部）
379 日本大学（医学部） 医
380 日本大学（歯・松戸歯学部）
381 日本大学（薬学部）
382 日本大学（N全学統一方式－医・芸術〈専門試験併用型〉学部を除く）
383 日本医科大学 医
384 日本工業大学
385 日本歯科大学
386 日本社会事業大学 総推
387 日本獣医生命科学大学
388 日本女子大学
389 日本体育大学

### は行（関東の大学）

390 白鷗大学（学業特待選抜・一般選抜）
391 フェリス女学院大学
392 文教大学
393 法政大学（法〈I日程〉・文〈II日程〉・経営〈II日程〉学部－A方式）
394 法政大学（法〈II日程〉・国際文化・キャリアデザイン学部－A方式）
395 法政大学（文〈I日程〉・経営〈I日程〉・人間環境・グローバル教養学部－A方式）
396 法政大学（経済〈I日程〉・社会〈I日程〉・現代福祉学部－A方式）
397 法政大学（経済〈II日程〉・社会〈II日程〉・スポーツ健康学部－A方式）
398 法政大学（情報科・デザイン工・理工・生命科学部－A方式）
399 法政大学（T日程〈統一日程〉・英語外部試験利用入試）
400 星薬科大学 総推

### ま行（関東の大学）

401 武蔵大学
402 武蔵野大学
403 武蔵野美術大学
404 明海大学
405 明治大学（法学部－学部別入試）
406 明治大学（政治経済学部－学部別入試）
407 明治大学（商学部－学部別入試）
408 明治大学（経営学部－学部別入試）
409 明治大学（文学部－学部別入試）
410 明治大学（国際日本学部－学部別入試）
411 明治大学（情報コミュニケーション学部－学部別入試）
412 明治大学（理工学部－学部別入試）
413 明治大学（総合数理学部－学部別入試）
414 明治大学（農学部－学部別入試）
415 明治大学（全学部統一入試）
416 明治学院大学（A日程）
417 明治学院大学（全学部日程）
418 明治薬科大学 総推
419 明星大学
420 目白大学・短期大学部

### ら・わ行（関東の大学）

421 立教大学（文系学部－一般入試〈大学独自の英語を課さない日程〉）
422 立教大学（国語〈3日程×3カ年〉）
423 立教大学（日本史・世界史〈2日程×3カ年〉）
424 立教大学（文学部－一般入試〈大学独自の英語を課す日程〉）
425 立教大学（理学部－一般入試）
426 立正大学
427 早稲田大学（法学部）
428 早稲田大学（政治経済学部）
429 早稲田大学（商学部）
430 早稲田大学（社会科学部）
431 早稲田大学（文学部）
432 早稲田大学（文化構想学部）
433 早稲田大学（教育学部〈文科系〉）
434 早稲田大学（教育学部〈理科系〉）
435 早稲田大学（人間科・スポーツ科学部）
436 早稲田大学（国際教養学部）
437 早稲田大学（基幹理工・創造理工・先進理工学部）
438 和洋女子大学 総推

### 中部の大学（50音順）

439 愛知大学
440 愛知医科大学（医学部） 医
441 愛知学院大学・短期大学部
442 愛知工業大学 総推
443 愛知淑徳大学
444 朝日大学 総推
445 金沢医科大学（医学部） 医
446 金沢工業大学
447 岐阜聖徳学園大学 総推
448 金城学院大学
449 至学館大学 総推
450 静岡理工科大学
451 椙山女学園大学
452 大同大学
453 中京大学
454 中部大学
455 名古屋外国語大学 総推
456 名古屋学院大学 総推
457 名古屋学芸大学 総推
458 名古屋女子大学 総推
459 南山大学（外国語〈英米〉・法・総合政策・国際教養学部）
460 南山大学（人文・外国語〈英米を除く〉・経済・経営・理工学部）
461 新潟国際情報大学
462 日本福祉大学
463 福井工業大学
464 藤田医科大学（医学部） 医
465 藤田医科大学（医療科・保健衛生学部）
466 名城大学（法・経営・経済・外国語・人間・都市情報学部）
467 名城大学（情報工・理工・農・薬学部）
468 山梨学院大学

### 近畿の大学（50音順）

469 追手門学院大学 総推
470 大阪医科薬科大学（医学部） 医
471 大阪医科薬科大学（薬学部） 総推
472 大阪学院大学 総推
473 大阪経済大学 総推
474 大阪経済法科大学 総推
475 大阪工業大学 総推
476 大阪国際大学・短期大学部 総推
477 大阪産業大学 総推
478 大阪歯科大学（歯学部）
479 大阪商業大学 総推
480 大阪成蹊大学・短期大学 総推
481 大谷大学 総推
482 大手前大学・短期大学 総推
483 関西大学（文系）
484 関西大学（理系）
485 関西大学（英語〈3日程×3カ年〉）
486 関西大学（国語〈3日程×3カ年〉）
487 関西大学（日本史・世界史・文系数学〈3日程×3カ年〉）
488 関西医科大学（医学部） 医
489 関西医療大学 総推
490 関西外国語大学・短期大学部 総推
491 関西学院大学（文・法・商・人間福祉・総合政策学部－学部個別日程）
492 関西学院大学（神・社会・経済・国際・教育学部－学部個別日程）
493 関西学院大学（全学部日程〈文系型〉）
494 関西学院大学（全学部日程〈理系型〉）
495 関西学院大学（共通テスト併用日程〈数学〉・英数日程）
496 関西学院大学（英語〈3日程×3カ年〉） 新
497 関西学院大学（国語〈3日程×3カ年〉） 新
498 関西学院大学（日本史・世界史・文系数学〈3日程×3カ年〉） 新
499 畿央大学 総推
500 京都外国語大学・短期大学 総推
502 京都産業大学（公募推薦入試） 総推
503 京都産業大学（一般選抜入試〈前期日程〉）
504 京都女子大学 総推
505 京都先端科学大学 総推
506 京都橘大学 総推
507 京都ノートルダム女子大学 総推
508 京都薬科大学 総推
509 近畿大学・短期大学部（医学部を除く－推薦入試） 総推
510 近畿大学・短期大学部（医学部を除く－一般入試前期）
511 近畿大学（英語〈医学部を除く3日程×3カ年〉）
512 近畿大学（理系数学〈医学部を除く3日程×3カ年〉）
513 近畿大学（国語〈医学部を除く3日程×3カ年〉）
514 近畿大学（医学部－推薦入試・一般入試前期） 医 総推
515 近畿大学・短期大学部（一般入試後期） 医
516 皇學館大学 総推
517 甲南大学 総推
518 甲南女子大学（学校推薦型選抜） 新 総推
519 神戸学院大学 総推
520 神戸国際大学 総推
521 神戸女学院大学 総推
522 神戸女子大学・短期大学 総推
523 神戸薬科大学 総推
524 四天王寺大学・短期大学部 総推
525 摂南大学（公募制推薦入試） 総推
526 摂南大学（一般選抜前期日程）
527 帝塚山学院大学 総推
528 同志社大学（法、グローバル・コミュニケーション学部－学部個別日程）

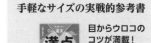

2025年版　大学赤本シリーズ　No. 352

東京理科大学（薬学部－B方式）

2024年6月25日　第1刷発行
ISBN978-4-325-26411-8
定価は裏表紙に表示しています

編　集　教学社編集部
発行者　上原 寿明
発行所　教学社
〒606-0031
京都市左京区岩倉南桑原町56
電話　075-721-6500
振替　01020-1-15695
印　刷　太洋社